上海三联书店

目录

第四卷

第五卷

第六卷

第七卷

第八卷

第九卷

第十卷

前　言

“路不拾遗，夜不闭户”的明王治世，“为君之道，先存百姓”的民本思想，“任贤能，受谏诤”的人才政策，“自古皆贵中华，贱夷狄，朕独爱之如一”的民族理念，礼法并治的思想主张等等组合的“贞观之治”，一直为人们所津津乐道。《贞观政要》即将所有这些盛况一一囊括。

《贞观政要》是唐代史学家吴兢（670—749）编著的一部政论性史书，全书十卷四十篇。吴兢，汴州浚仪（今河南开封）人。武周时，入史馆，编修国史；中宗时，担任过右补阙、起居郎、水部郎中等官职；玄宗时，任谏议大夫等职，继续参与国史的修撰。他编撰史书，主张叙事简要，如实记述；曾与当时著名史学家刘知几等一同撰修《武后实录》。吴兢认为唐初太宗时期，政治清明，“良足可观”；而玄宗即位前后的政治状况已大不如前。所以，他着手编撰《贞观政要》，以作为统治阶级加强巩固其统治地位的教科书。

《贞观政要》分类编撰贞观年间（627—649）唐太宗与魏徵、房玄龄、杜如晦等诸大臣的问答、大臣们的诤议、劝谏、奏议等，以及规范君臣思想道德和治理军政思想，此外也记载了一些政治、经济上的重大措施。吴兢在书中没有任何空洞的政治说教，而是把自己的政治观点融化在历史叙述之中，通过总结历史的经验教训和“词兼质文”的写作技巧，集中地论述了唐太宗时期君臣治国安邦的议论和设施，并分六个方面叙述了书的主要内容。本书是现存记载贞观年间历史较早的一部史书，且保存了较多贞观年间的重要史实；与《旧唐书》《新唐书》《资治通鉴》等有关贞观政事的记载相比较，较为详细，为我们研究太宗李世民以及唐初政治提供了不少重要资料。如在《君道》篇中，记载了李唐政权建立后，太宗和魏徵等人讨论进一步巩固政权的史实；在《君臣鉴戒》篇中，指出唐初世族大地主子弟“多无才行，藉祖父资荫遂处大官”；在《择官》篇中，记载了唐太宗知人善用，和重视地方官选拔等。

《贞观政要》流传的版本不多，较为通行的是上海涵芬楼影印的元代戈直集各古本加以校释刊行、明成化元年重刻的，1978 年上海古籍出版社曾据此“戈本”点校刊行。本书即是在此基础上整理的普及型读物，并参考王泽应点校《贞观政要》(团结出版社 1996 年版)，骈宇骞、齐立洁、李欣著《贞观政要》(中华书局 2009 年版）等，在此一并表示感谢。

“读史使人明智，读诗使人灵秀，数学使人严密，博物使人深刻，伦理学使人庄重，逻辑学、修辞学使人善辩；凡有学者，皆成性格”。通过学习历史，可以打开智慧之门，领悟社会发展的真谛和自己的责任，这才是我们阅读历史书籍的真正目的。

王娟

2012 年 10 月

第一卷

论君道第一

贞观初[①]，太宗谓侍臣曰[②]：“为君之道，必须先存百姓。若损百姓以奉其身，犹割股以啖腹[③]，腹饱而身毙。若安天下，必须先正其身[④]，未有身正而影曲，上理而下乱者。朕每思伤其身者不在外物[⑤]，皆由嗜欲以成其祸。若耽嗜滋味，玩悦声色，所欲既多，所损亦大，既妨政事，又扰生民。且复出一非理之言，万姓为之解体，怨讟既作[⑥]，离叛亦兴。朕每思此，不敢纵逸。”谏议大夫魏徵对曰[⑦]：“古者圣哲之主[⑧]，皆亦近取诸身，故能远体诸物。昔楚聘詹何[⑨]，问其治国之要，詹何对以修身之术[⑩]。楚王又问治国何如，詹何曰：‘未闻身治而国乱者。’陛下所明，实同古义。”

注释

① 贞观：唐太宗李世民的年号，公元627—649年。

② 侍臣：侍奉帝王的大臣。

③ 股：大腿。啖 dàn 腹：是指填塞肚子。啖，吃或者给人吃。

④ 正：端正，不斜不歪。

⑤ 外物：身外之物。

⑥ 怨讟 dú：怨恨诽谤。

⑦ 谏议大夫：唐时官名，掌谏议得失、侍从赞相之职。

⑧ 圣哲：指超人的道德才智，亦指具有这种道德才智的人，亦以此称帝王。

⑨ 楚：春秋时国名，僭称王。詹何：战国时楚国隐者、哲学家。楚詹尹之后，隐于钓。楚庄王闻而异之，召而闻焉，出《列子》。认为重生必然轻利，反对纵欲自恣的行为。思想接近道家。

⑩ 修身：陶冶身心，涵养德性。儒家以修身为教育八条目之一。

译文

贞观初年，唐太宗对随侍他的大臣说："作为君王的准则，必须要先保存百姓。如果损害百姓的利益来供养自己，就好比是割掉大腿的肉来填饱肚子，肚子饱了，人也死了。如果想安定天下，必须先端正自身；没有身子端正了影子还会弯曲，上面治理得当而百姓作乱的事。我每想到能伤害自身的并不是身外之物，而都是由于追求嗜好和欲望造成了这样的灾难。如果一味讲究吃喝，沉溺于声色之中，所要的欲望越多，所受到的损失就越大；不但妨碍政事，还会滋扰人民。如果再说出一些不合事理的话来，就更会弄得人心涣散，怨言四起，众叛亲离也随之兴起。每当我想到这些，就不敢放纵取乐贪图安逸了。”谏议大夫魏徵应对道：“从前圣明的君主，也都是就近从自身入手，所以才能远及一切事物。过去楚庄王聘请詹何，问他治理好国家的要领，詹何用加强自身修养的方法来回答。楚庄王又问他如何治理国家，詹何说：‘没有听到过管好自身，而国家还会发生动乱的事情。’陛下所理解的，正符合古人的道理。”

贞观二年，太宗问魏徵曰：“何谓为明君暗君？”徵曰：“君之所以明者，兼听也；其所以暗者，偏信也。《诗》云[①]，‘先人有言，询于刍荛[②]’。昔唐、虞之理[③]，辟四门[④]，明四目[⑤]，达四聪[⑥]。是以圣无不照，故共、鲧之徒[⑦]，不能塞也；靖言庸回[⑧]，不能惑也。秦二世则隐藏其身[⑨]，捐隔疏贱而偏信赵高[⑩]，及天下溃叛，不得闻也。梁武帝偏信朱异[⑪]，而侯景举兵向阙[⑫]，竟不得知也。隋炀帝偏信虞世基[⑬]，而诸贼攻城剽邑，亦不得知也。是故人君兼听纳下，则贵臣不得壅蔽[⑭]，而下情必得上通也。”太宗甚善其言。

注释

①《诗》：指《诗经》，是中国最早的诗歌总集。编成于春秋时代，共三百零五篇，分为“风”“雅”“颂”三大类。

② 刍荛 chúráo：割草打柴的人，后多指草野鄙陋的人。这里意指下民虽贱而言不可弃。

③ 唐、虞：指尧和舜，尧曰陶唐氏，舜曰有虞氏。传说中父系氏族社会后期部落联盟领袖。

④ 四门：指明堂四方的门。

⑤ 四目：能观察四方的眼睛。

⑥ 四聪：能远闻四方的听觉。

⑦ 共、鲧 gǔn：共即共工，唐虞官名；鲧，崇伯名，为夏禹之父。共工因淫辟被舜流放，鲧因治水无功被流放。《史记·五帝本纪》载，共工与驩兜、三苗及鲧并称为“四凶”。

⑧ 靖言庸回：谓邪佞小人的言行。靖言指巧饰之言，庸回指用心不良之奸邪小人。

⑨ 秦二世（前 230—前 207 年）：秦始皇次子，名胡亥，继承帝位后称二世皇帝。在位三年，厉行严刑峻法，且深居禁中，公卿大臣很难见到他，后被专权的宦

官赵高逼死。

⑩ 赵高（? —前 207 年）：秦朝宦官，二世用他为相。后杀秦二世，立子婴为秦王，旋被子婴杀害。

⑪ 梁武帝：即萧衍（464—549 年），南朝梁的建立者，公元 502—549 年在位。在南朝齐时封梁王，后乘乱夺取帝位。他偏听朱异的建议，纳东魏降将侯景为大将军。后来侯景反叛，朝野上下都抱怨朱异。梁武帝也为侯景所逼，结果饿死。朱异：在梁为官，任散骑常侍，掌机要三十余年。

⑫ 侯景：原为东魏大将，后降梁，任梁朝大将军，封河南王。太清三年举兵反梁，史称“侯景之乱”。

⑬ 隋炀帝（569—618 年）：即杨广，隋文帝的次子，公元 604—618 年在位。初封晋王，后杀兄为太子，又弑父即位。虞世基（? —618 年）：隋炀帝时任内史侍郎，专典机密，参掌朝政。他知道隋炀帝不可谏，又怕祸及自身，故不再将实情上奏，以致农民起义，烽火四起，陷没郡县，炀帝全然不知。最后为宇文化及等所杀。

⑭ 壅蔽：意为遮蔽、阻塞。

译文

贞观二年，唐太宗问魏徵道：“什么叫作圣明君主、昏暗君主？”魏徵回答说：“君主之所以能够圣明，是因为能够兼听到各方面的意见；之所以会昏暗，是因为偏听偏信。《诗经》上说，‘古人说过这样的话，要向割草打柴的人征求意见’。过去唐尧、虞舜治理天下，广开四方门路，招纳贤俊；广开四方视听，了解各方面的情况，听取各方面的意见。因而圣明的君主能无所不知，像共工、鲧这样的人不能蒙蔽他，花言巧语也不能迷惑他。秦二世深居宫中，隔绝贤臣，疏远百姓，而偏信赵高，到天下大乱、百姓背叛时，他还不知道。梁武帝偏信朱异，所以侯景兴兵作乱举兵围攻都城，他竟然不知道。隋炀帝偏信虞世基，到各路反隋兵马攻城略地时，他还被蒙在鼓中。由此可见，君主只有通过全方位听取和采纳臣下的建议，才能使显贵大臣不能蒙上蔽下，而且下情能够上达君主。”太宗很赞赏他讲的话。

贞观十年，太宗谓侍臣曰：“帝王之业，草创与守成孰难[①]？”尚书左仆射房玄龄对曰[②]：“天地草昧[③]，群雄竞起，攻破乃降，战胜乃克。由此言之，草创为难。”魏徵对曰：“帝王之起，必承衰乱，覆彼昏狡[④]，百姓乐推，四海归命，天授人与，乃不为难。然既得之后，志趣骄逸[⑤]，百姓欲静而徭役不休，百姓凋残而侈务不息[⑥]，国之衰弊，恒由此起。以斯而言，守成则难。”太宗曰：“玄龄昔从我定天下，备尝艰苦，出万死而遇一生，所以见草创之难也。魏徵与我安天下，虑生骄逸之端，必践危亡之地。所以见守成之难也。今草创之难既已往矣，守成之难者，当思与公等慎之。”

注释

① 草创：开始兴办，创建。守成：保持前人的成就和业绩。

② 尚书左仆射：尚书省长官，为宰相官职。唐中央行政机构设三省六部（尚书省、中书省、门下省，吏部、户部、礼部、兵部、刑部、工部），中书省决策，门下省审议，尚书省执行。尚书省设左右仆射，与中书、门下两省长官同为宰相之职。房玄龄：唐初大臣，齐州临淄（今山东淄博市）人。唐兵入关中，任秦王府记室，协助李世民筹谋统一，取得帝位。贞观时期，先后任职中书令、尚书左仆射，监修国史。辅佐太宗二十载稳任首宰，与杜如晦、魏徵同为唐太宗的重要助手。

③ 草昧：用以指国家草创秩序未定之时。草，杂乱；昧，蒙昧，原始未开化的状态。

④ 覆彼昏狡：指消灭昏乱狂暴的人。覆，灭；昏狡，昏

乱狂暴。

⑤骄逸：骄奢安逸。

⑥侈务：奢侈浪费的事情。

译文

贞观十年时，唐太宗问随侍的大臣："在帝王的事业中，创业与守业哪件事比较艰难？"尚书左仆射房玄龄对答道："国家开始创业的时候，各地豪杰竞起，只有攻破他，他才投降，战胜他，他才屈服，这样看来，还是创业比较艰难。"魏徵对答说："帝王的兴起，一定是在前朝衰乱的时候，这时推翻昏乱狂暴的旧主，百姓就乐于拥戴，四海之内也都会先后归顺，这正是天时人和之时，如此看来创业并不艰难。然而已经取得天下之后，容易走向骄奢安逸，百姓需要休养生息而徭役没有休止，百姓已经穷困凋敝而奢侈之事仍然不停，国家的衰败，常常就是这样开始的。这样看来，还是守业更难。"太宗说："玄龄当初跟随我平定天下，历尽艰难困苦，多次死里逃生，所以知道创业的艰难。魏徵助我安定天下，担心出现骄奢淫逸的苗头，陷入危亡的泥坑之中，所以知道守业的艰难。如今创业的艰难既已过去，守业这一难事就得和诸公一道谨慎行之才是。"

贞观十一年，特进魏徵上疏曰[1]：

臣观自古受图膺运[2]，继体守文[3]，控御英雄，南面临下[4]，皆欲配厚德于天地，齐高明于日月，本支百世，传祚无穷[5]。然而克终者鲜，败亡相继，其故何哉？所以求之，失其道也。殷鉴不远[6]，可得而言。

昔在有隋，统一寰宇，甲兵强锐，三十余年，风行万里，威动殊俗，一旦举而弃之，尽为他人之有。彼炀帝岂恶天下之治安，不欲社稷之长久[7]，故行桀虐[8]，以就灭亡哉？恃其富强，不虞后患[9]。驱天下以从欲，罄万物而自奉[10]，采域中之子女，求远方之奇异。宫苑是饰，台榭是崇，徭役无时，干戈不戢[11]。外示严重，内多险忌，谗邪者必受其福，忠正者莫保其生。上下相蒙，君臣道隔，民不堪命，率土分崩。遂以四海之尊，殒于匹夫之手，子孙殄绝[12]，为天下笑，可不痛哉！

圣哲乘机，拯其危溺，八柱倾而复正[13]，四维弛而更张[14]。远肃迩安，不逾于期月；胜残去杀[15]，无待于百年。今宫观台榭尽居之矣，奇珍异物尽收之矣，姬姜淑媛尽侍于侧矣[16]，四海九州尽为臣妾矣。若能鉴彼之所以失，念我之所以得，日慎一日，虽休勿休，焚鹿台之宝衣[17]，毁阿房之广殿[18]，惧危亡于峻宇，思安处于卑宫，则神化潜通[19]，无为而治，德之上也。若成功不毁，即仍其旧，除其不急，损之又损，杂茅茨于桂栋[20]，参玉砌以土阶，悦以使人，不竭其力，常念居之者逸，作之者劳，亿兆悦以子来，群生仰而遂性，德之次也。若惟圣罔念，不慎厥终，忘缔构之艰难[21]，谓天命之可恃，忽采椽之恭俭[22]，追雕墙之靡丽，因其基以广之，增其旧而饰之，触类而长，不知止足，人不见德，而劳役是闻，斯为下矣。譬之负薪救火，扬汤止沸，以暴易乱，与乱同道，莫可测也，后嗣何观！夫事无可观则人怨，人怨则神怒，神怒则灾害必生，灾害既生，则祸乱必作，祸乱既作，而能以身名全者鲜矣。顺天革命之后[23]，将隆七百之祚，贻厥子孙[24]，传之万叶，难得易失，可不念哉！

注释

①特进：官名。汉代时对功高德重者赐位特进。唐宋时为文散官第二阶，相当于正二品。

②受图膺运：受图，得到河图，称帝王受命登位；膺运，接受天命。传说伏羲时，有龙马从黄河出现，背负河图，有海龟从洛水出现，背负洛书。伏羲根据这种“图”“书”画成八卦，就是后来《周易》的来源。后以“河出图，洛出书”为圣人将要出现的上天意旨。

③ 继体守文：继体，泛指继位；守文，泛指遵循先王法度。

④ 南面临下：居帝位而治理天下。南面，面向南坐，古代以南面为尊位，故称居帝位为南面。

⑤ 传祚 zuò：流传后世。祚，皇位，国统。

⑥ 殷鉴：谓殷人子孙应以夏的灭亡为鉴戒。《诗·大雅·荡》："殷鉴不远，在夏后之世。"后泛指可作借鉴的往事。

⑦ 社稷：古代帝王、诸侯所祭的土神和谷神，旧时亦用为国家的代称。

⑧ 桀虐：指凶暴残酷。桀，夏朝末代国君，残酷剥削，暴虐荒淫，后被商汤打败。

⑨ 虞：臆度，料想。

⑩ 罄：本意是器中空，在此引申为尽、完。

⑪ 戢 jí：收敛，止息。

⑫ 殄 tiǎn 绝：灭绝，断绝。

⑬ 八柱倾：指国家即将崩溃。古代神话传说，地有八柱，用以承天。

⑭ 四维弛：谓封建道德规范松弛。古人称"礼义廉耻"为治国的"四维"，认为"四维不张，国乃灭亡"。

⑮ 胜残去杀：实行仁政，使残暴的人化而为善，因而可以废除刑杀。

⑯姬姜淑媛：泛指宫中的美女。姬姜，春秋时贵族姓氏，周王室姓姬，齐国姓姜，二姓常通婚姻，因以“姬姜”为贵族妇女之称，也作妇女的美称；淑媛，美好贤德的女子。

⑰鹿台：别称南单之台，殷纣王贮藏珠玉钱帛的地方。

⑱阿房：指阿房宫，为秦始皇所建，规模宏大。

⑲神化潜通：谓精神的作用使百姓潜移默化，君王与百姓的思想便暗暗相通。

⑳茅茨：茅草盖的屋顶，亦指茅屋。桂栋：桂木做的梁栋，多形容华丽的房屋。

㉑缔构：犹缔造。文中指创建国家的大业。

㉒采椽：柞木椽子，谓俭朴。

㉓顺天革命：指顺从天意而改朝换代。《易·革》“汤武革命，顺乎天而应乎人”。

㉔贻厥：指留传，遗留。

译文

贞观十一年，特进魏徵上奏道：

据我观察自古以来朝代的兴衰更迭，每个帝王都是承受天命创下基业的，都是用武功与谋略使各路英雄归顺的，然后再用文治来教化天下百姓，最后居帝位治理天下。谁都希望创下一番惊天动地的伟业，与天地共久，与日月齐明，可以名垂青史，流芳百世。但是能够千秋万代传承下去并且最后获得好结局的朝代却很少，多个朝代都相继衰败灭亡，这是什么原因呢？究其根本，在于帝王失去了为君之道。这都可以从前朝隋的兴亡中得到答案。

过去隋朝统一天下的时候，兵强马壮，三十多年来，隋朝声威远播，震动异域。谁想到后来竟毁于一旦，叛乱一起，国家政权就尽为他人所有。难道是隋炀帝厌恶国家安定，不希望国家长治久安，所以就采取桀纣那样的残暴统治，自取灭亡吗？我看这是因为他倚仗国家富足而强盛，为所欲为，不考虑自己行为的后果所造成的。他在位的时候，奴役天下所有的人来满足他一个人的私欲，收集天下所有的宝物供他一个人玩赏，挑选各地的美女供他一个人淫乐，寻找奇珍异宝供他一个人消遣。他居住的宫殿极其华丽奢侈，修筑的台榭无比瑰丽雄奇。这就必然造成徭役不止，战争不断。再加上朝廷之外，列强虎视眈眈；朝廷之内，大臣险恶奸诈。如此，谄媚阴险的人必然青云得志，忠诚正直的人必然性命难保。整个朝廷上下，君臣之间都互相蒙蔽欺骗，心怀二志。民不聊生是大势所趋，国家四分五裂在所难免。就这样，至高无上的君王——隋炀帝，到头来为叛贼所杀，死于非命，他的子孙也被杀尽，最终落得被天下人耻笑的结局，这难道不叫人痛惜吗？

贤明的君主却能抓住每一个机会，挽救危难，让濒临灭亡的国家重新恢复正常，让废弛的礼仪法度重新发扬光大。不过，仅仅依靠一时的边境安定、国家安宁去维持统治，绝不是长久之计；实行仁政，使残暴的人化而为善，可以统治百年。陛下，您现在住着豪华的宫殿，收藏有天下的奇珍异宝，举国的美女在身边侍候，四海九州的人民尽听您的调遣。如果能从以往的亡国事例中及时吸取教训，总结夺取天下的经验，每日谨慎地处理政务，不要懈怠；去掉纣王的奢靡，抛却始皇的残暴，从富丽堂皇的亭台楼阁中看出危亡的祸因，居安思危，克己勤民，那么百姓自会和您思想相通。这样，即使什么也不做，整个国家却依然井井有条，这是为君之道的最好方法。一般说来，如果要保住基业，不让它毁亡，就应该在兴国之后克制私欲，居住旧时的宫殿，免去那些不必要的东西，将需求减至最低。华丽的建筑夹杂着粗糙的茅屋，玉石雕成的阶梯中有着土做的台阶，一心一意地让自己的俭朴使天下人心悦诚服。同时必须时刻思量着为君为官者的安逸，百姓劳作者的苦累。能做到这一点，那么千千万万的人一定会为他的出现而感到高兴，万民景仰听从他，这是为君之道的中等。如果作为君主不认真思考，不慎重考虑他的所作所为的后果，忘记了创业的艰难，夜郎自大，一味迷信依赖天命，忽略古圣王恭谨俭朴的美德，大兴土木，一味追求靡丽的雕梁画栋；宫殿也在原先的基础上不断扩建，且多加修饰，乐此不疲，永远没有满足的时候。这样，人们当然看不到他的德行，所见的只是劳役，这是为君之道的下等。这种治国方法就像背着木柴去救火，扬起沸水来止沸；用残暴代替残暴，与原先的混乱是一样的，后果难测。如此，继起之君还有什么政绩可以显示呢？如果帝王没有什么政绩，则必然招致百姓的怨恨，百姓怨恨就会触怒神灵，神灵发怒必然发生灾害，灾害既然出现，祸乱就必然紧随而来。祸乱一旦产生，自然很难收拾，在这种情况下能够保全性命的人太少了。帝王如果顺应天命，创立基业之后，将有七百年的兴盛时期，将基业遗留给子孙后代。江山很难得到但是很容易失去，为君者对此难道不应该有所警戒吗？

是月，徵又上疏曰：

臣闻求木之长者，必固其根本；欲流之远者，必浚其泉源；思国之安者，必积其德义。源不深而望流之远，根不固而求木之长，德不厚而思国之理，臣虽下愚，知其不可，而况于明哲乎！人君当神器之重[①]，居域中之大[②]，将崇极天之峻[③]，永保无疆之休。不念居安思危，戒奢以俭，德不处其厚，情不胜其欲，斯亦伐根以求木茂，塞源而欲流长者也。

凡百元首[4]，承天景命，莫不殷忧而道著[5]，功成而德衰。有善始者实繁，能克终者盖寡，岂取之易而守之难乎？昔取之而有余，今守之而不足，何也？夫在殷忧，必竭诚以待下；既得志，则纵情以傲物。竭诚则胡越为一体[6]，傲物则骨肉为行路。虽董之以严刑，震之以威怒，终苟免而不怀仁，貌恭而不心服。怨不在大，可畏惟人，载舟覆舟[7]，所宜深慎，奔车朽索[8]，其可忽乎？

君人者，诚能见可欲则思知足以自戒，将有作则思知止以安人，念高危则思谦冲而自牧[9]，惧满溢则思江海下百川，乐盘游则思三驱以为度[10]，忧懈怠则思慎始而敬终，虑壅蔽则思虚心以纳下，想谗邪则思正身以黜恶，恩所加则思无因喜以谬赏，罚所及则思无因怒而滥刑。总此十思，弘兹九德[11]，简能而任之，择善而从之，则智者尽其谋，勇者竭其力，仁者播其惠，信者效其忠。文武争驰，君臣无事，可以尽豫游之乐，可以养松、乔之寿[12]，鸣琴垂拱[13]，不言而化。何必劳神苦思，代下司职，役聪明之耳目，亏无为之大道哉！

注释

① 神器：指帝位，政权。

② 域中之大：域中，指寰宇间，国中。古人说域中有四大，即道大，天大，地大，王亦大。

③ 极天：至天，达于天。

④ 凡百元首：众多国君。元首，本指头部，后以比喻国君。

⑤ 殷忧：深忧。

⑥ 胡越：古代对少数民族的泛称。胡在北方，越在南方，这里用来比喻关系疏远。

⑦ 载舟覆舟：语出《荀子·王制》："传曰：'君者舟也，庶人者水也，水则载舟，水则覆舟。'此之谓也。"后以"载舟覆舟"比喻人民是决定国家兴亡的主要力量。

⑧ 朽索：朽腐的绳索。比喻临事虑危，时存戒惧。

⑨ 谦冲而自牧：意为谦虚和蔼并加强自身修养。谦冲，谦虚和蔼；自牧，自己修养。

⑩ 盘游：指游乐打猎。三驱：打猎时围合三面，前开一路，使猎物有路可逃，不至于被一网打尽。意为狩猎应有节制。

⑪ 九德：古谓贤人所具备的九种优良品格，包括忠、信、敬、刚、柔、和、固、贞、顺。

⑫ 松、乔之寿：像赤松、王乔一样长寿。赤松、王乔，均为传说中的长寿仙人。

⑬鸣琴垂拱：相传舜弹五弦之琴，作《南风》之诗，用以教化百姓，从而能做到垂衣拱手，无为而治。

译文

同月，魏徵再次上疏：

微臣听说要想使树木长得高，必须使它的根部稳固；要想使水流得远，必须使它的源头疏通；要想使国家长治久安，必须积累其道德信义。源头的水源不通畅却想让水流得很远，树根不牢固却想让树木长得高大，仁德不施却希望国家得到治理，我虽然是极愚蠢的人，也知道这些是不可能的事，更何况圣明的君主呢！皇上作为万圣之尊，身居寰宇间，如果只极力推崇天命，让自己长命百岁，全然不思考安宁环境中可能出现的危难，力戒骄奢，崇尚节俭，推崇好的德行，而只任自己的情欲蔓延而不加以克制，这就像砍掉树根来让树木枝繁叶茂，堵塞源头而想让河水流得很远一样。

一般说来，很多国君顺应天命开创基业时无不深忧、慎行、德行显著，及至大功告成德行却随之堕落。开头做得很好的君主确实很多，可是能将这些好的做法坚持到底的却非常少，这难道真是创业容易守业难吗？过去夺取天下的时候力量还有富余，现在要守住基业却显得力不从心，究竟是什么原因呢？一个人有忧患意识的时候，必然诚心诚意对待下属；一旦自己的心愿达到了，就会放纵私欲，高傲自负，轻视他人。诚心待人，即使是敌人都可以结为朋友；高傲自负，即使是兄弟也会反目成仇，形同陌路。即使用严酷的刑法，威严的气势来控制下属使其屈服，他们也只不过为苟且保全性命而心怀二志，外表谦恭却心存怨恨。怨气虽不在大小，但让人担忧的却是它违背了人心，这之中所蕴涵的道理就是，水既可以让船行驶也可以让船沉没，难道还不让人深思和警醒吗？奔腾的马车如果用腐朽的绳子来驾驭，还能指望它跑得很久很远吗？

好的国君，在遇到想要的东西时，就要想到知足常乐的道理，进行自我约束。在有所行动之前，就应该停下来，以免惊动百姓。常常有危机意识，才能够使自己的思想谦虚平和。害怕骄傲自满，就应该常常思考海纳百川的道理。如果喜欢打猎，就该想到凡事必有限度。担心自己懈怠，就应该想想凡事如何做才能善始善终。害怕自己受到蒙蔽，就应该想一想如何才能虚怀若谷广纳臣子的意见。担心听信谗言，就应该思考如何使自己行为端正，以达到惩恶扬善的目的。实行赏赐，不要因为自己的喜好而随意赏赐他人。执行惩罚，也不可因自己一时的怒火而滥用刑罚。总结这“十思”，大力发扬“九德”，选拔有才能的人担任官职，甄选有益的意见来听取，那么智者能够发挥他的智谋，勇者能够竭尽他的武力，仁者能够传播他的贤德，信者能够表现他的忠义。文臣武将都能够竞相为朝廷效力，国家就会太平，君臣之间融洽和睦，相安无事。国君可以安心巡游，弹琴作赋，颐养天年，垂衣拱手，天下自然无为而治，又何必去劳心费力，事必躬亲，既做了臣下的职务，又埋没了人才，这岂不是违背无为治国的道理吗？

太宗手诏答曰：

省频抗表[①]，诚极忠款，言穷切至。披览忘倦，每达宵分[②]。非公体国情深，启沃义重[③]，岂能示以良图，匡其不及！朕闻晋武帝自平吴已后[④]，务在骄奢，不复留心治政。何曾退朝谓其子劭曰[⑤]："吾每见主上不论经国远图，但说平生常语，此非贻厥子孙者，尔身犹可以免。"指诸孙曰："此等必遇乱死。"及孙绥[⑥]，果为淫刑所戮。前史美之，以为明于先见。朕意不然，谓曾之不忠，其罪大矣。夫为人臣，当进思尽忠，退思补过，将顺其美，匡救其恶，所以共为理也。曾位极台司[⑦]，名器崇重，当直辞正谏，论道佐时。今乃退有后言，进无廷诤[⑧]，以为明智，不亦谬乎！危而不持，焉用彼相？公之所陈，朕闻过矣。当置之几案，事等弦、韦[⑨]。必望收彼桑榆[⑩]，期之岁暮，不使康哉良哉[⑪]，独美于往日，若鱼若水[12]，遂爽于当今。迟复嘉谋[13]，犯而无隐。朕将虚襟静志[14]，敬伫德音[15]。

注释

① 抗表：向皇帝上奏章。

② 宵分：夜半。

③ 启沃：谓竭诚开导、辅佐君王。

④ 晋武帝：即司马炎（236—290 年），晋国的建立者，公元 265—290 年在位。司马昭长子，265 年八月继昭为相国、晋王，十二月代魏称帝。280 年灭吴，统一全国。在位期间，大封宗室，生活荒淫，种下了“八王之乱”的祸根。他死后不久，全国又重新陷入分裂混乱的局面。

⑤ 何曾（199—278 年）：西晋大臣，字颖考，承袭了父亲的爵位，魏明帝时改封平原侯，做了散骑侍郎。后来作为主管农业的典农中郎将，主张为政之本在于得人。何曾与曹魏权臣司马懿私交深厚，司马炎袭父爵为晋王时，何曾身为丞相，在废曹立晋的过程中起了相当重要的作用，因此，晋朝一建立，他的官位也晋升为公。生活奢侈，日食万钱，还说无下箸处。其子劭更甚，日食至两万钱。

⑥ 绥：即何绥，字伯蔚，何曾之孙，仕晋为尚书，后

被东海王司马越所杀。

⑦ 台司：指三公等宰辅大臣。汉代尚书、御史、谒者合称为三台，后亦称三公。东汉时以太尉、司徒、司空合称三公，又称三司。

⑧ 廷诤：在朝廷上直言规劝。

⑨ 弦、韦：《韩非子·观行》："西门豹之性急，故佩韦以自缓；董安于之性缓，故佩弦以自急。"后来指有益的规劝。弦，弓弦；韦，柔皮。

⑩ 桑榆：日落时光照桑榆树端，因以指日暮。《后汉书·冯异传》："失之东隅，收之桑榆。"东隅指日出处，桑榆指日落处。比喻开始在这方面失败了，最终在另一个方面获得胜利。

⑪ 康哉：称颂君明臣良，诸事安宁。《书·益稷》："乃赓载歌曰：'元首明哉，股肱良哉，庶事康哉。'"后遂以"康哉"为歌颂太平之词。

⑫ 若鱼若水：像鱼和水的关系那么密切，比喻君臣际遇。《三国志·诸葛亮传》："先主解之曰：孤之有孔明，犹鱼之有水也。"

⑬ 嘉谋：高明的经国谋略。

⑭ 虚襟：虚怀，虚心。

⑮ 敬伫：恭敬地等待。

译文

唐太宗亲自写诏书答复魏徵说：

朕看了爱卿多次的奏章，言语恳切，爱卿的一片忠肝义胆由此可见一斑。批阅你的奏疏，常常让我忘记疲倦，每每看到夜半，而且你的言辞让我深受感动。倘使爱卿对国家不是如此情深意切，怎么能够提出如此远大的谋略，而且及时纠正我的过失呢？我听说晋武帝灭掉吴国之后，只顾着骄奢淫逸，不再关心如何治理国家。太傅何曾退朝回家后，对他的儿子何劭说：“我每天都看见皇上不谈论治理国家的雄才大略，而只是说一些日常生活的俚俗之语，这和治理国家的道理相去甚远。这不是将灾祸遗留给子孙吗！国家在你这一代还不至于混乱，因而你的性命暂且可以保全。”他又指着他的孙子们痛惜地说：“可是到了你们长大的时候，必定遇上朝廷变故而性命不保。”后来孙子何绥果然遇上晋王室之间为争夺王位而发生的内部叛乱，结果在叛乱中为荒淫的酷刑所杀害。以往的史书称赞这事，说何曾有先见之明。我却不这么认为，我认为何曾可以说是不忠之臣，他是罪大恶极的。作为臣子，上朝应思考如何指陈时政、尽忠直言，退朝时应废寝忘食，弥补皇上的过失。这样使君主的美德不断得到发扬，错误不断得到纠正，这就是常说的君臣同治的道理。何曾地位尊贵，权势显赫，应当直言进谏，谈论治国大道，匡扶时政。然而他在退朝后才说关于朝纲的言论，朝见时，在晋武帝面前却没有勇敢地直言规劝，认为他是明智之人，难道不荒谬吗？如果国家危亡却不知道辅佐扶持，哪里还用得着这样的官员呢？爱卿所上书的建议，我已认真地阅读过了。这些金玉良言应当放在我的案头上，就像西门豹佩韦以自缓、董安于佩弦以自急一样来时时提醒自己。这样，他日必定会有收获，等到过些年月，国家就会更加繁荣富庶，君臣之间“康哉良哉”的盛歌还会出现。因为我有你的扶持，所以感到很放心，就像鱼儿有水一样，一切都得心应手、称心如意。你敢于直言而无所隐瞒的奏疏，我现在才回复。此后，我将会虚怀若谷，宁静心志，恭敬地听取你在治国方面的好意见。

论政体第二

贞观元年，太宗谓黄门侍郎王珪曰[①]："中书所出诏敕[②]，颇有意见不同，或兼错失而相正以否。元置中书、门下[③]，本拟相防过误。人之意见，每或不同，有所是非，本为公事。或有护己之短，忌闻其失，有是有非，衔以为怨。或有苟避私隙，相惜颜面，知非政事，遂即施行。难违一官之小情，顿为万人之大弊。此实亡国之政，卿辈特须在意防也。隋日内外庶官[④]，政以依违，而致祸乱，人多不能深思此理。当时皆谓祸不及身，面从背言，不以为患。后至大乱一起，家国俱丧，虽有脱身之人，纵不遭刑戮，皆辛苦仅免，甚为时论所贬黜。卿等特须灭私徇公，坚守直道，庶事相启沃[⑤]，勿上下雷同也[⑥]。"

注释

①黄门侍郎：官名。东汉始设为专官，其职为侍从皇

帝，传达诏命。南朝以后因掌管机要文件，备皇帝顾问，职位日渐重要。唐初曾改称东台侍郎、鸾台侍郎。王珪（571—639年）：唐初大臣，太宗即位，召拜谏议大夫，历迁黄门侍郎，与房玄龄、魏徵、温彦博等同知国政，多所谏诤。

② 中书：官署名。唐时中书省设令、侍郎、舍人、右散骑常侍、起居舍人、右补阙、右拾遗、通事舍人等官，是全国政务中心。中书、门下、尚书三省同为中央行政总汇。由中书决定政策，通过门下审核，然后交由尚书执行。诏敕 chì：帝王的文告命令。

③ 门下：即门下省，唐时门下省负责审查诏令、签署章奏，有封驳之权。其长官称侍中或称左相、黄门监，因时而异。其下有黄门侍郎、给事中等官。

④ 庶官：众官。

⑤ 庶事：众多事，即各种事。

⑥ 雷同：随声附和。

译文

贞观元年，唐太宗对黄门侍郎王珪说：“中书省所草拟颁发出的文告命令，门下省颇有不同看法，或者互相都有错误疏失，然而相互纠正之道则在于尊重不同意见。原来设置中书省、门下省，就是为了相互防止发生过错失误。

人们的意见，常常有所不同，既有正确的也有错误的，追本溯源都是为了公事。但有的人对自己护短，不愿听到别人指出自己的过失，人家有所是非，就在心里暗自怨恨；而有的为了避免和人家搞坏关系，互相顾惜脸面，明明知道不属政事的范围，却盲目执行。不敢违背一位长官的情面，却顿时使自己危害了千万人。这种行为实在是亡国之政，你们特别需要注意防范类似弊害发生。隋朝时内外大小百官，处理政事没有主见，而酿成祸乱，人们多不能仔细想想其中的道理。当时那些人都以为灾祸不会落到自己身上，当面说好话，背后搬弄是非，不认为这种做法会带来祸患；到后来大乱暴发，国破家亡，即使有侥幸脱身的人，没有遭到刑戮，却也是吃尽苦头才仅免一死，还会受到世人的舆论谴责。你们身为大臣特别应该灭除私情，秉公办事，坚守为政和为人的正直之道，凡事相互借鉴，千万不要上下随声附和。”

贞观二年，太宗问黄门侍郎王珪曰：“近代君臣治国，多劣于前古，何也？”对曰：“古之帝王为政，皆志尚清静[①]，以百姓之心为心。近代则唯损百姓以适其欲，所任用大臣，复非经术之士[②]。汉家宰相，无不精通一经，朝廷若有疑事，皆引经决定，由是人识礼教，治致太平。近代重武轻儒，或参以法律，儒行既亏，淳风大坏。”太宗深然其言。自此百官中有学业优长，兼识政体者，多进其阶品，累加迁擢焉[③]。

注释

① 清静：不烦扰。多指为政清简，无为而治。

② 经术之士：通晓经学儒术的人。

③ 迁擢 zhuó：晋升，提拔。

译文

贞观二年，太宗问黄门侍郎王珪说：“近代帝王和大臣治理国家，多半不如古代的君臣，不知是什么原因？”王珪回答：“古代帝王治理国家，大都崇尚清净无为，以百姓的好恶为好恶。然而近代的君王却是以损害百姓的利益来满足自己的私欲，所任用的大臣，也不再是饱学经史的儒雅之士。汉代的宰相，没有不精通一种经书的，朝廷上有什么解决不了的疑难问题，都引经据典，参照经书来决断。正因为如此，人人懂得礼仪教化，国家太平安定。但是，近代却重视武功，轻视儒术，或施用刑律来治理国家，儒家的行为礼仪受到破坏，古代淳朴的民风也荡然无存。”太宗听后甚为赞同。从此以后，官员中凡是精通儒学，又懂得治国安邦的，大都得以晋级，累加提拔。

贞观五年，太宗谓侍臣曰："治国与养病无异也。病人觉愈，弥须将护①，若有触犯，必至殒命②。治国亦然，天下稍安，尤须兢慎③，若便骄逸，必至丧败。今天下安危，系之于朕，故日慎一日，虽休勿休。然耳目股肱④，寄于卿辈，既义均一体，宜协力同心，事有不安，可极言无隐。傥君臣相疑⑤，不能备尽肝膈⑥，实为国之大害也。"

注释

① 弥须将护：更加需要将息保护。

② 殒命：死亡，丧命。

③ 兢慎：兢兢业业，小心谨慎。

④ 股肱：大腿和胳膊。旧时常用来比喻辅佐帝王的得力臣子。

⑤ 傥 tǎng：倘若，假如。表示假设。

⑥ 肝膈：本指人的内脏，文中引申为发自肺腑之语。

译文

贞观五年，唐太宗对侍从的大臣们说："治理国家和养病没有什么区别，病人感觉疾病痊愈的时候，就格外需要将息调护。如果复发再犯，就会导致死亡。治理国家也是这样，天下稍微安定的时候，尤其需要兢兢业业、谨慎行事。如果就此骄奢放纵，必然会导致衰国败家。如今天下安危，责任都落在我的身上，所以我一天比一天谨慎，虽有享受的条件也不去追求享受。但是，辅佐治国的重任却寄托在你们身上。既然君臣是一个整体，就理当协力同心，发现事情做得不稳妥的地方，你们应该极力规谏，毫无隐瞒。倘若君臣互相猜疑，不能完全说出肺腑之言，实在是治国的最大祸害啊！”

贞观六年，太宗谓侍臣曰：“看古之帝王，有兴有衰，犹朝之有暮，皆为蔽其耳目，不知时政得失，忠正者不言，邪谄者日进，既不见过，所以至于灭亡。朕既在九重[①]，不能尽见天下事，故布之卿等，以为朕之耳目。莫以天下无事，四海安宁，便不存意。《书》曰：‘可爱非君？可畏非民？’天子者，有道则人推而为主，无道则人弃而不用，诚可畏也。”魏徵对曰：“自古失国之主，皆为居安忘危，处理忘乱，所以不能长久。今陛下富有四海，内外清晏[②]，能留心治道，常临深履薄[③]，国家历数[④]，自然灵长[⑤]。臣又闻古语云：‘君，舟也；人，水也。水能载舟，亦能覆舟。’陛下以为可畏，诚如圣旨。”

注释

① 九重：古人认为天有九层，九重为天的最高处。文中指皇宫居处的深宫。

② 清晏：海清河晏，喻天下太平。

③ 临深履薄：如临深渊，如履薄冰，意思是小心、戒惧。

④ 历数：岁时节候的次序。古人以为帝王相承继的次第，就像气节的先后一样。文中指国运。

⑤ 灵长：广远绵长。

译文

贞观六年，唐太宗对侍从的大臣们说：“纵观古代的帝王，有兴起之时也有衰亡之日，好像有了早晨就必有夜晚一样。这都是由于耳目受到蒙蔽，不了解当时政治的得失。忠诚正直的人不敢直言劝谏，邪恶谄谀的人却一天天得势，君主看不到自己的过失，所以导致灭亡。我既然身居九重深宫，不可能将天下的事情都看到，因此将了解下情的任务委托给你们，作为我的耳目。千万不可以认为天下无事、四海安宁就不在意。《尚书》说：‘民所爱的是君吗？君所畏的是民吗？’做天子的，如果有道，人们就拥戴他做人主；如果无道，人们就把他抛弃而不用。这真可怕啊！”魏徵回答说：“自古以来的失国之君，都是因为在安定的时候忘记了危亡，在清平的时候忘记了混乱，所以不能长治久安。如今陛下富有天下，国家内外清平安定，但您能够留心治国之道，经常保持如临深渊、如履薄冰那样谨慎的姿态，国运自然绵延久长。我又听古人说过：‘君主好比是船，百姓好比是水，水既能负载舟船，也能把舟船掀翻。’陛下认为百姓的力量可畏，确实讲得很对啊！”

贞观七年，太宗与秘书监魏徵从容论自古理政得失[①]，因曰：“当今大乱之后，造次不可致理[②]。”徵曰：“不然，凡人在危困，则忧死亡；忧死亡，则思理；思理，则易教。然则乱后易教，犹饥人易食也。”太宗曰：“善人为邦百年，然后胜残去杀。大乱之后，将求致理，宁可造次而望乎？”徵曰：“此据常人，不在圣哲。若圣哲施化，上下同心，人应如响，不疾而速，期月而可，信不为难，三年成功，犹谓其晚。”太宗以为然。封德彝等对曰[③]：“三代以后，人渐浇讹[④]，故秦任法律，汉杂霸道[⑤]，皆欲理而不能，岂能理而不欲？若信魏徵所说，恐败乱国家。”徵曰：“五帝、三王[⑥]，不易人而理。行帝道则帝，行王道则王，在于当时所理，化之而已。考之载籍，可得而知。昔黄帝与蚩尤七十余战[⑦]，其乱甚矣，既胜之后，便致太平。九黎乱德[8]，颛顼征之[9]，既克之后，不失其理。桀为乱虐，而汤放之[10]，在汤之代，既致太平。纣为无道，武王伐之，成王之代，亦致太平。若言人渐浇讹，不及纯朴[11]，至今应悉为鬼魅，宁可复得而教化耶？”德彝等无以难之，然咸以为不可。太宗每力行不倦，数年间，海内康宁，突厥破灭[12]，因谓群臣曰：“贞观初，人皆异论，云当今必不可行帝道、王道，惟魏徵劝我。既从其言，不过数载，遂得华夏安宁[13]，远戎宾服[14]。突厥自古以来常为中国勍敌[15]，今酋长并带刀宿卫，部落皆袭衣冠。使我遂至于此，皆魏徵之力也。”顾谓徵曰：“玉虽有美质，在于石间，不值良工琢磨，与瓦砾不别。若遇良工，即为万代之宝。朕虽无美质，为公所切磋，劳公约朕以仁义，弘朕以道德，使朕功业至此，公亦足为良工尔。”

注释

① 秘书监：官名。南北朝始置，为秘书省长官，掌图书著作等事。唐时秘书省置监一人，掌管国家经籍图书之事。

② 造次：急遽，急速。

③ 封德彝（568—627年）：唐初大臣，名伦，观州人。先是在隋朝做官，为内史舍人，后降唐，太宗即位，

迁尚书右仆射。

④浇讹：风气浮薄。

⑤秦任法律，汉杂霸道：秦朝的统治专用刑法律令，汉朝的统治以王道、霸道兼施。

⑥五帝、三王：五帝指黄帝、颛顼、高辛、唐尧、虞舜；三王指夏商周创业之主禹、汤、武王。

⑦黄帝与蚩尤：黄帝，传说中中原各族的共同祖先，号轩辕氏或有熊氏。蚩尤，传说为上古时代东方九黎族首领，在与黄帝之战中战败。

⑧九黎：亦称“黎”，中国南方传说时代的古族名。上古时分布在今湖北、湖南和江西一带。始见于《国语》。共有九个部落，每个部落有九个氏族。蚩尤是其首领。

⑨颛顼：传说中古代部落首领，号高阳氏。曾名重任南正之官，掌管祭祀天神；命黎任火正（一作北正之官），掌管民事。

⑩汤：又称武汤、天乙、成汤，或称成唐，商朝建立者。

⑪纯朴：纯洁质朴。

⑫突厥：古代民族名，国名。广义包括铁勒、突厥各部落，狭义指突厥汗国。公元6世纪初兴起于金山（今阿尔泰山）西南麓，为一游牧部落。隋初，其势渐盛，占有漠北，其地东西万里，分为东突厥和西突

厥。唐太宗贞观四年（公元630年）为唐所破，于其地置府州。

⑬华夏：原指我国中原地区，后复包括我国全部领土，遂又为我国的古称。

⑭宾服：古代指诸侯按时入朝朝见天子，表示服从。也指边远部族按时入贡。

⑮勍qíng敌：强劲的敌人。

译文

贞观七年，唐太宗和秘书监魏徵漫谈自古以来治理国家的得失。太宗说："现今国家正处于大乱之后，短时期内恐怕难以达到天下太平啊。"魏徵说："臣不这么认为。大凡人在危难困苦的时候，就忧虑死亡，忧虑死亡就盼望天下太平；而盼望天下太平，就容易进行教化。因此大动乱之后容易教化，就像饥饿的人容易满足饮食的需要一样。"太宗说："贤明的人治理好国家需要百年之久，才能消灭残虐，废除杀戮。大乱之后，就企求达到国家太平，怎么可以在短时期内就有希望得到呢？"魏徵说："这话是对普通人说的，并不能用在圣明的人身上。如果圣明的人来施行教化，上下同心同德，人们就会像回声那样迅速响应，事情不想求快也会很快取得成功。一年的时间就见成效，看来并非难事，因此说三年成功，还是太晚了。"

太宗认为魏徵说得对。封德彝等人接着说："夏、商、周三代以后，百姓日渐浮薄奸诈，所以秦朝专用法律治国，汉朝以仁义杂用刑法治国，都是想使民性纯正，但没有成功，怎么会是可以教化却不去做呢？如果相信了魏徵的话，恐怕会使国家遭到败乱。"魏徵说："五帝、三王治国时，并没有更换国家内的人民就实现了天下大治。施行帝道就成其帝业，施行王道就成其王业，关键在于当时治理者施行了教化而已。考察古书上的记载，就可以知道。历史上黄帝与蚩尤作战七十多次，那时可谓混乱至极；而黄帝取得胜利之后，就很快使天下太平起来。九黎族作乱，颛顼出兵征讨他们；平定以后，并没有忽略对天下的治理。夏桀昏乱淫虐，商汤把他赶走；在汤统治之时，就实现了天下太平。商纣专干无道的事情，周武王便起兵讨伐他；到他儿子周成王在位时，也达到了天下太平。如果说百姓日渐浮薄奸诈，不能达到淳朴，那到现在都应变得和鬼魅一样了，怎么还能够再来加以教化呢？"封德彝等人一时语塞，找不到合适的言语来反驳他，然而都还是认为短期内不可能达到天下大治。太宗采纳魏徵的建议，坚持推行教化，毫不懈怠。几年之间，天下康复安定，突厥被打败臣服。因而太宗对群臣说："贞观初年，人们各持不同见解，认为当今一定不能施行帝道、王道，只有魏徵力劝我推行。我听取了他的建议，不过几年，就做到中原安宁、边远的外族臣服。突厥自古以来就是中原的强敌，如今他们的首领却在宫禁中值宿警卫，其部落的人民也跟着穿戴中原衣着。使我取得这样的成就，都是魏徵的功劳。”太宗又回头对魏徵说：“玉虽有美好的本质，但它如果藏在乱石堆里，没有技艺高超的工匠去雕琢研磨，那就和瓦块碎石没有什么区别。如果遇上好的工匠，就可以成为流传万代的无价之宝。我虽没有玉的良好本质供你雕琢研磨，但多亏你用仁义来约束我，用道德来光大我，使我能有今天这样的功业，你也确实是一个技艺高超的工匠啊。”

贞观九年，太宗谓侍臣曰：“往昔初平京师[①]，宫中美女珍玩无院不满。炀帝意犹不足，征求无已，兼东西征讨，穷兵黩武[②]，百姓不堪，遂致亡灭。此皆朕所目见，故夙夜孜孜[③]，惟欲清净，使天下无事。遂得徭役不兴，年谷丰稔，百姓安乐。夫治国犹如栽树，本根不摇，则枝叶茂荣。君能清净，百姓何得不安乐乎？”

注释

①京师：周朝建都镐京，后世把天子建都之地叫作京师。这里指隋都长安。

②穷兵黩 dú 武：滥用武力，肆意发动战争。

③ 夙夜孜孜：时时刻刻不敢懈怠。夙夜，早晚、朝夕。孜孜，努力不怠。

译文

贞观九年，唐太宗对侍从的大臣们说："当年刚刚平定长安之时，宫中的美女、奇珍异宝等玩物，没有一个宫院不是满满的。可隋炀帝还是不满足，他横征暴敛，贪得无厌，再加上东征西讨，肆意发动战争，弄得百姓苦不堪言，于是导致了隋朝的灭亡。这些都是我亲眼见到的。因此我每天从早到晚辛勤努力、毫无厌倦，只求清净无为，使天下平安无事，从而做到徭役停罢，年年五谷丰收，百姓安居乐业。治国好比种树，只有树根稳固不动摇，才能枝繁叶茂。君主能够实行清净无为，百姓怎会不能安居乐业呢？"

贞观十六年，太宗谓侍臣曰："或君乱于上，臣理于下；或臣乱于下，君理于上。二者苟逢，何者为甚？"特进魏徵对曰："君心理，则照见下非。诛一劝百，谁敢不畏威尽力？若昏暴于上，忠谏不从，虽百里奚[①]、伍子胥之在虞[②]、吴[③]，不救其祸，败亡亦继。"太宗曰："必如此，齐文宣昏暴[④]，杨遵彦以正道扶之得治[⑤]，何也？”徵曰：“遵彦弥缝暴主，救理苍生，才得免乱，亦甚危苦。与人主严明，臣下畏法，直言正谏，皆见信用，不可同年而语也。”

注释

① 百里奚：春秋时秦国大夫，原为虞国的大夫。晋国要借道虞国去伐虢国，目的在于同时把虞国也灭掉，百里奚知道虞公不听臣下的谏奏，所以不敢直言。后来虞国果然为晋所灭。百里奚做了俘虏，被晋作为陪嫁之臣送入秦国。

② 伍子胥：春秋时吴国大夫，名员，字子胥。楚大夫伍奢次子。楚平王七年（前 522 年）伍奢被杀。他经宋、郑等国入吴国。助阖闾夺取王位，使之国势日盛；吴王夫差时，他劝吴王拒绝越国求和的请求并停止伐齐，吴王不听，并逐渐疏远他。后来吴王赐剑命他自杀。虞：百里奚所在的虞国。

③ 吴：伍子胥所在的吴国。

④ 齐文宣（529—559 年）：即北齐文宣帝高洋，高欢次子，高澄之弟。东魏时封齐王。550 年废孝静帝自立，国号齐，史称北齐，年号天保，仍在邺建都。初即位颇留心治国，后以功业自矜，肆行暴虐，无故杀人。在位十年，谥号文宣。

⑤ 杨遵彦：即杨愔，北齐尚书令。曾为北齐文宣帝改定律令、总理朝政，国势渐强。当时的人们都说主昏于上，政清于下。

译文

贞观十六年，唐太宗对侍臣说："有的是国君在上昏庸，不理政务，而臣子在下面兢兢业业地料理国事；有的是臣子犯上作乱，而君主清明。两者相较，哪一个的危害更大呢？"魏徵回答说："君主用心治理国家，就能够明察秋毫，对臣子的是非曲直了如指掌，满朝百官谁敢不服，谁敢不尽心尽力为朝廷效力呢？倘若君主在上面昏庸残暴，忠臣的谏言不采纳，虽然有百里奚、伍子胥这样的忠臣在国家，依然无法避免祸患，所以国家败亡也就接踵而至了。"唐太宗说："如果必定是这样，那么我看到北齐文宣帝昏庸残暴，大臣杨遵彦却能够用严明的政治匡扶朝纲，使北齐的统治得以维持，这又该作何解释呢？"魏徵说："杨遵彦补救国君的过失，救治了百姓，才使国家幸免于难；但是他本人也是非常困苦的。这哪能与国君威严圣明，臣子敬畏守法，敢于进献忠言，君臣之间互相信任支持相提并论啊。"

太宗自即位之始，霜旱为灾，米谷踊贵[①]，突厥侵扰，州县骚然。帝志在忧人，锐精为政，崇尚节俭，大布恩德。是时，自京师及河东、河南、陇右，饥馑尤甚，一匹绢才得一斗米。百姓虽东西逐食，未尝嗟怨[②]，莫不自安。至贞观三年，关中丰熟[③]，咸自归乡，竟无一人逃散。其得人心如此。加以从谏如流[④]，雅好儒术，孜孜求士，务在择官，改革旧弊，兴复制度，每因一事，触类为善。初，息隐、海陵之党[⑤]，同谋害太宗者数百千人，事宁，复引居左右近侍，心术豁然，不有疑阻。时论以为能断决大事，得帝王之体。深恶官吏贪浊[⑥]，有枉法受财者，必无赦免。在京流外有犯赃者，皆遣执奏，随其所犯，置以重法。由是官吏多自清谨[⑦]。制驭王公[⑧]、妃主之家，大姓豪猾之伍[⑨]，皆畏威屏迹，无敢侵欺细人。商旅野次，无复盗贼，囹圄常空[⑩]，马牛布野，外户不闭。又频致丰稔，米斗三四钱，行旅自京师至于岭表[⑪]，自山东至于沧海[⑫]，皆不赍粮[⑬]，取给于路。入山东村落，行客经过者，必厚加供待，或发时有赠遗。此皆古昔未有也。

注释

① 踊 yǒng 贵：物价上涨。

② 嗟怨：嗟叹怨恨。

③ 关中丰熟：指关中地区粮食丰收。关中，古地区名，其范围大小，各代不一，一般指陕西渭河流域一带。

④ 从谏如流：从谏如流意即君主乐于接受臣下的正确意见。如流，比喻迅速。

⑤ 息隐、海陵之党：建成、元吉的同党。息隐，即李建成，唐高祖的长子，曾被立为皇太子。海陵，即李元吉，高祖第四子，曾被封为齐王。唐朝建立，李世民功劳最大。李渊称帝后，李世民与太子建成发生尖锐冲突。玄武门之后，李世民继立为帝，追封建成为息王，谥号隐；元吉为海陵王，谥号剌。

⑥ 贪浊：贪酷，浑浊。

⑦ 清谨：廉洁谨慎。

⑧ 制驭：控制驾驭。

⑨ 豪猾：指强横狡猾而不守法纪的人。

⑩ 囹圄 língyǔ：监狱。

⑪ 岭表：古地区名。即岭南、岭外。

⑫ 山东：古地区名。战国、秦汉时代，通称崤山或华山以东为山东，与所谓关东含义相同。或称太行山以东为山东。

⑬ 赍 jī：携带。

译文

唐太宗刚即位那几年，国家接连发生旱灾、霜灾等自然灾害，致使大米稻谷价格猛涨，再加上突厥的进犯骚扰，许多州县更加不得安宁。太宗一心为百姓担忧，精心治理国政，并提倡节俭，大力广布恩惠德政。当时，从京城到河东、河南、陇右一带地区，饥荒更为严重，甚至到了要一匹好丝才能够买上一斗米的境地。百姓虽然四处奔走寻找食物，但没有一个人嗟叹哀怨，无不安分守己。到了贞观三年，关中一带粮食丰收，百姓都回到了自己的家乡，竟然没有一个人逃散。太宗皇帝获得人心竟达到了这种程度。再加上太宗善于听从和采纳臣下的劝谏就像流水那样流畅，崇尚喜好儒家学术文化，孜孜不倦地寻求治国安邦之贤才，任用选拔贤能的官吏，废除旧制度的弊端，兴立和恢复了许多好的规章制度，遇到事情能够举一反三，触类旁通，使国家秩序井然。当初，建成、元吉的同党，一同参与谋害太宗的达到一千多人。祸乱被平息之后，太宗仍然任用这些人为他的左右近臣，心胸开阔地对待他们，没有怀疑和隔阂。当时大家对此议论纷纷，都认为太宗能正确处理重大的事情，有帝王的气度。太宗深恶痛绝贪官的贪污污秽行为，对于有徇私舞弊、接受贿赂行为的官吏，必定严惩不贷，决不饶恕。在京城以外贪赃枉法的官员，太宗都会派遣专人调查情况，根据其犯罪情节对他进行严厉惩处。因此，贞观年间的官员大多清正廉洁，谨慎行事。此外，唐太宗还注意控制驾驭王公、妃主之家，大姓豪族及奸狡之徒，他们都畏惧国法的威力而不敢作奸犯科，因此欺凌侵占百姓利益的事情销声匿迹。长途贩卖的商人在野外休息时，也不会碰上小偷强盗，国家的牢房常常是空的；野外放牧的牛马不用看管，夜晚家家户户的门也不用上锁。又加上粮食连年丰收，一斗米才卖三四文钱。外出无论是从京城到岭南岭西，还是从山东到沧海，都用不着携带干粮，在路途中就可以轻易获得。进入山东的乡村赶路，过往的行客都会受到热情的款待，出发时还有东西赠送。这些事情都是亘古未有的。

第二卷

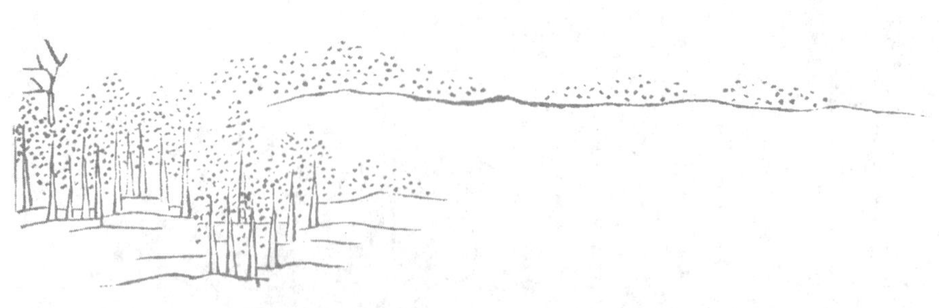

论任贤第三

房玄龄，齐州临淄人也[①]。初仕隋，为隰城尉[②]。坐事除名[③]，徙上郡[④]。太宗徇地渭北[⑤]，玄龄杖策谒于军门[⑥]。太宗一见，便如旧识，署渭北道行军记室参军[⑦]。玄龄既遇知己，遂罄竭心力。是时，贼寇每平，众人竞求金宝，玄龄独先收人物，致之幕府[⑧]，及有谋臣猛将，与之潜相申结[⑨]，各致死力。累授秦王府记室[⑩]，兼陕东道大行台考功郎中[⑪]。玄龄在秦府十余年[⑫]，恒典管记[⑬]。隐太子、巢剌王以玄龄及杜如晦为太宗所亲礼[⑭]，甚恶之，谮之高祖[⑮]，由是与如晦并遭驱斥。及隐太子将有变也，太宗召玄龄、如晦，令衣道士服，潜引入阁谋议。及事平，太宗入春宫[⑯]，擢拜太子左庶子[⑰]。贞观元年，迁中书令。三年，拜尚书左仆射，监修国史，封梁国公，实封一千三百户。既总任百司，虔恭夙夜[⑱]，尽心竭节，不欲一物失所。闻人有善，若己有之。明达吏事，饰以文学，审定法令，意在宽平。不以求备取人，不以己长格物，随能收叙[19]，无隔疏贱。论者称为良相焉。十三年，加太子少师[20]。玄龄自以一居端揆十有五年[21]，频抗表辞位，优诏不许。十六年，进拜司空，仍总朝政，依旧监修国史。玄龄复以年老请致仕[22]，太宗遣使谓曰："国家久相任使，一朝忽无良相，如失两手。公若筋力不衰，无烦此让。自知衰谢，当更奏闻。"玄龄遂止。太宗又尝追思王业之艰难，佐命之匡弼[23]，乃作《威凤赋》以自喻，因赐玄龄，其见称类如此。

注释

① 齐州临淄：即今山东淄博市。

② 隰 xí 城尉：官名，即隰城县尉。县尉，始于秦，两汉沿置，掌一县的军事，历代所置略同。唐代县尉通常为进士出身者出任之官。隰城县，即今山西汾阳县治。

③ 坐事：因犯律令而获罪。

④ 上郡：郡名。战国魏文侯置，秦治肤施（今陕西榆林东南），汉辖境约当今陕西北部及内蒙古乌审旗等地。隋大业及唐代又改鄜城郡、绥州为上郡。

⑤ 渭北：渭河以北地区。

⑥ 杖策：拄着拐杖。

⑦ 记室参军：官名。唐制，掌军府表启书疏之职。

⑧ 幕府：本指将帅在外的营帐，后亦泛指军政大吏的府署。

⑨ 潜相申结：暗中再三致意，互相结约。

⑩ 记室：古代官名。《后汉书·百官志一》："记室令史，主上表章，报书记。"按东汉官制，太尉署官有记室令史，太守、都尉署官有记室史。后世诸王、三公及大将军幕府也设置记室参军。

⑪ 大行台考功郎中：唐制，掌管百官功过善恶的官职。大行台，东汉以后，中央政务由三公改归台阁，习惯上称中央政府为"台"。东晋以后，中央官称台官，因此在大行政区代表中央的机构即称"行台"，多因军事关系临时设置。若任职的人权位特重，则称大行台。

⑫ 秦府：即秦王府。太宗即位前封为秦王。

⑬ 恒典管记：长期执掌记室。

⑭ 隐太子、巢刺王：即指李建成、李元吉。

⑮ 谮 zèn：无中生有地说人坏话。高祖：即唐高祖李渊(566—635 年)，唐王朝建立者。617 年任太原留守时，乘隋朝在农民起义打击下土崩瓦解之际，起兵取长安，立炀帝孙杨侑为帝；次年逼杨侑退位，建立唐朝。玄武门之变后，传位次子李世民，自称太上皇。

⑯春官：太子居住的宫称春宫，亦称东宫，一般也用来指代太子。

⑰左庶子：太子属官。唐代太子属官中设左右春坊，以左右庶子分别执掌。

⑱虔恭夙夜：从早到晚虔诚奉职。

⑲收叙：收录任用。叙，旧时按规定为等级次第授官职及按劳绩大小给予奖励称叙。

⑳太子少师：辅导太子的官员。

㉑端揆 kuí：指宰相。因宰相居百官之首，总持朝政，故称端揆。端，头也；揆，管理。

㉒致仕：旧时谓交还官职，即辞官归隐。

㉓匡弼：辅佐的意思。

译文

房玄龄，齐州临淄县人。早年在隋朝为官，担任隰城的县尉，后来因事被革去官职，派遣到上郡为官。一次，唐太宗到陕西巡游，房玄龄拄着拐杖在军营门口拜见。唐太宗对他一见如故，于是任命他为渭北道行军记室参军。房玄龄蒙受知遇之恩，决心竭尽心力为之服务。当时，每平定一地作乱的贼寇，大家都忙着各处搜集财宝，只有房玄龄独自收拢人才，将富有谋略和骁勇善战的人安置在他的幕府中，私下与他们结为朋友，各尽死力报效国家。房玄龄因此屡被提升，担任秦王府记室，兼任陕东道大行台考功郎中。房玄龄在秦王府供职十几年，长期执掌记室一职。隐太子李建成和巢剌王李元吉因为房玄龄和杜如晦深得李世民的重用，心怀嫉恨，就在唐高祖面前恶语中伤，于是房玄龄和杜如晦一起遭到了高祖的驱逐斥退。后来隐太子李建成快要发动叛乱之际，李世民秘密召见房玄龄和杜如晦，让他们穿上道士的衣服，派人暗中将他们带入宫中商议对策。玄武门之变平息之后，李世民成为东宫太子，就请房玄龄担任太子左庶子。贞观初年，李世民提升他担任中书令。贞观三年，又封他为尚书左仆射，同时，命他撰写国史，封为梁国公，实际封赐的食邑达一千三百户。后来被任命为宰相总理百官，更是兢兢业业，常常夜以继日地工作，不在政务上出现半点闪失。他待人宽厚，胸襟宽阔，听到别人有优点就如自己有一样。他明了熟悉为政事务，撰写的国史文采出众，审定的法令宽容公平。他在德行方面也为人称道，对人从不求全责备，不用自己的长处去苛求别人，总是按照才能的高低或者功绩的大小对人给予奖励称叙，对出身低下、地位卑微的人一视同仁，因此被众人赞誉为良相。贞观十三年，他又被加封为太子少师。房玄龄担任宰相之职共有十五年，其间，他多次上书辞去宰相职务，唐太宗都未允许。贞观十六年，他又被封为司空，仍然总管朝政，依旧监管撰修国史。不久，房玄龄又以年老为由，提出辞官，唐太宗派人回复一封信，上面写道：“国家需要良相持久地供职，很多大事我都能够放心地交给你处理，假如没有了你这个良相，我就像失去了双臂一样力单势薄。如果你的精力允许，就不要辞让此职。如果有一天你真的感到力不从心了，再上奏告诉我也不迟。”看过这封言辞恳切的信，房玄龄不再提辞官的请求。后来，唐太宗回顾艰难创业的岁月，诸良臣辅佐自己所立下的卓越功勋，不禁感慨万千，写下《威凤赋》来比喻自己，并将其赐给房玄龄，由此可见他们君臣之间深厚的情谊。

杜如晦[①]，京兆万年人也[②]。武德初，为秦王府兵曹参军[③]，俄迁陕州总管府长史[④]。时府中多英俊，被外迁者众，太宗患之。记室房玄龄曰[⑤]：“府僚去者虽多，盖不足惜。杜如晦聪明识达，王佐才也。若大王守藩端拱[⑥]，无所用之；必欲经营四方，非此人莫可。”太宗自此弥加礼重，寄以心腹，遂奏为府属，常参谋帷幄。时军国多事，剖断如流，深为时辈所服。累除天策府从事中郎[⑦]，兼文学馆学士[⑧]。隐太子之败，如晦与玄龄功第一，迁拜太子右庶子。俄迁兵部尚书[⑨]，进封蔡国公，实封一千三百户。贞观二年，以本官检校侍中[10]。三年，拜尚书右仆射[11]，兼知吏部选事[12]。仍与房玄龄共掌朝政。至于台阁规模，典章文物，皆二人所定，甚获当时之誉，时称房、杜焉。

注释

① 杜如晦（585—630年）：唐初大臣，字克明。隋末曾任滏阳尉。唐兵入关中，助李世民筹谋，临机善断，官天策府从事中郎，兼文学馆学士。参与玄武门之变。太宗时累官至尚书右仆射，与房玄龄共掌朝政，订定各种典章制度。时人合称“房杜”。

② 万年：古县名，治所在今陕西临潼北栎阳镇。

③ 兵曹参军：官名。掌王府武官簿书、考课、仪卫、假使等事情。

④ 长史：官名。唐制，边要之地，置总管以统领军事，长史是总管的副职。

⑤ 记室：官名。主上表章、报书记等事。旧时也用作秘书的代称。

⑥ 守藩端拱：坐守现有的地盘，端坐拱手无所作为。

⑦ 从事中郎：武德四年，唐高祖以秦王功高，古官号不足以称，于是加号天策上将，位在王公之上，开府置官属，其府第谓之天策府。从事中郎为属职。

⑧ 文学馆学士：唐初，太宗在宫城西置文学馆，招聘

贤才。在文学馆任职者称为学士。

⑨兵部尚书：官名。唐代确定六部之名为吏、户、礼、兵、刑、工，由六部尚书分掌政务。兵部掌武官选用和兵籍、甲械、军令之政，长官为兵部尚书。

⑩检校：唐时加官之称，意为其官高于正官。

⑪尚书右仆射：官名。仆射自秦代始设，汉以后沿置。唐太宗时，不设尚书令，而以左、右仆射代居尚书令之职位。初期与中书令、侍中同为宰相。

⑫知：主持。吏部：官署名，唐以吏部为六部之首，掌管全国官吏的任免、考课、升降、调动等。

译文

杜如晦，京兆万年人。唐高祖武德初年，担任秦王府兵曹参军，不久就被提升为陕州总管府长史。当时秦王府中人才济济，但外调出去的人也非常多，对此，李世民十分忧虑。记室房玄龄说："王府中的幕僚离开的虽然很多，并不值得惋惜。内中有个杜如晦非常能干，有见识，是辅佐帝王的优秀人才。如果您只做一个守住领地的藩王，端坐拱手无所作为就用不着他，可是如果您要经营天下，成就帝业，那么非此人不可。"太宗从此之后更加敬重杜如晦，将其视为心腹，于是奏请高祖，调如晦为自己府中属官，让其参与密谋。当时，国政与军事行动非常多，而每次杜如晦都能剖析事理，很迅速地作出正确的决定，深得当时同辈人的佩服。后来，他被封为天策府从事中郎，兼任文学馆学士。隐太子李建成作乱事败，杜如晦和房玄龄功劳最大，杜如晦被提升为太子右庶子。不久又迁任兵部尚书，封为蔡国公，实际赐封食邑一千三百户。贞观二年，为本官检校侍中。贞观三年，被任命为尚书右仆射，兼任吏部选事，和房玄龄共同掌管朝廷的政务。有关中央机构的组织规模、典章制度等事情，都由他们二人商议决定，深获当时人们的称赞，说起当时的良相，人们就会以“房谋杜断”加以赞许。

魏徵[①]，巨鹿人也。近徙家相州之内黄。武德末，为太子洗马[②]。见太宗与隐太子阴相倾夺，每劝建成早为之谋。太宗既诛隐太子，召徵责之曰：“汝离间我兄弟，何也？”众皆为之危惧。徵慷慨自若，从容对曰：“皇太子若从臣言，必无今日之祸。”太宗为之敛容，厚加礼异，擢拜谏议大夫[③]。数引之卧内，访以政术，徵雅有经国之才，性又抗直，无所屈挠。太宗每与之言，未尝不悦。徵亦喜逢知己之主，竭其力用。又劳之曰：“卿所谏前后二百馀事，皆称朕意。非卿忠诚奉国，何能若是！”三年，累迁秘书监，参预朝政，深谋远算，多所弘益。太宗尝谓曰："卿罪重于中钩[④]，我任卿逾于管仲[⑤]，近代君臣相得，宁有似我于卿者乎？"六年，太宗幸九成宫[⑥]，宴近臣，长孙无忌曰[⑦]："王珪、魏徵，往事息隐，臣见之若仇，不谓今者又同此宴。"太宗曰："魏徵往者实我所仇，但其尽心所事，有足嘉者。朕能擢而用之，何惭古烈？徵每犯颜切谏，不许我为非，我所以重之也。"徵再拜曰："陛下导臣使言，臣所以敢言。若陛下不受臣言，臣亦何敢犯龙鳞[⑧]，触忌讳也！"太宗大悦，各赐钱十五万。七年，代王珪为侍中，累封郑国公。寻以疾乞辞所职，请为散官[⑨]。太宗曰："朕拔卿于仇虏之中[⑩]，任卿以枢要之职，见朕之非，未尝不谏。公独不见金之在矿，何足贵哉？良冶锻而为器，便为人所宝。朕方自比于金，以卿为良工。虽有疾，未为衰老。岂得便尔耶？"徵乃止。后复固辞，听解侍中，授以特进，仍知门下省事。十二年，太宗以诞皇孙，诏宴公卿。帝极欢，谓侍臣曰："贞观以前，从我平定天下，周旋艰险，玄龄之功无所与让。贞观之后，尽心于我，献纳忠谠，安国利人，成我今日功业，为天下所称者，惟魏徵而已。古之名臣，何以加也。"于是亲解佩刀以赐二人。庶人承乾在春宫[⑪]，不修德业；魏王泰宠爱日隆[⑫]，内外庶寮咸有疑议。太宗闻而恶之，谓侍臣曰："当今朝臣，忠謇无如魏徵，我遣傅皇太子，用绝天下之望。”十七年，遂授太子太师[13]，知门下事如故。徵自陈有疾，太宗谓曰：“太子宗社之本，须有师傅，故选中正，以为辅弼。知公疹病，可卧护之。”徵乃就职。寻遇疾。徵宅内先无正堂，太宗时欲营小殿，乃辍其材为造，五日而就。遣中使赐以布被素褥，遂其所尚。后数日，薨[14]。太宗亲临恸哭，赠司空，谥曰文贞[15]。太宗亲为制碑文，复自书于石。特赐其家食实封九百户。太宗后尝谓侍臣曰：“夫以铜为镜，可以正衣冠；以古为镜，可以知兴替；以人为镜，可以明得失。朕常保此三镜，以防己过。今魏徵殂逝[16]，遂亡一镜矣！”因泣下久之。乃诏曰：“昔惟魏徵，每显予过。自其逝也，虽过莫彰。朕岂独有非于往时，而皆是于兹日？故亦庶僚苟顺，难触龙鳞者欤！所以虚己外求，披迷内省。言而不用，朕所甘心；用而不言，谁之责也？自斯已后，各悉乃诚。若有是非，直言无隐。”

注释

①魏徵（580—643年）：唐初政治家。字玄成，少时孤贫落拓，有大志，出家为道士。隋末参加瓦岗起义军，李密败，降唐。又被窦建德所获，任起居舍人。建德败，入唐为太子洗马。太宗即位，擢为谏

议大夫，前后陈谏二百余事。贞观三年（629 年）任秘书监，参与朝政，校定秘府图籍。后一度任侍中，封郑国公。

② 太子洗马：官名。秦始置，东宫属官。太子出，则为前导。唐制，东宫左春坊司经局置洗马二人，掌四库图籍缮写、刊辑之事。

③ 谏议大夫：官名，秦始置，专掌议论。唐制，掌谏议得失，侍从赞相。

④ 卿罪重于中钩："中钩"指春秋时管仲射齐公子小白的旧事。意指魏徵的罪大于当年曾用箭射中齐桓公所佩带钩的管仲。

⑤ 管仲（？—前 645 年）：名夷吾，字仲。春秋时齐国名相。齐襄公被杀之后，公子小白和公子纠争继王位，管仲曾带兵阻止公子小白，并射中小白的带钩。后小白立，是为齐桓公。鲍叔牙举荐管仲，齐桓公不计前嫌任命他为卿，尊为"仲父"。管仲对齐国的政治、经济及军事实行了重大改革，帮助齐桓公尊王攘夷，使齐桓公成为春秋时第一个霸主。

⑥ 九成宫：唐宫名，唐时为皇帝避暑的地方，宫在陕西省麟游县西，即隋代的仁寿宫。

⑦ 长孙无忌（？—659 年）：唐初大臣。字辅机，河南洛阳人。太宗长孙皇后之兄。武德九年（626 年），

玄武门之变助太宗夺取帝位，以皇亲及元勋地位，历任尚书右仆射、司空、司徒等职，封赵国公。后因反对高宗立武则天为后，被放逐黔州（今四川彭水），继而被迫自缢。

⑧ 龙鳞：《韩非子·说难》："夫龙之为虫也，柔可狎而骑也，然其喉下有逆鳞径尺，若人有婴之者，则必杀人。"意谓龙虽可驯，但触及逆鳞亦会杀人。

⑨ 散官：有官名而无固定职事之官，与职事官相对而言。唐文散官凡二十九阶，武散官凡四十五阶。散官亦称阶官。

⑩ 仇虏：敌人。文中指皇太子李建成的党羽。

⑪ 庶人承乾：承乾为唐太宗长子，初立为太子，后因有罪被废为庶人。庶人，没有官爵的平民。

⑫ 魏王泰：即太宗第四子李泰，贞观十年封魏王。

⑬ 太子太师：辅导太子的官，与太傅、太保合称"三师"。

⑭ 薨 hōng：古代称侯王死叫"薨"。唐代以后，称二品以上官员之死也叫作"薨"。

⑮ 谥 shì：古代帝王、贵族、大臣、士大夫或其他有地位的人死后，据其生前业绩评定的带有褒贬意义的称号。亦指按上述情况评定这种称号。

⑯ 殂 cú 逝：死亡。

译文

魏徵是巨鹿人，后来举家迁居到相州的内黄。唐高祖武德末年，魏徵官任太子洗马。当他看到太宗同隐太子李建成暗中倾轧争夺，争做帝位继承人，常劝建成早做打算。等到太宗杀了隐太子后，把魏徵叫来责问："你离间我们兄弟之间的关系，是何道理？"当时大家都替魏徵担惊受怕，魏徵却慷慨自若，不慌不忙地回答说："皇太子如果听从我的劝告，肯定不会有今天的杀身之祸。"太宗为他的神色言语所慑服，肃然起敬，对他分外敬重，提升他为谏议大夫，还多次把他请进寝宫，向他请教治理国家的办法。魏徵颇有治国的才能，且性情刚直不阿，绝不随便放弃自己的主张。太宗每次和他交谈，从来没有不高兴的。魏徵也很欣慰遇到了赏识自己的国君，竭尽才力来效劳。太宗又安慰他说："你以前直言劝谏前后二百多件事，都称我的心意，不是你尽心为国，怎能如此？"贞观三年，太宗提升魏徵为秘书监，参与国家大事的决断处理。魏徵深谋远虑，对治理国家提出了许多有益的主张。太宗曾对他说："论你的罪过比当年管仲射中齐桓公的带钩还要严重，而我对你的信任却超过了齐桓公对管仲的信任。近代君臣之间融洽相处，难道还有谁能像我和你这样吗？"贞观六年，唐太宗驾幸九成宫，设宴款待亲近的大臣，长孙无忌说："王珪、魏徵，过去侍奉隐太子，我见到他们就像见到仇敌一样，没想到今天能在一起参加宴会。"太宗说："魏徵过去确实是我的仇敌，但他能为所侍奉的人尽心出力，这是很值得称道的。我能够提拔重用他，无愧于古代英明圣主！而且魏徵常常不顾情面恳切劝谏，不许我做错事，所以我器重他。"魏徵再拜说："陛下引导我劝谏，我才敢提意见。假若陛下不能接受我的意见，我又怎么敢去犯龙鳞、触忌讳呢！"太宗龙心大悦，分别赏赐大臣十五万钱。贞观七年，魏徵替代王珪担任侍中，加封到郑国公。不久因病请求辞去所任的官职，只做个闲职散官。太宗说："我把你从仇敌中选拔出来，委任你以要害部门，你看到我不对的地方，从没有不劝谏的。你难道没看到黄金埋在矿里，有什么可贵的呢？金之所以珍贵就在于能够经高明的冶金工匠锻炼成器物，这才会被人们视为珍宝。我正好比是未经冶炼加工的黄金，而你则如锻造黄金的能工巧匠。你虽然有病，但还不算衰老，怎能想就此辞职呢？"魏徵听了只好停止辞官的请求。后来又坚决要辞职，太宗同意解除他侍中的职务，任为特进，仍旧主管门下省的政事。贞观十二年，太宗因为皇孙诞生，下诏宴请公卿大臣。太宗在酒席间极其高兴，对大臣们说："贞观以前，跟随我平定天下，转战于艰险危难之间，房玄龄功劳之大是没有人能比得上的。自贞观以来，对我竭尽心力，进献有益于国家的忠直之言，安定国家，造福百姓，成就我今天的功业，被天下人所称道的，就只有魏徵了。即使古代的名臣，也不过如此罢了。”言毕，太宗亲自解下佩刀赐给他们二人。被废为庶人的承乾在东宫做太子时，不讲品德不干好事，魏王泰越来越得到宠爱，内外百官对承乾是否还能做太子都有疑议。太宗听到后很是厌恶，对侍从的大臣们说：“当今朝臣之中，讲忠诚正直没有比得上魏徵的，我派他做皇太子的师傅，用来断绝天下人的妄想。”贞观十七年，就任命魏徵做太子太师，仍旧管门下省的政事。魏徵上言自己有病，太宗对他说：“太子是宗庙社稷的根本，一定要有好的师傅来指导，所以挑选你这样中正无私之臣，作为太子的辅弼。我知道你有病，不妨躺在床上来教导他。”魏徵只得就职。上任不久，魏徵又得了重病。魏徵的住宅内原先没有正厅，太宗当时本想给自己建造一座小殿，就停下工来把材料给魏徵造正厅，五天就竣工。太宗又派宫中的使者赐给他布被和素色的垫褥，以满足他崇尚朴素生活的愿望。过了几天，魏徵去世，太宗亲自到他的灵柩前痛哭，追赠他为司空，赐谥号“文贞”。太宗亲自给他撰写碑文，又亲笔书写在石碑上。同时特别赐给他家食邑，封有九百户。太宗后来常对身边的大臣们说：“用铜作镜子，可以端正衣冠；用历史作镜子，可以知道历代兴衰和朝代更迭的原因；用人作镜子，可以明白自己的得失。我常常保有这三面镜子，用来防止自己犯过错。如今魏徵去世，就失掉一面镜子了！”因而哭了很久。于是下诏说：“过去只有魏徵能经常指出我的过错。自从他去世后，我虽有过错也没有人敢公开指出。难道我只在过去有过失，而今天全是正确的吗？恐怕还是百官苟且顺从，不敢来触犯龙鳞罢了！所以我再次虚心征求意见，以拨开迷惘而内心反省。你们直言劝谏了而我不采用，我也很开心。我需要采纳忠言而大家又不说，这个责任谁来承担？从今以后，大家都得竭尽忠诚，如我有是非得失，你们要直言劝谏而不要保留隐瞒。”

论求谏第四

太宗威容俨肃，百僚进见者[①]，皆失其举措[②]。太宗知其若此，每见人奏事，必假颜色，冀闻谏诤，知政教得失。贞观初，尝谓公卿曰："人欲自照，必须明镜；主欲知过，必藉忠臣。主若自贤，臣不匡正，欲不危败，岂可得乎？故君失其国，臣亦不能独全其家。至于隋炀帝暴虐，臣下钳口[③]，卒令不闻其过，遂至灭亡，虞世基等，寻亦诛死。前事不远，公等每看事有不利于人，必须极言规谏。"

注释

① 百僚：指百官。

② 失其举措：慌手忙脚，手足无措。

③ 钳口：像钳子夹住了口，意即闭口。

译文

唐太宗容貌威武，面容严肃，百官中觐见的人，见到他都会紧张到举止失常，不知所措。太宗知道情况后，每当接见臣下启奏时，总是做出和颜悦色的样子，希望能够听到臣下的谏诤，知道政治教化的得失。贞观初年，太宗曾对公卿们说："人如果要看到自己的面容，一定要有明镜；一国之主要想知道自己治政的过失，一定要借助于忠臣。君主假如自以为圣明，臣下又不予以匡正，要想国家不倾危败亡，能办得到吗？于是君主失掉他的国家，臣下也不能独自保全他的家庭。至于像隋炀帝那样残暴淫虐，致使臣下都把嘴闭起来不讲话，最后终于因为听不到自己的过失而导致国家灭亡，虞世基等人不久也被诛杀。前事不远，你们今后每当看到我做的事情有不利于百姓的，必须直言规劝谏诤。"

贞观元年，太宗谓侍臣曰："正主任邪臣，不能致理[①]；正臣事邪主，亦不能致理。惟君臣相遇，有同鱼水，则海内可安。朕虽不明，幸诸公数相匡救，冀凭直言鲠议[②]，致天下太平。"谏议大夫王珪对曰："臣闻木从绳则正，后从谏则圣[③]。是故古者圣主必有争臣七人[④]，言而不用，则相继以死。陛下开圣虑，纳刍荛，愚臣处不讳之朝，实愿罄其狂瞽[5]。”太宗称善，诏令自是宰相入内平章国计[6]，必使谏官随入，预闻政事。有所开说，必虚己纳之。

注释

① 致理：即“致治”，取得治国的胜利。

② 鲠 gěng 议：刚直的议论。鲠，原意是骨卡在喉咙里，这里指直言。

③ 圣：贤明的意思。

④ 争臣：能直言诤谏的大臣。

⑤ 罄其狂瞽 gǔ：谓自己虽愚昧无知，也愿尽到自己的忠心。罄，尽；瞽，瞎眼，引申为愚妄无知。

⑥ 平章：筹商，讨论。

译文

贞观元年，唐太宗对侍从的大臣们说：“正直的君主任用了奸邪的臣子，就不可能治理好国家；忠直的臣子侍奉昏庸的君主，也不可能使国家治平。只有正直的君主和忠直的大臣相处共事，如鱼得水，那么天下才可以平安无事。我虽然不算明君，幸亏你们多次匡正补救过失，希望凭借你们耿直的规谏，以实现天下太平。”谏议大夫王珪回答说：“我听说木材弹上墨线就能锯得笔直，君主听从规谏就能变得圣明。所以，古代圣明的君主必须设直言进谏的诤臣七人，说的话如不被接受，就一个接一个地以死相谏。陛下开拓思路，采纳鄙陋之人的意见，我等处在不避忌讳的圣朝，实在愿意把愚昧之见都讲出来。”听了王珪的话，太宗点头称善。之后下诏规定，今后宰相入宫商量处理国家大事，必须让谏官跟着进来，让他预先了解国家大事，如果谏官有所规谏，皇上一定虚心采纳。

贞观五年，太宗谓房玄龄等曰：“自古帝王多任情喜怒[①]，喜则滥赏无功，怒则滥杀无罪。是以天下丧乱[②]，莫不由此。朕今夙夜未尝不以此为心[③]，恒欲公等尽情极谏。公等亦须受人谏语，岂得以人言不同己意，便即护短不纳？若不能受谏，安能谏人？”

注释

① 任情喜怒：喜怒无常，由着自己的性子来。

② 丧乱：死亡祸乱。后多以形容时势或政局动乱。

③ 夙夜：谓日夜从事。

译文

贞观五年，唐太宗对房玄龄等人说：“自古以来，帝王大都由着自己的性子，喜怒无常。高兴的时候就胡乱赏赐，功过不分；发怒时就任意杀戮，是非不明。天下大乱，一般都是因为肆意妄为造成的。因此我非常警觉，无论白天黑夜，无不铭刻在心，希望各位大臣永远都能够对我的缺点大胆地提出批评。同时，你们也要接受别人的批评意见。切不可因为别人的意见和自己不一致就不接受、不采纳。如果一个人不接受别人的批评，那他又怎么能去批评别人呢？”

贞观十五年，太宗问魏徵曰：“比来朝臣都不论事，何也？”徵对曰：“陛下虚心采纳，诚宜有言者。然古人云：‘未信而谏，则以为谤己[①]；信而不谏，则谓之尸禄[②]。’但人之才器各有不同，懦弱之人怀忠直而不能言；疏远之人恐不信而不得言；怀禄之人虑不便身而不敢言。所以相与缄默，俯仰过日[③]。”太宗曰：“诚如卿言。朕每思之，人臣欲谏，辄惧死亡之祸，与夫赴鼎镬、冒白刃[④]，亦何异哉？故忠贞之臣，非不欲竭诚。竭诚者，乃是极难。所以禹拜昌言[⑤]，岂不为此也！朕今开怀抱，纳谏诤。卿等无劳怖惧，遂不极言。”

注释

① 谤：毁谤。

② 尸禄：犹言尸位素餐，意思是占据官位拿着俸禄而不做实事。

③ 俯仰过日：马马虎虎混日子。

④ 鼎镬 huò：古代的酷刑刑具，用以把人煮死。鼎，古代烹煮用的器物；镬，古代的大锅。

⑤ 禹拜昌言：指大禹只要听到善言，就向人拜谢。

译文

贞观十五年，唐太宗问魏徵："近来朝臣都不议论政事，这是为什么？"魏徵回答说："陛下虚心采纳臣下意见，本来应当有话说。然而古人说过：'不被信任的人劝谏，会被认为是毁谤自己；已被信任而不劝谏，就叫作尸禄。'但是人的才能气度各有不同：胆小怕事的人，心存忠直而不能进谏；被疏远的人，怕不信任而无法进谏；贪恋禄位的人，怕不利于自身而不敢进谏。所以大家沉默不言，随波逐流，应付着混日子。"太宗说："这些现象确实像你所说。我常想，人臣要劝谏，动辄害怕有死亡之祸，这和赴鼎镬被烹杀、冒刀剑被斩杀又有什么区别？因此忠贞的臣子，并非不想竭尽忠诚，只是竭尽忠诚实在太难了。所以夏禹听了好的意见要拜谢，岂不就是因为这个缘故。

我如今敞开胸怀，接受谏诤，你们无需因为害怕而不敢极力进言。”

贞观十七年，太宗问谏议大夫褚遂良曰：“昔舜造漆器[①]，禹雕其俎[②]，当时谏者十有余人。食器之间，何须苦谏？”遂良对曰：“雕琢害农事，纂组伤女工[③]。首创奢淫，危亡之渐。漆器不已，必金为之；金器不已，必玉为之。所以诤臣必谏其渐，及其满盈，无所复谏。”太宗曰：“卿言是矣。朕所为事，若有不当，或在其渐，或已将终，皆宜进谏。比见前史，或有人臣谏事，遂答云‘业已为之’，或道‘业已许之’，竟不为停改。此则危亡之祸，可反手而待也[④]。”

注释

① 舜造漆器：相传造漆器自虞舜开始。漆器，以漆涂饰的木器。

② 禹雕其俎 zǔ：指大禹将祭祀用的俎雕镂上花纹。俎，古代祭祀或宴会时用来盛牲的礼器。

③ 纂 zuǎn 组：赤色的和宽的丝带，多指精美的织物。纂，赤色丝带。组，宽丝带。

④ 反手而待：很快就可到来。

译文

贞观十七年，唐太宗问谏议大夫褚遂良说："从前虞舜制作漆器，夏禹雕饰祭祀用的器具，当时劝谏的有十多人。饮食器皿一类的小事，何必苦苦规谏？"褚遂良回答说："从事精雕细琢会妨害农业生产，编织五颜六色的彩带会妨碍妇女的正常事务。首创奢侈淫逸之风，就是国家危亡的开端。有了漆器不满足，必然要用黄金来做。有了金器还不满足，必然要用玉石来做。所以谏诤之臣必须在事情的开端就加以阻止，等到错误百出，再劝谏也不起作用了。"太宗说："你讲得很对！我所做的事情，如有不当，不论是在刚开始，或者是将做完，都应当及时进谏。近来我翻阅前朝史书的记载，有时臣下进谏，君主就回答说'已经做了'，或者说'已经同意做了'，终究不肯停止以改正自己的错误。这样下去，危国亡家的灾祸在一反手之间就会到来。"

论纳谏第五

贞观初，太宗与黄门侍郎王珪宴语[1]，时有美人侍侧[2]，本庐江王瑗之姬也[3]，瑗败，籍没入宫。太宗指示珪曰："庐江不道，贼杀其夫而纳其室，暴虐之甚，何有不亡者乎！"珪避席曰："陛下以庐江取之为是邪，为非邪？"太宗曰："安有杀人而取其妻，卿乃问朕是非，何也？"珪对曰："臣闻于《管子》曰：齐桓公之郭国[4]，问其父老曰：'郭何故亡？'父老曰：'以其善善而恶恶也。'桓公曰：'若子之言，乃贤君也，何至于亡？'父老曰：'不然。郭君善善而不能用，恶恶而不能去，所以亡也。'今此妇人尚在左右，臣窃以为圣心是之。陛下若以为非，所谓知恶而不去也。"太宗大悦，称为至善，遽令以美人还其亲族。

注释

①黄门侍郎：官名。唐、宋时，门下省与中书省同掌

机要，负责审查诏命，签署章奏，有封驳之权，成为中央政权机关的一部分。其长官称侍中，或称纳言、左相、黄门监，因时而异。其下有黄门侍郎、给事中、谏议大夫、起居侍郎等官。宴语：一边饮宴，一边谈话。

② 美人：妃嫔的称号。西汉始置，唐代后宫有美人九人，为正四品。

③ 庐江王瑗 yuàn：即李瑗，唐高祖从父兄子。武德末，为幽州都督，右领军。贞观初年，王君廓曾诱李瑗谋反，败露后李瑗被杀。

④ 郭国：春秋时候的小国，为齐国所灭。

译文

贞观初年，唐太宗与黄门侍郎王珪在宴会上交谈，当时有个美人在旁边侍候。她本是庐江王李瑗的爱姬，李瑗谋反被诛，她被籍没入宫。太宗指着她对王珪说："庐江王荒淫无道，杀害了她原先的丈夫而把她占为己有。庐江王残暴淫虐无以复加，怎会不灭亡呢？"王珪离开坐席说："陛下认为庐江王强行夺取她是对还是错呢？"太宗说："哪有杀人而夺取其妻的道理，你却问我对不对，这是什么意思？"王珪回答说："我见到《管子》一书里说：齐桓公到了郭国，问那里的父老乡亲：'郭国为什么会灭亡？'

父老说：'因为郭君喜欢善良的人而厌恶坏人。'齐桓公说：'如果像你们这么说，他是个贤君啊，怎会灭亡呢？'父老说：'不是这样，郭君喜欢好人却不能任用，厌恶坏人却不能摒弃，所以国家灭亡了啊。'如今这个妇人还在陛下左右，所以我猜测陛下的心意认为这样做是对的，陛下如果认为不对，那就是所谓知道邪恶而不能摒弃了。"太宗听罢大为欣喜，夸他讲得好极了，马上命令把这个美人送还给她的亲族。

太宗有一骏马，特爱之，恒于宫中养饲，无病而暴死。太宗怒养马宫人，将杀之。皇后谏曰①："昔齐景公以马死杀人②，晏子请数其罪云③：'尔养马而死，尔罪一也。使公以马杀人，百姓闻之，必怨吾君，尔罪二也。诸侯闻之，必轻吾国，尔罪三也。'公乃释罪。陛下尝读书见此事，岂忘之邪？"太宗意乃解。又谓房玄龄曰："皇后庶事相启沃④，极有利益尔。"

注释

① 皇后：即长孙皇后。少好读书，重礼节，性尤俭约，能规谏、补救太宗的过失。贞观十年去世，太宗痛惜不已，说："内失一良佐！"

② 齐景公（？—前 490 年）：春秋时齐国君，名杵臼。齐庄公的异母弟。公元前 547—前 490 年在位。在位时刑罚残酷，许多人被处刖足之刑。不久齐乱，齐国政权被田氏夺取。

③ 晏子（？—前 500 年）：即晏婴，春秋时齐国大夫。字平仲，夷维（今山东高密）人。齐灵公二十六年（前 556 年），其父晏弱死后，继任齐卿，历仕灵公、庄公、景公三世。

④ 庶事：平常的事情、杂务。

译文

唐太宗有一匹骏马，特别喜爱它，常在宫里饲养，有一天这匹马没有生病却突然死掉了。太宗迁怒于养马的宫人，要杀掉他。长孙皇后劝谏说："从前齐景公因为马死了要杀人，晏子请求数说养马人的罪状：'你养的马死了，这是你第一条罪。让国君因马杀人，百姓知道了必定怨恨我们的国君，这是你第二条罪。诸侯知道了，必定轻视我们齐国，这是你第三条罪。'齐景公听后便赦免了养马人的罪。陛下曾经读书读到过这件事情，难道忘记了吗？"太宗听了这话怒气平息下来。他对房玄龄说："皇后在很多事情上启发帮助我，对我很有好处。"

贞观八年，陕县丞皇甫德参上书忤旨[①]，太宗以为讪谤[②]。侍中魏徵进言曰："昔贾谊当汉文帝上书云云[③]'可为痛哭者一，可为长叹息者六。'自古上书，率多激切[④]。若不激切，则不能起人主之心。激切即似讪谤，惟陛下详其可否。"太宗曰："非公无能道此者。"令赐德参帛二十段。

注释

① 陕县：地名，在河南省西部。皇甫德参：唐初大臣，官至监察御史。

② 讪谤：讥讪毁谤。

③ 贾谊（前200—前168年）：西汉政论家、文学家，洛阳（今河南洛阳东）人。汉文帝时被任为博士。不久迁太中大夫，后徙为长沙王太傅。他曾多次上书，批评时政。所著政论有《陈政事疏》《过秦论》等。汉文帝（前202—前157）：即刘恒，前180—前157年在位，刘邦第四子。初立为代王。诸吕之乱平定后，为周勃、陈平等拥立。执行"与民休息"的政策，又削弱诸侯王势力，以巩固中央集权。历史上把他同景帝统治时期并举，称为"文景之治"。

④ 激切：意即言辞激烈。

译文

贞观八年，陕县县丞皇甫德参上书奏事，触怒了唐太宗，太宗认为这是毁谤。侍中魏徵进言道："从前贾谊在汉文帝时上书，曾说到'可以为帝王痛哭的事有一件，可以为帝王长叹息的事有六件'。从古以来臣下的上书奏事，往往言辞很激切，如果不激烈深切，就不能打动人主的心。言辞激切就好似毁谤，希望陛下详察我的话对不对。"太宗说："只有你能说出这番道理来。"于是下令赏赐给皇甫德参帛二十段。

贞观十五年，遣使诣西域立叶护可汗[①]，未还，又令人多赍金帛[②]，历诸国市马[③]。魏徵谏曰："今发使以立可汗为名，可汗未定立，即诣诸国市马，彼必以为意在市马，不为专立可汗。可汗得立，则不甚怀恩，不得立，则生深怨。诸蕃闻之，且不重中国。但使彼国安宁，则诸国之马，不求自至。昔汉文帝有献千里马者，曰：'吾吉行日三十[④]，凶行日五十[⑤]，鸾舆在前[⑥]，属车在后，吾独乘千里马，将安之乎？'乃偿其道里所费而返之。又光武有献千里马及宝剑者[⑦]，马以驾鼓车，剑以赐骑士。今陛下凡所施为，皆邈过三王之上，奈何至此欲为孝文、光武之下乎？又魏文帝求市西域大珠[8]，苏则曰[9]：‘若陛下惠及四海，则不求自至，求而得之，不足贵也。’陛下纵不能慕汉文之高行，可不畏苏则之正言耶？”太宗遽令止之。

注释

①叶护可汗：西突厥可汗，名薄布特勤。继承其兄咥失利可汗之位，是为乙毗沙钵罗叶护可汗，简称叶护可汗。叶护可汗曾数次派使者到长安，贞观十五年秋七月，朝廷遣使至突厥，立为可汗。

②赍 jī：带着。

③市马：购买马匹。

④吉行：指皇帝巡行各地或举行祭祀活动。

⑤凶行：指出兵兴师。

⑥鸾舆：皇帝仪仗中的旗载于车上，大驾出而先行，称为鸾舆。

⑦光武：即东汉光武帝刘秀（前6—57年），东汉王朝建立者，公元25—57年在位。在位期间，偃武修文，崇重儒术，励精图治。

⑧魏文帝：即曹丕（187—226年），三国魏的建立者，公元220—226年在位。曹操次子，爱好文学，所著《典论·论文》为我国文学批评史上的重要著作。

⑨苏则：魏扶风（今陕西扶风县）人，字文师，少以

学行闻名，被荐为孝廉茂才，先后任酒泉、金城太守，政绩显著，被提任侍中。文帝惮其直，又将他贬职为东平相。

译文

贞观十五年，太宗派遣使者到西域封立叶护可汗，使者还没有回来，太宗又令人携带大量金帛到西域各国去买马。魏徵劝谏说："现在派遣的使者去西域是以封立可汗为名，可汗尚未封立，就到各国去买马。他们一定认为我们的目的是买马，而不是专程去封立可汗。这样，可汗即使被封立了，也不会感谢我朝恩德；而立不成的话，就会产生很深的怨恨。西域各国听说这件事，也会看不起我中原之国。只要能使西域各国安定，那么各国的好马用不着去买，就会自动送上门来。过去汉文帝时代，有人献千里马。文帝说：'我巡幸时每天行进三十里，打仗时每天行进五十里，仪仗走在我的前面，副车跟在我的后面，我单独骑一匹千里马，能走到哪里去呢？'于是给了献马人一些路费，让他回去了。另外汉光武帝时，有人献千里马和宝剑，光武帝让千里马拉装载战鼓的车，宝剑赐给手下的骑士。今天陛下的所作所为，远远超过夏禹、商汤和周文王，怎么在这件事情上的见识，还不如汉文帝、汉光武帝呢？魏文帝曾打算买西域的大珍珠，苏则劝谏说：'如果陛下的恩惠泽及四海，则宝珠不买也会自来。能买得到的东西，就不足珍贵了。’陛下纵使不仰慕汉文帝的崇高德行，难道也可以不畏惧苏则的正直议论吗？”于是，太宗立即下令停止买马。

贞观十八年，太宗谓长孙无忌等曰：“夫人臣之对帝王，多顺从而不逆，甘言以取容。朕今发问，不得有隐，宜以次言朕过失。”长孙无忌、唐俭等皆曰：“陛下圣化道致太平，以臣观之，不见其失。”黄门侍郎刘洎对曰[①]：“陛下拨乱创业，实功高万古，诚如无忌等言。然顷有人上书，辞理不称者，或对面穷诘[②]，无不惭退。恐非奖进言者。”太宗曰：“此言是也，当为卿改之。”

注释

① 刘洎 jì：字思道，荆州江陵（今湖北江陵县）人。贞观年间在朝为官，历任给事中、尚书右丞、侍中等职。太宗征伐辽东，因获罪被赐死。

② 穷诘：追问，深究。

译文

贞观十八年，唐太宗对长孙无忌等人说："就臣子对帝王而言，多是顺从而不忤逆，用甜言美语来取得帝王的欢心。我现在提出问题，你们不要有任何隐讳，要一一说出我的过失来。"长孙无忌、唐俭等人都说："陛下圣德教化，使天下达到太平，据我们看来，看不出陛下有什么过失。"黄门侍郎刘洎对答说："陛下拨乱反正，艰苦创业，确实功高万古，如无忌等人所说。但不久前有人上书，遇到言辞内容不合陛下心意的，有时就当面追根盘问，弄得上书言事的人无不羞惭而退。这恐怕不是在奖励进言者的方法吧？"太宗说："你所说的此番言论确实很对，我一定接受你的意见改正错误。"

直谏（附）

贞观二年，隋通事舍人郑仁基女年十六七[①]，容色绝姝[②]，当时莫及，文德皇后访求得之[③]，请备嫔御[④]，太宗乃聘为充华[⑤]。诏书已出，策使未发。魏徵闻其已许嫁陆氏，方遽进而言曰："陛下为人父母，抚爱百姓，当忧其所忧，乐其所乐。自古有道之主，以百姓之心为心，故君处台榭，则欲民有栋宇之安[⑥]；食膏粱，则欲民无饥寒之患；顾嫔御，则欲民有室家之欢。此人主之常道也。今郑氏之女，久已许人，陛下取之不疑，无所顾问，播之四海，岂为民父母之道乎？臣传闻虽或未的，然恐亏损圣德，情不敢隐。君举必书[⑦]，所愿特留神虑。"太宗闻之大惊，手诏答之，深自克责，遂停策使，乃令女还旧夫。左仆射房玄龄、中书令温彦博、礼部尚书王珪、御史大夫韦挺等云："女适陆氏，无显然之状，大礼既行，不可中止。"又陆氏抗表云："某父康在日，与郑家往还，时相赠遗资财，初无婚姻交涉亲戚。”并云：“外人不知，妄有此说。”大臣又劝进。太宗于是颇以为疑，问徵曰：“群臣或顺旨，陆氏何为过尔分疏[8]？”徵曰：“以臣度之，其意可识，将以陛下同于太上皇[9]。”太宗曰：“何也？”徵曰：“太上皇初平京城，得辛处俭妇，稍蒙宠遇。处俭时为太子舍人[10]，太上皇闻之不悦，遂令出东宫为万年县[11]，每怀战惧，常恐不全首领。陆爽以为陛下今虽容之[12]，恐后阴加谴谪[13]，所以反复自陈，意在于此，不足为怪。”太宗笑曰：“外人意见，或当如此。然朕之所言，未能使人必信。”乃出敕曰：“今闻郑氏之女，先已受人礼聘，前出文书之日，事不详审，此乃朕之不是，亦为有司之过。授充华者宜停。”时莫不称叹。

注释

① 通事舍人：官名，三国魏始置，历代沿袭。掌通奏引纳辞见、承旨宣劳等，其官多以善于辞令者担任。

② 姝 shū：美好。

③ 文德皇后：即太宗的皇后长孙氏。

④ 嫔御：皇帝的妾侍。

⑤ 充华：唐时女官名，为皇帝九嫔之一。

⑥ 栋宇：泛指房舍屋宇。

⑦ 君举必书：隋唐时设有起居舍人，侍从皇帝，掌记

录皇帝言行，故称“君举必书”。

⑧过尔分疏：指过分地这样分辩陈述。

⑨太上皇：指唐高祖李渊。

⑩太子舍人：官名。

⑪万年县：唐万年县辖都城长安东部，故址在今陕西西安市临潼县东北。

⑫陆爽：字开明，魏郡临漳人。生于梁武帝大同五年（539年），卒于隋文帝开皇十一年（591年），年五十三岁。少聪敏，九岁就学，日诵二千余言。年十七，齐清河王岳召为生簿。擢为殿中侍御史。齐亡，陆爽、袁文德等俱被周武帝征入关。诸人多将辎重，陆爽独载书数千卷。隋文帝受禅，陆爽为太子洗马，卒于官。陆爽入隋后，与宇文恺等撰《东宫典记》七十卷，行于世。

⑬谴谪：责贬。

译文

贞观二年，隋朝通事舍人郑仁基的女儿年方十六七岁，是个容貌极为美丽的绝代佳人，当时没有人能与之相比，文德皇后寻访到后，请求唐太宗留在后宫作为嫔妃，太宗就聘她为充华。诏书已经颁布，册封的使者尚未动身。魏徵听说她已许配给陆家，急忙进谏说：“陛下身为万民父母，抚爱百姓，就应当以百姓的忧虑为忧虑，以百姓的快乐为快乐。自古以来有道德的君主，皆能想百姓所想。所以君主居处楼台亭榭，就想使百姓有房屋安身；君主吃美味佳肴，就想使百姓应无饥寒交迫的忧虑；君主看到嫔妃，就想使百姓有娶妻成家的欢乐。这才是做君主的最基本道理。如今郑氏之女，早就许配了人家，陛下毫不考虑就要她进宫，也不打听询问，这事传到全国，难道是做百姓父母的国君所应有的道义吗？我听来的传闻虽然不一定确实，但惧怕圣上的美德有所亏损，实在不敢隐瞒自己的看法。君主一举一动都有史官记录，希望陛下要特别多加考虑。”太宗听了大吃一惊，亲自写诏书回答魏徵，深刻地自我责备，即刻停止派遣使者前往册封，下令将郑氏女送还她原定的丈夫。左仆射房玄龄、中书令温彦博、礼部尚书王珪、御史大夫韦挺等人说：“这个女子许嫁陆氏，并无确凿的证据，册封大礼既然已经举行，不可中途废止。”而陆氏也上表说：“我父亲陆康在世时，与郑家往来，时常互相赠送资产财物，当初没有约为婚姻亲戚关系。”还说：“外边的人不知实情，妄自有这样的传说。”大臣们又劝说太宗册封郑女。太宗于是也觉得颇有怀疑，便问魏徵：“大臣们或许是要顺从我的意旨，陆氏为什么如此极力撇清呢？”魏徵说：“依我看来，陆氏的心意是可以明白的，他是把陛下看得同太上皇一样。”太宗问：“这是什么意思？”魏徵说：“太上皇刚平定京城，得到辛处俭的妻子，颇加宠幸。辛处俭当时做太子舍人，太上皇知道了不高兴，就下令他离开东宫去万年县做官，辛处俭常怀恐惧，担心保不住脑袋。陆爽认为陛下目前虽然能宽容他，却怕以后暗地里给他加罪贬官，所以反复表白，用意就在这里，因此不足为奇。”太宗笑道：“外人的想法也许会这样。但我所说的，却也未必能使人家一定相信。”于是发出诏令说：“如今闻知郑氏之女，过去已经接受他人的聘礼，先前发出诏书的时候，事情没有弄清楚，这是我的不是，也是有关官署的过错。授予充华的诏册应停止执行。”当时人们对此无不称赞。

简点使右仆射封德彝等[1]，并欲中男十八已上[2]，简点入军。敕三四出，徵执奏以为不可。德彝重奏：“今见简点者云，次男内大有壮者[3]。”太宗怒，乃出敕：“中男已上，虽未十八，身形壮大，亦取。”徵又不从，不肯署敕。太宗召徵及王珪，作色而待之[4]，曰：“中男若实小，自不点入军；若实大，亦可简取。于君何嫌？过作如此固执，朕不解公意！”徵正色曰：“臣闻竭泽取鱼，非不得鱼，明年无鱼；焚林而畋，非不获兽，明年无兽。若次男已上，尽点入军，租赋杂徭，将何取给？且比年国家卫士，不堪攻战，岂为其少？但为礼遇失所，遂使人无斗心。若多点取人，还充杂使，其数虽众，终是无用。若精简壮健，遇之以礼，人百其勇[⑤]，何必在多？陛下每云，我之为君，以诚信待物，欲使官人百姓并无矫伪之心。自登极已来，大事三数件，皆是不信，复何以取信于人？”太宗愕然曰：“所云不信，是何等也？”徵曰：“陛下初即位，诏书曰：‘逋租宿债[⑥]，欠负官物，并悉原免。’即令所司，列为事条，秦府国司，亦非官物。陛下自秦王为天子，国司不为官物，其余物复何所有？又关中免二年租调，关外给复一年。百姓蒙恩，无不欢悦。更有敕旨：‘今年白丁多已役讫[⑦]，若从此放免，并是虚荷国恩，若已折已输，令总纳取了，所免者皆以来年为始。’散还之后，方更征收，百姓之心，不能无怪。已征得物，便点入军，来年为始，何以取信？又共理所寄，在于刺史、县令，常年貌税[⑧]，并悉委之。至于简点，即疑其诈伪。望下诚信，不亦难乎？”太宗曰：“我见君固执不已，疑君蔽此事。今论国家不信，乃人情不通。我不寻思，过亦深矣。行事往往如此错失，若为致理？”乃停中男，赐金瓮一口，赐珪绢五十匹。

注释

①简点使：唐官名。唐初，征十八岁以上中男入伍，

置诸道简点使。

② 中男：尚未成丁的男子。唐初法令，十六岁为中，二十一岁为丁，把十六岁至二十岁的男子称为中男。

③ 次男：长子以下的男子。

④ 作色：脸上变色。指神情变严肃或发怒。

⑤ 人百其勇：指一人可当百夫。

⑥ 逋租宿债：拖欠很久的租税债务。

⑦ 白丁：本无军籍，临时征集起来的壮丁。

⑧ 貌税：古代为防脱漏户口和隐瞒年龄、逃避赋役，由官员阅其相貌以验老小之实。

译文

简点使右仆射封德彝等大臣，想把尚未成丁的、十八岁以上的男丁都征召入伍。诏书颁发了三四次，魏徵认为这样做不妥当，执意上奏。封德彝又向太宗上奏道："听负责征兵的人说，次男当中大有身体强健的人。"太宗非常生气，于是下了一道命令说："尚未成丁的男子，即使没有满十八岁，只要身体强壮、体形高大的，也征兵入伍。"魏徵又不同意，不肯签署发布这道命令。太宗召见魏徵和王珪，怒气冲冲地对他们说："尚未成丁的男子如果太小，自然不征召入伍；如果确实强壮，也可以参军，这对于你们来说有何不妥？你们过分固执，我真不能理解你们的想法。”魏徵严肃地说：“我听说把池塘的水放干来捕鱼，这样做的后果当然不是捕不到鱼，而是第二年没有鱼可捕了；放火焚烧森林来打猎，并不是打不到野兽，而是第二年再也没有野兽可以捕获了。如果家中尚未成丁的男子全都应召入伍，国家的租税徭役，又由哪里获取供给呢？况且近年国家的卫戍兵士不堪进攻作战的缘由，是因为兵士少吗？不是，只是因为他们失去了应有的待遇，结果使士兵没有作战的心绪。如果只是一味地想多征兵，有的还充当杂役，人数再多，终究没有什么用处。不如精挑细选一些强壮的成年男子，尊重他们，厚待他们。一个人就可以发挥出百倍的勇气，哪里用得着人数众多呢？陛下每次都说，我身为君主待人诚恳，并且力求使官吏、百姓都没有狡诈虚伪之心。可是自从陛下即位以来所做的几件大事都不让人信服，又凭什么取信于人呢？”太宗十分吃惊地问：“你所说的失信于民的事，指的是哪些事呢？”魏徵说：“陛下刚即位的时候，下了一道诏书说：‘过去各种拖欠官府的田租、债务，都全部免除。’命令下达不久，马上又命令管理财务的官吏，把这些列为条目。但陛下作为秦王时所拥有的财物，却不是官府的。陛下自秦王而升为天子，你作为秦王时王府里的东西不是官家的财物，那今天其他人所拥有的官家财物又从何而来呢？还有在关中一带免两年的租税，关外免一年的赋税徭役这件事。百姓一听说，个个都感觉沐浴皇恩，没有谁不高兴。可是没过多久，陛下又更换了一道圣旨：‘今年百姓的赋税都已缴完了，如果现在执行这项政策，有的人并没有享受皇恩。因此不管哪种情况，今年的赋税让他们全部缴纳，所免的赋税都从明年开始。’壮丁遣还家乡之后，才更改征收赋税的方法，百姓的心怎么能踏实呢？凡已征收的财物，都用以充军，所颁布的措施又要从第二年开始执行，凭什么取信于民？另外，一个地方的治理在于刺史、县令这些地方官，每年类似赋役的事情，都是委托他们办理，至于挑选统计从军人员，又怀疑他们虚伪欺诈。陛下又要这些属官们诚实可信，不是很困难吗？”太宗说：“我见你们一个个十分固执，怀疑你们心中有什么被蒙蔽了。而今你谈论的朝廷不守信用，原因是我对民间情况知道太少。这些事情我没认真思考，犯的错误也就大了。做事情如果每每犯这样的错误，国家又岂能得到治理呢？”于是停止征召家中尚未成丁的人入伍，并赏赐给魏徵金瓮一口，赏赐王珪五十匹丝绢。

贞观五年，持书侍御史权万纪[①]、侍御史李仁发，俱以告讦谮毁[②]，数蒙引见，任心弹射，肆其欺罔[③]，令在上震怒，臣下无以自安。内外知其不可，而莫能论诤。给事中魏徵正色而奏之曰："权万纪、李仁发并是小人，不识大体，以谮毁为是，告讦为直，凡所弹射，皆非有罪。陛下掩其所短，收其一切，乃骋其奸计，附下罔上，多行无礼，以取强直之名。诬房玄龄，斥退张亮[4]，无所肃厉[5]，徒损圣明。道路之人，皆兴谤议。臣伏度圣心，必不以为谋虑深长，可委以栋梁之任，将以其无所避忌，欲以警厉群臣。若信狎回邪[6]，犹不可以小谋大，群臣素无矫伪，空使臣下离心。以玄龄、亮之徒，犹不可得伸其枉直，其余疏贱，孰能免其欺罔？伏愿陛下留意再思。自驱使二人以来，有一弘益，臣即甘心斧钺，受不忠之罪。陛下纵未能举善以崇德，岂可进奸而自损乎？"太宗欣然纳之，赐徵绢五百匹。其万纪又奸状渐露，仁发亦解黜。万纪贬连州司马[7]，朝廷咸相庆贺焉。

注释

① 持书侍御史：官名，掌举核官名。

② 告讦 jié 谮毁：指密告、诬陷中伤他人。讦，攻击或揭发别人的短处。谮，说坏话诬陷他人。

③ 肆其欺罔：放肆地欺骗蒙蔽。

④ 张亮：唐郑州荥阳（今河南郑州市）人，唐初，由房玄龄举荐为秦王府车骑将军。后因罪被诛。

⑤ 肃厉：整肃激励。

⑥ 信狎回邪：信任亲近枉曲不正之人。狎、邪，枉曲不正。

⑦ 司马：官名，西周始置。唐代各州的佐官有司马，后成为空名，用以安置朝廷贬斥的官吏。

译文

贞观五年，持书侍御史权万纪和侍御史李仁发，都因告密、诬陷毁谤，多次被太宗召见。他们任意告发攻击别人，极尽欺蒙之能事，使得皇上十分震怒，而朝中大臣无以自安。内外的人都知道不对，但没有谁能向太宗议论谏诤。给事中魏徵严肃地上奏说："权万纪、李仁发都是小人，不识大体，专以诬陷中伤别人为正确，以告发攻击他人为正直。凡是被他们告发攻击的人，都并非真正有罪。陛下掩盖他们的短处，对他们说的话信以为真。他们就施展奸谋，对下拉拢、对上欺瞒，干了许多无礼的事情，并以此来博取耿直的美名。他们诬陷房玄龄，斥退张亮，并不能整肃朝廷，却白白地损害了圣上的英明。路上的人，都纷纷指责议论。我私自猜测圣上的心意，圣上一定不会认为他们谋虑深长，可以委以国家栋梁的重任，大概是要利用他们无所避忌的言行来警戒督促群臣。但即使真的信任亲近这些枉曲不正之人，也不能用小人来算计大臣，何况臣下们本来没有矫诈虚假，陛下这样做只会使臣下们离心离德。连房玄龄、张亮这样的人，都没有办法来申辩曲直，至于其他关系疏远、职位低下的人，谁能避免受到欺侮、诬陷？真诚希望陛下再认真想一想。自从任用这二人以来，哪怕给国家做了一件有益的事，臣都甘愿受斧钺之诛，请不忠之罪。陛下纵使未能推举善人来播扬圣德，也不能引进奸邪而自损声威吧？”太宗很高兴地接受了魏徵的意见，赏赐给他绢五百匹。其时权万纪这个人的劣迹逐渐暴露，李仁发也被解职黜逐。权万纪被贬为连州司马后，朝廷群臣都互相庆贺，无不拍手称快。

贞观六年，有人告尚书右丞魏徵，言其阿党亲戚[①]。太宗使御史大夫温彦博案验其事，乃言者不直。彦博奏称，徵既为人所道，虽在无私，亦有可责。遂令彦博谓徵曰："尔谏正我数百条，岂以此小事，便损众美。自今已后，不得不存形迹[②]。"居数日，太宗问徵曰："昨来在外，闻有何不是事？"徵曰："前日令彦博宣敕语臣云：'因何不存形迹？'此言大不是。臣闻君臣同气，义均一体。未闻不存公道，惟事形迹。若君臣上下同遵此路，则邦国之兴丧，或未可知！"太宗瞿然改容曰[③]："前发此语，寻已悔之，实大不是，公亦不得遂怀隐避。”徵乃拜而言曰：“臣以身许国，直道而行，必不敢有所欺负。但愿陛下使臣为良臣，勿使臣为忠臣。”太宗曰：“忠良有异乎？”徵曰：“良臣使身获美名，君受显号④，子孙传世，福禄无疆。忠臣身受诛夷⑤，君陷大恶，家国并丧，独有其名。以此而言，相去远矣。”太宗曰：“君但莫违此言，我必不忘社稷之计。”乃赐绢二百匹。

注释

① 阿党：偏袒，庇护，结党营私。

② 不存形迹：意即不检点自己的言行举止。存，看顾，思考。形迹，言行举止。

③ 瞿然：惊讶醒悟的样子。

④ 显号：荣耀。

⑤ 诛夷：治罪或杀死的意思。

译文

贞观六年，有人告发尚书右丞魏徵，指控他袒护自己的亲戚。唐太宗便派御史大夫温彦博去查明这件事。结果是告发的人歪曲事实。温彦博上奏说，魏徵既然被人讲了坏话，虽然并无偏袒徇私，但也还是有可以责备的地方。太宗就叫温彦博向魏徵传话说：“你直言谏诤了我几百件事，我怎会因这点小事，就否定你那么多的好处。但是从今以后，你也不能不检点一下自己的举止言行了。”时隔数日，太宗问魏徵说：“这两天你在外边，有没有听到什么不对的事情？”魏徵说：“前些日子陛下叫温彦博向我传达圣意，说：‘为什么不检点自己的举止言行？’这话说得太不对。我听说君臣之间意气相投，从道理上讲等于是一个整体。没有听说过不心存公道，只去检点自己的举止言行。如果君臣上下都遵守这样的行事要求，那国家的兴亡，或许就难以知道了！”太宗这才醒悟，脸色一变说道：“前次说了这话，不久就觉得后悔了，实在讲得很不对。你也不要因此就存退避之心。”魏徵于是下拜说：“我把全部身心都交给了国家，公正办事，绝不敢有什么欺罔行为，但愿陛下让我做一个良臣，不要让我去做忠臣。”太宗问道：“忠臣、良臣有什么不一样的？”魏徵回答说：“良臣使自身获得好名声，君上也能得显耀的称号，子孙代代传下去，荣华富贵无穷无尽。忠臣则是自身蒙受诛戮，却使圣上陷于极大的恶名，进而使自身与国家都遭受灭顶之灾，只留下个忠臣的空名。从这点来说，忠臣与良臣相差甚远。”太宗说：“你只要不违背所说的话，我必定不会忘记治理国家的大计。”于是太宗赏赐给魏徵绢二百匹。

贞观六年，匈奴克平[①]，远夷入贡[②]，符瑞日至[③]，年谷频登[④]。岳牧等屡请封禅[⑤]，群臣等又称述功德，以为“时不可失，天不可违，今行之，臣等犹谓其晚”。惟魏徵以为不可。太宗曰：“朕欲得卿直言之，勿有所隐。朕功不高耶？”曰：“高矣。”“德未厚耶？”曰：“厚矣。”“华夏未安耶？”曰：“安矣。”“远夷未慕耶？”曰：“慕矣。”“符瑞未至耶？”曰：“至矣。”“年谷未登耶？”曰：“登矣。”“然则何为不可？”对曰：“陛下功高矣，民未怀惠。德厚矣，泽未旁流[⑥]。华夏安矣，未足以供事[⑦]。远夷慕矣，无以供其求。符瑞虽臻，而罻罗犹密[⑧]。积岁丰稔，而仓廪尚虚。此臣所以切谓未可。臣未能远譬，且借近喻于人。有人长患疼痛，不能任持，疗理且愈，皮骨仅存，便欲负一石米，日行百里，必不可得。隋氏之乱，非止十年。陛下为之良医，除其疾苦，虽已乂安[⑨]，未甚充实，告成天地，臣窃有疑。且陛下东封，万国咸萃[⑩]，要荒之外，莫不奔驰。今自伊、洛之东[⑪]，暨乎海、岱[⑫]，萑莽巨泽，茫茫千里，人烟断绝，鸡犬不闻，道路萧条，进退艰阻。宁可引彼戎狄[⑬]，示以虚弱？竭财以赏，未厌远人之望；加年给复，不偿百姓之劳，或遇水旱之灾，风雨之变，庸夫邪议，悔不可追。岂独臣之诚恳，亦有舆人之论。”太宗称善，于是乃止。

注释

① 匈奴：中国古族名，也称胡。此指突厥。

② 夷：泛指边远地区的少数民族。

③ 符瑞：祥瑞征兆。

④ 频登：多次丰收。登，庄稼成熟，丰收。

⑤ 岳牧：古代传说中的四岳和十二州牧的合称，后来用以泛指州府大吏。封禅：封建帝王祭告天地的一种大典。

⑥ 泽未旁流：恩泽没有像水那样向四方流淌，即尚未施及众人之意。

⑦ 供事：指负担举行封建典礼的费用。

⑧ 罻罗：原意是网，这里引申为牢狱。

⑨ 乂 yì 安：通过治理使社会达到安宁。

⑩ 万国咸萃：指各国前来参加封禅典礼的使者都聚集在一起。

⑪ 伊、洛之东：即伊水、洛水的东面，泛指今河南东部以及山东广大地区。

⑫ 海、岱：指渤海和泰山。

⑬ 戎狄：西戎北狄。戎，中国古代对西部民族的统称。狄，中国古代对北方民族的称谓。

译文

贞观六年，突厥已告平定，远方外族入朝进贡，吉祥的征兆也一天天到来，谷物连年丰收。地方长官多次请求举行封禅大典，臣下们也纷纷歌功颂德，认为“时机不可错过，天意不可违抗，即使如今举行封禅大典，我们还认为太迟了”。朝中大臣只有魏徵认为不可。太宗说：“我想要你如实直言，不必隐讳。我的功业难道还不高吗？”魏徵答：“高啊。”太宗问：“德行不厚吗？”魏徵答：“厚啊。”太宗问：“全国还没安定吗？”魏徵答：“安定了。”太宗问：“远方外族还不仰慕吗？”魏徵答：“仰慕了。”太宗问：“象征吉祥的事物还没出现吗？”魏徵答：“出现了。”太宗问：“谷物还没丰收吗？”魏徵答：“丰收了。”太宗质问道：“既然如此，为什么不能举行封禅大典？”魏徵回答说：“陛下功高了，但百姓心中还没有记住您的恩惠；陛下的德行虽厚，但恩泽还没有遍施于人；天下虽然安定了，但还不足以负担得起举行封禅大典的费用；远方外族仰慕了，但还没有更多的财物来供应他们的需求；符瑞的征兆虽已出现，但法网还太严密；五谷虽然连年丰收，但仓廪还不充实。这就是我之所以认为还不该封禅的道理。我不拿远的历史来比喻，暂且就近借用‘人’作比方。有人长期患病疼痛，支撑不住，虽经治疗快痊愈了，但已瘦得皮包骨头，却想马上背起一石米，日行百里路，肯定办不到。隋朝祸乱不止十年，陛下作为天下人的良医，解除了百姓疾苦。虽然通过治理使社会达到太平，但还不是很富实，要祭天地报告大功完成，我心里有疑虑。况且陛下东封泰山，天下万国都要兴师动众，即使边远地区，也都得派人赶来。但如今从伊水、洛水向东，直至渤海、泰山，草木丛生，遍地沼泽，茫茫千里人烟稀少，听不到鸡鸣狗吠，道路荒凉，进退都十分艰难。难道陛下宁愿让远方外族来内地，让他们看出我们的虚弱？即使竭尽财物来赏赐，也不能满足远方来人的期望；即使朝廷多免除几次徭役，也不能抵偿当地百姓为封禅所付出的辛劳。如碰上水旱之灾，风雨之害，庸人会因此大加议论，攻击朝廷，到那时就是后悔也来不及了。这不仅是我的诚心恳求，也是很多人辩争过的论点。”太宗称赞魏徵讲得很好，于是就停止封禅。

贞观七年，蜀王妃父杨誉[①]，在省竞婢[②]，都官郎中薛仁方留身勘问[③]，未及予夺。其子为千牛[④]，于殿庭陈诉云：“五品以上非反逆不合留身，以是国亲，故生节目，不肯决断，淹留岁月。”太宗闻之，怒曰：“知是我亲戚，故作如此艰难。”即令杖仁方一百，解所任官。

魏徵进曰："城狐社鼠皆微物[5]，为其有所凭恃，故除之犹不易。况世家贵戚，旧号难理，汉、晋以来，不能禁御[6]，武德之中，以多骄纵，陛下登极，方始萧条。仁方既是职司，能为国家守法，岂可枉加刑罚，以成外戚之私乎！此源一开，万端争起，后必悔之，将无所及。自古能禁断此事，惟陛下一人。备豫不虞[7]，为国常道。岂可以水未横流，便欲自毁堤防？臣窃思度，未见其可。"太宗曰："诚如公言，向者不思。然仁方辄禁不言，颇是专权，虽不合重罪，宜少加惩肃。"乃令杖二十而赦之。

注释

① 蜀王：即唐太宗李世民的第六个儿子李愔，初封梁王，后改封蜀王，因罪被贬为虢州刺史。性暴虐，常无理殴打属官，游猎无度，侵扰百姓。

② 在省竞婢：在皇宫禁地追逐婢女。省，指皇宫禁地。竞，追逐，争逐。

③ 都官郎中：唐时掌刑狱的官职，掌发配役徒、拘留俘囚等。

④ 千牛：官名，唐代左右千牛卫将军，掌宫殿侍卫和皇帝出行仪仗等事。

⑤ 城狐社鼠：穴居于城墙下的狐狸与神社下的老鼠。

它们因所栖穴的地方重要而有所依仗。

⑥ 汉、晋以来，不能禁御：指东汉末年与西晋后期，外戚与宦官专权，导致国家祸乱。东汉发生“党锢之祸”，西晋发生“八王之乱”，都与外戚、宦官专权有关。

⑦ 备豫不虞：防备意想不到的事发生。

译文

贞观七年，蜀王妃子的父亲杨誉在皇宫追逐婢女，违反当时的法令，都官郎中薛仁方将杨誉拘留起来盘查讯问，尚未来得及处置。杨誉的儿子是千牛卫将军，在上朝的时候向皇帝禀报道：“唐朝的制度规定，凡是五品以上的官员，只要不是反抗朝廷，都不宜留下询问。薛仁方只是因为我的父亲是皇亲国戚，所以节外生枝，不肯判决，已经拖延了很长时间。”太宗听后非常生气地说：“明明知道是我的亲戚，为什么还要故意刁难？”于是下令杖击薛仁方一百杖，并免去所任官职。魏徵觉得太宗的做法有失偏颇，于是向唐太宗进谏道：“连城边的狐狸、庙里的老鼠这些小动物，只因为它们有所依仗，除去它们都尚且不容易，更何况官宦之家与皇亲国戚呢！这些关系在古代都难以处理，自从汉、晋以来，可谓屡禁不止。武德年间，皇亲国戚大都骄横自大、不守法度。陛下登上皇位，情况才有所好转。仁方作为国家的官吏，能为国家奉公守法，怎么能够无端随意地加以处罚，从而来满足外戚的非法私欲呢？如果陛下开了这个先例，各种争端就会产生，日后皇上必定后悔，到那时就没有什么方法可以治理。自古能禁绝这类事情的，我想只有陛下一人。对那些意料不到的事情做好准备措施，这是治理国家最常见的方法，哪有因为洪水没有泛滥就自己想毁掉堤岸的道理呢？我暗自思量，觉得这种做法是不可行的。”太宗说：“你说得很对，可是仁方什么也不说就把杨誉禁闭起来，他太擅作主张。虽然不应该治以重罪，但也应该稍加惩罚以严肃国纪。”于是命令打了薛仁方二十大板后赦免了他。

贞观八年，左仆射房玄龄、右仆射高士廉于路逢少府监窦德素[①]，问北门近来更何营造[②]。德素以闻。太宗乃谓玄龄曰：“君但知南衙事[③]，我北门少有营造，何预君事[④]？”玄龄等拜谢[⑤]。魏徵进曰：“臣不解陛下责，亦不解玄龄、士廉拜谢。玄龄既任大臣，即陛下股肱耳目[⑥]，有所营造，何容不知？责其访问官司，臣所不解。且所为有利害，役工有多少，陛下所为善，当助陛下成之，所为不是，虽营造，当奏陛下罢之。此乃君使臣、臣事君之道[⑦]。玄龄等问既无罪，而陛下责之，臣所不解；玄龄等不识所守[⑧]，但知拜谢，臣亦不解。”太宗深愧之。

注释

①高士廉：唐初大臣，名俭，渤海（在今山东省信阳县）蓨人。素有才望，颇受太宗重视。历任益州大都督府长史、吏部尚书、尚书右仆射等职，封许国公。贞观二十年去世，陪葬昭陵。少府监：官名。秦汉时为九卿之一，掌山海池泽的收入和皇室手工业品的制造。唐代掌管百工缮作等事。

②北门：指玄武门，此门是唐大明宫的北门。

③南衙：唐代长安有宫城和皇城，皇城在宫城南，为朝廷所在地，故称南衙。

④预：涉及。

⑤拜谢：伏拜谢罪。

⑥股肱：比喻辅佐的大臣。股是大腿，肱是手臂，是人体最得力的器官。

⑦君使臣、臣事君：语出《论语》："君使臣以礼，臣事君以忠。"意思是君王应按礼义使用大臣，大臣应该以忠诚侍奉君王。

⑧不识所守：不知道自己该掌管什么。

译文

贞观八年，左仆射房玄龄、右仆射高士廉在路上遇到少府监窦德素，问他宫城近来又在营建些什么。窦德素将这事报告给唐太宗。太宗就对房玄龄说："你只需管好南衙里的事，我的北门稍有点营建，何需你来干预？"玄龄等人下拜谢罪。魏徵进言说："我不理解陛下为什么要指责他们，也不理解房玄龄、高士廉为什么要向陛下道歉。房玄龄既然担当大臣之职，也就是陛下的得力助手，宫中有所营建，怎么不可以让他知道？陛下指责他询问主管部门，是我所不理解的。况且所营建房屋或则有利或则有害，所使用的人工或则多或则少，如果陛下做得好，应当协助陛下来完成；如果做得不对，即使已在营建，也应当奏请陛下停止。这是君任用臣、臣侍奉君的正道。房玄龄等人问了既是无罪，而陛下却加以指责，又是我所不能理解的；房玄龄等人不清楚自已的职守，只知道下拜谢罪，也是我不能理解的。"太宗听了这番话深为惭愧。

贞观十年，越王[①]，长孙皇后所生，太子介弟[②]，聪敏绝伦，太宗特所宠异。或言三品以上皆轻蔑王者，意在谮侍中魏徵等，以激上怒。上御齐政殿，引三品已上入坐定，大怒作色而言曰："我有一言，向公等道。

往前天子，即是天子，今时天子，非天子耶？往年天子儿，是天子儿，今日天子儿，非天子儿耶？我见隋家诸王，达官已下[③]，皆不免被其踬顿[④]。我之儿子，自不许其纵横，公等所容易过，得相共轻蔑。我若纵之，岂不能踬顿公等！”玄龄等战栗，皆拜谢。徵正色而谏曰：“当今群臣，必无轻蔑越王者。然在礼，臣、子一例，《传》称，王人虽微，列入诸侯之上。诸侯用之为公，即是公；用之为卿，即是卿。若不为公卿，即下士于诸侯也。今三品以上，列为公卿，并天子大臣，陛下所加敬异。纵其小有不是，越王何得辄加折辱？若国家纪纲废坏，臣所不知。以当今圣明之时，越王岂得如此。且隋高祖不知礼义，宠树诸王，使行无礼，寻以罪黜，不可为法，亦何足道？”太宗闻其言，喜形于色，谓群臣曰：“凡人言语理到，不可不伏。朕之所言，当身私爱；魏徵所论，国家大法。朕向者忿怒，自谓理在不疑，及见魏徵所论，始觉大非道理。为人君言，何可容易！”召玄龄等而切责之，赐徵绢一千匹。

注释

① 越王：即李泰，太宗第四子。贞观二年（628 年）封越王，十年（636 年）徙封魏王。少善属文，曾主持《括地志》的修撰工作。

② 介弟：介，大。对别人兄弟的敬称。

③ 达官：显贵的官吏。

④ 踬 zhì 顿：谓捉弄困扰。踬，被绊倒。顿，停息。引申为事情不顺。

译文

贞观十年，越王李泰是长孙皇后所生，是太子之弟，十分聪明，深得太宗喜爱。有人说三品以上的官员都轻蔑越王，用意在毁谤侍中魏徵等人，以此激怒太宗。太宗驾临齐政殿，把三品以上的官员召引进宫，入座后，便大发雷霆，怒气冲冲地说："我有一句话要向你们说。从前的天子就是天子，如今的天子就不是天子吗？以前天子的儿子，就是天子的儿子；如今天子的儿子，就不是天子的儿子吗？我看到隋朝各位侯王，达官以下都免不了被他们捉弄。我的儿子，自然不准他们放纵骄横，而你们却因他们容易相处，就蔑视他们！我要是放纵他们，难道他们不能摧折戏弄你们吗？"房玄龄等人吓得发抖，全部下拜谢罪。魏徵却正颜厉色地劝谏道："当今的朝中大臣肯定没有人轻视越王的。然而按礼仪来说，臣下和陛下之子该一例看待，《经传》上说，周天子属下的官虽小，仍要排在诸侯之上。诸侯被周天子任用为公才是公，任用为卿才是卿。如果没有被周天子任用为公卿，就只是地位低于士的诸侯。

如今三品以上官员，都位列公卿，全是天子的大臣，为陛下所敬重优待。纵然他们有些小过小错，越王怎能随意对他们摧折侮辱？如果国家的法令制度已经败坏，那当然不是我能知道的；但在当今圣明之世，越王怎可以如此行事。况且隋高祖不懂礼义，宠爱放纵各位王子，使他们做出无礼的事情，不久都因犯罪而被贬黜，这怎能效法，又有什么可称道的呢？”太宗听了这话后转怒为喜，并对臣下们说：“凡是人们说话，道理充足深刻的，就不能不令人心悦诚服。我刚才所说的，是出于个人私爱；魏徵所议论的，则是国家大法。我刚才大发脾气，自以为理由充分不用怀疑，等到听了魏徵所说的话，才觉得自己很没有道理。做人君的讲起话来，真不能轻率随便。”于是把房玄龄等人深加责备，而对魏徵则大加称颂，并赏赐绢一千匹。

贞观十二年，太宗谓魏徵曰：“比来所行得失政化，何如往前？”对曰：“若恩威所加，远夷朝贡，比于贞观之始，不可等级而言[①]。若德义潜通，民心悦服，比于贞观之初，相去又甚远。”太宗曰：“远夷来服，应由德义所加。往前功业，何因益大？”徵曰：“昔者四方未定，常以德义为心。旋以海内无虞，渐加骄奢自溢。所以功业虽盛，终不如往初。”太宗又曰：“所行比往前何为异？”徵曰：“贞观之初，恐人不言，导之使谏。三年已后，见人谏，悦而从之。一二年来，不悦人谏，虽勉强听受[②]，而意终不平，谅有难色[③]。”太宗曰：“于何事如此？”对曰：“即位之初，处元律师死罪，孙伏伽谏曰[④]：‘法不至死，无容滥加酷罚。’遂赐以兰陵公主园，直钱百万。人或曰：‘所言乃常事，而所赏太厚。’答曰：‘我即位来，未有谏者，所以赏之。’此导之使言也。徐州司户柳雄于隋资妄加阶级[⑤]。人有告之者，陛下令其自首，不首与罪。遂固言是实，竟不肯首。大理推得其伪[⑥]，将处雄死罪，少卿戴胄奏法止合徒[⑦]。陛下曰：‘我已与其断当讫，但当与死罪。’胄曰：‘陛下既不然，即付臣法司。罪不合死，不可酷滥。’陛下作色遣杀，胄执之不已，至于四五，然后赦之。乃谓法司曰：‘但能为我如此守法，岂畏滥有诛夷。’此则悦以从谏也。往年陕县丞皇甫德参上书，大忤圣旨，陛下以为讪谤。臣奏称上书不激切，不能起人主意，激切即似讪谤。于时虽从臣言，赏物二十段，意甚不平，难于受谏也。”太宗曰：“诚如公言，非公无能道此者。人皆苦不自觉，公向未道时，都自谓所行不变。及见公论说，过失堪惊。公但存此心，朕终不违公语。”

注释

① 等级而言：意即同日而语。

② 勉强听受：勉强听取接受。

③ 谅有难色：因固执而表现得很不自在。

④ 孙伏伽：唐初大臣。贝州（相当于今河北清河、山东临清一带）武城人。武德中，上言谏事，帝称之为“谊臣”。贞观中，拜御史，迁大理卿。

⑤ 司户：州郡所属户曹，管地方土地、户籍钱粮等。

⑥ 大理：即大理寺。本秦汉之廷尉，北齐后改称大理寺卿，历代沿袭。大理寺长官称卿，下设少卿、丞及其他人员。

⑦ 少卿：这里指大理寺少卿。

译文

贞观十二年，唐太宗问魏徵：“近段时间以来我的治国得失及政治教化，比以前如何？”魏徵回答说：“如果就陛下的恩德和威信日渐远播而言，现在远方的少数民族都来朝贡，这与贞观初年相比，不可同日而语。如果说到用仁德和道义潜移默化，让老百姓心悦诚服，那又远远比不上贞观初年了。”唐太宗听后非常诧异，问：“远方的少数民族前来归顺，应该是由于我实施仁德的结果。以往的功业，为什么反而更大呢？”魏徵说：“以前天下没有平定，陛下常把道德信义铭记于心。不久，天下太平无事了，骄傲自满的情绪也就渐渐滋长起来了。所以现在陛下的功业虽然隆盛，但道德信义终究比不上贞观初年了。”唐太宗又问：“现在和以前的差别究竟在哪儿呢？”魏徵说：“贞观初年，陛下唯恐没有人进谏，所以想方设法地引导、鼓励大臣们提意见。三年过后，陛下见有人进言，都能够高兴地接受。可是这一两年来，陛下已经不高兴有人进谏了，虽然也勉强听取、接受，心里终究不以为然，并且常常面有难色。”唐太宗惊讶地问：“是什么事情让你这样说呢？”魏徵回答：“贞观初年，判处元律师死罪，当时孙伏伽进谏说：‘依照国家的法律他不该判死刑，我们不能容许随便对人施以严酷的刑罚。’陛下采纳了孙伏伽的意见，还赐给他价值百万的兰陵公主园。有人不理解地说：‘孙伏伽进言的事情很一般，而陛下的赏赐却太丰厚了。’陛下你却说：‘自从我即位以来，还没有人对我进行进谏规劝，为了鼓励这种行为，所以厚赏了他。’这是陛下鼓励大臣提意见。后来，徐州司户柳雄，私自加高自己在隋朝时的官阶，有人告发他，陛下让他自己坦白，不坦白就判罪。柳雄坚持说情况属实，不肯自首。大理寺审查结果，确属作伪，将对柳雄判处死刑。大理寺少卿戴胄上奏说，按照法律的规定只能判流放。而陛下却说：‘我已经决定了，应该判死刑。’戴胄坚持说：‘陛下既然认为他有罪，就应该把他交给有关部门依法处置。他的罪还够不上死刑，陛下不应该滥用酷刑。’就这样陛下坚决要杀他，戴胄也据理力争，争执了四五次，最后陛下才赦免了他。事后陛下对吏部说：‘有戴胄这样的大臣为我严格执法，哪还需要担心滥用刑法呢？’从这件事情可以看出陛下是乐意接受意见的。前些年陕西县官皇甫德参上书，触犯了陛下，陛下认为他是在毁谤。我认为并非如此，如果臣子的奏书语言不激切，就不会激励国君的意志，而激切的语言表面上看起来像是在毁谤。陛下虽然事后接受了我的意见，赏给德参丝绸二十段，可是陛下心里其实并不是心悦诚服地接受我的观点。这就是难于接受劝谏。”唐太宗听了，感叹地说道：“的确像你说的那样，只有你能说出这番话。人人都有失去自知之明的时候，你刚才未说时，我还认为我对于意见的态度和过去一样；等到听你说完这番话后，我才惊讶我的过失竟这样严重。难得有你这样的大臣，我始终不会违背你的指教。”

第三卷

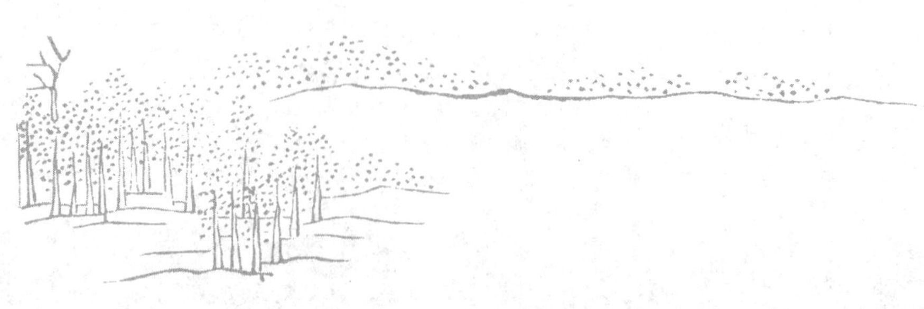

论君臣鉴戒第六

贞观三年，太宗谓侍臣曰："君臣本同治乱，共安危，若主纳忠谏，臣进直言，斯故君臣合契[①]，古来所重。若君自贤，臣不匡正，欲不危亡，不可得也。君失其国，臣亦不能独全其家。至如隋炀帝暴虐，臣下钳口，卒令不闻其过，遂至灭亡，虞世基等寻亦诛死。前事不远，朕与卿等可得不慎，无为后所嗤！"

注释

①君臣合契：君臣之间同心协力，意气相投。

译文

贞观三年，唐太宗对侍臣说："无论国家安定还是混乱，安全还是危险，君臣都应该同舟共济。如果君主能接受忠诚的规谏，臣子也能够直言进谏，那么君臣之间就会非常默契，这是自古以来治国所重视的方法。如果君主自以为贤明，而臣子又不匡正辅佐，想要不亡国是不可能的。君主要是失掉了江山，臣子也就不能保全自己的家族。至于像隋炀帝那样荒淫残暴，臣下都不敢进言，这使他不知道自己的过失，最后国破家亡，大臣虞世基等人不久也被杀死。这个惨痛的教训离我们并不远，我和各位大臣能不谨慎行事吗？我们不能被后人所耻笑啊。”

贞观六年，太宗谓侍臣曰：“朕闻周、秦初得天下，其事不异。然周则惟善是务[①]，积功累德，所以能保八百之基。秦乃恣其奢淫，好行刑罚，不过二世而灭。岂非为善者福祚延长[②]，为恶者降年不永[③]？朕又闻桀、纣帝王也[④]，以匹夫比之，则以为辱；颜、闵匹夫也[⑤]，以帝王比之，则以为荣。此亦帝王深耻也。朕每将此事以为鉴戒，常恐不逮。为人所笑。”魏徵对曰：“臣闻鲁哀公谓孔子曰[⑥]：‘有人好忘者，移宅乃忘其妻。’孔子曰：‘又有好忘甚于此者，丘见桀、纣之君乃忘其身。’愿陛下每以此为虑，庶免后人笑尔。”

注释

① 惟善是务：凡是好事，就认真去做。

② 福祚 zuò：福分与君主的地位，文中指江山基业。

③ 降年不永：谓秦朝建立不久就灭亡了。降年，谓天授之年，即天年。

④ 桀、纣：桀，夏末代国王，名履癸。剥削残酷，暴虐荒淫。后被商汤所败，出奔南方而死，夏亡。纣，商末代国王，名受辛。嗜酒好色，残暴无道。周武王伐之，兵败自焚而死，商亡。

⑤ 颜、闵：指孔子的弟子颜回、闵损，二人以德行著称。

⑥ 鲁哀公：春秋时鲁国国君，姓姬名将，公元前 484—前 490 年在位。公元前 477 年秋，鲁哀公被鲁大夫三桓（孟孙、叔孙、季孙三家贵族）赶出国外。不久回国，死于有山氏。

译文

贞观六年，唐太宗对侍臣说："我听说周朝与秦朝刚得到天下的时候，治理国家的方法是一样的。但是周朝建国后惟务善事，积累功业和仁德，所以能够将自己的基业保持八百年。而秦朝恣意妄为，骄奢淫逸，喜好严刑峻法，所以只经历了两代帝王就灭亡了。这难道不是行善可以延长福祚，作恶可使国运衰败吗？我又听说桀、纣是帝王，以一个普通百姓与他们相比，普通百姓都觉得是耻辱；孔子的学生颜回、闵损是普通百姓，把帝王与他们相比，也认为是荣耀的。这也是帝王应该感到羞惭的。我总是将这些事引以为戒，常常怕比不上颜回、闵损这些贤德之士，被人所耻笑。”魏徵听后，意味深长地说：“我听说鲁哀公对孔子说：‘有个人很健忘，他换了住宅就把自己的妻子给忘了。’孔子说：‘还有比这个人更健忘的，我看桀、纣这些君主，竟然忘记了自己的身躯。’希望陛下以此为戒，以免被后人耻笑。”

贞观十四年，太宗以高昌平[①]，召侍臣赐宴于两仪殿，谓房玄龄曰：“高昌若不失臣礼，岂至灭亡？朕平此一国，甚怀危惧，惟当戒骄逸以自防，纳忠謇以自正[②]。黜邪佞，用贤良，不以小人之言而议君子，以此慎守，庶几于获安也。”魏徵进曰：“臣观古来帝王拨乱创业，必自戒慎，采刍荛之议，从忠谠之言。天下既安，则恣情肆欲，甘乐谄谀，恶闻正谏。张子房[③]，汉王计画之臣，及高祖为天子[④]，将废嫡立庶[⑤]，子房曰：‘今日之事，非口舌所能争也。’终不敢复有开说。况陛下功德之盛，以汉祖方之，彼不足准。即位十有五年，圣德光被[⑥]，今又平殄高昌[⑦]。屡以安危系意，方欲纳用忠良，开直言之路，天下幸甚。昔齐桓公与管仲、鲍叔牙、宁戚四人饮[⑧]，桓公谓叔牙曰：‘盍起为寡人寿乎[⑨]？’叔牙奉觞而起曰[⑩]：‘愿公无忘出在莒时，使管仲无忘束缚于鲁时，使宁戚无忘饭牛车下时。’桓公避席而谢曰：‘寡人与二大夫能无忘夫子之言，则社稷不危矣！’”太宗谓徵曰：“朕必不敢忘布衣时，公不得忘叔牙之为人也。”

注释

①高昌：西域国名。公元640年，为唐所灭，以其地为西州。

②忠謇jiǎn：正直的言论。

③张子房（？—前189）：即汉初大臣张良，字子房。秦末农民战争中，聚众归刘邦，为其重要谋士。楚汉战争期间，提出不立六国后代，联结英布、彭越，重用韩信等策略，又主张追击项羽，歼灭楚军，都为刘邦所采纳。汉朝建立，封留侯，后归隐。

④高祖：即汉高祖刘邦。

⑤废嫡立庶：这里指汉高祖刘邦打算废掉妻生的太子盈，立妾生的赵王如意为太子。嫡，宗法制度下指家庭的正支，跟庶出相对。

⑥圣德光被：君王的恩德像阳光一样普照天下。

⑦平殄tiǎn：平定消灭。

⑧管仲、鲍叔牙、宁戚：三人都是春秋时期齐桓公的大臣。鲍叔牙，以知人著称。少年时和管仲友善，

后因齐乱，随公子小白出奔莒，管仲则随公子纠出奔鲁。襄公被杀，纠和小白争夺君位，小白得胜即位，即齐桓公。桓公任命他为宰，他辞谢，保举管仲。宁戚，家贫无资，为人挽车，后被桓公发现，拜为上卿，后任相国。

⑨寡人：意谓寡德之人，古时帝王、诸侯的自称。

⑩奉觞：举起酒杯。

译文

贞观十四年，唐太宗因为平定了高昌，在两仪殿设宴招待各位大臣。席间，唐太宗对房玄龄说："高昌如果不丧失作为臣子的礼节，怎么会走到灭亡的地步？我每次平定了一个地方，都心怀危机和畏惧，勉励自己切莫骄奢淫逸，应该把接纳忠言、纠正自己的错误作为自己的责任。治理国家就要罢免奸邪谄媚的人，任用贤良正直的人，不要听信小人的谣言，以免误解了正人君子。无论做什么都要谨慎，国家就可望得到太平。"魏徵趁机进言道："我观察自古以来的帝王，他们在创业的初始阶段，都能够有所警戒，倾听老百姓的呼声，采纳忠臣的意见。等到天下太平之后，他们就开始穷奢极欲，只喜欢听谄媚讨好的话，厌恶逆耳的忠言。张良是汉高祖刘邦出谋划策的开国元勋，到刘邦称帝之后，想废掉嫡出的太子另立庶出的公子，张良说：

‘今天这件事不是凭口舌可以争辩的。’之后，张良就再也不敢开口提这件事了。况且陛下目前功德这样卓越，远非汉高祖能够相提并论。陛下即位已有十五年，圣明的德泽像灿烂的光芒照耀四海，现在又平定了高昌，还能够心怀忧患意识，采纳忠言，广开言路，真是国家的大幸。过去齐桓公和管仲、鲍叔牙、宁戚四个人一起饮酒，齐桓公对鲍叔牙说：‘我的国家能够长寿吗？’鲍叔牙举起酒杯站立着说：‘愿主公不忘过去逃亡在莒时的情形，管仲不忘在鲁国被囚禁的状况，同时也希望宁戚不忘当年在车下喂牛时的境遇。’齐桓公听后，离开席位感激地说：‘我和管仲、宁戚如果能不忘你这番话，那么国家就不会有危险了。’”唐太宗听了，感激地对魏徵说：“我一定不会忘记自己身为平民的时候，你也一定不要忘记鲍叔牙的为人。”

贞观十四年，特进魏徵上疏曰：

臣闻君为元首[①]，臣作股肱，齐契同心，合而成体，体或不备，未有成人。然则首虽尊高，必资手足以成体；君虽明哲，必藉股肱以致治。《礼》云：“民以君为心，君以民为体，心庄则体舒，心肃则容敬[②]。”《书》云：“元首明哉！股肱良哉！庶士康哉！”“元首丛脞哉！股肱惰哉！万事堕哉[③]！”然则委弃股肱，独任胸臆，具体成理，非所闻也。

夫君臣相遇，自古为难。以石投水[④]，千载一合，以水投石，无时不有。其能开至公之道，申天下之用，内尽心膂[⑤]，外竭股肱，和若盐梅[⑥]，固同金石者，非惟高位厚秩，在于礼之而已。昔周文王游于凤凰之墟[⑦]，韈系解，顾左右莫可使者，乃自结之。岂周文之朝尽为俊乂[⑧]，圣明之代独无君子者哉？但知与不知，礼与不礼耳！是以伊尹[⑨]，有莘之媵臣[⑩]；韩信，项氏之亡命[⑪]，殷汤致礼，定王业于南巢，汉祖登坛，成帝功于垓下[⑫]。若夏桀不弃于伊尹，项羽垂恩于韩信[⑬]。宁肯败已成之国，为灭亡之虏乎？又微子，骨肉也，受茅土于宋；箕子，良臣也，陈《洪范》于周[⑭]，仲尼称其仁，莫有非之者。《礼记》称："鲁穆公问于子思曰[⑮]：'为旧君反服，古欤？'子思曰：'古之君子，进人以礼，退人以礼，故有旧君反服之礼也。今之君子，进人若将加诸膝，退人若将队诸泉。毋为戎首，不亦善乎，又何反服之礼之有？'"齐景公问于晏子曰："忠臣之事君如之何？"晏子对曰："有难不死，出亡不送。"公曰："裂地以封之，疏爵而待之，有难不死，出亡不送，何也？"晏子曰："言而见用，终身无难，臣何死焉？谏而见纳，终身不亡，臣何送焉？若言不见用，有难而死，是妄死也；谏不见纳，出亡而送，是诈忠也。"

《春秋左氏传》曰[16]："崔杼弑齐庄公[17]，晏子立于崔氏之门外，其人曰：'死乎？'曰：'独吾君也乎哉！吾死也？'曰：'行乎？'曰：'吾罪也乎哉！吾亡也？故君为社稷死则死之，为社稷亡则亡之。若为己死，为己亡，非其亲昵，谁敢任之？'门启而入，枕尸股而哭，兴，三踊而出。"孟子曰[18]："君视臣如手足，臣视君如腹心；君视臣如犬马，臣视君如国人；君视臣如粪土，臣视君如寇仇。"虽臣之事君无二志，至于去就之节，当缘恩之厚薄，然则为人主者，安可以无礼于下哉？

注释

①元首：这里指人的头。

②心庄则体舒，心肃则容敬：内心庄重，身体就舒畅；内心严肃，面容就敬慎。

③元首丛脞哉！股肱惰哉！万事堕哉：意谓国君行事细碎无大略，臣子就会松懈懒惰，万事也就毁坏搞不成功。丛脞，细碎无大略。

④以石投水：把石头投到水中，遇不到什么阻逆。借喻君臣关系协调。

⑤内尽心膂lǚ：谓内部尽到心和脊骨的力量。膂，脊梁骨。

⑥和若盐梅：盐味咸，梅味酸，为古时调羹的必需品。

比喻国家需要各种人才，此处用来比喻君臣相互配合，各自发挥作用，就像放在羹汤里的盐和梅一样，缺一不可。

⑦周文王：即姬昌，商末周族领袖。商纣时为西伯，亦称伯昌。曾被商纣囚禁于羑 yǒu 里（今河南汤阴县北）。在位五十年，统治期间，国势强盛。

⑧俊乂：有才德的人。

⑨伊尹：商初大臣。名伊，尹是官名。一说名挚。传说他是奴隶出身，原为有莘氏女的陪嫁之臣。汤用为"小臣"，后来任以国政。帮助汤攻灭夏桀。汤去世后，历佐卜丙（即外丙）、仲壬二王。仲壬死后，其侄太甲当立，他篡位自立，放逐太甲；七年后，太甲潜回，把他杀死。一说仲壬死后，由太甲即位，因太甲破坏商汤法制，不理国政，被他放逐，三年后太甲悔过，又接回复位。死于沃丁时。

⑩有莘之媵臣：有莘国随嫁之人。有莘，古国名。《括地志》："古莘国在汴州陈留县东五里，故莘城是也。"

⑪项氏之亡命：韩信原属项羽，因项羽不重用，后逃离项羽，投奔刘邦，故称项羽之亡命。

⑫成帝功于垓下：楚汉相争中，刘邦的劲敌项羽在垓下被汉军击败，突围逃到乌江自杀，刘邦遂统一中国，故称成帝功于垓下。

⑬ 项羽（前232—前202年）：秦末农民起义军领袖。下相（今江苏宿迁西）人，楚国贵族出身。秦亡后，自立为西楚霸王。楚汉战争中，为刘邦所击败。

⑭《洪范》：《尚书》的篇名，相传为商末箕子所著。周灭商，箕子陈之于周武王。主要写古代帝王治国的原则。

⑮ 鲁穆公：战国初期鲁国国君。子思：即孔伋（前483—前402年），孔子之孙，战国初期哲学家。相传他曾受业于曾子，他把“诚”说成是世界的本原，以“中庸”为其学说的核心。孟子曾受业于他的门下，将其学说加以发挥，形成了思孟学派。

⑯《春秋左氏传》：亦称《左传》或《左氏春秋》，儒家经典之一。相传为春秋时鲁国史官左丘明所撰。该书保存了大量古代史料，为我国古代史学和文学名著。

⑰ 崔杼弑齐庄公：指崔杼杀齐庄公的旧事。崔杼，春秋时齐国大臣。齐庄公六年，因庄公与其妻私通，杀庄公。

⑱ 孟子（前372—前289年）：战国时思想家、政治家、教育家。受业于子思的门下，一度任齐宣王客卿。主张“法先王”“行仁政”，提出“民贵君轻”的见解，创“性善”之说，有“亚圣”之称。

译文

贞观十四年，特进魏徵上疏说：

为臣听说国君就像是一个人的脑袋，大臣就像是一个人的四肢，脑袋和四肢只有同心协力地配合起来，才能构成一个人的整体。缺少任何一部分，都不能算是一个完整的人。脑袋虽然高贵重要，但必须有四肢的配合才能成为一个整体。国君虽然英明，但必须依靠大臣的辅佐才能把国家治理好。《礼记》里写道："百姓把国君看成是自己的心，国君把百姓看成是自己的体，内心端正，身体才会舒畅健康，内心严肃，面容才会恭敬。"《尚书》上说："国君英明！大臣贤良！百姓安康！"又说："国君行事细碎无大略，臣子就会松懈懒惰，万事也就毁坏搞不成功！"所以，国君抛开大臣而独断专行地把国家治理得很有条理，这样的事从来没有听说过。

君臣要配合协调、相得益彰，自古以来就是一件难事。就像把石头投进水中，让石头顺从流水，千年才能碰上一回；而让流水顺从石头，则时刻都在发生。那些君臣能够秉持公正的道义，让天下人才发挥各自的才能，国君在内尽心尽力，大臣在外竭力辅佐，二者融洽得就像羹汤中的盐和梅，坚固得就像金石一样。达到这样的境界，不是靠高官厚禄，而在于以礼相待。历史上周文王游凤凰台时，系袜的带子开了，他看了看周围的人没有一个可以使唤的，便自己把袜带系好了。难道周文王的朝臣全都贤良，而今天的圣明时代缺乏贤良的人吗？只不过是是否了解、是否礼遇罢了。商初贤相伊尹是有莘国的陪嫁之臣，汉初大将韩信是从项羽手下逃亡的臣子。商汤给伊尹以礼遇，在伊尹的帮助下，成就了帝业；汉高祖请韩信登坛拜将，于是在垓下击败项羽成就了帝功。如果夏桀不抛弃伊尹，项羽施恩于韩信，难道会丧失已建成之国而做亡国之虏吗？还有微子，他是商纣王的骨肉同胞，武王灭商以后受封于宋；箕子是商纣王的贤臣，却为周武王陈述《洪范》，孔子称赞他们的仁德，也没有人不赞成。《礼记》上说：“鲁穆公问子思：‘被放逐的朝臣，仍为原来的君主服丧，自古以来就有这种情况吗？’子思说：‘古代有德行的君主，用人时以礼相待，辞退时也以礼相待，所以即使被斥退的臣子不在朝，仍有为君主服丧的礼仪。然而现在的君主，用人时像抱在膝上般亲密，辞退时恨不能将人推下深渊般绝情。那些遭斥退的人不做攻打本国的谋臣就不错了，还谈得上什么服丧之礼？’”齐景公问晏子：“忠臣是如何对待君主的？”晏子说：“君主有难不以身殉，君主流亡不相送。”齐景公说：“君主为臣子分封土地，加官晋爵，为什么国君有难，臣子不为国君死；国君出逃，臣下不为国君送行呢？”晏子说：“忠臣的建议被采纳，君主就会终身无难，忠臣还为谁而死呢？忠臣的规劝被接受，君主就会终身太平，臣子又去为谁送行呢？如果忠言不被采纳，国君有难而为之死，这是枉死；如果臣子进献良言而不被采纳，等君主逃亡了去相送，那是虚伪的忠诚。”《春秋左氏传》上说：“崔杼杀死了齐庄公，晏子站在崔府大门外，有人问他：‘齐庄公死了吗？’晏子说：‘难道只是我的君主死了吗，我也死了。’那人又问：‘送别了吗？’晏子说：‘是我的罪吗？君主为了国家而死，我也会跟着死。如果君主是为了自己死的，不是他的亲戚，谁会为他痛哭，为他而死呢？’崔杼家的门开了，晏子走进去，把齐庄公的尸体放在自己腿上痛哭，然后站起来，往上跳了三次就离去了。”孟子说：“如果君主把臣子看成自己的手足，臣子就会视君主如心腹；如果君主把臣子看作可供使唤的犬马，臣子就会把君主视作陌路人；君主把臣子看作一钱不值的粪土，臣子就会把君主视作仇敌。”虽然臣子对待君主没有二心，至于进退的礼节，应当以君主对臣子的恩德而定。因此，作为一国之主的君主，怎么可以对臣下无礼呢？

窃观在朝群臣，当主枢机之寄者，或地邻秦、晋[①]，或业与经纶[②]，并立事立功，皆一时之选，处之衡轴[③]，为任重矣。任之虽重，信之未笃，则人或自疑。人或自疑，则心怀苟且。心怀苟且，则节义不立。节义不立，则名教不兴[4]。名教不兴，而可与固太平之基，保七百之祚，未之有也。又闻国家重惜功臣，不念旧恶，方之前圣，一无所间。然但宽于大事，急于小罪，临时责怒，未免爱憎之心，不可以为政。君严其禁，臣或犯之，况上启其源，下必有甚，川壅而溃，其伤必多，欲使凡百黎元，何所措其手足？此则君开一源，下生百端之变，无不乱者也。《礼记》曰："爱而知其恶，憎而知其善。"若憎而不知其善，则为善者必惧；爱而不知其恶，则为恶者实繁。《诗》曰："君子如怒，乱庶遄沮[5]。"然则古人之震怒，将以惩恶，当今之威罚，所以长奸。此非唐、虞之心也，非禹、汤之事也。《书》曰："抚我则后，虐我则仇[6]。"荀卿子曰[7]："君，舟也；民，水也。水所以载舟，亦所以覆舟。"故孔子曰："鱼失水则死，水失鱼犹为水也。"故唐、虞战战栗栗，日慎一日。安可不深思之乎？安可不熟虑之乎？

注释

① 秦、晋：今陕西、山西一带。地邻秦晋，指奉命在边关驻防。

② 经纶：整理丝缕。引申为处理国家大事，也指政治才能。

③衡轴：谓枢要之官职。衡为衡星（北斗之中星）。

④名教：以正名定分为主的封建礼教。其主要内容是“三纲”“五常”。

⑤君子如怒，乱庶遄沮：意即君子看见谗佞的人，如果怒责他们，则谗佞之人造成的祸乱大概可以迅速终止。

⑥抚我则后，虐我则仇：意即安抚百姓就是百姓的国君，虐待百姓就是百姓的仇敌。

⑦荀卿子：即荀子（约前313—前230年），战国末思想家、教育家。名况，时人尊而号为“卿”。韩非、李斯都是他的学生。他批判和总结了先秦诸子的学术思想，对古代唯物主义有所发展。著有《荀子》。

译文

我私下观察在朝身任要职的众大臣，有的是在西北地区担任过边防的重臣，有的是在朝廷参与处理国家大事的要员。他们都建功立业，功勋卓著，都是当代的贤能之士。他们处在最关键的重要地位，责任非常重大。朝廷给他们的责任虽然重，但对他们的信任却不深。这样就会使人有时产生疑虑，有疑虑就会怀有得过且过的态度，怀有得过且过的态度，就树立不起忠君报国的节义，节义树立不起来，纲常名教就不能振兴，名教不能振兴，而想巩固太平基业，保住七百年的大唐国运，是不可能的事。我又听说国家爱惜功臣，对他们过去的过错不再计较。这与以前圣明的国君所做的没有什么区别。但若只宽恕大事，对小事则很严厉，遇到不顺心的事就责备发怒，没有去掉偏爱与憎恨的心理，也是不能处理好朝政的。国君严厉推行法令，尚且还有些臣子敢于触犯，更何况在上位的人带头违犯，下面就更加不可收拾了。就像河床壅塞而致河水冲堤崩溃，泛滥成灾，伤害的人一定很多。在这种情况下，怎么能使无数百姓有处容身、安置其家呢？这就是说，国君开启了一个弊端，下面就会出现一百个弊端，这样一来，天下就没有不乱的地方。《礼记》上说："喜欢一个人要知道他的缺点，不喜欢一个人要知道他的优点。"如果憎恶一个人就抹杀了他的优点，那么做善事的人一定会产生恐惧情绪；如果喜爱一个人就包庇他的缺点，那么做坏事的人就会越来越多。《诗经》上说："国君如果对谗佞的人发起怒来，作乱者就会很快收敛。"然而，古人的震怒，是为了惩处邪恶的人，当今的严厉惩罚，却助长了奸邪的风气。这不是尧、舜那样圣明君主的本意，也不是禹、汤那样贤明的国君所应该做的事。《尚书》中说："安抚百姓的人就是百姓的国君，残暴地对待百姓的人就是百姓的仇人。"荀子说："君主好比是船，百姓好比是水。水可以载船，也可以覆船。"所以孔子说："鱼失去了水就会干死，水里没有了鱼还是水。"所以，尧、舜这样圣明的君主总是小心翼翼地治理国家，一天比一天谨慎。因此，治理国家怎么可以不深思？怎么可以不熟虑呢？

夫委大臣以大体[①]，责小臣以小事，为国之常也，为理之道也。今委之以职，则重大臣而轻小臣；至于有事，则信小臣而疑大臣。信其所轻，疑其所重，将求至治，岂可得乎？又政贵有恒，不求屡易。今或责小臣以大体，或责大臣以小事，小臣乘非所据[②]，大臣失其所守，大臣或以小过获罪，小臣或以大体受罚。职非其位，罚非其辜[③]，欲其无私，求其尽力，不亦难乎？小臣不可委以大事，大臣不可责以小罪。任以大官，求其细过，刀笔之吏，顺旨承风，舞文弄法，曲成其罪。自陈也，则以为心不伏辜；不言也，则以为所犯皆实。进退惟谷，莫能自明，则苟求免祸。大臣苟免，则谲诈萌生[④]。谲诈萌生，则矫伪成俗。矫伪成俗，则不可以臻至治矣。

注释

① 大体：重要的，关系大局的。

② 乘非所据：坐在不应该占有的位置上。

③ 辜：罪。

④ 谲 jué：欺诈，玩弄手段。

译文

让大臣负责国家大事，让小臣负责具体的小事，这是治国的普遍道理，也是处理政务的正确法则。现在委任职权时，却是重视大臣而轻视小臣；遇到事情时，又轻信小臣而怀疑大臣。相信自己所轻视的人，怀疑自己所重视的人。这种做法，怎么能实现天下大治呢？再者，朝政贵在有稳定的规范，不能频繁变更。现在，陛下有时责令小臣办大事，有时又责令大臣去管理小事，小臣处在他不该占据的位置，而大臣又失去他应当担当的职责。于是造成大臣或者因为小过错而获罪，小臣或者因为大事故而受罚。职责和职位不相符合，所惩罚的事情，不属于他们各自的职责。这种情况下要求他们没有私心，竭尽全力，岂不是很难吗？小臣不可以让他们做大事，对大臣不能因为小过错就治罪。如果给予臣子很高的职位，又去追究细小的罪过，于是那些刀笔小吏就会顺着陛下的旨意，捕风捉影，舞文弄法，曲成其罪。大臣为自己辩解表白，怕国君认为自己内心是不肯服罪；不辩解表白，国君就以为所犯的罪都是事实。真是陷入了进退两难的境地，唯一能做的就是苟且免祸。大臣苟且免祸就会使奸诈欺骗的事萌发滋生，进而就会使矫揉造作和虚伪不实形成风俗，这样就很难实现天下安定、国家大治了！

又委任大臣，欲其尽力，每官有所避忌不言，则为不尽。若举得其人，何嫌于故旧。若举非其任，何贵于疏远。待之不尽诚信，何以责其忠恕哉[①]！臣虽或有失之，君亦未为得也。夫上之不信于下，必以为下无可信矣。若必下无可信，则上亦有可疑矣。《礼》曰："上人疑，则百姓惑。下难知，则君长劳。"上下相疑，则不可以言至理矣。当今群臣之内，远在一方，流言三至而不投杼者[②]，臣窃思度，未见其人。夫以四海之广，士庶之众，岂无一二可信之人哉？盖信之则无不可，疑之则无可信者，岂独臣之过乎？夫以一介庸夫结为交友，以身相许，死且不渝，况君臣契合，寄同鱼水。若君为尧、舜，臣为稷、契[③]，岂有遇小事则变志，见小利则易心哉！此虽下之立忠未有明著，亦由上怀不信，待之过薄之所致也。岂君使臣以礼，臣事君以忠乎！以陛下之圣明，以当今之功业，诚能博求时俊，上下同心，则三皇可追而四，五帝可俯而六矣④。夏、殷、周、汉，夫何足数！

太宗深嘉纳之。

注释

① 忠恕：儒家的伦理理想。儒家认为“忠恕”是实行“仁”的方法。“忠”要求积极为人，“恕”要求推己及人，即所谓“己所不欲，勿施于人”。

② 流言三至而不投杼者：这句话出自这样一段史实：秦甘茂告诉秦王说：“鲁人有与曾参同姓名者杀人，有人把这件事告诉了曾参的母亲，其母正织着布，听后泰然自若。后来第三次有人来报告这个消息，其母扔下梭子，越墙而走。臣之贤赶不上曾参，王之信不如曾母，怀疑臣的人也不止三个人，臣恐怕大王‘投杼’啊。”借喻流言经多次重复就会动摇人们的自信心。杼，织布的梭子。

③ 稷、契：稷，古代周族的始祖。他善于种植，尧舜时均担任农官，教民耕种；引申为古代主管农事的官。契，传说中商的始祖，曾助禹治水有功，被舜任为司徒，掌管教化。

④ 三皇可追而四，五帝可俯而六：三皇可以增为四皇，五帝可以添为六帝，意即只要君臣上下同心，那

么唐太宗将赶上三皇、五帝，成为后来居上的英明君主。

译文

朝廷任命大臣就是想让他们竭尽全力，而大臣却有所避讳不敢讲真话，这就叫未尽全力。如果选拔的官员得当，即使是故人旧友又有什么关系；如果选拔的官员不得当，即使关系疏远也不算可贵。国君不给予臣下充分的信任，又怎能要求臣下做到忠恕呢？臣子虽然有时会犯过错，可是国君也未必什么都对！皇上既然对臣下不信任，那么必然认为臣下无可信之处。如果臣下都不值得信任，那么皇上必然也有让人怀疑的地方。《礼记》上写道："地位高的人互相猜疑，那么百姓就感到无所适从；臣子言行莫测，那么国君就会不放心。"国君与臣子之间互相不信任，就谈不上天下大治了。如今诸位臣子天各一方，相距遥远，流言三番五次地传来，不像曾参母亲那样丢掉织布机的梭子而逃走的人，我暗自思量，恐怕是很难见到的。我国疆域辽阔，人口众多，难道连一两个值得信赖的人都没有吗？用信任的态度去选择人，就没有绝对不能用的人；用怀疑的态度去选择人，就选不到信得过的人，难道这只是臣子的过失吗？即使是平凡的普通人，一旦结为朋友都可以以生命相许，纵然死也不会改变，更何况君臣之间默契得如同鱼和水的关系呢？如果国君能以尧、舜为典范，臣下能以稷、契为榜样，怎么会有遇到小的事情就改变志向，碰到小的利益就变心的道理呢？这虽然是由于臣下不够忠心耿耿，但也是由于国君心怀猜疑、对待下属过于苛求所造成的。这怎么能谈得上君以礼待臣、臣以忠事君呢？凭陛下的聪明才智、当今的功业，如果能诚恳广泛地寻求贤能的人，君臣同心同德，就会天下大治，就可以与三皇五帝相提并论了。夏、商、周、汉，又算得了什么！

太宗十分赞许并采纳了这个意见。

论择官第七

贞观元年，太宗谓房玄龄等曰："致治之本，惟在于审[1]。量才授职,务省官员。故《书》称:'任官惟贤才。'又云:'官不必备,惟其人[2]。'若得其善者,虽少亦足矣;其不善者，纵多亦奚为[3]？古人亦以官不得其才，比于画地作饼,不可食也。《诗》曰:'谋夫孔多,是用不就。'又孔子曰:'官事不摄，焉得俭？'且'千羊之皮，不如一狐之腋[4]'。此皆载在经典，不能具道。当须更并省官员，使得各当所任，则无为而治矣。卿宜详思此理，量定庶官员位。"玄龄等由是所置文武总六百四十员。太宗从之，因谓玄龄曰："自此倘有乐工杂类，假使术逾侪辈者[5]，只可特赐钱帛以赏其能，必不可超授官爵，与夫朝贤君子比肩而立，同坐而食，遗诸衣冠以为耻累[6]。"

注释

①审：审察。

②官不必备，惟其人：意即官不一定齐备，唯在得到有德的人。

③奚为：即有何用处。奚，疑问词。

④腋：狐腋下的皮毛，纯白珍美。

⑤侪 chái 辈：同辈，同一类的人。

⑥耻累：负担，包袱，拖累。

译文

贞观元年，唐太宗对房玄龄等人说："要使国家太平，最根本的在于对官吏的审察和任用。要根据一个人能力的高下授予官职，务必精简官员人数。所以《尚书》上说：'只选取贤良和有才能的人做官。'同时《尚书》还说：'官员不在多，在于任用有德有才的人。'如果任用了贤能之士，尽管人数不多也可以让天下得到治理；用了不肖之徒，人数再多又有什么用呢？古人说不根据才能选择官员，就像在地上画饼不能充饥一样。《诗经》有句话：'参谋的人如果多了，决策的时候反而不知所从。'孔子说：'官员不处理政务，官吏怎么会得到精简呢？'孔子还说：'一千只羊的皮也顶不上一只狐狸腋下的一块皮毛。'这些至理名言都载入史册，不能一一列举说出。现在必须把官员数量压缩到最低限度，让他们都能够发挥各自的作用，那么国家就可以无为而治了。你们应该仔细考虑一下这个问题，确定好官员的编制。”房玄龄等人于是拟定出文武官员共六百四十人，唐太宗同意了这个方案，并对房玄龄说：“从今以后，如果谁有音乐、杂艺等一技之长，超过一般人的，只可以赏赐给他们钱财丝帛，一定不可奖赏过度，授予他们官职。从而让他们和朝廷的栋梁之才并肩而站，同桌而食，致使绅士、大夫引以为耻。”

贞观二年，太宗谓房玄龄、杜如晦曰：“公为仆射①，当助朕忧劳，广开耳目，求访贤哲。比闻公等听受辞讼②，日有数百。此则读符牒不暇③，安能助朕求贤哉？”因敕尚书省，细碎务皆付左右丞④，惟冤滞大事合闻奏者，关于仆射。

注释

①仆射：唐时负责行政的尚书省最高长官，左、右仆射各一人。

②辞讼：诉讼状文。

③符牒：泛指公文凭证。符，古代朝廷传达命令或征调兵将用的凭证，双方各执一半，以验真假。

④ 左右丞：唐时尚书省仆射之下的官职，协助尚书省长官处理省内事务，对御史举弹的不当之事予以驳回。左丞一般分管吏、户、礼三部之事，右丞分管兵、刑、工三部之事。

译文

贞观二年，唐太宗对房玄龄、杜如晦二人说："你们身为仆射，应当帮助我排忧解难，要尽量多见多闻，求访贤能之人。近来听说你们每天要处理诉讼案件，一天之内竟达几百件之多！这样整天阅读公文都来不及，怎么能够帮助我招贤纳俊呢？"于是唐太宗下令尚书省，规定把细碎的事情交给左右丞处理，只有冤屈疑难的重大案件才需要上报请示，交给仆射处理。

贞观三年，太宗谓吏部尚书杜如晦曰："比见吏部择人，惟取其言词刀笔[①]，不悉其景行[②]。数年之后，恶迹始彰，虽加刑戮，而百姓已受其弊。如何可获善人？"如晦对曰："两汉取人，皆行著乡闾[③]，州郡贡之，然后入用，故当时号为多士。今每年选集，向数千人，厚貌饰词，不可知悉，选司但配其阶品而已。铨简之理[④]，实所未精，所以不能得才。"太宗乃将依汉时法令，本州辟召，会功臣等将行世封事，遂止。

注释

① 刀笔：这里指文章。

② 景行：崇高的德行。

③ 乡闾：即乡里。

④ 铨 quán 简之理：选补官员的规章制度。

译文

贞观三年，唐太宗对吏部尚书杜如晦说："我近来发现吏部选择官员时，只看他文才是否出众，对他们的德行则缺乏全面了解。几年之后，这些人的劣迹渐渐败露；到时虽然对他们进行了处罚，但是对老百姓已经造成了伤害。那么，如何才能够选拔到优秀的官员呢？"杜如晦回答说："西汉和东汉选择的官员，他们的美德闻名乡里，成为众人的楷模，然后他们被州郡推荐，最后才被任用，所以两汉以选拔人才出众而著称。现在每年所选的人才多达数千人，这些人外表谨慎忠厚、言语巧加掩饰，不可能很全面地了解他们。吏部只能做到授予他们品级和职位而已。选补官员的规章制度实在不够完善，所以不能得到真正的人才。"太宗于是打算依照两汉时选拔官吏的法令，改由各州郡推荐人才，但因为功臣等人将实行世袭封官授爵制，这件事就停止了。

贞观六年，太宗谓魏徵曰："古人云，王者须为官择人，不可造次即用[①]。朕今行一事，则为天下所观；出一言，则为天下所听。用得正人，为善者皆劝；误用恶人，不善者竞进。赏当其劳，无功者自退；罚当其罪，为恶者戒惧。故知赏罚不可轻行，用人弥须慎择[②]。"徵对曰："知人之事，自古为难，故考绩黜陟[③]，察其善恶。今欲求人，必须审访其行。若知其善，然后用之，设令此人不能济事，只是才力不及，不为大害。误用恶人，假令强干，为害极多。但乱世惟求其才，不顾其行。太平之时，必须才行俱兼，始可任用。"

注释

① 造次：鲁莽，轻率。

② 弥须慎择：特别要慎重选择。

③ 考绩黜陟：指通过考核官吏的工作成绩来决定升降。

译文

贞观六年，唐太宗对魏徵说："古人说过，君主必须根据官职来选择合适的人，不能轻率任用。我现在每做一件事，都为全国百姓所注目；每说一句话，都为全国百姓所倾听。任用了正直的人，干好事的都得到劝勉；错用了坏人，不干好事的就争相钻营求利。因此，奖赏和功绩相当，没有功劳的就会自动退避；惩罚和罪恶相称，为非作歹的人自然就会收敛恶迹。由此可知赏罚绝不可以轻易使用，用人更需要慎重选择。”魏徵对答说：“知人善任这件事，自古以来就是很难的，所以在考核劳绩、决定贬降还是升迁时，要察看他的善恶。如今想选贤任能，必须仔细察访他的品行。如果了解到真是好的，然后才可任用。假如此人不能办好事，只是才力不够，还没有什么大害处。如果误用了坏人，假使他能力强会办事，那就会造成极大的危害。不过，天下未定之时只有选择他们的才能，对德行来不及过多考虑；国家处于太平的时候，就一定要才能和德行都具备才可以任用。”

贞观十一年，侍御史马周上疏曰[①]：“治天下者以人为本，欲令百姓安乐，惟在刺史、县令。县令既众，不可皆贤，若每州得良刺史，则合境苏息，天下刺史悉称圣意，则陛下可端拱岩廊之上，百姓不虑不安。自古郡守、县令，皆妙选贤德，欲有迁擢为将相，必先试以临人，或从二千石入为丞相及司徒[②]、太尉者[③]。

朝廷必不可独重内臣，外刺史、县令，遂轻其选。所以百姓未安，殆由于此。”太宗因谓侍臣曰：“刺史朕当自简择；县令诏京官五品已上，各举一人。”

注释

① 侍御史：为御史台中的官员，主管审讯案件，弹劾百官。

② 二千石：汉时称郡守为二千石。石，量词，古代十斗为一石。

③ 太尉：武官名。秦朝时中央设太尉，掌全国军事，以后历代都设太尉，辅佐皇帝处置军政要事，掌握兵权。

译文

贞观十一年，侍御史马周上疏说：“人才是治理好天下的根本。要想让百姓安居乐业，关键是选好州县两级的官员：刺史和县令。县令那么多，不可能都是贤才，如果每个州能有一个贤良的刺史，那么整个州就可以安定繁荣了。如果全国的刺史都符合皇上的心意，那么陛下就可以高枕无忧了，百姓也就不用忧虑不能安居乐业了。自古以来，郡守、县令都是朝廷精心挑选德才兼备的人担任，打算提拔为将军或宰相的，一定先让他们做一段时间的地方官进行考察，或者就直接从俸禄为两千石的郡守中挑选，使之入朝担任宰相、司徒或太尉的重任。朝廷千万不要只注意皇帝身边大臣的选拔，而忽视州县两级主要官员的选拔。百姓之所以不能安居乐业，恐怕与此有关。”于是太宗对侍臣说：“刺史由我亲自挑选，至于县令的人选，就由在京五品以上的官员每人推荐一位。”

贞观十一年，治书侍御史刘洎以为左右丞宜特加精简，上疏曰：“臣闻尚书万机，实为政本[①]，伏寻此选，授任诚难。是以八座比于文昌[②]，二丞方于管辖，爰至曹郎[③]，上应列宿，苟非称职，窃位兴讥。伏见比来尚书省诏敕稽停，文案壅滞，臣诚庸劣，请述其源。贞观之初，未有令、仆[④]，于时省务繁杂，倍多于今。而左丞戴胄、右丞魏徵并晓达吏方，质性平直，事应弹举，无所回避，陛下又假以恩慈，自然肃物[⑤]。百司匪懈[⑥]，抑此之由。及杜正伦续任右丞，颇亦厉下。比者纲维不举，并为勋亲在位，器非其任，功势相倾。凡在官寮，未循公道，虽欲自强，先惧嚣谤[⑦]。所以郎中予夺[⑧]，惟事咨禀[⑨]；尚书依违[⑩]，不能断决。或纠弹闻奏，故事稽延，案虽理穷，仍更盘下。去无程限，来不责迟，一经出手，便涉年载。或希旨失情[⑪]，或避嫌抑理。

勾司以案成为事了[12]，不究是非；尚书用便僻为奉公，莫论当否。互相姑息，惟事弥缝。且选众授能，非才莫举，天工人代[13]，焉可妄加？至于懿戚元勋，但宜优其礼秩，或年高及耄[14]，或积病智昏，既无益于时宜，当置之以闲逸。久妨贤路，殊为不可。将救兹弊，且宜精简尚书左右丞及左右郎中。如并得人，自然纲维备举，亦当矫正趋竞，岂惟息其稽滞哉！”疏奏，寻以洎为尚书左丞。

注释

① 政本：施政的根本。

② 八座比于文昌：八座，尚书省左右仆射及六部长官合称为八座。文昌，星官名，属紫薇桓，包含六颗星；又称“文曲星”“文星”，古时认为是主宰功名、禄位的神。

③ 曹郎：尚书省所属职官。

④ 令、仆：指尚书令和左右仆射。

⑤ 肃物：整肃，和顺。

⑥ 匪懈：不敢懈怠。

⑦ 嚣谤：馋毁诽谤。嚣，众口馋毁。

⑧ 郎中：官名。唐代在六部各设四司，每司置郎中一人主事。

⑨ 咨禀：请示汇报。

⑩ 依违：犹豫不决，模棱两可。

⑪ 希旨失情：指迎合上司或君主的心意，不按实际情况处理。

⑫ 勾司：审理案件的官吏。

⑬ 天工人代：指君主代天理物，官员所做的事都是天事。

⑭ 耄 mào：年老；高龄。古称大约七十至九十岁的年纪。

译文

贞观十一年，治书侍御史刘洎认为尚书左、右丞的人选应当特别精心挑选，并上疏说："臣知道尚书省日理万机，是处理国家事务的中枢机构，这里官员的选用任命，确实很不简单。所以左、右仆射和六部长官好比是天上文昌宫内的众星，左右二丞好像是天府的管辖，这些官员以及下属曹郎，也与上天的星宿相应。如果不能称职，就会遭到人们的讥笑。我近来发现尚书省承受诏敕后搁下来不迅速执行，文书案卷堆积不及时处理，我虽庸劣无能，也请允许我讲一讲造成这种现象的原因。在贞观初年，没有任命尚书令和左右仆射等官职，当时尚书省里公务繁杂，是今天的好几倍。左丞戴胄、右丞魏徵，都通晓官吏事务，他们公平正直，凡是遇到应该弹劾检举的，一点也不回避。陛下对他们又信任爱护，自然能整肃纲纪。各个部门之所以不敢懈怠，就是任人得当的缘故。到杜正伦继任右丞，也能够对下面严格要求。近来之所以纲纪不整，都是由于有功绩的老臣和亲戚占据了位置，既无才能胜任，又凭功勋倚仗势力互相倾轧。朝中百官，也不能秉公办事，即使想有所振作，也会先因畏惧馋毁讥谤而退缩。所以一般事务都由郎中定夺，遇到难事就都向上面请示；尚书也模棱两可，不能决断。有些纠察弹劾的案件应该上奏，也故意拖延，事情虽已弄得很清楚，仍然盘问下属。公文发出去没期限，回复来迟了也不指责他们的延迟，事情一经交办，就拖上成年累月。有的只迎合上边的旨意而不考虑是否和实情相符，有的为了避免嫌疑而不管伸张正义。办案的部门只求把案子办完就万事大吉，不追究是非；尚书把逢迎谄媚作为奉公守法，不论判断是否正确。互相姑息，有了问题但求掩盖。而且官职应该从众人中选拔有才能的人授予，没有才能就不应举荐，官是代上天办事，怎能随便授给没有才能的人呢？至于皇亲国戚、开朝元勋，只能给他们优厚的礼遇。他们有的年事已高，有的因久病而理智不清，在当前既已做不出贡献，就应让他们居于闲散之地，去安度晚年。让他们长期在位阻碍进用贤能的途径，这是极不恰当的。为纠正这类弊端，应先精心挑选尚书左、右丞和左、右郎中，如果这些官制选人得当，自然纲纪确立，还可以激发群臣竞相效力，这岂止是仅仅消除办事效率不高的毛病啊！”奏章送了上去，太宗不久便任命刘洎做尚书左丞。

贞观十四年，特进魏徵上疏曰：

臣闻知臣莫若君，知子莫若父。父不能知其子，则无以睦一家；君不能知其臣，则无以齐万国。万国咸宁，一人有庆，必藉忠良作弼，俊乂在官，则庶绩其凝[①]，无为而化也。故尧、舜、文、武见称前载，咸以知人则哲，多士盈朝[②]，元、凯翼巍巍之功[③]。周、召光焕乎之美[④]。然则四岳、九官、五臣、十乱[⑤]，岂惟生之于曩代[⑥]，而独无于当今者哉？在乎求与不求，好与不好耳！何以言之？夫美玉明珠，孔翠犀象，大宛之马[⑦]，西旅之獒[⑧]，或无足也，或无情也，生于八荒之表[⑨]，途遥万里之外，重译入贡[⑩]，道路不绝者，何哉？盖由乎中国之所好也。况从仕者怀君之荣，食君之禄，率之以义，将何往而不至哉？臣以为与之为孝，则可使同乎曾参、子骞矣[⑪]；与之为忠，则可使同乎龙逄、比干矣；与之为信，则可使同乎尾生、展禽矣[⑫]；与之为廉，则可使同乎伯夷、叔齐矣[⑬]。

注释

①庶绩其凝：各种事情都得到成功。庶绩，各种事情。

②盈朝：充满朝廷。

③元、凯：指八元、八凯。八元，古代传说中的八个才德之士；八凯，传说中高阳氏时的八个才德之士。

④周、召：周公和召公。周公，名旦，武王之弟。召公，名爽，为周太保。二公曾助武王灭商，武王死后，又辅佐成王。

⑤四岳、九官、五臣、十乱：均指古代传说中的著名贤臣。四岳，传说为尧舜时的四方部落首领；九官，传说中为舜设置；五臣，指舜的五个大臣禹、稷、契、皋陶、伯益；十乱，指十个治国能臣，即周公旦、召公奭、太公望、毕公、荣公、大颠、闳夭、散宜生、南宫适、文母。

⑥曩 nǎng 代：从前的朝代。曩，以往，过去。

⑦大宛之马：大宛，古代西域国名。汉武帝时，李广利破其国，得汗血马献于朝。

⑧西旅之獒 áo：西旅，西夷国。獒，大犬，武王时，西旅贡獒。

⑨八荒：八方荒远的地方。

⑩重译入贡：指言语不通，借助翻译而献贡。重译，辗转翻译。

⑪ 曾参、子骞：曾参，字子舆。子骞，姓闵名损。二人都是孔子的弟子，以孝著称。

⑫ 尾生、展禽：古代传说中坚守信约的人。

⑬ 伯夷、叔齐：商末孤竹国君的两个儿子。起初孤竹君以次子叔齐为继承人，孤竹君死后，叔齐让位于伯夷，伯夷不受，后二人都投奔到周。周武王伐商，伯夷、叔齐认为是“以暴易暴，不知其非”，叩马而谏。及灭商，兄弟二人耻于食周粟，逃避到首阳山，采薇而食，遂饿死。

译文

贞观十四年，特进魏徵上疏说：

我听说，了解臣子的莫若君主，了解孩子的莫若父亲。父亲不了解自己的孩子，就无法使家庭和睦；君主不了解自己的臣子，就不能治理好国家。而要使天下太平，国君无忧无患，必须借助忠臣的辅佐。贤臣在朝做官就会政绩卓越，国君就可以无为而治，使民风淳厚化育了。所以尧、舜、文王、武王之所以能名存千古，那是因为他们都能知人善用，使贤才汇聚于朝廷。舜派八凯管理农耕，制定历法，让八元散布教化，使国家内外归顺，建立了赫赫功业。周公、召公辅佐周成王成就一代帝业，美名传扬。难道‘四岳’‘九官’‘五臣’‘十乱’这样的贤臣，只能生活在过去的朝代，而唯独当今没有吗？江山代有才人出，关键在于国君求与不求、喜好与不喜好而已。为什么这样说呢？像那些美玉明珠、孔雀翡翠、犀牛大象之类的东西，大宛的宝马、西夷国的獒之类的动物，有的并没有手脚，生长在荒郊野外，有的没有感情，生长在异邦他国，离这里有万里之遥，异国的人要经过辗转翻译才能到中国来进贡，那遥远万里的路途上，献宝人络绎不绝，这是为什么呢？是因为这里的人喜好它们罢了。况且做官的人都仰慕陛下的盛德，享受君主赐予的俸禄，如果君主正确地用道义引导他们，他们怎么会不尽职尽责呢？我认为如果导之以孝，那么就可以使他们像孝子曾参、子骞那样加以重用；如果导之以忠，就可以把他们当作龙逄和比干那样的臣子而加以提拔；导之以信，就可使他们像尾生、展禽一样；导之以廉，就可以使他们像伯夷、叔齐一样。

然而今之群臣，罕能贞白卓异者[①]，盖求之不切，励之未精故也。若勖之以公忠，期之以远大，各有职分，得行其道；贵则观其所举，富则观其所养，居则观其所好，习则观其所言，穷则观其所不受，贱则观其所不为；因其材以取之，审其能以任之，用其所长，掩其所短[②]；进之以六正[③]，戒之以六邪，则不严而自励，不劝而自勉矣。

注释

① 贞白卓异：廉洁而才能卓越。

② 掩：掩盖，遮蔽。

③ 六正：臣子对国君之六种正当的品行。

译文

然而今天的群臣，洁身自好、才能出众的人非常少有，原因就在于朝廷求贤之心不急切，劝勉激励不够。如果用公正忠诚去要求他们，用建功立业去激励他们，让他们各尽其职，各安其位，就能使他们施行自己的原则主张。朝廷选拔人才时，处高位则看其举荐的人，身富则看其养育的人，闲居时看其所喜好的东西，学习时看其说话的言语，穷困时看其气节，卑贱时看其德行。然后按照他们的长处择取，量才录用，度能授官，发挥他们的长处，克服他们的短处，用“六正”去勉励他们，用“六邪”去警戒他们。那么，即使不严厉地对待他们，他们自己也会振奋，不用苦口婆心地劝勉，他们也会自己努力。

故《说苑》曰[①]："人臣之行，有六正六邪，行六正则荣，犯六邪则辱。何谓六正？一曰萌芽未动，形兆未见，昭然独见存亡之机，得失之要，预禁乎未然之前，使主超然立乎显荣之处，如此者，圣臣也。二曰虚心尽意，日进善道，勉主以礼义，谕主以长策，将顺其美，匡救其恶，如此者，良臣也。三曰夙兴夜寐，进贤不懈，数称往古之行事，以厉主意，如此者，忠臣也。四曰明察成败，早防而救之，塞其间，绝其源，转祸以为福，使君终以无忧，如此者，智臣也。五曰守文奉法，任官职事，不受赠遗，辞禄让赐，饮食节俭，如此者，贞臣也。六曰家国昏乱，所为不谀，敢犯主之严颜，面言主之过失，如此者，直臣也。是谓六正。何谓六邪？一曰安官贪禄，不务公事，与世浮沉，左右观望，如此者，具臣也[②]。二曰主所言皆曰善，主所为皆曰可，隐而求主之所好而进之，以快主之耳目，偷合苟容[③]，与主为乐，不顾其后害，如此者，谀臣也。三曰内实险诐[④]，外貌小谨[⑤]，巧言令色，妒善嫉贤，所欲进，则明其美、隐其恶，所欲退，则明其过、匿其美[⑥]，使主赏罚不当，号令不行，如此者，奸臣也。四曰智足以饰非，辩足以行说，内离骨肉之亲，外构朝廷之乱，如此者，谗臣也。五曰专权擅势，以轻为重，私门成党，以富其家，擅矫主命，以自贵显，如此者，贼臣也。六曰谄主以佞邪，陷主于不义，朋党比周，以蔽主明，使白黑无别，是非无间，使主恶布于境内，闻于四邻，如此者，亡国之臣也。是谓六邪。贤臣处六正之道，不行六邪之术，故上安而下治。生则见乐，死则见思，此人臣之术也。"《礼记》曰："权衡诚悬，不可欺以轻重。绳墨诚陈⑦，不可欺以曲直。规矩诚设，不可欺以方圆。君子审礼，不可诬以奸诈。"然则臣之情伪，知之不难矣。又设礼以待之，执法以御之，为善者蒙赏，为恶者受罚，安敢不企及乎？安敢不尽力乎？

注释

①《说苑》：书名，西汉刘向撰。原为二十卷，后散失仅存五卷，分君道、臣术、建本、立节等二十门，分类纂辑先秦至汉代史事，杂以议论，借以阐明儒家的政治思想和伦理观念。

②具臣：指备位充数、白吃饭的大臣。具，聊备其数。

③偷合苟容：装样子迎合讨好别人。

④险诐 bì：奸险邪僻，邪恶不正。

⑤小谨：小心谨慎。

⑥匿：隐藏。

⑦ 绳墨诚陈：谓画直线的工具已陈列着。绳墨，木工用以画直线的工具。

译文

因此汉代刘向在《说苑》中写道："臣子的行为，表现为六正六邪。遵行六正就会流芳百世，犯了六邪之罪则会遗臭万年。什么是六正呢？一是有先见之明，在事情还没有发生或迹象尚未显现之前，臣子能够清楚地预见到事物发展趋势，洞察其得失要害；使君主免于祸患，永保江山稳固，这样的臣子是圣臣。二是竭心尽力操劳国事，虚心进谏，劝告君主实行礼义，告诉国君治国之良策，国君有好的想法就顺势助成，国君有过失就及时匡正，这样的臣子是良臣。三是废寝忘食，兢兢业业，不断地为朝廷举荐贤才，不断用古代圣贤的楷模来勉励君主，励精图治，这样的臣子是忠臣。四是明察秋毫，防微杜渐，及早断绝祸患产生的根源，转危为安，使君主始终没有忧虑，这样的臣子是智臣。五是奉公守法，尽职尽责，居官处事不接受馈赠或贿赂，主张辞让赏赐和俸禄，饮食节省俭约，这样的臣子是贞臣。六是国君昏庸、国家混乱时，没有阿谀奉承的行为，敢冒天下之大不韪犯颜直谏，这样的臣子是直臣。以上就是所说的'六正'。那么六邪是什么呢？一是贪得无厌，不务正业，苟且偷生，随波逐流，这样的臣子是具臣。二是国君说什么话他都说好，国君做什么事他都说对，只会趋炎附势，寻求国君所喜好的东西献给国君以博取国君的欢心，用苟且迎合国君的手法来保住自己的官职，与国君一起寻欢作乐，不顾严重后果，这样的臣子是谀臣。三是内心充满阴险奸恶的念头而外表拘谨，满口花言巧语装出讨好别人的脸色，暗地里嫉贤妒能；他想让谁升迁就大肆夸大其美而隐没其恶，要想排挤谁就夸大其过而掩盖其美，致使君王赏罚不明，下达的命令又不被执行，这样的臣子是奸臣。四是凭着自己的机巧辩才，掩过饰非，对内离间骨肉之情，对外制造朝廷混乱，这样的臣子是谗臣。五是手握大权专横跋扈，颠倒是非，私结友党，聚敛财富，伪造君主的诏令，以显贵自居，这样的臣子是贼臣。六是用邪道歪门迷惑君主，陷君主于不仁不义之境，自己罗网党羽蒙蔽君主，使君主不辨是非曲直，使得国君的阴私丑闻散布于整个国家和四周邻国，这样的臣子是亡国之臣。这就是所说的‘六邪’。贤臣处六正之道，不行六邪之术，那么朝廷就会安宁，国家也会太平。生时为百姓所热爱，死后被人追忆思念，这就是臣子所应具备的德行本质。”此外，《礼记》说：“秤杆一提，物体的轻重就称出来了；绳墨一拉，曲直就显示出来了；规矩一比，方圆也就清楚了。有德之人都明白事理，不能妄说他们奸诈。”可见臣子尽忠与否，其实不难辨别，如果朝廷能够对他们以礼相待，用法律的准则来约束他们，行善的能够加以褒奖，作恶的能够处以刑罚，这样，谁还敢不行正道，谁还敢不尽心尽力呢？

国家思欲进忠良，退不肖，十有余载矣，徒闻其语，不见其人，何哉？盖言之是也，行之非也，言之是，则出乎公道，行之非，则涉乎邪径。是非相乱，好恶相攻。所爱虽有罪，不及于刑；所恶虽无辜，不免于罚。此所谓爱之欲其生，恶之欲其死者也。或以小恶弃大善，或以小过忘大功。此所谓君之赏不可以无功求，君之罚不可以有罪免者也。赏不以劝善，罚不以惩恶，而望邪正不惑，其可得乎？若赏不遗疏远，罚不阿亲贵，以公平为规矩，以仁义为准绳，考事以正其名[①]，循名以求其实，则邪正莫隐，善恶自分。然后取其实，不尚其华，处其厚，不居其薄，则不言而化，期月而可知矣。若徒爱美锦，而不为民择官，有至公之言，无至公之实，爱而不知其恶，憎而遂忘其善，徇私情以近邪佞，背公道而远忠良，则虽夙夜不怠，劳神苦思，将求至理，不可得也。

书奏，甚喜纳之。

注释

①考事：考察官员的工作业绩与功过善事。

译文

朝廷想要提携忠正善良的大臣，贬斥不贤之臣，已经有十多年了，但仅仅听到这样的话，没有看见这样的事实，为什么呢？这是因为说的正确，而做的不正确啊！说的正确即是处于公心，做的不正确即是走上了邪路。这样，是与非互相矛盾，好与恶相互攻击。自己喜欢的人即使有罪也不会予以处罚，自己不喜欢的人即使清白无辜也总会有罪名上身。这就是喜欢他就会使他存活，憎恨他就会将其置于死地。或者因为小小的过失而忘记巨大的功劳，因小小的缺点而忽略良好的品行。所以说君主不可以奖赏无功之人，君主的刑罚不可以漏掉有罪的人。如果国君的奖赏不能勉励大家为善，惩罚不能阻止一些人作恶，而希望达到邪正分明，怎么去加以实现呢？如果赏赐时不忘被疏远的臣子，处罚时不庇护亲近的人，把公平作为衡量是非的标准，以仁义作为区别善恶的准绳，通过考察官吏的是非功过来确定他们任职的名分，按照所担任的职务去了解官吏的工作优劣，这样谁善谁恶自然就清楚了。然后注意实际而不图形式，扬其所长而避其所短，那就可以达到不言而化，一年之内就可知道结果了。如果只爱徒有其表的人而不注意为民选官，只有至公之言而无至公之行；喜欢臣子就对他们的缺点视而不见，厌恶他们就认为他们一无是处，只从个人恩怨出发去亲近奸邪的臣子，背离公正之道而疏远忠臣良将。一旦如此，即使夜以继日地为政务操劳，耗费精神，苦苦思虑，想要求得天下大治，那是不可能的。

看过奏书后，唐太宗欣然接受。

论封建第八

贞观十一年，太宗以周封子弟，八百余年，秦罢诸侯，二世而灭，吕后欲危刘氏[1]，终赖宗室获安，封建亲贤，当是子孙长久之道。乃定制，以子弟荆州都督荆王元景[2]、安州都督吴王恪等二十一人[3]，又以功臣司空赵州刺史长孙无忌、尚书左仆射宋州刺史房玄龄等一十四人，并为世袭刺史。礼部侍郎李百药奏论驳世封事曰[4]：

臣闻经国庇民，王者之常制[5]；尊主安上，人情之大方[6]。思闻治定之规，以弘长世之业，万古不易，百虑同归。然命历有赊促之殊[7]，邦家有治乱之异，遐观载籍，论之详矣。咸云周过其数[8]，秦不及期[9]，存亡之理，在于郡国。周氏以鉴夏、殷之长久，遵皇王之并建，维城磐石[10]，深根固本，虽王纲弛废，而枝干相持，故使逆节不生，宗祀不绝。秦氏背师古之训，弃先王之道，剪华恃险，罢侯置守，子弟无尺土之邑，兆庶罕共治之忧，故一夫号呼而七庙隳圮[11]。

注释

①吕后：汉高祖刘邦之妻，名雉。高祖死后，其子刘盈即位，是为惠帝，由她实际掌握大权。她杀死高祖爱姬戚夫人及其子赵王刘如意。惠帝死后，遂临朝称制，分封诸吕为王，控制南北军；又以审食其为左丞相，掌握实权，公卿皆因而决事。她死后，诸吕拟发动叛乱，为太尉周勃等所平定。

②荆王元景：唐高祖李渊之子，封荆王，字元景。永徽初年，官司徒，房遗爱反叛，元景子与房往还，因此受连累下狱，并赐死。

③吴王恪：唐太宗李世民第三子。武德三年，封蜀王，授益州大都督，因年幼未赴任。后又封为吴王，任安州都督。高宗即位，任司空、梁州都督等职。

④李百药：字重规，定州人，幼时多病，祖母为他取名百药。贞观初年，官拜中书舍人，后迁礼部侍郎，复授右庶子。

⑤常制：成规，老例。

⑥大方：指根本的法则。

⑦命历：运数。赊促之殊：即长短之别。赊，长，远。促，短，近。

⑧ 周过其数：相传周成王卜定周世三十，历七百载，结果经历了三十七世，八百六十七年。所以说过其数。

⑨ 秦不及期：秦始皇欲传位万世，结果二世而亡。所以说不及期。

⑩ 维城磐石：联结邦国城邑，坚如磐石。

⑪ 一夫号呼：指陈胜在大泽乡起义。隳圮 huīpǐ：毁坏，坍塌。

译文

贞观十一年，唐太宗认为周朝实行分封诸侯的制度，执掌江山八百余年；秦朝废除了分封制度，只经历了两代就灭亡了；汉代吕后想篡夺汉室天下，最后靠刘姓宗室的力量获得安定。因此，分封皇亲贤臣，才是子孙保全江山的最好办法。于是定下制度，分封子弟荆王李元景、安州都督吴王李恪等二十一人，以及功臣司空赵州刺史长孙无忌、尚书左仆射宋州刺史房玄龄等十四人，一并封为世袭爵位。礼部侍郎李百药上了一道奏折，用以驳斥世袭封爵这件事，他说：

我听说，治理国家造福百姓是历代帝王的一贯做法。尊重皇上使他高枕无忧，这是人之常情；考虑安定国家的方策，以开辟和发展未来的千秋大业，这是古往今来所有帝王共同的想法。然而，王朝的命运有长有短，国家有治有乱。认真考察历代的典籍，对这个问题讲述得很详细。人们都说周朝的统治超过了其命数，秦的统治还没达到其应该享有的期限，国家存亡的原因，是由于是否分封诸侯。周朝借鉴夏殷统治长久的经验，遵循国君与诸侯并建的统治制度，使周朝得到诸侯的卫护，王室根深蒂固，坚如磐石。后来虽然朝纲废弛，但由于周天子有各位诸侯王，如同树枝和主干一样互相扶持，背叛离乱的事情不会发生，王位得以承继绵延。秦朝违背先王的遗训，舍弃先王的统治方法；倚仗华山一带地形的险要，废除诸侯只设置郡守。结果子孙没有一寸土地的封邑，而广大的庶民百姓又很少为国家分忧，所以像陈涉那样一介平民揭竿起义，秦朝的政权便随之而土崩瓦解，秦朝灭亡了。

臣以为自古皇王，君临宇内[①]，莫不受命上玄[②]，册名帝录[③]，缔构遇兴王之运，殷忧属启圣之期。虽魏武携养之资[④]，汉高徒役之贱[⑤]，非止意有觊觎，推之亦不能去也。若其狱讼不归[⑥]，菁华已竭[⑦]，虽帝尧之光被四表[⑧]，大舜之上齐七政[⑨]，非止情存揖让，守之亦不可焉。以放勋、重华之德[⑩]，尚不能克昌厥后，是知祚之长短，必在于天时，政或兴衰，有关于人事。

隆周卜世三十，卜年七百，虽沦胥之道斯极[11]，而文、武之器尚存[12]，斯龟鼎之祚[13]，已悬定于杳冥也[14]。至使南征不返[15]，东迁避逼[16]，禋祀阙如，郊畿不守，此乃陵夷之渐[17]，有累于封建焉。暴秦运距闰余[18]，数终百六[19]，受命之主，德异禹、汤，继世之君，才非启、诵[20]，借使李斯、王绾之辈咸开四履[21]，将闾、子婴之徒俱启千乘[22]，岂能逆帝子之勃兴[23]，抗龙颜之基命者也！

注释

①宇内：四海之内，泛指天下。

②上玄：上天，天帝。

③帝录：天子将兴的符应。

④魏武携养之资：谓魏武帝曹操是靠别人抚养长大的。其父曹嵩为汉中常侍曹腾的养子。

⑤汉高徒役之贱：指汉高祖刘邦系低贱的役徒出身。刘邦，起初为泗上亭长，为县送徒役往骊山，途中役徒多逃跑，于是起兵。

⑥狱讼不归：诉讼案件的人不归向，即天下百姓不归附。

⑦菁华：精华。

⑧四表：指四方极远之处。

⑨七政：古天文术语。说法不一。一指日、月和金、木、水、火、土五星。二指天、地、人和四时。三指北斗七星。以七星各主日、月、五星，故曰七政。

⑩放勋、重华之德：指尧舜的德行。尧，号陶唐氏，名放勋；舜，号有虞氏，名重华。

⑪沦胥：沦丧陷溺。

⑫文、武之器：周文王、周武王时的名物制度。

⑬龟鼎：龟形之鼎，古代用作装祭品的三足器物。因龟长寿，依形铸鼎，用以象征国运长久。

⑭杳冥：极高远不能见之处，意谓上天。

⑮南征不返：指周昭王南巡不返之事。周昭王德衰，百姓厌恶他。他南巡渡汉水，百姓就以胶黏合的船给他乘，船至中流，江水浸溶黏液，船身解体，周昭王便被水淹死。

⑯东迁避逼：指周平王东迁洛邑，以避戎寇。公元前771年，周幽王被犬戎杀死，其子宜臼继位，是为平王。为了避开犬戎的威胁，周平王于公元前770年将国都从镐京迁到洛邑，历史上称“平王东迁”，东周从此开始。

⑰陵夷：本指山陵渐平，本文指国运由盛而衰。

⑱距：鸡脚后突出像脚趾的部分。闰余：本指余数，历法纪年与地球环绕太阳运行一周的时间有一定差数，

故每隔数年必设闰日或闰月加以调整。引申为非正统的帝位或多出来的朝代。

⑲百六：古代讲灾变运数的人，以阴阳代表两种对立的势力。阴为六，阳为一，此消彼长，到了极点就反过来此长彼消。百一为阳数的极点，百六为阴数的极点。

⑳才非启、诵：才能比不上夏启和周诵。启，夏禹之子；诵，指周成王，周武王之子。

㉑李斯、王绾：二人均为秦朝的宰相。李斯（？—前208年），秦代政治家。曾建议对六国采取各个击破的政策，对秦统一六国起了较大作用；秦统一后任丞相，反对分封制，加强专制主义这样集权的统治；后为赵高所杀。王绾，秦始皇时为秦国丞相。曾建议秦始皇分封诸侯，遭李斯反对。

㉒将闾、子婴：将闾，秦公子。秦二世即位后，听信赵高之言，虐杀大臣及秦诸公子，将闾昆弟三人均被杀害。子婴（？—前206年），秦二世子。赵高杀死秦二世，立子婴为王，子婴设计杀死赵高，并灭三族。刘邦兵入咸阳，子婴投降，后被项羽杀害。

㉓帝子：指刘邦。刘邦起兵时，曾附会为“赤帝子”。

译文

我认为自古以来帝王登基掌权，没有哪一个不是受命于天，载名于帝录的。缔造国家的时候正赶上王业应兴、帝王应降的期运，深切的忧虑只处于开拓神圣事业的时期。因此，像曹操这样靠别人长大的养子，像汉高祖刘邦起初那样地位卑微，他们虽然不是有意夺取天下，但上天要他们做帝王，他们想推辞也推辞不掉。相反，如果是百姓民心不归，精华已枯竭，虽然像帝尧那样政绩光照四海，大舜那样美政同于日月星辰，不只尧舜心中有揖让的想法，就是让他们的不肖子孙守住先辈的基业也是不可能的。以唐尧虞舜那样的美德尚且不能使他们的后代昌盛，由此可知，皇运的长短是由上天决定的，至于政治的兴衰，则在于人事。周代的统治卜算起来，已经传位三十世、享国七百多年。虽然后来朝政萎靡极度衰微，但文王、武王留下的名物制度依然存在，那龟鼎所象征的帝业，早已在冥冥之中注定了。至于后来周昭王巡视南方一去不归，周平王为避戎寇，东迁洛邑，祭祀的烟火已断，京城周围的地盘也守不住。这发生的一系列祸患，那是由于国运渐衰，灭亡的日子将至的缘故，与当时的分封没有太大关系。暴秦的国运像附生的鸡距，犹如闰年多余的时日，上天注定了秦朝的短命，故使秦朝开国君主的德行有别于夏禹商汤；后来的继承者，才能也远远比不上夏启、周诵。这种情况下，即使有李斯、王绾等功臣，将闾、子婴诸子弟广受封土，列为诸侯，又怎能抗拒汉朝的兴起，阻止汉高祖称帝呢？

然则得失成败，各有由焉。而著述之家，多守常辙，莫不情忘今古，理蔽浇淳[①]，欲以百王之季，行三代之法，天下五服之内[②]，尽封诸侯，王畿千里之间，俱为采地。是则以结绳之化行虞、夏之朝，用象刑之典治刘、曹之末，纪纲弛紊，断可知焉。锲船求剑，未见其可；胶柱成文[③]，弥多所惑。徒知问鼎请隧[④]，有惧霸王之师；白马素车[⑤]，无复藩维之援。不悟望夷之衅[⑥]，未堪羿、浞之灾[⑦]；既罹高贵之殃[⑧]，宁异申、缯之酷[⑨]。此乃钦明昏乱，自革安危，固非守宰公侯，以成兴废。且数世之后，王室浸微，始自藩屏，化为仇敌。家殊俗，国异政，强凌弱，众暴寡，疆场彼此，干戈侵伐。狐骀之役，女子尽髽[⑩]；崤陵之师[⑪]，只轮不反。斯盖略举一隅，其余不可胜数。陆士衡方规规然云："嗣王委其九鼎，凶族据其天邑[⑫]，天下晏然，以治待乱。"何斯言之谬也！而设官分职，任贤使能，以循良之才，膺共治之寄，刺举分竹[⑬]，何世无人。至使地或呈祥，天不爱宝，民称父母，政比神明。曹元首方区区然称[14]："与人共其乐者人必忧其忧，与人同其安者人必拯其危。"岂容以为侯伯则同其安危，任之牧宰则殊其忧乐？何斯言之妄也！

注释

①浇淳：浇，社会风气浮薄。淳，质朴敦厚。

②五服：虞、夏制，王城之外四面各五百里叫甸服，甸服之外又各五百里叫侯服，侯服之外又各五百里叫绥服，绥服之外又各五百里叫要服，要服之外又各五百里叫荒服。五服即指甸、侯、绥、要、荒。

③胶柱成文：谓粘住琴瑟的弦柱来调弦，并欲演奏出美好的乐章。比喻做事愚蠢，违背常规。

④问鼎请隧：指楚庄王问鼎和晋文公请隧。三代以九鼎为传国宝，楚庄王问周朝宗庙里九鼎的大小轻重，含有觊觎周室之意。隧，王之葬礼；晋文公请隧，说明他有代周室而为王的野心。

⑤白马素车：公元前206年，刘邦率大军攻陷咸阳，秦王子婴眼看大势已去，就乘了素车白马，脖子上系着绳索，带着代表国家的玉玺和兵符，来到刘邦军前请降。

⑥望夷：指望夷宫，秦相赵高在此杀了秦二世。

⑦羿、浞 zhuó 之灾：指夏代后羿、寒浞互争帝位，先

后被杀。

⑧高贵之殃：指曹髦被司马昭杀害。曹髦（241—260年），三国时魏国皇帝，曹丕的孙子，初被封为高贵乡公。继位后欲杀擅政的司马昭，结果兵败，反被司马昭杀死，故称高贵之殃。

⑨申、缯之酷：周幽王初封申女为后，后来得褒姒就贬黜申后，立褒姒之子伯服而废太子。申侯大怒，与缯及犬戎联合攻周，杀周幽王于骊山之下。

⑩狐骀 tāi 之役，女子尽髽 zhuā：指孤骀之战，鲁国出征的伤亡男子送回，女人都披麻戴孝送葬。

⑪崤陵：即崤山。

⑫嗣王委其九鼎，凶族据其天邑：继位为王的国君弃国出奔，凶残之人据国僭位。嗣王，指周惠王、周襄王和周悼王。委其九鼎，指三王弃国出奔。凶族，指王子颓、王子带、王子朝。据其天邑，指三子据国僭位。

⑬分竹：古代以竹为符竹，剖而为二，授官时，一给本人，一给官府。因以分竹为授官之代称。

⑭曹元首：三国时魏人，曾上《六代论》以图感悟曹操的侄孙曹爽。

译文

然而，得失成败各有其本身的原因，而著书立说的人大多墨守成规，分辨不出古今的差别，弄不明白时代风气虚伪与淳厚的区别。想在众多朝代之后，实行夏、商、周三代的法令制度，将天下五服之内的国土全部分封给诸侯，千里王畿也都分给卿大夫做采地。这等于是要在虞舜、夏禹的时代实行上古结绳记事的古老方法，在汉魏时代推行远古象刑法典，这样的做法，必定造成纪纲松弛、社会混乱。刻舟求剑是行不通的，胶柱鼓瑟更是弹不出乐章。大家只知道楚庄王问鼎的蛮横和晋文公想得到王者葬礼的野心，惧怕霸王的军队；秦王子婴白马素车投降汉高祖时，没有诸侯出来援助。未能从望夷宫秦二世被弑事件中有所领悟，像夏朝后羿推翻太康、寒浞杀害后羿所带来的灾难，更是不堪回首；魏朝的高贵乡公遭遇的杀身之祸，与周幽王被申侯与缯勾结犬戎所杀那样悲惨的遭遇，是谁也不愿碰上的。其实这都是帝王自己昏乱，自己把自己由太平引向覆亡，与郡县制与分封制都没有关系。皇室一旦建立，几代之后，逐渐衰微，原来作为屏障的诸侯，都变成仇敌，以至各诸侯国自行其是，政令不能统一，强大的侵犯弱小的，势众的损耗人少的，彼此互相攻城夺地，干戈相见。狐骀之战使全国妇女全部用麻束发送葬；崤陵之战，秦军全军覆没，连一只车轮也未能返回秦国。这里只略举数例，其余的不可胜数。历史事实如此，陆士衡却一本正经地写道："继位的国君虽然抛弃九鼎而出逃，凶恶的外族占据了京城，但天下却太平无事，终究会扭转乾坤，化乱世为太平。"这话真是荒谬透顶。再说实行郡县制，设官分职，任用贤能，委托循良之士协助共同治理国家的重任，分别担任刺史、太守。哪个朝代没有贤良的人才？历史上有许多好太守政绩卓著，使土地呈现祥瑞，上天赐予宝物，政通人和，百姓就会称颂国君为人民的父母，把朝廷奉为神明。而曹元首却鼓吹分封制的好处："与人（指诸侯）能共享其乐的，人必为他（指君主）分忧；与人能共享安逸的，人必能为他解难。"怎能说分封诸侯就能与君主共同承担安危，而任命刺史、县官，他们就不能与国君同忧共乐？这是何等荒谬啊！

封君列国，藉其门资[①]，忘其先业之艰难，轻其自然之崇贵，莫不世增淫虐，代益骄侈。离宫别馆，切汉凌云，或刑人力而将尽，或召诸侯而共落。陈灵则君臣悖礼，共侮徵舒[②]；卫宣则父子聚麀，终诛寿、朔[③]。乃云为己思治，岂若是乎？内外群官，选自朝廷，擢士庶以任之，澄水镜以鉴之，年劳优其阶品，考绩明其黜陟。进取事切，砥砺情深，或俸禄不入私门[④]，妻子不之官舍[⑤]。班条之贵，食不举火[⑥]；剖符之重，居惟饮水[⑦]。南阳太守，弊布裹身[⑧]；莱芜县长，凝尘生甑[⑨]。专云为利图物，何其爽欤！总而言之，爵非世及，用贤之路斯广；民无定主，附下之情不固。此乃愚智所辨，安可惑哉？至如灭国弑君，乱常干纪，春秋二百年间，略无宁岁。次睢咸秩，遂用玉帛之君[⑩]；鲁道有荡，每等衣裳之会[⑪]。纵使西汉哀、平之际，东汉桓、灵之时，下吏淫暴，必不至此。为政之理，可以一言蔽焉。

注释

①门资：门第，资望。

②共侮徵舒：据《左传》载，陈灵公与孔宁、仪行父均与夏姬私通。三人曾在夏姬家饮酒，陈灵公指着夏姬的儿子徵舒对仪行父说："他长得像你。"仪行父回答："也像君王。"徵舒觉得受辱，非常生气，杀死了陈灵公、孔宁与仪行父，逃奔出国。

③卫宣则父子聚麀 yōu，终诛寿、朔：指卫宣公违背父子之道，纳子之妻为妻，最后将两个儿子杀掉。

④不入私门：原指后汉时豫章太守杨秉，为官清廉，计日受禄，余俸不入私门。

⑤妻子不之官舍：原指后汉时巨鹿太守魏霸、颍川太

守何并，为官不带妻儿。

⑥ 班条之贵，食不举火：意即官位虽然显贵，吃饭却不举烟火。班条，官位的等级排列。后汉冀州刺史左雄，珍惜柴薪，载人不举烟火，常吃干饭。

⑦ 剖符之重，居惟饮水：意即虽然身负重任，载米居官，唯饮吴水而已。原指晋吴郡太守邓攸为政清廉。

⑧ 南阳太守，弊布裹身：指后汉羊续虽为南阳太守，却常以破衣遮身。他的妻子收藏家资，也仅有粗布衣被，别无余物。

⑨ 莱芜县长，凝尘生甑 zèng：指后汉范丹当了莱芜县令，家中的甑子却生了灰尘。

⑩ 次睢咸秩，遂用玉帛之君：指到睢水祭祀，用小国之君作祭品。据《左传·僖公十九年》载，宋襄公派朱文公到睢水祭祀，将甑国的国君杀了做祭品。

⑪ 鲁道有荡，每等衣裳之会：意思是鲁国大道平坦，好用来幽会。用来讽刺鲁庄公的夫人文姜与她的哥哥齐襄公私通。

译文

被封的皇亲国戚，凭借的是门第和资望，忘掉了祖先创业的艰辛，自以为生下来就应享荣华富贵，因而无不是一代比一代更荒淫暴虐、骄横奢侈。他们修筑别馆，或者驱使民力为其效劳，或者邀约诸侯共同玩乐。夏朝大臣陈灵公淫乱，违背君臣之礼，和孔宁、仪行父均与夏姬私通，却在夏姬家饮酒时一起侮辱皇子徵舒；卫宣公违背父子之道，同娶一妻，最终将自己的两个儿子杀死，还说自己想使国家安定，难道就这个样子吗？只有京城内外的官员均由朝廷遴选，从士人庶民中加以提拔任用；以明净如水的镜子来鉴察，年节慰劳优厚，提高他们的官阶品秩；通过考绩来明确他们的罢免或提升，才能调动起人们日益迫切的进取之心，使之办事认真，互相切磋，感情深厚，并经常自我激励。有的计日受俸，其余分文不取；有的只身赴任，不带妻儿。有的因为珍惜柴薪，索性就吃干饭；有的感激朝廷的信任，在任只饮当地之水。有人如羊续官为南阳太守，却布衣裹身；有人如范丹身为莱芜县令，家中饭甑满是灰尘。如果说做官都是为了贪图利禄，为什么他们就这样清廉呢？总而言之，只要爵位俸禄不是世袭，任用贤才的路子就会日趋宽广；百姓要是没有一个固定的国君，他们就人心惶惶。这个道理是任何人都懂得的，怎么因之迷惑不解呢？至于像灭国弑君、败坏纲纪一类的事，在春秋二百年间从来就没有断过。到睢水祭祀，就杀掉小国的国君做祭品；鲁国无道，庄公夫人姜氏私自与齐侯幽会。纵然是西汉哀帝、平帝年间，东汉桓帝、灵帝之时，下面官吏的荒淫残暴也达不到这种程度。为政的道理可以用以上那句话加以概括。

伏惟陛下握纪御天，膺期启圣，救亿兆之焚溺，扫氛祲于寰区[①]。创业垂统，配二仪以立德；发号施令，妙万物而为言。独照神衷[②]，永怀前古，将复五等而修旧制，建万国以亲诸侯。窃以汉、魏以还，余风之弊未尽；勋、华既往，至公之道斯乖。况晋氏失驭，宇县崩离[③]；后魏乘时，华夷杂处[④]。重以关河分阻，吴、楚悬隔，习文者学长短纵横之术，习武者尽干戈战争之心，毕为狙诈之阶[⑤]，弥长浇浮之俗。开皇在运，因藉外家[⑥]。驱御群英，任雄猜之数；坐移明运，非克定之功。年逾二纪[⑦]，民不见德。及大业嗣立[⑧]，世道交丧，一人一物，扫地将尽，虽天纵神武，削平寇虐，兵威不息，劳止未康。

注释

① 氛祲：凶云妖气。

② 神衷：神圣的内心，此指天子之心。

③ 晋氏失驭，宇县崩离：指晋朝司马氏失去了统治能力，国家分崩离析。

④ 后魏乘时，华夷杂处：指西晋后期，国势倾颓，北

魏兴起，乘机入占中原，晋朝被迫南迁，北方由后魏统治，汉族与别的少数民族杂居相处。

⑤ 狙诈：狡猾奸诈。文中指阴险野心。

⑥ 开皇在运，因藉外家：隋文帝有幸建国，是靠了外戚重臣的地位。

⑦ 纪：记年代的方式。十二年为一纪。

⑧ 大业嗣立：隋炀帝嗣立。大业是隋炀帝年号，故用以指代炀帝。

译文

陛下手握纲纪驾驭天下，顺应天运开创帝业，拯救亿万百姓于水火之中，扫除邪气凶灾于四海之内。开创大业，传承子孙，媲美天地以立德；发布号召，施行政令，言行顺应万物之理。圣心独察，永远缅怀古代先贤。如今欲恢复“公、侯、伯、子、男”五等爵位，建立众多的诸侯国分封子弟、封赏诸侯。我认为自从汉、魏以来，分封诸侯的流弊至今未歇，从尧、舜时代以后，至公之道就已经背离很远了。何况晋朝分封诸侯后失去驾驭能力，发生“八王之乱”，国家因此分崩离析；后魏趁机兴起，致使华夏民族与异族杂居，国家重新出现关山分割、大河相阻、吴楚隔绝的分裂局面。加之文人还在学习经国之术，武将仍是壮心不已，这些都是实现其政治野心的阶梯，最终滋长了虚假不淳朴的风气。隋文帝所以登上君位，是靠了外戚重臣的地位。他驾驭群英，玩弄权术，篡周自立，坐享其成，不是打来的天下。他的统治持续了二十四年，百姓没有感受到他的恩德。等到隋炀帝即位，世道败坏、道德沦丧，当时的人物纷纷退出历史舞台。虽然陛下用自己天赋的神勇，平定了四方祸乱，然而战争的创伤并未愈合，百姓的疲弊也尚未安宁。

自陛下仰顺圣慈[①]，嗣膺宝历，情深致理，综核前王。虽至道无名，言象所纪，略陈梗概，安所庶几。爱敬烝烝[②]，劳而不倦，大舜之孝也。访安内竖，亲尝御膳，文王之德也。每宪司谳罪[③]，尚书奏狱，大小必察，枉直咸举，以断趾之法，易大辟之刑，仁心隐恻，贯彻幽显，大禹之泣辜也[④]。正色直言，虚心受纳，不简鄙讷，无弃刍荛，帝尧之求谏也。弘奖名教，劝励学徒，既擢明经于青紫[⑤]，将升硕儒于卿相，圣人之善诱也。群臣以宫中暑湿，寝膳或乖，请移御高明，营一小阁，遂惜十家之产，竟抑子来之愿[⑥]，不吝阴阳之感，以安卑陋之居。顷岁霜俭，普天饥馑，丧乱甫尔，仓廪空虚。圣情矜愍，勤加赈恤，竟无一人流离道路，犹且食惟藜藿[⑦]，乐彻簨簴[⑧]，言必凄动，貌成癯瘦。公旦喜于重译[9]，文命矜其即叙[10]。陛下每见四夷款附，万里归仁，必退思进省，凝神动虑，恐妄劳中国，以求远方，不藉万古之英声，以存一时之茂实。心切忧劳，志绝游幸，每旦视朝，听受无倦，智周于万物，道济于天下。罢朝之后，引进名臣，讨论是非，备尽肝膈，惟及政事，更无异辞。才日昃，必命才学之士，赐以清闲，高谈典籍，杂以文咏，间以玄言，乙夜忘疲[11]，中宵不寐。此之四道，独迈往初，斯实生民以来，一人而已。弘兹风化，昭示四方，信可以期月之间，弥纶天壤。而淳粹尚阻，浮诡未移，此由习之久，难以卒变。请待斫雕成器，以质代文，刑措之教一行，登封之礼云毕，然后定疆理之制，议山河之赏，未为晚焉。《易》称："天地盈虚，与时消息，况于人乎？"美哉斯言也。

注释

① 仰顺圣慈：指完全顺从太上皇的旨意。圣慈，父亲，此指高祖李渊。

② 烝烝 zhēng：谓孝德之美。

③ 谳 yàn 罪：审定罪犯的案情。

④ 泣辜：相传禹出见罪人，下车，问而泣之。

⑤ 擢明经于青紫：通过明经科举选拔人才来任高官。明经，唐代主要考经义的科举科目。青紫，本指古

代公卿的服饰，此处指高官显爵。

⑥子来之愿：众臣的心愿。子来，谓民心归附，如子女趋事父母，不召自来。

⑦藜藿：藜和藿。亦泛指粗劣的饭菜。

⑧簨簴 sǔnjù：古代悬挂钟磬鼓的木架。横杆叫簨，直柱叫虡。

⑨公旦：即周公旦。

⑩文命：夏禹名。

⑪乙夜：午后十时，五夜之一。

译文

自从陛下继承太上皇的旨意，继承大统，将全部精力用于治理国家，借鉴前人治国的经验教训。虽然您的至善之道难以名状，但就某些方面的具体表现来说，也可以粗略地陈述出梗概。陛下爱敬敦厚，对待父母操劳侍奉不知疲倦，这是大舜一样的孝道。陛下亲自进宫询问太上皇的健康状况和饮食起居，并亲自为太上皇品尝饭菜，这是周文王的德行。对主管部门报上的案件，大小必察，使违法的受到惩罚，冤枉的得到伸理。用断趾的刑法代替斩刑，可见陛下的恻隐之心，如同大禹的怜悯罪犯而引咎自责。陛下表情庄重、言行率直，虚怀若谷、肯于纳谏，对鄙俗之言不怠慢，对山野之人不忽视，像帝尧一样乐于接受意见。陛下推崇教化，鼓励孜孜求学之徒，通过明经科举选拔提升贤能之人任高官，并将大儒任命为卿相，像圣人一样地循循善诱。由于夏天宫中湿热，不利于食宿，臣子们请陛下换个宽敞明亮的地方居住，陛下却害怕浪费钱财，违背了臣民的心愿，不顾及自身的寒暑，安于简陋的居所。最近几年又遇霜灾歉收，饥荒四起，又值大乱刚定，仓库空虚。陛下怜惜百姓，开粮仓赈济灾民，使全国没有一个人流离失所，而您自己却只吃粗淡的饮食，停止钟鼓之乐，时刻想着百姓的疾苦，容貌日渐消瘦。过去，周公旦因为远方有人前来朝贡而欣喜，夏禹也因为四方安定而感到自豪。可是，陛下每次见到四夷不远万里归附我朝，贡献礼品，必定都认真反思，仔细考虑。陛下心怀贤德，不图千古英名，只求为百姓赢得安宁的生活。陛下因为天下的忧患劳苦而心急如焚，而杜绝自身的巡行玩乐。每次上朝听政，听取接纳百官的诤谏却毫无倦意，智慧遍及万物，道义惠及天下。罢朝之后，还要与亲近的大臣讨论政教得失，推心置腹，只涉及政事，其余一概不谈。午后太阳偏西，必定下令才学之士进宫，引到清闲之地，与其畅谈典籍，或吟诗作赋，或研究玄之又玄的哲学，以至深夜到了废寝忘食的地步。陛下在孝、德、仁、勤这四个方面，都已经超越了历史上的圣贤，身体力行，陛下实在是有史以来第一人。弘扬这样的风气教化，昭示四方百姓，定能在很短的时间内改换天地。而现在淳朴的德行之所以没有推行开来，浮夸诡诈的风气之所以没有去除，是因为积习太久，难以一下子改变的缘故。请耐心等待移风易俗，以淳朴之风取代浮华之习，天下大治、教化大行，登上泰山、举行封禅的大典进行完毕，然后再去制定划分疆域、治理天下的制度，讨论诸侯土地的分封问题，也为时不晚。《易经》有言："天地间万事万物都会盈虚更替，随着时间的推移而消长停息，更何况人事呢？"这句话说得多好啊！

中书舍人马周又上疏曰：

伏见诏书令宗室勋贤作镇藩部，贻厥子孙，嗣守其政，非有大故，无或黜免。臣窃惟陛下封植之者，诚爱之重之，欲其绪裔承守[①]，与国无疆。可使世官也。何则？以尧、舜之父，犹有朱、均之子[②]。况下此以还，而欲以父取儿，恐失之远矣。傥有孩童嗣职，万一骄逸，则兆庶被其殃，而国家受其败。政欲绝之也，则子文之治犹在[③]；政欲留之也，而栾黡之恶已彰[④]。与其毒害于见存之百姓，则宁使割恩于已亡之一臣，明矣。然则向之所谓爱之者，乃适所以伤之也。臣谓宜赋以茅土，畴其户邑，必有材行，随器方授，则翰翮非强[⑤]，亦可以获免尤累。昔汉光武不任功臣以吏事，所以终全其世者，良由得其术也。愿陛下深思其宜，使夫得奉大恩，而子孙终其福禄也。

太宗并嘉纳其言。于是竟罢子弟及功臣世袭刺史。

注释

①绪裔承守：后代承袭职守。绪裔，后代。

②朱、均：指尧的儿子丹朱，舜的儿子商均，都是不肖之子。

③子文之治：子文，楚国令尹。他的孙子出使齐国回国复命，因有过失，自向司寇请求拘留。楚王想到子文治理国家的功绩，就说："子文无后，何以劝善？"于是恢复子文孙子的官职。

④栾黡 yǎn：春秋时晋国大夫武子之子，骄纵横虐。黡死后，晋士鞅说："武子所施没矣，黡之怨实章。"意思是儿子的过恶掩盖了父亲的功绩。

⑤翰翮 hé：原指羽毛，这里指德行、能力。

译文

中书舍人马周又上疏说：

我见陛下下诏书，让王公贵族和有功的大臣到各地做镇藩统帅，并且可以传位给子孙，使他们世袭刺史的职位，没有大的变故不得罢免。我认为陛下分封皇族，是出于爱护和看重他们，让他们的后代继承职守，与大唐的政权一样万寿无疆。为什么这样做呢？像尧、舜这样圣明的君王，尚且有丹朱、商均这样无能的儿子，更何况普通的君王呢？要根据父亲的才能品德去推断儿子，那就会悬隔太远了。如果有后代在孩童时代就承袭父职，万一骄奢放纵，那么不仅百姓遭殃，也会连累国家。如果取消他的封国，而其先祖的功业还在；如果保留他的封国，而他本人已经罪恶昭彰。与其像这样危害百姓，还不如割爱一个已故的功臣，这才是明智的做法。如此说来，过去的所谓爱重，其实是对他们的毒害。所以，我认为应该对宗亲和功臣只分封土地、犒赏封邑就足够了；他们之中确实有才能的，就根据其特长授予官职，这样他们就不会依仗权势任意而为，也可以使他们免受过失的牵连。过去汉光武帝不让功臣担任地方官，所以忠臣得以保全名节性命，实在是因为方法得当。望陛下深思，如何才能处理恰当，使宗亲和功臣能够蒙受大恩，同时使其后代也能终生享受福禄。

太宗皇帝非常赞许并接纳了李百药、马周的意见，最终下令废除了王室宗亲及功臣世袭刺史的诏令。

第四卷

论太子诸王定分第九

贞观七年，授吴王恪齐州都督[①]。太宗谓侍臣曰："父子之情，岂不欲常相见耶？但家国事殊，须出作藩屏[②]。且令其早有定分，绝觊觎之心，我百年后[③]，使其兄弟无危亡之患也。"

注释

① 齐州：州名。唐代辖境相当今山东济南、历城、章丘、济阳、齐河、临邑等市县。

② 出作藩屏：到州郡任职，屏蔽京城。

③ 百年：婉辞，指死亡。

译文

贞观七年，唐太宗授予吴王李恪齐州都督之职。太宗对侍臣们说道："按照父子之情，哪有不想经常团聚在一起的呢？但家事国事有所不同，必须让他们出去担当重任，作为国家的屏障。并且要及早确定他们的身份地位，断绝他们对太子位置的野心。这样，我死了之后，也能让他们兄弟之间没有危亡的祸患。”

贞观十一年，侍御史马周上疏曰：“汉、晋以来，诸王皆为树置失宜，不预立定分，以至于灭亡。人主熟知其然，但溺于私爱，故前车既覆而后车不改辙也。今诸王承宠遇之恩有过厚者，臣之愚虑，不惟虑其恃恩骄矜也。昔魏武帝宠树陈思[①]，及文帝即位，防守禁闭，有同狱囚，以先帝加恩太多，故嗣王从而畏之也。此则武帝之宠陈思，适所以苦之也。且帝子何患不富贵，身食大国，封户不少，好衣美食之外，更何所须？而每年别加优赐，曾无纪极[②]。俚语曰：‘贫不学俭，富不学奢。’言自然也。今陛下以大圣创业，岂惟处置见在子弟而已，当须制长久之法，使万代遵行。”疏奏，太宗甚嘉之，赐物百段。

注释

① 陈思：即陈思王曹植（192—232 年）。曹操第三子，因富于才学，备受曹操宠爱，一度欲立为太子。及曹丕、曹叡相继为帝后，备受猜忌，郁郁而死。

②纪极：规定的限制。

译文

贞观十一年，侍御史马周上奏章说：“汉、晋以来，所分封的诸王都因为所给的权势不合适，没有预先定好各自的地位，以至互相争夺残杀，使得国破家亡。君主大都很清楚这种情况，只是不能摆脱个人的偏爱，因而没有借鉴‘前车之覆，后车之鉴’的教训。现在诸王当中有的过于受宠，我所担心的不仅是他们倚仗宠爱而骄奢自大。从前魏武帝曹操宠爱陈思王曹植，到魏文帝曹丕即位后，对陈思王严加监督防范，就像对待囚犯一样，这是由于先皇加恩太多，所以继位的君主加倍提防他的缘故。这说明魏武帝宠爱陈思王，反而害了他啊！况且皇帝的后代哪里用得着担心没有富贵可享，身封大国，食邑户数不少，衣食无忧，除此之外还有什么非要得到不可呢？而且陛下每年还另外给予他们优厚的赏赐，全无规定限制。俗话说：‘贫困时不用学习也知道节俭，富贵了不用学习也会腐化。’这是自然而然的道理。如今陛下依靠崇高的德望创业立国，难道仅仅是为处理安置现在的子弟吗？陛下现在应该制定长治久安之法，使子孙万代都遵照执行。”疏奏呈上后，太宗相当赞赏，于是赏赐马周绢帛百段。

贞观十三年，谏议大夫褚遂良以每日特给魏王泰府料物，有逾于皇太子[①]，上疏谏曰：“昔圣人制礼，尊嫡卑庶[②]。谓之储君[③]，道亚霄极[④]，甚为崇重，用物不计，泉货财帛，与王者共之。庶子体卑，不得为例，所以塞嫌疑之渐，除祸乱之源。而先王必本于人情，然后制法，知有国家，必有嫡庶。然庶子虽爱，不得超越嫡子，正体特须尊崇[⑤]。如不能明立定分，遂使当亲者疏，当尊者卑，则佞巧之徒承机而动，私恩害公，惑志乱国。伏惟陛下功超万古，道冠百王，发施号令，为世作法。一日万机，或未尽美，臣职谏诤，无容静默。伏见储君料物，翻少魏王，朝野见闻，不以为是。臣闻《传》曰：‘爱子教以义方。’忠、孝、恭、俭，义方之谓。昔汉窦太后及景帝并不识义方之理[⑥]，遂骄恣梁孝王[⑦]，封四十余城，苑方三百里，大营宫室。复道弥望，积财镪巨万计，出警入跸[⑧]，小不得意，发病而死。宣帝亦骄恣淮阳王[⑨]，几至于败，赖其辅以退让之臣，仅乃获免。且魏王既新出阁，伏愿恒存礼训，妙择师傅，示其成败。既敦之以节俭，又劝之以文学。惟忠惟孝，因而奖之道德齐礼，乃为良器。此所谓圣人之教，不肃而成者也。”太宗深纳其言。

注释

①逾：超过。

②尊嫡卑庶：尊重正宗，不重旁支。嫡，宗法社会中称正妻为嫡，正妻所生之子女叫嫡生。后引申为正宗的意思。与嫡相对的是庶，即妾。妾所生子女为庶子。

③储君：即皇太子。太子为君之副，故称为储君。

④道亚霄极：意即太子的德行接近君王。亚，接近。霄极，云霄的最高处，比喻至高无上的国君。

⑤正体：指承宗的嫡长子。

⑥窦太后：西汉文帝皇后。吕后时，为代王（文帝）姬，代王入为皇帝，她被立为后。景帝继位，尊为皇太后，好黄老之学。武帝即位初期，她曾罢黜窦婴、赵绾和儒生辕固生等。景帝：即汉景帝刘启，即位后继续实行与民休息的政策，史家把他和文帝统治时期并举，称为“文景之治”。

⑦梁孝王：汉文帝与窦太后所生，名武，谥曰孝。按本传，梁孝王平定七国谋反有功，得太后及景帝宠爱，于是骄矜放纵，胡作非为。

⑧出警入跸 bì：帝王出称警，入称跸。出警入跸泛指帝王的车驾护卫。

⑨淮阳王：名钦，汉宣帝的庶子。据史载，汉宣帝骄

宠淮阳王，后淮阳王谋反作乱，几乎导致国家灭亡，后来依靠大臣辅佐，率兵镇压，才免于祸难。

译文

贞观十三年，谏议大夫褚遂良鉴于每天供给魏王李泰的东西远远超过了太子，于是向唐太宗进谏说："古代圣人制定的礼义，是尊重嫡子、不重旁支的。作为太子，德行仅次于皇上，地位极其尊贵，其日用的东西与钱财货物不加限制，跟君主没有什么两样。其他诸子身份卑微，不得与太子一样享受同样多的俸禄，这也是用来防止嫌疑的增加，以便根除祸乱的根源。先王一定是从人情出发制定礼仪法令，懂得有国有家必定有嫡子庶子，有亲疏贵贱。虽然庶生的子女也值得疼爱，但不得超过尊贵的太子；嫡子是正体，这种法体必须尊崇。如果不能确立他们的身份地位，就会造成应当亲近的人却被疏远，应当尊重的人反而被冷落的局面。这样，谄媚取巧之徒就会乘机兴风作浪，以个人恩怨危害国家，迷惑人心。陛下功超万古，德冠百王，发号施令，让后世帝王效法。陛下每天处理纷繁的政务，或许还有些事情做得不够完美。我的职责是指正您的过失，不容许有沉默不言的时候。我发现供奉给太子的东西反而少于魏王，朝廷上下听说了这件事后，都觉得做得不妥。我记得《左传》上说：'宠爱子女要用行事的规矩去教育他们。’忠诚、孝义、谦恭、俭约，这是行事的规矩。过去汉代的窦太后和汉景帝都认识不到这些道理的重要性，于是娇宠梁孝王，封给他四十余座城池，封地达到方圆三百余里。梁孝王骄纵奢侈，大肆修建宫室楼阁，他的宫室四处可见，所费钱财更是数以万计，进出僭用皇帝的警跸礼仪。由于养尊处优，以至后来稍有不适便发病而死。汉宣帝也娇惯淮阳王，后来淮阳王谋反作乱，差点造成汉的败落，幸亏有忠直之臣的辅佐才得以幸免于难。何况魏王李泰年龄还小，涉世未深，我希望皇上经常用礼义加以训导，选择良师经常用正反两方面的经验教训来开导他，既接受礼义方面的教导，又接受文学方面的熏陶。既通过忠孝进行教育，又用道德礼义加以约束，这样才能使他成为国家的栋梁之材。这就是所谓的圣人施行的教化，不用态度严厉就使人成器。”太宗听了他的话，十分赞许。

贞观十六年，太宗谓侍臣曰：“当今国家何事最急？各为我言之。”尚书右仆射高士廉曰[①]：“养百姓最急。”黄门侍郎刘洎曰：“抚四夷急。”中书侍郎岑文本曰：“《传》称：‘道之以德，齐之以礼。’由斯而言，礼义为急。”谏议大夫褚遂良曰：“即日四方仰德，不敢为非，但太子、诸王，须有定分，陛下宜为万代法以遗子孙，此最当今日之急。”太宗曰：“此言是也。朕年将五十，已觉衰怠[②]。既以长子守器东宫[③]，诸弟及庶子数将四十，心常忧虑在此耳。但自古嫡庶无良，何尝不倾败家国。公等为朕搜访贤德，以辅储宫[④]，爰及诸王，咸求正士。且官人事王，不宜岁久。岁久则分义情深，非意窥窬[⑤]，多由此作，其王府官寮，勿令过四考[⑥]。”

注释

① 高士廉（？—647 年）：名俭，唐高祖时任雍州治中。唐太宗时任吏部尚书，封许国公。后迁仆射，代理太傅，掌国家机要。

② 衰怠：衰老，疲惫。

③ 守器东宫：谓立为太子。守器，看守宗庙祭器。

④ 储宫：储君（太子）所居之宫，转指太子。

⑤ 窥窬 kuīyú：窥伺可乘之隙。犹言觊觎。

⑥ 四考：每年一定时间考核官吏政绩，以决定升黜，称为“考”。四考，谓任职四年。

译文

贞观十六年，唐太宗对侍臣们说：“当今国家什么事情最为迫切？请你们每个人对我说说。”尚书右仆射高士廉说：“使百姓得到休养最急。”黄门侍郎刘洎说：“安抚四境边疆的少数民族最急。”中书侍郎岑文本说：“《左传》上说：‘用道德来感化百姓，用礼义来规范百姓。’从这方面来说，礼义最为紧迫。”谏议大夫褚遂良说：“当今天下都仰慕陛下的德行，一个个循规蹈矩，不敢胡作非为。但太子、诸王，都必须明确他们的身份地位，陛下应该制定一个法令，留给子孙万代，这是当今最为紧迫的。”太宗说：“这话说得对。我快五十岁了，已经感觉精力不足，身体日渐衰老。虽然我已经立了长子为东宫太子，但我的弟兄和儿子将近四十人，我心里常常忧虑这件事。自古以来，无论是嫡子还是庶子，如果没有好的辅佐，也难免倾家败国。你们得为我寻访有才德的人，来辅佐太子；还有各个皇子，也都需要正直之士来辅佐。不过侍奉诸王的官员，时间不宜过长，时间一久感情就会加深，觊觎皇位的非分之心多由此而起。所以，诸王府的官员，不要让他们的任期超过四年。”

论尊敬师傅第十

贞观三年，太子少师李纲[①]，有脚疾，不堪践履[②]。太宗赐步舆[③]，令三卫举入东宫[④]，诏皇太子引上殿，亲拜之，大见崇重。纲为太子陈君臣父子之道，问寝视膳之方，理顺辞直，听者忘倦。太子尝商略古来君臣名教，竭忠尽节之事，纲懔然曰："托六尺之孤，寄百里之命[⑤]，古人以为难，纲以为易。"每吐论发言，皆辞色慷慨，有不可夺之志，太子未尝不耸然礼敬。

注释

① 李纲：字文纪，观州人。隋时曾做过太子洗马，升为尚书右丞。唐高祖时拜为礼部尚书兼太子詹事，频谏太子不听。贞观初，拜为太子少师。

② 践履：穿鞋走路。

③ 步舆：一种有皮垫的木制便轿。

④ 三卫：唐制，东宫六率府分为上、中、下三等，掌宿卫之事，称为三卫。

⑤ 托六尺之孤，寄百里之命：谓臣下受嘱托辅佐幼君。六尺之孤，指年龄十五岁以下的孤儿。百里之命，指方圆百里的公侯国的政令。

译文

贞观三年，太子少师李纲患有脚痛的疾病，不能穿鞋走路。唐太宗就赏赐给他一辆有皮垫的木制便轿，并命令侍卫抬他进入东宫，还下诏命令皇太子搀扶他上殿，亲自行礼作揖，以示对他的敬重。李纲为太子讲述君臣父子之间的礼仪，还有日常饮食起居方面的礼节，道理顺达，言辞流畅，让听者不知疲倦。太子曾经与李纲商讨自古以来君臣之间的伦理纲常，以及臣下效忠尽节之事，李纲正气凛然地说：“受托于先王，身负辅佐储君的使命，代理国政，古人认为这件事十分困难，臣却以为十分容易。”每当论起此事，李纲一脸正气，言语激昂，透露出一种刚正坚定的志向，太子每次都为之肃然致敬。

贞观六年，诏曰：“朕比寻讨经史，明王圣帝曷尝无师傅哉？前所进令遂不睹三师之位[①]，意将未可，何以然？黄帝学大颠，颛顼学录图，尧学尹寿，舜学务成昭，禹学西王国，汤学威子伯，文王学子期，武王学虢叔。前代圣王，未遭此师，则功业不著乎天下，名誉不传乎载籍。况朕接百王之末，智不同圣人，其无师傅，安可以临兆民者哉？《诗》不云乎：'不愆不忘，率由旧章。'夫不学，则不明古道，而能政致太平者未之有也。可即著令②，置三师之位。"

注释

① 三师：北魏以后称太师、太傅、太保为"三师"，品级列正一品，但仅为虚衔，无实职。后偶有废置之时，贞观十一年复置。

② 著令：颁布命令。

译文

贞观六年，唐太宗下诏说："我近来研读经典史籍，知道古代英明的帝王、圣贤的君子个个都有师傅。先前所进奏的法令始终未见设立三师的职位，我心里总觉得不对，为什么这么说呢？昔日，黄帝向大颠求教，颛顼向录图问学，唐尧以尹寿为师；此外，虞舜向务成昭学习，大禹在西王国求学，商汤学威子伯，文王学子期，武王学虢叔。前代圣明的君王，如果没有遇到这些名师的点化，他们的功业就不会著称于天下，自己的声名也不能名垂史册。何况我接下来的是一个千疮百孔的烂摊子，才智也不敢和圣人相比，要是没有师傅教导帮助，怎么能够君临天下呢？《诗经》上不是说：‘要想不犯错误不忘教训，都必须从旧的规章制度入手。’不学习，就不能明白古时治国的道理。像现在这样没有名师的教导就能统领天下，获得太平的，历史上还不曾有过啊。因此，应当立即拟定法令，设立三师的职位。”

贞观八年，太宗谓侍臣曰：“上智之人，自无所染，但中智之人无恒，从教而变，况太子师保①，古难其选。成王幼小，周、召为保傅②。左右皆贤，日闻雅训，足以长仁益德，使为圣君。秦之胡亥用赵高作傅，教以刑法，及其嗣位，诛功臣，杀亲族，酷暴不已，旋踵而亡。故知人之善恶，诚由近习。朕今为太子、诸王精选师傅，令其式瞻礼度③，有所裨益。公等可访正直忠信者，各举三两人。”

注释

① 师保：古代辅导天子和太子、诸侯子弟的官员，有太师、太保、太傅等，统称为师保或保傅。

② 保傅：召公为太保，周公为太傅。

③ 式瞻礼度：瞻仰礼仪风度。

译文

贞观八年，唐太宗对侍从的大臣们说："上等智慧的人，当然不会沾染什么恶习，但中等智能的人品德不稳定，他们的性情会随着教育情况的不同而发生变化，况且太子的师傅，自古以来就很难挑选。周成王即位时年纪幼小，周公、召公做他的太保太傅，左右都是贤人，每天都能听到有益的教诲，这足以增长他的仁义道德，使他成为圣君。秦二世胡亥，用赵高做师傅，学习的都是严刑峻法；到他继位后，就诛戮功臣，屠杀亲族，残酷暴虐到了极点，结果秦国很快就灭亡了。由此可知，人的善恶确实受身边人的影响。我如今要给太子、诸王精心挑选师傅，让他们耳濡目染礼仪法度，对自身的修养有所补益。你们诸位可求访正直忠信的人，各自推荐三两个人作为候选。"

贞观十一年，以礼部尚书王珪兼为魏王师。太宗谓尚书左仆射房玄龄曰："古来帝子，生于深宫，及其成人，无不骄逸，是以倾覆相踵[①]，少能自济[②]。我今严教子弟，欲皆得安全。王珪，我久驱使，甚知刚直，志存忠孝，选为子师。卿宜语泰，每对王珪，如见我面，宜加尊敬，不得懈怠。”珪亦以师道自处[③]，时议善之也。

注释

① 倾覆相踵：即相继败亡。相踵，脚跟相接，喻一个接一个。

② 自济：自己救助自己。

③ 师道：为师之道。

译文

贞观十一年，唐太宗任命礼部尚书王珪兼任魏王的师傅。太宗对尚书左仆射房玄龄说：“自古以来的帝王之子，生长于深宫之中，等到他们成年以后，没有一个不是骄奢淫逸的，因此相继灭亡，很少有能够自己摆脱这种局面的。我现在严格教育子弟，希望他们都能够保全自己。王珪长期以来为我效力，我非常了解他刚直的个性，既忠且孝，因此选择他来担任皇子的老师。你应该告诉魏王李泰：每次见到王珪的时候，就如同见到我一样，应该倍加尊敬，不得怠慢。”王珪也用为师之道来要求自己，当时的舆论都认为他做得很好。

贞观十七年，太宗谓司徒长孙无忌、司空房玄龄曰："三师以德道人者也。若师体卑，太子无所取则。"于是诏令撰太子接三师仪注[1]。太子出殿门迎，先拜三师，三师答拜，每门让三师。三师坐，太子乃坐。与三师书，前名惶恐[2]，后名惶恐再拜。

注释

① 仪注：礼仪制度，即礼节。

② 惶恐：意为恐惧不安，是一种谦词。

译文

贞观十七年，唐太宗对司徒长孙无忌、司空房玄龄说："三师是以德行来教导太子的人。如果为师者的身份卑下，太子就没有学习的榜样。"于是颁布诏令，让人编撰太子接待三师的礼仪制度。太子要走出殿门迎接师父，先行礼拜见三师，三师行礼时太子答礼；每当过门进门时要让三师先行；三师坐下后，太子才能坐；写给三师的书信，开头要写上"惶恐"，最后再写上"惶恐再拜"之语。

贞观十八年，高宗初立为皇太子[1]，尚未尊贤重道，太宗又尝令太子居寝殿之侧，绝不往东宫。散骑常侍刘洎上书曰：

臣闻郊迎四方，孟侯所以成德[②]；齿学三让[③]，元良由是作贞[④]。斯皆屈主祀之尊，申下交之义。故得刍言咸荐[⑤]，睿问旁通[⑥]，不出轩庭，坐知天壤，率由兹道，永固鸿基者焉。至若生乎深宫之中，长乎妇人之手，未曾识忧惧，无由晓风雅。虽复神机不测，天纵生知，而开物成务，终由外奖。匪夫崇彼干籥[⑦]，听兹谣颂[⑧]，何以辨章庶类[⑨]，甄核彝伦[⑩]？历考圣贤，咸资琢玉。是故周储上哲[⑪]，师望、奭而加裕[⑫]；汉嗣深仁，引园、绮而昭德[⑬]。原夫太子，宗祧是系，善恶之际，兴亡斯在，不勤于始，将悔于终。是以晁错上书[⑭]，令通政术，贾谊献策[⑮]，务知礼教。窃惟皇太子玉裕挺生，金声夙振，明允笃诚之美，孝友仁义之方，皆挺自天姿，非劳审谕，固以华夷仰德，翔泳希风矣[⑯]。然则寝门视善，已表于三朝[⑰]，艺宫论道，宜弘于四术[⑱]。虽富于春秋，饬躬有渐，实恐岁月易往，堕业兴讥，取适晏安，言从此始，臣以愚短，幸参侍从，思广储明，暂愿闻彻，不敢曲陈故事，切请以圣德言之。

注释

① 高宗（628—683 年）：名治，唐太宗之子，长孙皇

后所生。贞观十七年四月被立为太子，贞观二十三年继位。

② 孟侯：即太子。孟，排行第一的。

③ 齿学三让：按年龄大小学习礼让。

④ 元良：太子的代称。贞：正，正宗。

⑤ 刍言咸荐：百姓的议论都能奏闻。

⑥ 睿问：犹圣问，即圣听。

⑦ 干籥 yuè：干，古代舞者所执的盾；籥，古代的管乐器。

⑧ 谣颂：歌谣诗颂，指诗歌教化。

⑨ 辨章庶类：分清事物。庶，众；庶类即众多的事物。

⑩ 甄核彝伦：鉴定伦常。彝伦，即伦常，人与人之间的道德关系。

⑪ 周储：周太子，即周成王。

⑫ 望、奭：望，太公之号；奭，召公之名。

⑬ 汉嗣深仁，引园、绮而昭德：汉惠帝虽深怀仁义之心，只是礼迎东园公、绮里季等贤人后才德行昭彰。汉嗣，汉太子，指汉惠帝刘盈。深仁，深纳仁义。园，东园公。绮，绮里季。汉高祖欲废太子刘盈，张良教太子迎四皓以相辅佐。四皓即东园公、绮里季、夏黄公、角里先生，年皆八十余岁。

⑭ 晁错（前 200—前 154 年）：西汉大臣，政论家。他

建议逐步削夺诸侯王国的封地，以巩固中央集权制度；后吴楚等七国以诛晁错为名，发动武装叛乱，他为袁盎等所谮，被杀。

⑮ 贾谊（前200—前168年）：西汉政论家、文学家。少有博学能文之誉；后遭排挤，贬为长沙王太傅。

⑯ 翔泳希风：飞鸟游鱼都向往他的风节。翔，指飞鸟。泳，指游鱼。

⑰ 三朝：《礼记》载，周文王为世子时，每天早、午、晚三次向父王问好请安。

⑱ 四术：指诗书礼乐四门学问。

译文

贞观十八年，唐高宗刚被立为太子时，还不尊贤重道，太宗又曾经命令太子居住在自己寝宫的旁边，并且不准太子住到东宫去。散骑常侍刘洎上书说：

我听说皇太子要多方学习，才能成就德名；以普通人身份待人接物，才可成长为贤明的君主。这些屈尊之举都是为了广泛接纳臣民，如此才能听到各种意见，了解各方面的情况；使得人们都乐意为他献计献策，坐在宫中也能对天下大事了如指掌。只有这种办法，才可以使国家大业得以巩固。对于从小生长在皇宫中的太子，他一直在侍女的身边长大，从未经历过忧患恐惧，无从通晓诗文辞章。

即使生性聪明，然而要成就大业，终需要臣下的辅佐。如果不重视诗书礼乐的教化，又有什么别的方法可以鉴别真假、明辨是非？纵观历代圣贤，都必须经过学习和磨砺。所以，周成王虽属上乘，然而以太公、召公为太师太保才懂得更多事情；汉惠帝虽然深怀仁义之心，只是引东园公、绮里季等四位贤人才让他的威德显扬。太子的成长维系着国家的命运，天下社稷的兴亡在于太子行善行恶。如果一开始不注重太子的教育，最终必定后悔莫及。所以晁错上书，是为了要求太子通晓治国方略；贾谊进献策论，是想让太子辨明礼敬，教化天下。我认为，皇太子天资聪明、德性仁和，具备明察笃厚诚信文美、忠孝敬友仁义之德，这些来自他的天性，而不是通过受教育得来的。所以，国内外各族人民敬仰佩服他的德行，连飞鸟游鱼都向往羡慕其风节。太子在陛下身边侍奉寝食，在朝中已做出了表率，他在谈论艺术时体现出的聪明才智，也应在诗书礼乐方面加以弘扬。太子虽然年轻气盛，有充分的时间修身养性，但我实在担心随着岁月的流逝，他荒废了学业，引起讥谤，安逸之风从此开始。我愚昧浅陋，有幸侍奉太子，实愿尽绵薄之力，想要使太子思虑开阔，在不久的将来闻名四方。我不敢敷衍塞责，只是希望以陛下的圣明为例来作为说明。

伏惟陛下诞睿膺图[①]，登庸历试[②]。多才多艺，道著于匡时；允文允武，功成于纂祀。万方即叙，九围清晏。尚且虽勿休，日慎一日，求异闻于振古，劳睿思于当年。乙夜观书，事高汉帝[③]；马上披卷，勤过魏王[④]。陛下自励如此，而令太子优游弃日，不习图书，臣所未谕一也。加以暂屏机务，即寓雕虫。纡宝思于天文，则长河韬映；摛玉华于仙札，则流霞成彩。固以锱铢万代[⑤]，冠冕百王，屈、宋不足以升堂[⑥]，钟、张何阶于入室[⑦]。陛下自好如此，而太子悠然静处，不寻篇翰，臣所未谕二也。陛下备该众妙，独秀寰中，犹晦天聪，俯询凡识，听朝之隙，引见群官，降以温颜，访以今古，故得朝廷是非，闾里好恶，凡有巨细，必关闻听。陛下自行如此，而令太子久趋入侍，不接正人，臣所未谕三也。陛下若谓无益，则何事劳神；若谓有成，则宜申贻厥[⑧]。蔑而不急，未见其可。伏愿俯推睿范，训及储君，授以良书，娱之嘉客。朝披经史，观成败于前踪；晚接宾游，访得失于当代。间以书札，继以篇章，则日闻所未闻，日见所未见。副德愈光[⑨]，群生之福也。

注释

①诞睿膺图：天王圣智，承受天命。

②登庸：登帝位。

③乙夜观书，事高汉帝：谓太宗深夜读书，比汉光武帝还要勤奋。史载汉光武帝讲论经理，常“夜分乃寐”。

④马上披卷，勤过魏王：谓太宗在戎马生活中读书，其勤奋超过曹操。

⑤锱铢万代：使万代君王显得渺小。锱和铢都是古代很小的重量单位，常用来比喻细微的事物。

⑥屈、宋：指屈原、宋玉。二人均善辞赋。

⑦钟、张：指钟繇、张芝。二人均善书法。

⑧贻厥：给子孙留下规范。

⑨副德愈光：太子的品德更加光辉。

译文

我认为陛下雄才伟略、蒙受天命，荣登帝位、身经百战。多才多艺，德行显著于匡时救弊；文武双才，功业成就在继承先王大业。如今万方有序，天下太平。即使如此，陛下仍不敢懈怠，仍经常保持谨慎勤勉的品性，从历史兴亡中获得新知，像当年那样终日劳神苦思于政务。陛下深夜阅读典籍，刻苦超过了汉光武帝；在战马上也手不释卷，勤奋超过了魏武帝。陛下能自我鞭策，如此勤奋，可却让太子整日悠闲游乐、荒废时间，不修习书文，这是臣子我第一个不明白的地方。另外，陛下一搁下政务，就把心思寄托在辞章书法上。文章构思之妙，使长河顿失光彩；书法结构之精，令流霞飞彩黯然。因此称得上万世稀有之作，百王望尘莫及，即使屈原、宋玉的词赋都不足以相比，钟繇、张芝的书法也难以企及。陛下能够如此用功，而太子却悠然自处，无所事事，不修习书文，这是我第二个不明白的地方。陛下博采众长，亘古未有，仍然虚怀若谷，不耻下问。朝会的空余时间，接见百官，和颜悦色，广闻博取，询问古今治国的道理。所以能知道朝廷上的对错、民间的好恶，事不论大小，都必须亲自过问。陛下自己办事如此谦虚谨慎，却让太子长久地陪伴自己左右，不接触正人君子，这是我第三个不明白的地方。陛下所作所为如果说是无益的话，为何还对此事费尽心思呢？如果认为这些有益，那就应该加以申明，为子孙做出榜样。陛下对此不加以重视，恐怕是不可以的。我希望陛下用自己的模范言行教育太子，给他推荐一些优秀的书籍，使他与德才兼备的人交往。使太子能在早晨披阅经史，探索前朝成败的经验；夜里接待宾客，考察当代社会得失的前因后果。有时间经常写文章，那么太子就会日渐进益，增加见闻、开阔眼界。他的德行就会愈来愈完美，这真是百姓的洪福啊！

窃以良娣之选[①]，遍于中国。仰惟圣旨，本求典内，冀防微，慎远虑，臣下所知。暨乎征简人物，则与聘纳相违，监抚二周[②]，未近一士。愚谓内既如彼，外亦宜然者，恐招物议，谓陛下重内而轻外也。古之太子，问安而退，所以广敬于君父；异宫而处，所以分别于嫌疑。今太子一侍天闱，动移旬朔[③]，师傅已下，无由接见。假令供奉有隙，暂还东朝，拜谒既疏，且事俯仰，规谏之道，固所未暇。陛下不可以亲教，宫寀无因以进言，虽有具寮[④]，竟将何补？

伏愿俯循前躅[⑤]，稍仰下流，弘远大之规，展师友之义，则离徽克茂，帝图斯广[⑥]，凡在黎元，孰不庆赖！太子温良恭俭，聪明睿哲，含灵所悉[⑦]，臣岂不知，而浅识勤勤，思效愚忠者，愿沧溟益润[⑧]，日月增华也。

太宗乃令洎与岑文本、马周递日往东宫，与皇太子谈论。

注释

① 良娣：太子之妾。

② 监抚二周：指太子监国抚军二年。监抚，监国抚军。

③ 旬朔：十日或一月。旬，十日。朔，一个月。

④ 具寮：具备职官。寮，通“僚”，职官。

⑤ 前躅：先前的行为。

⑥ 离徽克茂，帝图斯广：太子的美德能够盛大，帝业就能扩展。

⑦ 含灵：佛教名词，泛指一切有生命物体，本文指普通老百姓。

⑧ 沧溟：大海。

译文

我私下认为太子嫔妃的选择，遍及全国。想来陛下的圣旨，在于寻找出掌管太子宫内事务的适合之人，希望能够防微杜渐，这些是我所知道的；但对于太子身边臣僚的选择就与选妾大不相同了。太子已经监国抚军两年，却没有接近过一个贤士。我以为选取内宫的妃嫔都如此重视，那么选拔朝野的人才更应该十分重视。否则恐怕招致非议，说陛下重内轻外！古代的太子，向皇上问安后就退回，以此表示非常尊敬父王；皇上和太子居住在不同的地方，是为了避免嫌疑。现在太子侍奉陛下，动辄十多天，太师、太傅等人都无从接见。即使太子在侍奉的空隙时间，暂时回到东宫，而由于东宫臣僚平时很少能够拜见太子，只能例行公事，对太子规谏之事根本无暇顾及。陛下不能亲自教导太子，官员又没有机会进言，虽然朝廷辅佐人员众多，那又有什么用呢？

我恳请陛下教导太子遵循前人的足迹，不让太子放任自流，教育他弘扬远大的志向，使师友切磋的情义和道理得以伸张。那么太子的美德就会更盛，宏图帝业将会更加宽广，普天之下的百姓，有谁会不庆幸信赖呢！太子性情温和、谦逊节俭、聪明睿智，普天之下的百姓无所不知，对此，我怎么会不知道呢？为臣才识疏浅，但是仍然勤勤恳恳进言，愿意献出忠心，为沧海添一滴水，给日月增一丝光华。

唐太宗于是下诏命令刘洎、岑文本、马周轮流到东宫，与皇太子谈论修身养性之方、经世治国之道。

论教戒太子诸王第十一[1]

贞观七年，太宗谓太子左庶子于志宁、杜正伦曰[2]：“卿等辅导太子，常须为说百姓间利害事。朕年十八，犹在民间，百姓艰难，无不谙练[3]。及居帝位，每商量处置，或时有乖疏[4]，得人谏诤，方始觉悟。若无忠谏者为说，何由行得好事？况太子生长深宫，百姓艰难，都不闻见乎！且人主安危所系，不可辄为骄纵[5]。但出敕云，有谏者即斩，必知天下士庶无敢更发直言。故克己励精[6]，容纳谏诤，卿等常须以此意共其谈说。每见有不是事，宜极言切谏，令有所裨益也。”

注释

① 戒：警告，告诫。

② 于志宁、杜正伦：二人均为太子左庶子。

③ 谙练：熟练，熟悉。

④ 乖疏：违背礼义，出现疏漏。

⑤ 辄为骄纵：仗势骄奢放纵。辄，专擅，倚势妄为。

⑥ 克己励精：克制私欲，励精图治。

译文

贞观七年，唐太宗对太子左庶子于志宁、杜正伦说：“你们辅导太子，要经常为他讲述百姓生活在民间的种种艰苦。我十八岁时还在民间，对百姓的艰难困苦非常清楚。登上帝位后，每逢商议事情如何处理的时候，有时还有错误疏漏的地方，由于得到他人的谏诤，才有所醒悟。如果没有忠心的人对我直言进谏，事情怎么能做得好呢？何况太子长期生长在深宫之中，看不见、听不到百姓的艰难困苦。而且君主是关系到天下安危的人，更不能动辄就骄奢放纵。只要发个敕命，谁规谏就砍谁的头，那么天下官员百姓肯定没有人敢直言了。所以要克制私欲，励精图治，容纳别人的忠言直谏。你们应该经常把这些道理讲给太子听，每当看到他有做得不对的地方，应该勇敢直谏，使他能有所获益。”

贞观十八年，太宗谓侍臣曰：“古有胎教世子[①]，朕则不暇。但近自建立太子，遇物必有诲谕。见其临食将饭，谓曰：‘汝知饭乎？’对曰：‘不知。’曰：‘凡稼穑艰难[2]，皆出人力，不夺其时，常有此饭。’见其乘马，又谓曰：‘汝知马乎？’对曰：‘不知。’曰：‘能代人劳苦者也，以时消息，不尽其力，则可以常有马也。’见其乘舟，又谓曰：‘汝知舟乎？’对曰：‘不知。’曰：‘舟所以比人君，水所以比黎庶[3]，水能载舟，亦能覆舟。尔方为人主，可不畏惧！’见其休于曲木之下，又谓曰：‘汝知此树乎？’对曰：‘不知。’曰：‘此木虽曲，得绳则正，为人君虽无道，受谏则圣。此傅说所言[4]，可以自鉴。’”

注释

① 古有胎教世子：相传周文王之母，为人端庄，很有德操。在怀孕期间，“目不视恶色，耳不听淫声，口不出傲言”。生下文王之后，文王聪敏异常。人称文王之母为能胎教。

② 稼穑：谓农事。

③ 黎庶：黎民百姓。

④ 傅说 yuè：商王武丁的大臣。相传原是傅岩地方从事版筑的奴隶，后被武丁任为大臣，治理国政。

译文

贞观十八年，唐太宗对侍从的大臣们说：“古时候有胎教世子的说法，我却没有时间考虑这事。但最近自设立太子以来，遇到事情都要对他讲一番道理。见他准备吃饭时，便问他：‘你知道饭是怎样来的吗？’太子回答说：‘不知道。’我说：‘凡是播种、收获等农事，都要付出艰苦的劳动和汗水。只有不去占用他们劳作的时间，才会常有这样的饭吃。’看到他骑马，又问他：‘你知道马是用来干什么的吗？’太子回答说：‘不知道。’我说：‘这是能够替人代劳的动物，要使它既劳作又得到休息，不耗尽它的气力，这样就可以常有马骑。’看到他乘船，又问他：‘你知道船是怎样运行的吗？’太子回答说：‘不知道。’我说：‘船好比君主，水好比是百姓，水能浮载船，也能推翻船，你不久将做君主了，怎么可以不保持警惕呢！’我看到他在弯树下休息，又问他：‘你知道这弯树的道理吗？’太子回答说：‘不知道。’我说：‘这树虽然弯曲，但经过木匠切刨加工、打上墨线就可以正直成材。做君主的虽然有时难免会做出一些荒唐的事，但是虚心接受谏诤就可以圣明，这是傅说讲的道理，可以对照自己的行为作为鉴戒。’”

贞观七年，太宗谓侍中魏徵曰：“自古侯王能自保全者甚少，皆由生长富贵，好尚骄逸。多不解亲君子远小人故尔。朕所有子弟欲使见前言往行，冀其以为规范。”因命徵录古来帝王子弟成败事，名为《自古诸侯王善恶录》，以赐诸王。其序曰：

观夫膺期受命，握图御宇，咸建懿亲[①]，藩屏王室，布在方策，可得而言。自轩分二十五子，舜举一十六族[②]，爰历周、汉，以逮陈、隋，分裂山河，大启磐石者众矣。或保乂王家，与时升降；或失其土宇，不祀忽诸[③]。然考其隆替，察其兴灭，功成名立，咸资始封之君，国丧身亡，多因继体之后。其故何哉？始封之君，时逢草昧，见王业之艰阻，知父兄之忧勤，是以在上不骄，夙夜匪懈，或设醴以求贤[④]，或吐飧而接士[⑤]。故甘忠言之逆耳，得百姓之欢心，树至德于生前，流遗爱于身后。暨夫子孙继体，多属隆平，生自深宫之中，长居妇人之手，不以高危为忧惧，岂知稼穑之艰难？昵近小人，疏远君子，绸缪哲妇[⑥]，傲狠明德，犯义悖礼，淫荒无度，不遵典宪，僭差越等。恃一顾之权宠，便怀匹嫡之心；矜一事之微劳，遂有无厌之望。弃忠贞之正路，蹈奸宄之迷途[⑦]。愎谏违卜，往而不返。虽梁孝、齐冏之勋庸[⑧]，淮南、东阿之才俊[⑨]，摧摩霄之逸翮[⑩]，成穷辙之涸鳞[⑪]，弃桓、文之大功[⑫]，就梁、董之显戮[⑬]。垂为炯戒[⑭]，可不惜乎！皇帝以圣哲之资，拯倾危之运，耀七德以清六合[⑮]，总万国而朝百灵[⑯]，怀柔四荒，亲睦九族，念华萼于《棠棣》[⑰]，寄维城于宗子。心乎爱矣，靡日不思，爰命下臣，考览载籍，博求鉴镜，贻厥孙谋。臣辄竭愚诚，稽诸前训。凡为藩为翰[18]，有国有家者，其兴也必由于积善，其亡也皆在于积恶。故知善不积不足以成名，恶不积不足以灭身。然则祸福无门，吉凶由己，惟人所召，岂徒言哉！今录自古诸王行事得失，分其善恶，各为一篇，名曰《诸王善恶录》，欲使见善思齐，足以扬名不朽；闻恶能改，庶得免乎大过。从善则有誉，改过则无咎。兴亡是系，可不勉欤！

太宗览而称善，谓诸王曰："此宜置于座右，用为立身之本。"

注释

① 懿亲：至亲。

② 轩分二十五子，舜举一十六族：黄帝分封二十五子；舜帝举用十六族，即八元八凯。轩，即黄帝，轩辕氏部落首领。

③ 不祀忽诸：谓封国忽然灭亡，不得祭祀。

④ 设醴以求贤：相传汉楚元王敬礼申公等，穆生不吃酒，元王每置酒，总为穆生设醴。

⑤ 吐飧 sūn 而接士：周公一餐饭三吐哺，急于接见贤士。

⑥ 绸缪哲妇：谓智士多谋而治国，美妇多谋而乱国。

绸缪，缠绵，亲密的样子。哲妇，美妇。

⑦ 奸宄 guǐ：犯法作乱之人。

⑧ 梁孝、齐冏 jiǒng：梁孝即汉文帝之子梁王，平七国之乱；齐冏即晋齐王，以功迁游击将军。二人都建立过功业。

⑨ 淮南、东阿：淮南即汉高祖之孙淮南王刘安，喜文辞，好书，时武帝方好艺文，甚重之；东阿，指曹操儿子曹植，魏文帝时先贬安乡侯，后进王东阿。

⑩ 逸翮 hé：飞鸟的羽翅。翮，羽毛中间的硬管，亦指鸟的翅膀。

⑪ 穷辙之涸鳞：即涸辙之鱼，比喻陷入困境。

⑫ 桓、文：指春秋时齐桓公、晋文公，二人均为春秋诸侯的霸主，有尊王室匡天下的大功。

⑬ 梁、董：指东汉时梁冀、董卓。梁冀，汉代贪官；董卓，东汉末豪强。

⑭ 炯戒：彰明昭著的警戒。

⑮ 耀七德以清六合：七德，谓武七德，即禁暴、戢兵、保大、定功、安民、和众、丰财；六合，东、南、西、北四方和上、下。

⑯ 总万国而朝百灵：指天下一统，百姓归顺。朝百灵，使百姓来朝拜。

⑰ 华萼：即花与萼，喻兄与弟。《棠棣》：一首申述兄

弟应该互相友爱的诗。

⑱ 为藩为翰：指藩镇诸侯、屏翰重臣。藩，藩镇，藩封以守护王室的诸侯。翰，屏翰，卫国的重臣。

译文

贞观七年，唐太宗对侍中魏徵说："自古以来，皇家子弟能够自我保全的很少，这都是由于他们从小生长在富贵的环境中，骄傲懒惰，贪图个人享受，不了解亲近君子、疏远小人的道理。我想让所有的子女都能够见识古人的言行，希望他们以此作为自己行为的借鉴。"于是命令魏徵采录古代帝王子弟成败的事迹，编成《自古诸侯王善恶录》，以此赐给诸王。序中写道：

考察那些身当其期承受天命而统治天下的帝王，没有一个不是分封自己的宗亲，来守卫王室的。这些都记载于史册，可以拿来讨论探究。自黄帝分封二十五子，舜帝任命八元、八凯，经过周朝、汉代以至于陈代、隋朝，大封宗室皇亲的非常多。这些被分封的诸侯有的得以保全，随时代沉浮；有的失去封地，瞬间衰亡。然而考察他们的兴衰成败，那些功成名就的都是开国时受封的王，国破家亡的大都是后世继位的子孙。原因何在呢？始封的君王适逢建国之初，亲眼见识创业的艰难，并知道父兄为建立国家所付出的辛勤劳苦，所以在位时不骄纵，不论白天夜晚，从不懈怠政务，礼贤下士且厚遇人才，有的像汉楚元王那样设醴求贤，有的像周公那样一饭三吐哺接贤纳士。即使忠心的话听起来刺耳，也能虚心接受，深得百姓的拥戴和欢心，他们生前道德高尚，死后也将仁爱恩泽遗留给人民。到了子孙继承王位的时候，天下太平兴盛，从小深居宫中，备受妇人呵护长大，顾虑不到处于高位的危险，哪里还能知道耕种收获的苦乐呢？他们亲近小人而疏远君子，宠爱美妾而轻视道德；违背礼法，荒淫无度，不遵守法令制度，超越本分等级。自恃皇帝的恩宠，萌生抗击嫡子的野心；倚仗一些细微的功劳，生出无穷的欲望。他们不遵循忠贞的正道，误入为非作歹的歧途；他们刚愎自用，不听劝谏，一意孤行，执迷不悟。虽然有汉代梁孝王刘武、晋代齐王司马冏那样的功勋，有汉代淮南王刘安、曹魏东阿王曹植那样的才华，也不免摧折凌云之翅，陷于涸辙之鲋的尴尬。他们会因为丢弃齐桓公、晋文公那样的丰功伟业，落得梁冀、董卓那样斩首示众的下场。这些历史教训，难道还不值得痛惜吗？皇上以圣人般的天赋挽救危亡，功耀千秋以廓清宇宙，统一中原而治理天下百姓，安抚四方边远之国，亲睦九族。吟诵《棠棣》之诗来增进兄弟之情，把维系宗庙的责任系于子孙。笃爱之心无时不有，于是命令下臣考证历代历史记载，用来作为行为处事的标准，为子孙后代打算。为臣特此竭尽浅薄能力，考察前代的训诫。凡是藩镇诸侯、屏翰重臣有封国有家族的人，他们的兴盛必然是由于积累善德，他们的衰亡也是因不断作恶引起的。可见，不积累善德就不能够成就功名，不积聚恶行就不会丧家亡国。可是祸与福都没有定数，一个人吉凶的关键在于自己，这实在不是无稽之谈！现在我收录自古以来各个帝王做事的得失情况，根据善恶不同分类，各有一个篇章，称为《诸王善恶录》。希望太子诸王见贤思齐以扬名百代，永垂不朽；知恶能改以免造成更大的错误。从善就能获得好的名声，改错就可以免于罪咎。这些东西都关系着国家的兴亡，岂能不以此共勉呢？

太宗看了连声称好，对诸位王子说："此书应作为你们的座右铭，用作立身处世的根本。"

贞观十年，太宗谓荆王元景、汉王元昌、吴王恪、魏王泰等曰："自汉已来，帝弟帝子，受茅土、居荣贵者甚众，惟东平及河间王最有令名[①]，得保其禄位。如楚王玮之徒[②]，覆亡非一，并为生长富贵，好自骄逸所致。汝等鉴诫，宜熟思之。拣择贤才，为汝师友，须受其谏诤，勿得自专[③]。我闻以德服物，信非虚说。比尝梦中见一人云虞舜，我不觉竦然敬异，岂不为仰其德也！向若梦见桀、纣，必应斫之[④]。桀、纣虽是天子，今若相唤作桀、纣，人必大怒。颜回、闵子骞、郭林宗、黄叔度[5]，虽是布衣，今若相称赞道类此四贤，必当大喜。故知人之立身，所贵者惟在德行，何必要论荣贵。汝等位列藩王，家食实封，更能克修德行，岂不具美也？且君子小人本无常，行善事则为君子，行恶事则为小人，当须自克励，使善事日闻，勿纵欲肆情，自陷刑戮。”

注释

① 东平：即东平王刘苍，汉光武帝之子。好经书，有智思，文称典雅。明帝问他处家何事最乐，他答道：“为善最乐。”河间王：刘德，汉景帝之子。以博学有德著称。

② 楚王玮：晋武帝之子，曾掌兵权，刚狠好杀，犯罪被斩首。

③ 自专：自以为是，独断专行。

④ 必应斫之：必定要砍杀他们。

⑤ 颜回、闵子骞、郭林宗、黄叔度：四人均是布衣出身的高尚之士。颜回、闵子骞，二人都是孔子的学生，以德行著称。郭林宗、黄叔度，二人都是后汉时的高尚之士。

译文

贞观十年，唐太宗对荆王元景、汉王元昌、吴王恪、魏王泰等王子说："从汉代以来，帝王的兄弟和儿子受封为诸侯王，处于荣华富贵之中的很多。唯有东汉的东平王和西汉的河间王最有名，他们能够保全自己的禄位；如西晋的楚王司马玮这等奸佞之人，覆亡的不止一个，究其原因，都是因为自幼生长在富贵之中骄奢淫逸所造成的。你等应引以为戒，深思熟虑。应当选择良善之人作为你们的师友，必须听从他们的敬告规劝，不要擅作主张，自以为是。我听说只有德行能使人信服，相信这都不是信口乱说。我不久前曾梦见一个人说叫虞舜，不禁肃然起敬，这不是因为我敬仰他品德的缘故吗？要是梦见桀、纣那样的丧国之君，我一定会感到愤慨而砍死他。桀、纣虽然是天子，但如果称呼某人为桀、纣，他一定会十分愤怒。颜回、闵子骞、郭林宗、黄叔度等人，虽然是普通老百姓，今天要是大家称赞别人像这四个贤人，别人一定会大喜。可见，一个人立身处世，最可贵的是德行，哪用得着谈及富贵呢？你们位列王公，衣食丰足，更应能够加强德行修养，这岂不两全其美？况且君子小人本来就不是永远固定不变的。做善事就是君子，做恶事就是小人。你们应当自我克制、自我勉励，多行善事，不要放纵自己的欲望和感情，使自己陷入刑戮之中。"

贞观十年，太宗谓房玄龄曰："朕历观前代拨乱创业之主，生长民间，皆识达情伪，罕至于败亡。逮乎继世守文之君，生而富贵，不知疾苦，动至夷灭[①]。朕少小以来，经营多难，备知天下之事，犹恐有所不逮。至于荆王诸弟，生自深宫，识不及远，安能念此哉？朕每一食，便念稼穑之艰难；每一衣，则思纺绩之辛苦，诸弟何能学朕乎？选良佐以为藩弼[②]，庶其习近善人，得免于愆过尔。"

注释

① 夷灭：诛锄，消灭。

② 藩弼 bì：藩王的辅佐。弼，矫正弓弩的器具，引申为辅佐之人。

译文

贞观十年，唐太宗对房玄龄说："我纵观前代创业开国的君主，都生长在民间，都通情达理，能识别人情真假，少有导致败亡的。及至继位守成的君主，生下来就享受荣华富贵，不知道人间疾苦，导致国家动乱灭亡。我从小以来经历了很多艰难险阻，知道天下很多的事情，但仍然害怕自己还有做得不够的地方。至于像荆王李元景等各位兄弟，生长在深宫，见识短浅，哪能想到这些问题呢？我每天一吃饭，就要想到耕种的艰难，每天一穿衣，就想到纺线织布的辛苦，我那些王子兄弟能学我吗？挑选贤良之人来教导帮助他们，使他们习惯与品德高尚的人接近，避免犯错或造成损失。"

贞观十一年，太宗谓吴王恪曰："父之爱子，人之常情，非待教训而知也。子能忠孝则善矣。若不遵诲诱，忘弃礼法，必自致刑戮，父虽爱之，将如之何？昔汉武帝既崩，昭帝嗣立①，燕王旦素骄纵，诪张不服②，霍光遣一折简诛之，则身死国除。夫为臣子不得不慎。"

注释

①昭帝：即汉昭帝（前94—前74年）刘弗陵，武帝子。公元前87—前74年在位。统治期间，由霍光、桑弘羊等辅佐。

②诪zhōu张：欺诳，狂妄。

译文

贞观十一年，唐太宗对吴王恪说："父亲疼爱子女，这是人之常情，不用教导也自然懂得。儿子能尽忠尽善就对了；若儿子不遵循教诲，废弃礼法，必然使自己遭受刑法的惩处。父亲即使疼爱他，那又有什么办法呢？从前汉武帝驾崩了以后，汉昭帝继位，燕王刘旦向来骄横放纵，狂妄自大并且图谋不轨。霍光辅佐昭帝以御书诛杀了他，身亡国灭。所以作为臣子的不得不谨慎。”

贞观中，皇子年小者多授以都督、刺史，谏议大夫褚遂良上疏谏曰：“昔两汉以郡国治人，除郡以外，分立诸子，割土分疆，杂用周制。皇唐郡县，粗依秦法。皇子幼年，或授刺史。陛下岂不以王之骨肉，镇捍四方，圣人造制，道高前古？臣愚见有小未尽。何者？刺史师帅[①]，人仰以安。得一善人，部内苏息[②]；遇一不善人，阖州劳弊。是以人君爱恤百姓，常为择贤。或称河润九里，京师蒙福[③]；或与人兴咏，生为立祠。汉宣帝云：‘与我共理者，惟良二千石乎！’如臣愚见，陛下子内年齿尚幼，未堪临民者，请且留京师，教以经学。一则畏天之威，不敢犯禁；二则观见朝仪，自然成立。因此积习，自知为人，审堪临州，然后遣出。臣谨按汉明、章、和三帝，能友爱子弟。自兹以降，以为准的。封立诸王，虽各有土，年尚幼小者，各留京师，训以礼法，垂以恩惠。讫三帝世，诸王数十百人，惟二王稍恶[4]，自余皆冲和深粹[5]。惟陛下详察。”太宗嘉纳其言。

注释

① 师帅：表率。

② 苏息：宁息，平安。

③ 河润九里，京师蒙福：意即施恩及远，犹如河流之浸润各地，连京城也受益。

④ 二王：指楚王刘英、广陵思王刘荆。二王都以谋逆自杀。

⑤ 冲和深粹：谓品德谦和优良。

译文

贞观年间，年龄小的皇子大都被授以都督、刺史的爵位。谏议大夫褚遂良上疏进谏道：“过去两汉都用郡国的方法治理国家，除州郡外，还分封诸子，一个个割地封爵，沿袭周代的做法。现在我们唐代采用郡县制，大致沿用的是秦的体制。如今皇子年龄小，都授以刺史的爵位。陛下难道是想用骨肉亲情来安定四方，认为圣人创设的制度都很高明吗？但是我认为这种方法有一些不完善的地方。为什么呢？刺史是一州的表率，人们仰仗他得以安宁。这些职位若遇上好人担任，那么辖境之内就平安无事；如果遇到一个不好的人来管理，整个州县就民生凋敝。所以皇上爱抚体恤百姓，常常选择贤能的人。有的刺史治政有方，所施之恩犹如河流之浸润各地，连京城也受益；有的刺史被百姓歌颂赞美，并且立下生祠纪念。汉宣帝说：‘与我一同治理国家的，是享受两千石俸禄的有才能的人。’按我的想法，陛下皇子中年龄尚小，还不能统领百姓的，请暂时留在京城，教导他们学习经典。一则他们畏惧您的威严，不敢违法乱纪；二则出入观习朝堂仪式，自然而然就知道怎么为政理民了，直到陛下觉得他们符合条件了，再派遣他们到州郡任职。据臣所知，汉明帝、章帝、和帝三个帝王，能够友爱子弟，此后，后世以之作为准则。当时封立的诸王虽然各有疆土，但他们能将其中年龄幼小的留在京师，教以礼法，给以恩惠。结果诸王数百人当中，只有楚王刘英、广陵思王刘荆两个王稍微不好，其余的性格都正直谦和，希望陛下详察。”太宗赞扬并且采纳了褚遂良的意见。

论规谏太子第十二

贞观五年，李百药为太子右庶子。时太子承乾颇留意典坟[1]，然闲宴之后[2]，嬉戏过度。百药作《赞道赋》以讽焉，其词曰：

下臣侧闻先圣之格言[3]，尝览载籍之遗则[4]。伊天地之玄造，洎皇王之建国，曰人纪与人纲，资立言与立德。履之则率性成道，违之则罔念作忒[5]。望兴废如从钧[6]，视吉凶如纠缠[7]。至乃受图膺箓，握镜君临。因万物之思化，以百姓而为心。体大仪之潜运[8]，阅往古于来今。尽为善于乙夜，惜勤劳于寸阴。故能释层冰于瀚海，变寒谷于蹛林[9]。总人灵以胥悦，极穹壤而怀音[10]。

注释

① 承乾：字高明，唐太宗长子。因生于承乾殿，故得此名。贞观初立为皇太子。贞观十七年，承乾谋反

事发，被废。典坟：指《五典》《三坟》，传说为上古书籍。

② 闲宴：闲暇宴居，指公事之余。

③ 侧闻：从旁闻知，表示曾有所闻。

④ 遗则：前人遗训。

⑤ 罔念作忒：祸害和差误。

⑥ 从钧：听从万物之造化或顺从天意。

⑦ 纠纆 mò：绳索，引申为缠绕联结。

⑧ 大仪：即太极，指派生万物的本原。潜运：暗自运转。

⑨ 蹛 dài 林：古时匈奴绕林而祭之处。

⑩ 怀音：意谓感恩惠而从化。

译文

贞观五年，李百药为太子右庶子。当时太子承乾对《三坟》《五典》这些古代典籍颇为留心，可是闲暇时间，游乐嬉戏稍微过分。于是李百药作《赞道赋》来进行讽谏规劝，里面写道：

我听说过古代圣贤遗留下来的格言，也曾经看过记载在典籍上的遗训。自从开天辟地以来，直到帝王建国立邦，都是依靠君主的德性言行，建立和巩固社会的伦常纲纪。按照法则办事就能依附本性成就大道，违背了它就会思想混乱，惹祸招殃。看待历史的兴亡如同自然的天工造化，观察人事的吉凶如同绳索的缠绕纠结。现在我们大唐帝国承受天命，应运而生，秉承清明之道，君临天下。应根据事物变化的规律实施教化，把老百姓放在自己心中。体会天下暗藏的变化规律，细细地研读古往今来的历史。为治好朝政常常废寝忘食，为利国福民更是珍惜分寸光阴。这样才能融化浩瀚海洋中的坚冰，将阴冷的山谷变成祭祀的秋林，使政教达于遥远偏僻的瀚海和蹛林。让生灵万民欢悦，让天地都沐浴您的恩宠。

赫矣圣唐，大哉灵命[①]；时维大始，运钟上圣[②]。天纵皇储[③]，固本居正；机悟宏远，神姿凝映[④]。顾三善而必弘[⑤]。祗四德而为行[⑥]。每趋庭而闻礼，常问寝而资敬。奉圣训以周旋，诞天文之明命。迈观乔而望梓[⑦]，即元龟与明镜[⑧]。自大道云革，礼教斯起，以正君臣，以笃父子。君臣之礼，父子之亲，尽情义以兼极，谅弘道之在人。岂夏启与周诵[⑨]，亦丹朱与商均[⑩]。既雕且琢，温故知新。惟忠与敬，曰孝与仁。则可以下光四海，上烛三辰。昔三王之教子[⑪]，兼四时以齿学；将交发于中外，乃先之以礼乐。乐以移风易俗，礼以安上化人。非有悦于钟鼓，将宣志以和神。宁有怀于玉帛，将克己而庇身。生于深宫之中，处于群后之上[⑫]，未深思于王业，不自珍于匕鬯[13]。谓富贵之自然，恃崇高以矜尚，必恣骄狠，动愆礼让，轻师傅而慢礼仪，狎奸谄而纵淫放。前星之耀遽隐[14]，少阳之道斯谅[15]。虽天下之为家，蹈夷俭之非一。或以才而见升，或见谗而受黜。足可以省厥休咎[16]，观其得失。请粗略而陈之，觊披文而相质[17]。

注释

① 灵命：指上天的命令。

② 时维大始，运钟上圣：天地化成万物之始，天运聚集于前代圣人。大始，形之始也。运钟，世运所集。上圣，前代的圣人。

③ 天纵：意谓上天所赋予。

④ 机悟宏远，神姿凝映：触机领悟宏大深远，神采凝聚仪容光耀。机悟，触机领悟，言一接触机微的迹象，就能领悟其含义。神姿，丰采仪容。凝映，凝聚映耀。

⑤ 三善：指臣事君、子事父、幼事长三件善事。

⑥ 祗四德：敬奉四种道德。四德，儒家称孝、悌、忠、信为四德。

⑦ 迈观乔而望梓：谓奉行父子之道。乔、梓是两种树木。乔，高高然在上。梓，晋晋然而俯。后以乔梓

指父子。

⑧元龟：古代用来占卜吉凶的大龟，后引申为借鉴的意思。

⑨夏启：传说中夏代国王，姒姓，禹之子。传禹曾选定东夷族的伯益做继承人。禹死后，他即继王位，与伯益发生争夺，杀伯益，确立传子制度。有扈氏不服，也被他攻灭。一说禹去世后，伯益推让，他被拥戴继位。周诵：即周成王。即位时年幼，由周公旦摄政。

⑩丹朱：相传为尧之子，不肖，唯漫游是好。商均：相传为舜之子，不肖，舜禅位于禹。

⑪三王：指夏之禹王、殷之汤王、周之文王。

⑫群后：众诸侯王。

⑬匕鬯 chàng：此处指代宗庙，转指国家政权。匕，用以裁鼎食；鬯，香酒。二者都是古代宗庙祭祀用物，后因以指宗庙的祭祀。

⑭前星：皇太子的别称。

⑮少阳之道：指长子之道。少阳，指东宫，即太子。

⑯省厥休咎：考察其吉凶祸福。休咎，吉凶祸福。

⑰觊披文而相质：指希望通过文辞察看内容。

译文

我盛唐赫赫天威，上承天命；开创出前无古人的业绩，是时代赋予至高无上的圣帝的使命。皇太子天赋才智，身修心正，才思敏捷宏远，神态端庄凝映。念及事君、事父、事长三善并予以弘扬，崇尚孝悌忠信四德并身体力行。常拜谒父王听取教训，奉孝君父问安致敬。按照圣训待人接物，发扬光大上天之命，勤勉励行父子之道，以此作为元龟、明镜。自从大道发生变革，礼就兴起来了，以此作为准则。这使君臣各得其所，使父与子之间的感情更加笃厚。君臣之间的礼义，父子之间的亲情，达到情义兼至，弘扬大道看来实在是取决于人。怎能说夏启、周诵与丹朱、商均是一样的呢？你要通过反复不停的琢磨来温习旧的知识，让心灵受到启发而获得新的知识。关键在于尽忠尽敬，行孝行仁，如此美德就可以下照四海，上耀三辰。过去三王教育子女方法得当，以年龄顺序入学而不以太子为上；将要让太子出宫就位，都是先用礼乐来教育他们。乐用来移风易俗，礼用来安定统治、教化大众。学习乐教并非是喜欢钟鼓乐曲，而是用它来表明志向，使心神安宁。学习礼法难道是想要得到玉帛吗？只是为了用其来克制自己的贪欲而让自己得以保全。太子生长在宫廷之中，地位处于诸侯之上，如果不认真思考帝王的基业得之不易，就不会去珍惜，会认为富贵天定；因此自高自大，必然产生骄横。

从而使行为违背礼节，产生像轻视师傅、怠慢礼仪、亲近奸佞谄媚之人而放纵淫乱等可耻行为。如果这样，那么太子的光芒就会隐没，充满阳光的大道就会阴暗，即使天下表面仍是一家，但所处的安全、危险情况却不一样。有的人可能凭借才华得到任用，有的却可能因为诬陷而遭到贬谪。这就完全可以从中看出吉凶祸福，悟出得失成败的道理。让我粗略地陈述一下过去的历史，希望能透过现象而看到本质。

在宗周之积德，乃执契而膺期[①]；赖昌、发而作贰，启七百之鸿基。逮扶苏之副秦[②]，非有亏于闻望，以长嫡之隆重，监偏师于亭障[③]。始祸则金以寒离[④]，厥妖则火不炎上[⑤]；既树置之违道，见宗祀之遄丧。伊汉氏之长世，固明两之递作[⑥]。高惑戚而宠赵[⑦]，以天下而为谑。惠结皓而因良，致羽翼于寥廓。景有惭于邓子[⑧]，成从理之淫虐[⑨]；终生患于强吴，由发怒于争博[⑩]。彻居储两[⑪]，时犹幼冲，防衰年之绝议，识亚夫之矜功，故能恢弘祖业，绍三代之遗风。据开博望[⑫]，其名未融。哀时命之奇舛，遇谗贼于江充，虽备兵以诛乱，竟背义而凶终。宣嗣好儒，大猷行阐[⑬]，嗟被尤于德教，美发言于忠謇。始闻道于匡、韦[⑭]，终获戾于恭、显[15]。太孙杂艺[16]，虽异定陶[17]，驰道不绝，抑惟小善。犹见重于通人，当传芳于前典。中兴上嗣，明、章济济，俱达时政，咸通经礼，极至情于敬爱，惇友于兄弟，是以固东海之遗堂，因西周之继体。五官在魏，无闻德音[18]。或受讥于妲己，且自悦于从禽。虽才高而学富，竟取累于荒淫。暨贻厥于明皇[19]，构崇基于三世。得秦帝之奢侈，亚汉武之才艺，遂驱役于群臣，亦无救于凋弊。中抚宽爱[20]，相表多奇。重桃符而致惑，纳巨鹿之明规。竟能扫江表之氛秽，举要荒而见羁。惠处东朝，察其遗迹。在圣德其如初，实御床之可惜[21]。悼愍怀之云废，遇烈风之吹沙。尽性灵之狎艺，亦自败于凶邪。安能奉其粢盛[22]，承此邦家！

注释

① 执契：意谓符合天意。契，书契。古代簿书的要目，狱讼的要辞，都写在书契上。

② 扶苏（？—前210年）：秦始皇长子。因劝阻秦始皇镇压儒生，被派往上郡监大将蒙恬军。始皇死后，宦官赵高、丞相李斯伪造始皇诏书，命他自杀，拥立其弟胡亥。

③ 亭障：边塞要地。

④ 金以寒离：谓欲废太子。古人以为金之德寒，表示

疏远。

⑤火不炎上：言火失其性为灾。

⑥明两：原指日月。此指可继位的太子。

⑦高惑戚而宠赵：谓汉高祖宠爱戚夫人及其子赵王，欲废太子而立赵王。

⑧景有惭于邓子：汉景帝为太子时，文帝生痈疽，叫他吮吸，面有难色。后听说文帝宠臣邓通经常为文帝吮疽，感到很惭愧，由此怨恨邓通，即位后罢免了他。

⑨成从理之淫虐：指西汉周亚夫被饿死之事。从理，鼻下口旁的文理。

⑩终生患于强吴，由发怒于争博：汉景帝为太子时，与吴太子饮酒玩局戏，吴太子向来骄横，玩时争执不恭，太子以博局掷杀之，吴王刘濞由此怨恨，后作乱成为景帝大患。

⑪彻居储两：指汉武帝刘彻为太子时。储两，即太子。

⑫据开博望：汉武帝为戾太子刘据立博望苑广交宾客。

⑬大猷行阐：大道得到阐述。大猷，指治国的计谋。

⑭匡、韦：指汉代大儒匡衡、韦玄成，相继为汉元帝的丞相。

⑮恭、显：弘恭、石显，都是元帝的宦官，擅权用事，迫杀大臣萧望之、京房等。

⑯太孙：即汉成帝，元帝之子。

⑰定陶：定陶其王，元帝的庶子，有才艺。

⑱五官在魏，无闻德音：指魏文帝曹丕没有受到德行教育。

⑲暨贻厥于明皇：指魏文帝传给明帝荒淫的品行。明皇，魏明帝曹叡，文帝太子。

⑳中抚：指晋武帝司马炎，晋王昭之子，仕魏为中抚军。

㉑实御床之可惜：晋惠帝为太子时昏庸，不堪为嗣，尚书令卫瓘欲陈其事而未敢发。一次宴会上，卫瓘装醉，跪在帝前，欲言而止，以手抚御床说："此座可惜。"

㉒奉其粢zī盛：奉行祭祀，指嗣位为皇帝。粢盛，盛在器内以供祭祀的谷物。

译文

周代以德服人，于是能把握时机承受天命。依靠文王、武王的功勋，成王做了太子，开创了七百年的宏伟基业。扶苏作为秦国的太子，并不是声名有什么贬损之处，而是自己作为嫡长子，却被派去监视守边之军，祸患由此产生。最初的祸害，是太子被疏远；灾难降临，太子被杀害。由于册立君主违背了正道，所以秦朝基业很快就遭到灭亡。汉代统治久远，实则是因为太子继起的缘故。汉高祖被戚夫人迷惑而宠爱其子赵王，竟把国家大事视同玩笑；惠帝用张良的计策结交商山四皓，使得自己羽翼丰满得以翱翔九天之上，终于继承皇位主宰天下；汉景帝正因为侍奉父皇比不上宠臣，造成了邓通的被罢免，还因为他的淫乱暴虐，杀了功臣周亚夫。终生以强大的吴国为患，是由于博弈的争执错杀了吴太子。汉武帝刘彻为太子时，年纪尚幼，就能提防老年不听劝谏而被人非议，认识到周亚夫恃功骄傲。因此他能够巩固拓展国家疆土，发扬高祖、文帝、景帝三代的风范。武帝为太子刘据设立博望苑广交宾客，名望尚未张显。可叹的是他的命运不济，遇到谗臣江充的诽谤，虽然诛杀了引起内乱的江充，但也因违背礼仪而遭到杀身之祸。汉宣帝的后嗣汉元帝喜爱儒术，讲究理法。感叹他因为施行道德教化而被指责，赞赏他所发表的意见忠诚正直。起初任用匡衡、韦玄成为丞相，使他能够闻取治国正道，但他又因为任用弘恭、石显从而导致滥杀忠臣的错误行为。汉元帝太子成帝的才艺虽然不及元帝庶子定陶，但仁义为重，身为太子时不敢在御道上奔跑，事情虽小却说明他注意从小事做起。故得到学识渊博、贯通古今的人的称赞，从而流芳史册。汉光武帝刘秀中兴汉业，注重皇嗣。东汉的诸太子中，汉明帝、汉章帝都能顺应时势治理朝政，通晓政务和儒术，他们对所敬爱的人能尽到至爱的感情，对兄弟非常亲切友爱，因此能使东海王的遗业稳固，得以延续了西汉开创的帝业。魏文帝曹丕为五官中郎将时，没有听到他好的德行。他因私纳袁熙的妻子甄氏而遭讥讽议论，又放纵于打猎游玩。虽然才能高、学问好，但却被自己的荒淫所牵连。不仅如此，还把荒淫的品行传给了明帝，致使明帝在御花园中建筑土山长达三年。他有秦始皇那样的奢侈，却无汉武帝那样的才艺。于是驱使群臣负土筑山，也没有拯救百姓的凋疲。晋武帝司马炎宽厚仁德，相貌奇伟。其父虽然当初因为重视其弟司马攸，因为立世子之事而产生疑惑，但又最终接受了大臣裴秀的规劝，立司马炎为世子。司马炎即位后一举扫清了大江以南的污秽风气，并且使那荒远的地方得到规划和管理。晋惠帝为太子时，观察他的言行，其品行还和原来一样的昏愚，继承帝位实在让人感到痛惜。我伤悼晋惠王的长子愍怀被废掉太子之位，如同狂风吹沙般溃散无迹。但是他却因此自暴自弃，将聪明才智全都用于嬉戏，面对奸邪谗佞而自毁前程。这样的人又怎么能够保其祖业，担当国家重任！

惟圣上之慈爱，训义方于至道[①]。同论政于汉幄，修致戒于京鄗。鄙《韩子》之所赐[②]，重经术以为宝。咨政理之美恶，亦文身之黼藻[③]。庶有择于愚夫，惭乞言于遗老。致庶绩于咸宁，先得人而为盛。帝尧以则哲垂谟，文王以多士兴咏[4]。取之于正人，鉴之于灵镜。量其器能，审其检行。必宜度机而分职，不可违方以从政。若其惑于听受，暗于知人，则有道者咸屈，无用者必伸。谗谀竞进以求媚，玩好不召而自臻。直言正谏，以忠信而获罪；卖官鬻狱，以货贿而见亲。于是亏我王度，斁我彝伦。九鼎遇奸回而远逝[5]，万姓望抚我而归仁。盖造化之至育，惟人灵之为贵。狱讼不理，有生死之异涂，冤结不伸，乖阴阳之和气。士之通塞，属之以深文；命之修短，悬之于酷吏。是故帝尧画像，陈恤隐之言；夏禹泣辜，尽哀矜之志。因取象于《大壮》[6]，乃峻宇而雕墙。将瑶台以琼室[7]，岂画栋以虹梁。或凌云以遐观，或通天而纳凉。极醉饱而刑人力，命痿蹶而受身殃[8]。是以言惜十家之产，汉帝以昭俭而垂裕；虽成百里之囿，周文以子来而克昌。彼嘉会而礼通，重旨酒之为德。至忘归而受祉，在齐圣而温克。若其酗蓄以致昏，酖湎而成忒，痛毁受与灌夫，亦亡身而丧国。是以伊尹以酣歌而作戒，周公以乱邦而贻则。咨幽闲之令淑，实好逑于君子。辞玉辇而割爱，固班姬之所耻；脱簪珥而思愆，亦宣姜之为美。乃有祸晋之骊姬，丧周之褒姒。尽妖妍于图画，极凶悖于人理。倾城倾国，思昭示于后王；丽质冶容，宜永鉴于前史。复有蒐狩之礼，弛射之场，不节之以正义，必自致于禽荒。匪外形之疲极，亦中心而发狂。夫高深不惧，胥靡之徒；耩绁为娱，小竖之事[⑨]。以宗社之崇重，持先王之名器，与鹰犬而并驱，凌艰险而逸辔[⑩]。马有衔橛之理，兽骇不存之地，犹有靦于获多[⑪]，独无情而内愧？

注释

① 义方：旧指行事应该遵守的法度。后多指宗教。

②《韩子》之所赐：晋元帝好用刑法，曾将《韩非子》赐太子学习。

③ 文身：原意是在皮肤人用针刺出图形，此指修身。

④ 帝尧以则哲垂谟，文王以多士兴咏：尧帝以知人善用留下榜样，文王以人才济济兴起歌咏。

⑤ 九鼎遇奸回而远逝：九鼎，周之传国宝器。周沉九鼎于泗水中，秦始皇欲求得，打捞不出。

⑥《大壮》：《易经》卦名，内容有关营建宫室。

⑦ 瑶台以琼室：桀作瑶台，纣作琼室，都是雕饰华丽、结构精巧的楼台。

⑧ 痿蹶 jué：萎缩虚弱而气逆昏厥。

⑨ 耩绁为娱，小竖之事：指打猎娱乐是小童仆做的事。

⑩ 逸辔：松开缰绳，纵马奔腾。

⑪ 靦 tiǎn：惭愧的样子。

译文

当今圣上慈祥仁爱，用最好的道德准则来对殿下进行教诫，在宫中共同讨论朝政的得失，以前代的教训作为鉴戒。对晋元帝好用刑法，赐太子以《韩非子》表示鄙视；用心研读儒家的经世致用之术，并将它作为治国的法宝。学习儒学，可以了解政事的得失，也可以提高自身的修养；因为知书达理而欣喜，可以用来识辨愚蠢的人；因为不知道典故而惭愧，需要去请教有学问的长者。要让国家政通人和，最关键的是得人心、得人才。尧帝懂得知人善任而成为世代的楷模，文王广揽贤才而为世人赞颂。从正人君子中选取人才，拿高尚的德行作为对照，衡量他们的才能作用，审察他们的节操品行。必须根据其人之实际情况来确定职位，不可以违背原则而随便任用。如果被偏听迷惑，不能知人善用，那么有德行的人必然会受到压抑，没有才德的人就能得到显贵。奸谗之人竞相去献媚讨好来寻求宠幸，玩乐之物不招自来。正直忠谏的人，可能因为他的忠心而招致罪过；出卖官爵、枉法断狱之人，可能因为贿赂而得以亲近。于是国家的法令制度遭损害，当世的伦常道德被破坏。周朝的沉鼎遇到暴君竟远远逃遁，黎民百姓都希望得到安抚而愿意归顺仁义之人。天地生育的万种生灵，只有人最为宝贵。刑事诉讼不能得到受理与判决，使人的生死适得其反；冤情得不到伸张，就会违背阴阳之气的调和。贤才是否被任用，交付于苛责的刑法；百姓生命的长短，全维系在酷吏的身上。所以尧帝画五刑图像的目的，正是为了表达对违法者的一种安抚；夏禹为哀怜犯人之心，在道路上哭泣是为了反省自身。古人根据《大壮》卦象的启发，于是建造楼宇亭台、雕梁画栋。像桀那样做瑶台，像纣王那样做琼室，怎会单单是雕梁画栋呢！魏文帝修建凌云台，随风摇动精巧异常；汉武帝修建通天台，高耸竟达三十丈。穷奢极欲而使黎民遭受苦难，而最后必遭天怒人怨，性命遭殃。所以汉文帝听说造露台要耗费十家人的家产而停止施工，他以俭约的行为促使了国家的富强；周文王虽然修建成了方圆百里的园苑，却因为老百姓的自愿帮助而更加强大。至于美好的宴会应用礼来加强往来，喜欢美酒也应注重酒德。纵然开怀痛饮，圣明之人也能温恭自持。如果人们好酒贪杯以致昏庸，耽于宴饮而犯下罪行，就会像灌夫那样因酒妄为、国亡身死，令人感到痛惜。所以商臣伊尹以酣歌为名作出禁酒的训诫，周公因为酒能使国家混乱，而确立了戒酒的规定。温婉贤淑的女子，实在是君子的美好伴侣。然而，汉班婕妤舍割宠爱，谢绝汉成帝同车游园的邀请，因为她本来就耻于作媚主惑上的嬖女；拔掉簪子思考皇上沉溺后宫的罪过，这也是宣姜的美德。但也有让晋国发生内乱的骊姬，让周幽王丧命的褒姒。她们极尽妖艳媚态，行为却极其违背人的纲常伦理。所以，面对倾城倾国的美貌，应想想这些给后王留下的启示；遇到丽质艳容的女子，应该永远以前代的历史为鉴。至于狩猎驰射之礼，如果不用道义加以节制，必然荒废朝政耽于禽荒。这样不但形体疲惫，而且内心也会放纵失常。高山深谷都不害怕，这是无知囚徒；以打猎作为人生的欢乐，这是庸俗之辈所为。作为居于宗庙社稷的崇高地位、掌握先王的传国宝器的太子，怎么能与打猎的鹰犬并排奔跑，临近险途而不知悬崖勒马呢？而马也有失前蹄的时候，连野兽也会为没有生存之地而变得恐慌好斗。所以还是应该为自己猎杀太多而感到惭愧，难道偏偏由于无情而连内心惭愧都没有了吗？

以小臣之愚鄙，忝不赀之恩荣。擢无庸于草泽，齿陋质于簪缨[①]。遇大道行而两仪泰[②]，喜元良会而万国贞[③]。以监抚之多暇[④]，每讲论而肃成。仰惟神之敏速，叹将圣之聪明。自礼贤于秋实，足归道于春卿[⑤]。芳年淑景，时和气清。华殿邃兮帘帏静，灌木森兮风云轻，花飘香兮动笑日，娇莺啭兮相哀鸣。以物华之繁靡，尚绝思于将迎。犹允蹈而不倦，极耽玩以研精。命庸才以载笔，谢摛藻于天庭[⑥]。异洞箫之娱侍[⑦]，殊飞盖之缘情。阙雅言以赞德，思报恩以轻生。敢下拜而稽首，愿永树于风声。奉皇灵之遐寿，冠振古之鸿名。

太宗见而遣使谓百药曰：“朕于皇太子处见卿所作赋，述古来储贰事以诫太子，甚是典要。朕选卿以辅弼太子，正为此事，大称所委，但须善始令终耳。”因赐厩马一匹，彩物三百段。

注释

① 簪缨：簪和缨，古时达官贵人的冠饰。

② 两仪泰：指天下安定。两仪，天和地。

③ 元良：指太子。

④ 监抚：指监国、抚军，为太子的职责。

⑤ 自礼贤于秋实，足归道于春卿：谓太子礼遇贤人的德行合乎礼仪的要求。秋实，原指秋季的果实，此喻德行。春卿，礼部之官称呼，此代指礼仪。

⑥ 摛藻：铺张辞藻，此指作赋。

⑦ 洞箫之娱侍：汉元帝为太子时，喜欢洞箫吹奏，诏使王褒上《洞箫赋》为乐。

译文

小臣我见识短小浅陋，有愧于圣君如此隆恩。皇上从草野之中把我这没才能的人提拔上来，使我有幸能与达官贵人平起平坐。一个国家如果遇到有道的贤君，就会国泰民安，天下太平；太子如果向善，就会使四海归正。殿下在监国抚民的空暇时间，常常研究礼义德行，修身养性，实在是可喜可贺啊！为您如神的敏捷而仰慕，为您如圣的聪慧而赞叹。不仅有礼遇贤人的德行，而且其行为符合礼仪的要求。太子您正值美好年华，一切光阴都值得珍惜。华美的宫殿曲径通幽，帘幕帷帐宁静祥和；繁茂的树木郁郁葱葱，微风轻拂白云飘飘；花儿飘香，惹人心醉；莺歌燕舞，互相和鸣。太子具备万物的精华，纷繁而美好，深思熟虑迎来送往的为人之道；并且能做到恪守德行孜孜不倦，沉迷于学问而精于钻研。授命我这平庸之人执笔作文，在朝廷之上铺陈辞藻。这不同于汉元帝时王褒上的《洞箫赋》那样讨人欢心，也不同于曹植“飞盖相追随”的诗赋。我不擅长用优美的言辞来赞美您高尚的德行，只是想着报答知遇之恩而不惜牺牲自己的生命。请允许我下拜稽首，愿您英名永树。继承帝祚传至万代，美名千古流传，超越自古以来的贤人。

太宗看了这篇辞赋后，派遣使者对李百药说：“我在皇太子居住的地方看到了你所作的辞赋，叙述古往今来各朝太子的事情来告诫我太子，十分简明得当。我选用你来辅佐太子，正是为了这件事。你很称职，但你必须善始善终。”于是赏赐李百药骏马一匹，彩帛三百段。

贞观中，太子承乾数亏礼度，侈纵日甚，太子左庶子于志宁撰《谏苑》二十卷讽之。是时太子右庶子孔颖达每犯颜进谏[①]。承乾乳母遂安夫人谓颖达曰："太子长成，何宜屡得面折[②]？"对曰："蒙国厚恩，死无所恨。"谏诤愈切。承乾令撰《孝经义疏》，颖达又因文见意，愈广规谏之道。太宗并嘉纳之，二人各赐帛五百匹，黄金一斤，以励承乾之意。

注释

① 孔颖达（574—648年）：唐经学家。字冲远，冀州衡水（今属河北）人。生于北朝，少时聪明。隋大业初，选为"明经"，授河内郡博士。到唐代，历任国子博士、国子司业、国子祭酒诸职。曾奉唐太宗之命，主编《五经正义》，唐代用其书作为科举取士的标准。

② 面折：当面指摘别人的过失。

译文

贞观年间，太子承乾屡次违反礼仪法度，一天比一天奢侈放纵。当时身为太子左庶子的于志宁撰写了《谏苑》共二十卷对他进行劝谏。当时太子右庶子孔颖达经常冒犯威严进行谏诤。承乾的乳母遂安夫人对孔颖达说："太子已长大成人，怎好屡次当面指责他，让他过不去？"孔颖达回答："我蒙受国家的厚恩，即使为规谏而死也无怨恨。"于是谏诤得更加激切。承乾命孔颖达撰写《孝经义疏》，孔颖达又通过经文表达自己的意见，获得了更多的劝谏机会。唐太宗对两人的做法都很称赏，赏赐于、孔这两位大臣帛各五百匹，黄金各一斤，以勉励他们规谏太子承乾。

贞观十三年，太子右庶子张玄素以承乾颇以游畋废学，上书谏曰：

臣闻皇天无亲，惟德是辅[①]，苟违天道，人神同弃。然古三驱之礼，非欲教杀，将为百姓除害。故汤罗一面，天下归仁[②]。今苑内娱猎，虽名异游畋，若行之无恒，终亏雅度[③]。且傅说曰："学不师古，匪说攸闻。"然则弘道在于学古，学古必资师训。既奉恩诏，令孔颖达侍讲，望数存顾问，以补万一。仍博选有名行学士，兼朝夕侍奉。览圣人之遗教，察既往之行事，日知其所不足，月无忘其所能。此则尽善尽美，夏启、周诵焉足言哉！夫为人上者，未有不求其善，但以性不胜情，耽惑成乱。耽惑既甚，忠言尽塞，所以臣下苟顺，君道渐亏。古人有言："勿以小恶而不去，小善而不为。"故知祸福之来，皆起于渐。殿下地居储贰，当须广树嘉猷[4]。既有好畋之淫，何以主斯匕鬯[5]？慎终如始，犹恐渐衰，始尚不慎，终将安保！

注释

① 皇天无亲，惟德是辅：意即苍天对人不分亲疏，只保佑有德行的人。

② 汤罗一面，天下归仁：商汤见野外四面张网，恐禽兽猎尽，就去掉三面之网。诸侯听说此事，认为汤的德行高到了极点，已经施及禽兽，于是归服。

③ 雅度：典章法度。

④ 广树嘉猷：即多方面增长才智之意。

⑤ 主斯匕鬯：主持那些国家的政务。

译文

贞观十三年，身为太子右庶子的张玄素因为太子李承乾只顾打猎，而荒废了学业，于是上书进谏，他说：

我听说老天不会偏私，只会辅佐有德之人。如果违背了天道，不管是人还是神都会遗弃他。古代打猎三驱的礼治，并不是要人杀生，只是为老百姓除害而已。所以商汤撤除捕捉野兽的三面网，只用一面网，如此仁义之举终于使天下都归心于他。如今您在御苑之内打猎，虽然名义上不同于在野外游猎，但是如果放纵无度，终究有失体统。况且商代贤相傅说曾经说过："学习不遵循古训，这是闻所未闻的。"因此要弘扬道性必须学习古礼，而学习古礼必须依靠老师教诲。现在我既然奉旨教太子读书，让孔颖达讲授学问，是希望您能多多向他学习，以弥补学问的不足，求得必要的教益。另外再选一些博学多才之士，朝夕侍奉太子。阅读圣人的遗训，考察历史的经验教训，发现国亡的原因。经常对照检查自己，每天都能发现自己不足的地方，每月都能不忘记自己所学的东西。这样就尽善尽美了，那么夏启、周诵这样的贤太子又何足称道呢！为人君主，没有谁不追求善美的，只是因为理智难以胜过感情，沉溺惶惑才造成了昏乱。沉溺惶惑过于厉害，就会使忠言全部堵塞，从而使臣下苟且偷生、投其所好，为君之道就会受到损害。古人说："不要因为是小的过失就不加以改正，也不要因为好事小就不愿去做。"应该知道，祸福都是渐渐产生的。您身为皇储，应该给世人树立一个良好的榜样。如果形成打猎的癖好，如何能担任起治理国家的重任呢？谨慎从事，尚且担心会逐渐衰退；何况一开始就不谨慎，最终又如何去保持呢！

承乾不纳。玄素又上书谏曰：

臣闻称皇子入学而齿胄者[①]，欲令太子知君臣、父子、尊卑、长幼之道。然君臣之义，父子之亲，尊卑之序，长幼之节，用之方寸之内，弘之四海之外者，皆因行以远闻，假言以光被[②]。伏惟殿下，睿质已隆，尚须学文以饰其表。窃其孔颖达、赵弘智等，非惟宿德鸿儒[③]，亦兼达政要。望令数得侍讲，开释物理，览古论今，增辉睿德。至如骑射畋游，酣歌妓玩，苟悦耳目，终秽心神。渐染既久，必移情性。古人有言："心为万事主，动而无节即乱。"恐殿下败德之源，在于此矣。

承乾览书愈怒，谓玄素曰："庶子患风狂耶？"

注释

① 齿胄：即齿学。谓皇子入学，以年龄大小为次序。

② 假言以光被：借助言论来广泛传布。假言，借助言论。

③ 宿德鸿儒：很有道德很有学问的人。

译文

李承乾不接受张玄素的意见。于是张玄素又呈上一篇奏疏：

为臣听说皇子入学按年龄长幼排序，这样是为了使太子知晓君臣、父子、尊卑、长幼之间的道理。然而君臣之间的礼义，父子之间的亲情，尊卑的等级，长幼的秩序，要从内心去奉行，使之广大于天下，都要依靠自身的行为而使远近皆知，凭借言辞而使其发扬光大。殿下已经长大成人，且天资聪慧，但仍需要学习知识以提高自身修养。为臣看来，孔颖达、赵弘智等人，不仅是知识渊博、具有很高的德行修养，而且他们通晓政治之道。希望您时常听他们授课，通晓事理，谈古论今，使陛下圣明之德增辉添彩。至于骑马射击、声情美色之类的逸乐，只会满足一时的耳目之娱，终将会扰乱心神。如果过多沉溺其中，必将改变您的性情。古人说："心是万事的主宰，行为没有节制就会违背常理。"我是害怕这些逸乐会成为败坏殿下德性的根源啊！

李承乾看了奏书，更加愤怒，对张玄素说："你是害了疯病吗？"

十四年，太宗知玄素在东宫频有进谏，擢授银青光禄大夫[①]，行太子左庶子。时承乾尝于宫中击鼓，声闻于外，玄素叩阁请见，极言切谏。乃出宫内鼓对玄素毁之，遣户奴伺玄素早朝，阴以马楇击之[②]，殆至于死。是时承乾好营造亭观，穷极奢侈，费用日广。玄素上书谏曰：

臣以愚蔽，窃位两宫，在臣有江海之润，于国无秋毫之益，是用必竭愚诚，思尽臣节者也。伏惟储君之寄，荷戴殊重[3]，如其积德不弘，何以嗣守成业？圣上以殿下亲则父子，事兼家国，所应用物不为节限。恩旨未逾六旬，用物已过七万，骄奢之极，孰云过此？龙楼之下，惟聚工匠；望苑之内，不睹贤良。今言孝敬，则阙侍膳问竖之礼；语恭顺，则违君父慈训之方；求风声，则无学古好道之实；观举措，则有因缘诛戮之罪。宫臣正士，未尝在侧，群邪淫巧，昵近深宫。爱好者皆游伎杂色，施与者并图画雕镂。在外瞻仰，已有此失；居中隐密，宁可胜计哉！宣猷禁门，不异阛阓[4]，朝入暮出，恶声渐远。右庶子赵弘智经明行修，当今善士，臣每请望数召进，与之谈论，庶广徽猷。令旨反有猜嫌，谓臣妄相推引。从善如流，尚恐不逮；饰非拒谏，必是招损。古人云："苦药利病，苦口利行。"伏愿居安思危，日慎一日。

书入，承乾大怒，遣刺客将加屠害，俄属宫废[5]。

注释

① 银青光禄大夫：为加官，从三品。

② 马檛 zhuā：马策，即马鞭。

③ 荷戴殊重：肩上的担子很重。

④ 阛阓 huánhuì：泛指市区街巷。

⑤ 俄属宫废：没多久赶上太子承乾被废黜。

译文

贞观十四年，唐太宗得知张玄素在太子东宫频频进谏，于是授予他银青光禄大夫，兼任太子左庶子。一次李承乾在宫中击鼓作乐，声音传至宫外，张玄素敲宫门求见太子，极力劝谏。于是，太子便把宫中的鼓拿出来，当着张玄素的面毁掉。又派奴仆趁张玄素上早朝的时候，暗中用马鞭袭击他，差点将他置于死地。那时李承乾喜好营造楼阁，穷奢极欲，耗资一天比一天增加。张玄素又上书进谏：

为臣生性愚钝，却担当朝廷和东宫的要职，国家对臣有如江海一样的深厚恩情，而我却对国家没有一丝一毫的贡献。所以一定要尽职尽忠，想要尽到人臣的责任。太子的使命、责任十分重大，如果积德不深厚，又怎么能担当守护祖宗基业的大任呢？圣上与您是父子之亲，您的言行于家于国关系重大，所以对您的日常用度没有限制。然而圣上圣旨颁布不到六十天，殿下的东宫之内的财物用度却已超过七万，骄奢至极，到了无以复加的地步。太子宫殿下聚集无数工匠，内苑之中却不见贤才良臣半点踪影。论孝敬，殿下有违晚辈向长辈问寒问暖的礼节；论恭顺，殿下则与慈父的训导背离；论名声，殿下没有学习古代圣贤喜欢美德的事实；论行为举动，殿下又凭借权势滥施刑罚。正直的人没在身边，而哗众取宠的弄臣却引进密室深宫。您喜欢的不外乎是些玩耍技艺的奴仆，所赏赐的都是图画雕刻的玩物。从表面看，殿下已有如此多的过失；何况更深层的隐秘的大事，可能已经不可胜数了。宣布法令的神圣宫门，与市井街巷没有什么区别，形形色色的人时刻出入其中，坏名声已经传播得很广了。右庶子赵弘智精通经术，德行高尚，是当今贤才。我常常劝告殿下，希望经常召他进宫讲论学问，以增进您的美德英才。如今殿下却对他猜疑嫌弃，认为错用了人才。一个人从善如流，恐怕还来不及，如果掩饰过错，拒绝进谏，必然会招来损失。古人说："良药苦口利于病，忠言逆耳利于行。"希望殿下居安思危，千万谨慎啊。

奏书送入东宫，太子李承乾看后大怒，准备派刺客加害张玄素。可是不久李承乾就被废黜。

贞观十四年，太子詹事于志宁[①]，以太子承乾广造宫室，奢侈过度，耽好声乐，上书谏曰：

臣闻克俭节用，实弘道之源；崇侈恣情，乃败德之本。是以凌云概日，戎人于是致讥[②]；峻宇雕墙，《夏书》以之作诫[③]。昔赵盾匡晋，吕望师周[④]，或劝之以节财，或谏之以厚敛。莫不尽忠以佐国，竭诚以奉君，欲使茂实播于无穷，英声被乎物听[⑤]。咸著简策[⑥]，用为美谈。且今所居东宫，隋日营建，睹之者尚讥其侈，见之者犹叹甚华。何容于此中更有修造，财帛日费，土木不停，穷斤斧之工，极磨砻之妙[⑦]？且丁匠官奴入内，比者曾无复监。此等或兄犯国章，或弟罹王法，往来御苑，出入禁闱，钳凿缘其身，槌杵在其手。监门本防非虑，宿卫以备不虞，直长既自不知，千牛又复不见。爪牙在外，厮役在内，所司何以自安，臣下岂容无惧？

注释

①太子詹事：官名，为太子官署之长。唐制，东宫设詹事府，掌统三寺十率府的事务。

②凌云概日，戎人于是致讥：秦穆公夸示宫室的高大雄伟，被西戎使者由余讥笑。凌云概日，形容宫殿高大。

③峻宇雕墙，《夏书》以之作诫：意即《夏书》把房屋高大、用雕刻装饰的墙壁作为国家危亡的警戒。峻宇雕墙，形容殿堂豪华雕丽。

④ 赵盾匡晋，吕望师周：指赵盾规谏晋灵公，希望他不要厚敛资财，周太师吕望勉励周文王节省财用，以富国强兵。

⑤ 英声被乎物听：美好的名声充满人们的听闻。物听，指人们的听闻。

⑥ 简策：编连成册的竹策，即指史籍。

⑦ 磨砻 lóng：雕琢。

译文

贞观十四年，身为太子詹事的于志宁因太子李承乾大造宫室，奢侈无度，又沉溺于声色犬马之中，于是上书进谏：

为臣听说克制节俭，是弘扬德性的根本；穷奢极侈，是败坏品德的根源。所以秦穆公夸耀自己宫殿高耸入云、遮天蔽日时，遭到西戎人由余的耻笑；《夏书》的作者将殿堂豪华富丽作为国家危亡的警戒。过去赵盾匡扶晋灵公，姜太公辅佐周文王，或者劝告他们节约财物，或者建议他们不要暴敛于民。他们无不尽忠竭力为国效劳、为君分忧，希望使功业流传无穷，英名远播，使事迹载入史册，成为千古美谈。今天殿下居住的东宫，乃隋代所建，看到的人已经觉得奢侈非常，感叹其过于富丽堂皇了。为什么还要在里面再修宫室，天天浪费资财，大兴土木，极尽雕琢精妙之能事？而且如此多的工匠出入东宫，又没人监视。这些人或是其兄违反国家法令，或是其弟受到王法制裁，却可以自由出入于东宫禁地，身上还携带有斧凿等器具。守门值班的人其职责是防止意外发生，然而这种情况负责守卫的直长和千牛这些官员都不知道也看不见。这样，武官们在宫外，工匠们在宫内，负责禁卫的部门怎么能够安心，又怎么不让我感到恐惧忧虑呢？

又郑、卫之乐，古谓淫声[①]。昔朝歌之乡，回车者墨翟[②]；夹谷之会，挥剑者孔丘[③]。先圣既以为非，通贤将以为失。顷闻宫内，屡有鼓声，大乐伎儿[④]，入便不出。闻之者股栗，言之者心战。往年口敕，伏请重寻，圣旨殷勤，明诫恳切。在于殿下，不可不思；至于微臣，不得无惧。

注释

① 郑、卫之乐，古谓淫声：春秋时郑国和卫国的民间乐，旧时被认为是靡靡之音。

② 墨翟 dí：墨子，生卒年不详，约在公元前 468 年—前 376 年，名翟，鲁国（今山东省滕州市）人，墨家学派的创始人。

③ 孔丘（前551—前479）：孔子，字仲尼，我国古代最伟大的教育家、思想家。

④ 大乐伎儿：大乐府的歌伎。

译文

另外，郑国、卫国的音乐，自古以来就被称作是亡国的靡靡之音。过去墨子经过商代的朝歌之地，由于地名不符合他的“非乐”思想，便驾车返回；鲁定公与齐侯会于夹谷，孔子挥剑斩杀戏子，因为他们用乐舞蛊惑诸侯。古代圣人以醉心于歌舞为大非，通达的贤者也认为是过失。而如今的东宫，时常传出寻欢作乐的鼓乐声，歌伎舞伎只见进不见出。听说这件事的人都双腿发抖，说起来心惊胆战。往年陛下对太子的教谕，请您重新温习。圣旨关注，殷勤有加，那些明白的告诫十分恳切。这些对于殿下来说不可不深思，对于我来说也不能不感到害怕。

臣自驱驰宫阙[①]，已积岁时，犬马尚解识恩，木石犹能知感，臣所有管见，敢不尽言。如鉴以丹诚，则臣有生路；若责其忤旨，则臣是罪人。但悦意取容，臧孙方以疾疢[②]；犯颜逆耳，《春秋》比之药石[③]。伏愿停工巧之作，罢久役之人，绝郑、卫之音，斥群小之辈。则三善允备，万国作贞矣。

承乾览书不悦。

注释

① 驱驰宫阙：在宫廷奔走，即供职宫廷。

② 疾疢 chèn：热病。泛指疾病。

③ 药石：治病的药物和砭石，指良药。

译文

为臣自从承蒙圣恩，为朝廷效劳已有多年。犬马尚且能知恩图报，木石尚且能够感知情义，我所拥有的狭小见识，怎敢不去竭尽所能进言。如果我能承蒙您的明察，看到我的忠诚，那么我就有了生路；如果您指责我违抗旨意，那么我就罪名难逃。只是阿谀逢迎，鲁国大夫臧仲武将它比作疾病；冒犯尊严，逆耳忠言，《春秋》里面将它比作良药。为臣真诚地希望殿下停止营造宫殿，释放那些久做劳役的人，禁绝郑国和卫国那样的淫靡之音，斥退那些奸佞卑鄙的小人。这样，就会使事君、事父、事长这三种善行完备了，天下也将归于中正。

李承乾看过于志宁的奏书，心里很不高兴。

十五年，承乾以务农之时，召驾士等役[①]，不许分番[②]，人怀怨苦。又私引突厥群竖入宫。志宁上书谏曰：

臣闻上天盖高，日月光其德；明君至圣，辅佐赞其功。是以周诵升储，见匡毛、毕[③]；汉盈居震，取资黄、绮[④]。姬旦抗法于伯禽[⑤]，贾生陈事于文帝，咸殷勤于端士，皆恳切于正人。历代贤君，莫不丁宁于太子者，良以地膺上嗣[⑥]，位处储君。善则率土沾其恩，恶则海内罹其祸。近闻仆寺、司驭、驾士、兽医，始自春初，迄兹夏晚，常居内役，不放分番。或家有尊亲，阙于温清[⑦]；或室有幼弱，绝于抚养。春既废其耕垦，夏又妨其播殖。事乖存育，恐致怨嗟。傥闻天听[⑧]，后悔何及？又突厥达哥支等，咸是人面兽心，岂得以礼义期，不可以仁信待。心则未识于忠孝，言则莫辩其是非，近之有损于英声，昵之无益于盛德。引之入閤，人皆惊骇，岂臣庸识，独用不安？殿下必须上副至尊圣情，下允黎元本望，不可轻微恶而不避，无容略小善而不为。理敦杜渐之方，须有防萌之术。屏退不肖，狎近贤良。如此，则善道日隆，德音自远。

承乾大怒，遣刺客张师政、纥干承基就舍杀之。是时丁母忧[⑨]，起复为詹事。二人潜入其第，见志宁寝处苫庐[10]，竟不忍而止。及承乾败，太宗知其事，深勉劳之。

注释

①役：抬轿驾车的力夫。

②分番：轮流换班。

③毛、毕：毛，毛叔。毕，郑毕公。都是周代的辅佐大臣。

④黄、绮：黄，夏黄公。绮，绮里季。

⑤姬旦抗法于伯禽：姬旦，即周公旦；伯禽，周公之子。成王年幼，周公辅佐，拿世子应守的法规要求伯禽。成王有了过错，周公就会打伯禽，这样向成王表明世子的规矩。

⑥地膺上嗣：谓地位居于太子。

⑦温凊：古代子女奉养父母之道。温指温被使暖，凊指扇席使凉。

⑧傥闻天听：如果传闻于圣上。天听，天子的听闻。

⑨丁母忧：遭母丧。旧时遭父母之丧为“丁忧”。此时官吏要离任守丧。

⑩苫 shān 庐：居丧时睡的草荐、土枕。

译文

贞观十五年，李承乾在百姓农忙之时，征召抬轿驾车的力夫，还不许他们轮流换班，臣民无不心怀怨恨，苦不堪言。不仅如此，他还私自将突厥童仆带入宫中，于是于志宁上书进谏：

为臣听说苍天高远，日月显耀它的德行；君王圣明，臣下匡扶他的功业。所以周朝姬诵升为太子，有毛叔、郑毕公的鼎力辅佐；西汉的刘盈位居太子，得到夏黄公、绮里季等四位贤士的帮助。周成王有过失，丞相周公旦就鞭打自己的儿子伯禽，以告诫成王；汉代贾谊多次上书文帝谈论国家大事。他们都是品德高尚的贤臣，真诚正直的人，诚恳规劝辅弼。历代的君王无不再三叮嘱太子，因为太子身为王储，将要担当继承帝业的大任。太子良善，那么天下庶民百姓就可以分享他的恩惠；太子作恶，四海之内的凡夫俗子就会遭殃。现在，我听说仆寺、司驭、驾士、兽医等人，从初春到夏末，长期居住在宫内服役，不让他们轮番值勤。他们中有的人家中双亲尚在，但是却因此得不到应有的侍奉；有的人家中有幼小的儿女，也因此得不到父亲的抚养教育。这样做既荒废了他们的春耕，又妨碍了他们的夏种。这样做与抚养百姓之道相违背，久而久之恐怕会引起他们的怨恨。如果民怨传到圣上耳中，只怕您悔之晚矣。另外，突厥达哥支等人，都是人面兽心，怎么能够用仁义诚信来期望和对待他们？他们的本心不知忠孝，言行不辨是非，接近他们会败坏您的英名，宠信他们也对增加您的盛德毫无益处。现在把他们带入宫中，没有人不惊恐万分，岂止是我一个人的见识平庸，独自忧虑。殿下做事，上应符合至尊的身份，下应与黎民百姓的愿望相符，勿以小恶而为之，勿以小善而不为。您理应遵守防微杜渐之道。斥退不贤的小人，任用贤良的君子。如果能做到这样，那么美德就能日见昌盛，美名也会自然远扬。

李承乾看了于志宁的上书后大怒，派刺客张师政、纥干承基到他的家里刺杀他。当时于志宁正在为母守丧，期限未到又被任命为太子詹事。两个刺客偷偷潜入于府，看见他睡着草苫、枕着土块为亡亲服丧，最终不忍心下手，因而作罢。等到后来李承乾劣迹败露，唐太宗得知于志宁的这些事迹，对他深加勉励慰劳。

第五卷

论仁义第十三

贞观元年，太宗曰:“朕看古来帝王以仁义为治者，国祚延长，任法御人者，虽救弊于一时，败亡亦促。既见前王成事，足是元龟[①]。今欲专以仁义诚信为治，望革近代之浇薄也[②]。”黄门侍郎王珪对曰:“天下凋丧日久，陛下承其余弊，弘道移风[③]，万代之福。但非贤不理,惟在得人。”太宗曰:“朕思贤之情,岂舍梦寐[④]！”给事中杜正伦进曰:“世必有才,随时听用,岂待梦傅说,逢吕尚，然后为治乎？”太宗深纳其言。

注释

① 元龟：大龟，古代用以占卜。引申为借鉴的意思。

② 浇薄：刻薄狡诈的社会风气。

③ 弘道移风：发扬正道，改变不好的风气。

④ 岂舍梦寐：即梦寐岂舍，在梦中也不忘记之意。

译文

贞观元年，唐太宗说："我看自古以来的帝王，凡以仁义治理国家的，都国运久远；用严刑酷法统领人民的，虽然能挽救一时的弊端，但国家很快就会灭亡。既然我们看到了前代帝王成事的经验，就可以把它们用作统治国家的典范。现在，我们要以诚信、仁义作为治理国家的方针，希望这有助于铲除近代刻薄狡诈的社会风气。"黄门侍郎王珪回答说："天下风气败坏的时间已经很长了，陛下在天下积弊之时统领国家，决意弘扬古代圣贤的遗风，实乃万民之福。但没有贤才是治理不好国家的，关键在于得到贤人的辅佐。"太宗说："我求贤若渴，即使夜晚做梦都梦到贤才。"给事中杜正伦说："哪个时代都有人才，随时等候陛下的发掘任用，哪里用得着去梦傅说，遇吕尚，然后才治理天下呢？"太宗十分赞赏他的话。

贞观二年，太宗谓侍臣曰："朕谓乱离之后，风俗难移，比观百姓渐知廉耻，官民奉法，盗贼日稀，故知人无常俗，但政有治乱耳。是以为国之道，必须抚之以仁义，示之以威信，因人之心，去其苛刻，不作异端，自然安静，公等宜共行斯事也。"

译文

贞观二年，唐太宗对侍从的大臣们说："我原来认为在社会动乱之后，民间的风俗难以很快变好。近来我发现百姓逐渐懂得了廉洁和羞耻，官员庶民都能遵守法纪，盗贼一天比一天少，我才知道民间没有一成不变的风俗习惯，关键要看施政是治还是乱。所以，治理国家的原则，必须用仁义来抚慰百姓，还要显示出朝廷的威信。顺应民心，废除苛刻的法令，不做背离道义的事情，这样国家自然会平安无事。你们应该共同来做好这件事。"

贞观四年，房玄龄奏言："今阅武库甲仗[①]，胜隋日远矣。"太宗曰："饬兵备寇虽是要事[②]，然朕唯欲卿等存心理道，务尽忠贞，使百姓安乐，便是朕之甲仗。隋炀帝岂为甲仗不足，以至灭亡？正由仁义不修，而群下怨叛故也。宜识此心。"

注释

① 甲仗：兵器。

② 饬兵：整修兵器。

译文

贞观四年，房玄龄上奏说：“最近，我检查武器库里的铠甲兵器，发现已远远超过隋朝了。”唐太宗说：“整修兵器防御寇乱虽然是紧要的事情，但我要求你们把心思用于治国之道，各自务必竭尽忠诚，使老百姓安居乐业，这才是我真正要的铠甲兵器。隋炀帝难道是因为兵器不足才遭到灭亡的吗？正是由于他不修仁义，群臣百姓才会怨恨叛离他。你们应该理解我的想法，以道德仁义来辅助我！”

贞观十三年，太宗谓侍臣曰：“林深则鸟栖，水广则鱼游，仁义积则物自归之。人皆知畏避灾害，不知行仁义则灾害不生。夫仁义之道，当思之在心，常令相继，若斯须懈怠，去之已远。犹如饮食资身，恒令腹饱，乃可存其性命。”王珪顿首曰：“陛下能知此言，天下幸甚！”

译文

贞观十三年，唐太宗对侍从的大臣们说：“树林广袤才会有飞鸟栖息，水域深广才会有鱼儿游弋，多施仁义百姓自然会归顺。人们都知道恐惧而躲避灾害，却不知施行仁义灾害就不会产生。我认为仁义之道，一刻也不能忘记，我们要不断地将仁义推行下去；如有片刻懈怠，就会远离仁义之道。这就好比用饮食来滋养身体，要让肚子经常吃饱，才能够维持生命。”王珪叩拜说：“陛下能洞察到这些道理，真是天下百姓的大幸啊！”

论忠义第十四

冯立，武德中为东宫率[①]，甚被隐太子亲遇[②]。太子之死也，左右多逃散，立叹曰：“岂有生受其恩，而死逃其难！”于是率兵犯玄武门，苦战，杀屯营将军敬君弘[③]，谓其徒曰：“微以报太子矣。”遂解兵遁于野[④]。俄而来请罪，太宗数之曰：“汝昨者出兵来战，大杀伤吾兵，将何以逃死？”立饮泣而对曰：“立出身事主，期之效命，当战之日，无所顾惮。”因歔欷悲不自胜，太宗慰勉之，授左屯卫中郎将[⑤]。立谓所亲曰：“逢莫大之恩幸而获免，终当以死奉答。”未几，突厥至便桥，率数百骑与虏战于咸阳，杀获甚众，所向皆披靡，太宗闻而嘉叹之。时有齐王元吉府左车骑谢叔方率府兵与立合军拒战[⑥]，及杀敬君弘、中郎将吕衡[⑦]，王师不振，秦府护军尉尉迟敬德乃持元吉首以示之，叔方下马号泣，拜辞而遁。明日出首，太宗曰：“义士也。”命释之，授右翊卫郎将[⑧]。

注释

① 东官率：唐制，在东宫掌兵仗宿卫的官职，总管各部事务。

② 亲遇：亲近敬重。

③ 屯营将军敬君弘：屯营将军，武官名，掌屯营驻防宿卫职务。敬君弘，绛州人，后赠左屯卫大将军。

④ 遁于野：逃往乡野。

⑤ 左屯卫中郎将：唐制，掌宿卫的官职。

⑥ 左车骑谢叔方：左车骑，武官名，掌骑从侍卫职务。谢叔方，万年人，唐初武官。

⑦ 中郎将吕衡：中郎将，中级武官，统管皇帝的侍卫。吕衡，后赠右骁卫将军。

⑧ 右翊卫郎将：唐制，掌供奉侍卫的官职。

译文

冯立，唐武德年间东宫统帅，深受太子李建成的厚待。隐太子死后，左右部下有很多都逃走了，冯立感叹道："哪有在太子活着的时候受他的恩惠，太子死了却各自逃走避难的道理？"于是率兵在玄武门与秦王李世民的军队苦战，杀死了屯营将军敬君弘，然后对手下随从说："只有以这些微不足道的事来报答太子了。"然后解散军队躲藏起来。不久冯立面见唐太宗李世民请罪，太宗责怪他说：“你前时带兵来和我的军队战斗，使我的军队受到严重的损失，你如何能够逃过这项死罪？”冯立哭着回答：“我冯立生来侍奉太子，希望能够为他卖命，所以当时战斗的时候，我没有顾忌太多。”说完悲痛不已，太宗好言安慰他，并封他为左屯卫中郎将，冯立对他的亲信说：“今遇秦王莫大之恩幸免一死，我一定要以死报答圣上。”不多久，突厥攻打便桥，冯立率一百余名骑兵与突厥兵大战于咸阳，杀死和俘获了许多突厥兵，所到之处敌人都被打得溃散逃窜。太宗听说后大加赞叹。玄武门之变时，齐王李元吉府上左车骑谢叔方率府兵与冯立一同作战，导致敬君弘、中郎将吕衡被杀，当时秦王李世民的军队士气低落，秦王府护军军尉尉迟敬德拿出李元吉的人头示众，谢叔方下马大哭，拜辞逃走了。第二天前来自首谢罪，太宗说：“谢叔方真是仁义。”命令释放谢叔方，并封他为右翊卫郎将。

贞观元年，太宗尝从容言及隋亡之事，慨然叹曰：“姚思廉不惧兵刃[①]，以明大节，求诸古人，亦何以加也！”思廉时在洛阳，因寄物三百段，并遗其书曰：“想卿忠节之风，故有斯赠。”初，大业末，思廉为隋代王侑侍读[2]，及义旗克京城时，代王府僚多骇散，惟思廉侍王，不离其侧。兵士将升殿，思廉厉声谓曰："唐公举义兵[3]，本匡王室，卿等不宜无礼于王！"众服其言，于是稍却，布列阶下。须臾，高祖至，闻而义之，许其扶代王侑至顺阳阁下，思廉泣拜而去。见者咸叹曰："忠烈之士，仁者有勇，此之谓乎！"

注释

① 姚思廉（557—637年）：唐初史学家。少时从父习汉史，得其家学。在隋为代王杨侑侍读；贞观初，任著作郎、弘文馆学士。曾与魏徵撰梁、陈二史。

② 代王侑：隋元德太子之子，炀帝十三年南巡，以侑留守长安，李渊攻克长安，立侑为帝。

③ 唐公：唐高祖起初的封号。

译文

贞观元年，太宗曾经谈论到隋朝灭亡的事情，感慨地说："姚思廉不惧刀枪，以此表明臣子应有的节操，即使拿古人与他相比，也没有人能超过他。"当时姚思廉正在洛阳，太宗寄给他三百段丝帛，并写了一封信："想念你忠孝大节的风骨，因此有这些馈赠。"隋朝大业末年，姚思廉担任隋代王杨侑的侍读，到唐高祖率领的义军攻克京城时，代王府的许多幕僚都逃散了。只有姚思廉侍奉代王，不离左右。兵士要到殿上捉拿代王，思廉严厉地叫道："唐公举义兵，本意在于匡复王室，尔等在代王面前不得无礼！"众人敬服他的言行，稍稍退却后排列在殿堂的台阶下。没过多久，高祖来了，听了别人的讲述后认为姚思廉是个义士，允许他扶代王侑到顺阳阁，思廉哭泣着拜谢而去。看到这事的人都感叹地说："真是忠义刚烈的人啊！人们说仁义的人有勇气，不就是说他吗？"

贞观二年，将葬故息隐王建成、海陵王元吉，尚书右丞魏徵与黄门侍郎王珪请预陪送[①]。上表曰："臣等昔受命太上，委质东宫，出入龙楼[②]，垂将一纪。前宫结衅宗社，得罪人神，臣等不能死亡，甘从夷戮，负其罪戾[③]，置录周行[④]，徒竭生涯，将何上报？陛下德光四海，道冠前王，陟冈有感[⑤]，追怀棠棣，明社稷之大义，申骨肉之深恩，卜葬二王，远期有日。臣等永惟畴昔[⑥]，忝曰旧臣[⑦]，丧君有君，虽展事君之礼；宿草将列，未申送往之哀。瞻望九原[⑧]，义深凡百，望于葬日，送至墓所。"太宗义而许之，于是宫府旧僚吏，尽令送葬。

注释

① 陪送：陪灵送葬的意思。

② 龙楼：指太子所居之地。

③ 罪戾 lì：罪过。

④ 置录周行 háng：置身录名于前人的行列。周行，原指周代朝廷的列位，后指贤人或仕宦的行列。

⑤ 陟冈有感：意谓思念兄弟。《诗经·陟岵》："陟彼冈兮，瞻望兄兮。兄曰：嗟！予弟行役，夙夜无偕。"

⑥ 畴 chóu 昔：往昔。

⑦ 忝 tiǎn 曰旧臣：有愧于称为旧臣。

⑧ 九原：原是战国晋国卿大夫的墓地，后用以泛指墓地。

译文

贞观二年，唐太宗将要埋葬息隐王李建成、海陵王李元吉，尚书右丞魏徵与黄门侍郎王珪请求陪灵送葬。并向太宗上表说："我等受命于太上皇，在太子宫殿做事，出入东宫将近十二年。隐太子对国家犯下罪过，得罪了百姓和神灵；臣等不能与太子同生共死，甘心接受杀戮，是有罪的。陛下既往不咎，反而赐予官职，如此大恩，臣等怎样报答呢？陛下德义广播，道义超过历代国君。如今想着过去兄弟手足之情，能够明晓国家大义，展示骨肉间的深情，重新安葬二王。现在离安葬的日子不远了，我们是二王旧臣，虽说旧君死后又侍奉新君，已施行了侍奉新君的礼节；而旧君的坟上长满了野草，万事尽毕，可是我们还没表达送葬的哀思。瞻望墓地，希望在安葬的当天，我们能护送二王的灵柩到墓地。”太宗感于魏徵等人的情义，予以批准，并且允许二王宫中的官吏都去送葬。

贞观五年，太宗谓侍臣曰:“忠臣烈士，何代无之，公等知隋朝谁为忠贞？”王珪曰:“臣闻太常丞元善达在京留守[①]，见群贼纵横，遂转骑远诣江都，谏炀帝，令还京师。既不受其言，后更涕泣极谏，炀帝怒，乃远使追兵，身死瘴疠之地[②]。有虎贲郎中独孤盛在江都宿卫[③]，宇文化及起逆，盛惟一身，抗拒而死。”太宗曰:“屈突通为隋将[④]，共国家战于潼关，闻京城陷，乃引兵东走。义兵追及于桃林，朕遣其家人往招慰，遽杀其奴。又遣其子往，乃云:‘我蒙隋家驱使，已事两帝，今者吾死节之秋，汝旧于我家为父子，今则于我家为仇雠。’因射之，其子避走，所领士卒多溃散。通惟一身，向东南恸哭尽哀，曰:‘臣荷国恩，任当将帅，智力俱尽，致此败亡，非臣不竭诚于国。’言尽，追兵擒之。太上皇授其官，每托疾固辞[⑤]。此之忠节，足可嘉尚[6]。”因敕所司，采访大业中直谏被诛者子孙闻奏。

注释

①太常丞：官名，太常寺卿的辅佐，助太常掌宗庙礼乐等事。

②瘴疠 zhànglì 之地：指南方山林间湿热蒸郁、疫病流行地区。

③虎贲郎中：在皇帝身边担任卫戍的官员。

④屈突通：复姓屈突，原仕隋为虎贲郎将，后仕唐，授兵部尚书。

⑤托疾固辞：假说有病而坚辞不受。

⑥嘉尚：赞赏之意。

译文

贞观五年，太宗对侍臣们说："忠臣烈士，哪一个朝代没有呢？你们知道隋朝谁是忠贞之臣？"王珪说："我听说太常丞元善达留守京城，见群贼乘机叛乱，就单人独马辗转往江都规谏隋炀帝，让他还师京城。炀帝不听劝告，命令他返回京师。后来，元善达又哭着极力劝谏，炀帝大怒，于是派遣他到边塞从军，最后死在瘴疠横行的地方。还有虎贲郎中独孤盛，在江都担任隋炀帝的警卫，当宇文化及起兵叛逆时，独孤盛一人抗拒而死。"太宗说：

"屈突通为隋将，与义军在潼关作战，听说京城陷落，便领兵向东逃窜。当我们的军队追到桃林的时候，我派遣他的家人前去招安，他就杀掉他的家奴。后来我们又派遣他儿子去，他对儿子说：'我蒙受隋朝任用，已经侍奉两代帝王。现在是我以死来尽忠职守的时候，你我过去是父子关系，现在我们是仇敌。'于是搭箭便射，他的儿子只好逃走了。最后他所带领的士兵全都逃走，只剩他一人。屈突通向东南方向大声痛哭着说：'我承受国恩，担当统帅，智能与力量都用完了。造成今日这样的失败结局，不是我对国家不竭尽忠诚。'话没说完，我们追上的兵士就擒住了他。太上皇授给他官职，他总是托病拒绝。这种忠义操守，足堪嘉奖。"于是下令有关部门，查访在隋炀帝大业年间因敢于直谏而被诛者之子孙，上奏朝廷。

贞观六年，授左光禄大夫陈叔达礼部尚书[①]，因谓曰："武德中，公曾进直言于太上皇，明朕有克定大功，不可黜退云。朕本性刚烈，若有抑挫，恐不胜忧愤，以致疾毙之危。今赏公忠謇，有此迁授。"叔达对曰："臣以隋氏父子自相诛戮，以致灭亡，岂容目睹覆车，不改前辙？臣所以竭诚进谏。"太宗曰："朕知公非独为朕一人，实为社稷之计。"

注释

① 光禄大夫：唐时为文职官名，从二品，掌议论及顾问应对诏命。陈叔达：字子聪，陈宣帝第十六子，少以才学知名。唐高祖时，封江国公，贞观初加授光禄大夫。

译文

贞观六年，唐太宗加封左光禄大夫陈叔达为礼部尚书，并对他说："武德年间，你曾向太上皇直言进谏，申明我有打败敌人平定疆土的功劳，不可贬斥降职等等。我本性刚烈，当时如果碰到挫折，恐怕承受不起忧愤之情，从而导致疾病终至死亡。今天为了表彰你的忠心正直，所以让你担任礼部尚书这一职务。"陈叔达回答："我认为隋朝父子自相残害，是导致灭亡的灾祸，我那时怎能容许眼看车要倾覆，而不管后车不改前辙呢？这正是我极力进谏的原因。"太宗说："我知道你并不是为我一个人，而是为了整个国家大计。"

贞观八年，先是桂州都督李弘节以清慎闻[①]，及身殁后，其家卖珠。太宗闻之，乃宣于朝曰："此人生平，宰相皆言其清，今日既然，所举者岂得无罪？必当深理之[2]，不可舍也。”侍中魏徵承间言曰[3]：“陛下生平言此人浊，未见受财之所，今闻其卖珠，将罪举者，臣不知所谓。自圣朝以来，为国尽忠，清贞慎守，终始不渝，屈突通、张道源而已。通子三人来选，有一匹羸马[4]，道源儿子不能存立，未见一言及之。今弘节为国立功，前后大蒙赏赉，居官殁后，不言贪残，妻子卖珠，未为有罪。审其清者，无所存问，疑其浊者，旁责举人，虽云疾恶不疑，是亦好善不笃。臣窃思度，未见其可，恐有识闻之，必生枉议。”太宗抚掌曰：“造次不思，遂闻此语，方知谈不容易。并勿问之。其屈突通、张道源儿子，宜各与一官。”

注释

①清慎：小心为官，清正廉洁。

②深理：认真追究。

③承间：抓住空隙。

④羸马：病弱的马。

译文

贞观八年，原桂州都督李弘节以清廉谨慎闻名，他死后，他的家里要变卖珠宝。太宗听了这件事，在朝堂上说：“李弘节在世的时候，宰相都说他清廉自守，今天既然这样，那么推举他的人怎能没有罪过呢？必须好好地查证一下，不可掉以轻心呀。”侍中魏徵私下对太宗说道：“陛下一直说这个人不清白，但没有看到他接受财物。现在听说他的家属卖珠宝，便怪罪当初举荐他的人。为臣不知道这是什么原因。自圣朝建立以来，能够为国尽忠，清廉谨慎，自始至终不改的，只不过是屈突通、张道源罢了。屈突通三个儿子来应选，只有一匹瘦弱的马，张道源的儿子穷得无法维持生计，没有见陛下有一句话涉及这件事。现在弘节为国家立下汗马功劳，前前后后都大受奖赏；弘节死后，并没有什么关于他贪婪的言论，妻子卖掉珠宝首饰，并没有什么罪过。认为一个人清白，人家死后对其家属不加关心；怀疑一个人不清白，就连举荐的人都要受到责备。虽然说痛恨邪恶没有什么过错，但是喜欢善行却也不见得坚定。我暗暗思量这种做法，没有见到其中可以值得称道的，我担心有见识的人听到这些事会大加议论。”太宗听了拍手称赞道：“我一时考虑不周，说出这样的话来，现在才知道一个人要不说错话也不容易呀。李弘节的事不要过问了，至于屈突通、张道源的儿子，都应该各授予一个官职。”

贞观八年，太宗将发诸道黜陟使[①]，畿内道未有其人[②]，太宗亲定，问于房玄龄等曰：“此道事最重，谁可充使？”右仆射李靖曰：“畿内事大，非魏徵莫可。”太宗作色曰：“朕今欲向九成宫，亦非小，宁可遣魏徵出使？朕每行不欲与其相离者，适为其见朕是非得失。公等能正朕不？何因辄有所言，大非道理[3]。”乃即令李靖充使。

注释

①诸道：唐分天下为十道，一曰关内，二曰河南，三曰河东，四曰河北，五曰山南，六曰陇右，七曰淮南，八曰江南，九曰剑南，十曰岭南。黜陟使：皇帝特派到各道去考察官吏好坏，给予升降的大员。

②畿jī内道：唐建都的地方，即关内道。

③大非道理：太没有道理。

译文

贞观八年，唐太宗准备派遣各道黜陟使，唯独京城所在地关内道没有找到合适的人选，太宗决定亲自确定这方面的人选，于是问房玄龄：“这个地方的事务最为重要，谁可以担当这个重任？”右仆射李靖说：“关内道的事务重大，只有魏徵才行。”太宗神色严肃地说：“我要到九成宫，这也不是小事，怎么可以派遣魏徵出使？我每次出行都不想与其分开，实在是为了让他观察我的是非得失。你们能够匡正我的过失吗？为什么说出这样的话来，太没有道理了。”于是命令李靖担任关内道黜陟使。

贞观九年，萧瑀为尚书左仆射。尝因宴集，太宗谓房玄龄曰：“武德六年已后，太上皇有废立之心[①]，我当此日，不为兄弟所容，实有功高不赏之惧。萧瑀不可以厚利诱之，不可以刑戮惧之，真社稷臣也。”乃赐诗曰：“疾风知劲草，板荡识诚臣。”瑀拜谢曰：“臣特蒙诫训，许臣以忠谅，虽死之日，犹生之年。”

注释

① 废立之心：指唐高祖李渊因李世民功业日盛，曾私许立他为太子，后被李建成、李元吉及内宫妃嫔谗言，又废斥了这个许诺。

译文

贞观九年，萧瑀担任尚书左仆射。一次，与一些大臣在一起宴饮时，太宗对房玄龄说：“武德六年以后，太上皇有废斥原来许诺我为太子的承诺。我在那个时候的确功劳很大，不能够被兄弟们容忍，的确害怕因功劳太大为人陷害。萧瑀这个人不能用财物引诱他，不能用刑罚威胁他，真是国家的忠良之臣啊。”于是赐诗道：“疾风知劲草，板荡识诚臣。”萧瑀拜谢说：“承蒙你的训诫，赞许我的忠贞，就是为国而死也心甘情愿。”

贞观十一年，太宗行至汉太尉杨震墓[1]，伤其以忠非命，亲为文以祭之。房玄龄进曰：“杨震虽当年夭枉，数百年后方遇圣明，停舆驻跸[2]，亲降神作，可谓虽死犹生，没而不朽，不觉助伯起幸赖欣跃于九泉之下矣。伏读天文[3]，且感且慰，凡百君子，焉敢不勖励名节，知为善之有效！”

注释

① 杨震（？—124）：东汉弘农华阴（今属陕西）人，字伯起。少好学，博览群书，当时称为“关西孔子”。历任荆州刺史、涿郡太守、司徒、太尉等职。他曾多次上书切谏，后被诬自杀。

② 停舆驻跸：指天子在行幸途中停车休息或住宿。

③ 天文：天子的文章，指唐太宗的祭文。

译文

贞观十一年，太宗行幸路过汉太尉杨震的墓地，为他的忠贞而死于非命感到十分悲伤，便亲自撰文祭奠他。房玄龄进言道："杨震当年死得冤枉，数百年后才遇到陛下这样英明的圣主，陛下停车驻足亲作祭文，这真是虽死犹生。他在九泉之下也会感到高兴。拜读陛下的祭文，既感动，又欣慰。凡是有德行节操的君子，怎敢不勉励名节，知道为善终有好报。"

贞观十一年，太宗谓侍臣曰："狄人杀卫懿公[①]，尽食其肉，独留其肝。懿公之臣弘演呼天大哭，自出其肝，而内懿公之肝于其腹中。今觅此人，恐不可得。"特进魏徵对曰："昔豫让为智伯报仇[②]，欲刺赵襄子[③]，襄子执而获之，谓之曰：'子昔事范、中行氏乎[④]？智伯尽灭之，子乃委质智伯，不为报仇；今即为智伯报仇，何也？'让答曰：'臣昔事范、中行，范、中行以众人遇我，我以众人报之。智伯以国士遇我[⑤]，我以国士报之。'在君礼之而已，亦何谓无人焉？"

注释

① 狄人：指北方少数民族。卫懿公：春秋时卫国国君，名赤。

② 智伯：名瑶，号襄子，晋智宣子之后，为韩、赵、

魏所灭。文中提到的豫让是智伯之臣。

③ 赵襄子：名无恤，晋卿赵简子之后。

④ 范、中行氏：春秋之世，晋有范氏、中行氏、智氏、韩氏、魏氏、赵氏，称为六卿。春秋末年，六卿日强，各据采地，互相攻伐。

⑤ 国士：旧称一国杰出的人物。

译文

贞观十一年，太宗对侍臣们说："夷狄杀掉卫懿公，吃掉他身上所有的肉，只留下他的肝。懿公的臣子弘演呼天抢地地大哭，用刀取出自己的肝，而把懿公的肝藏在自己的腹中。今天要找到这样的人，恐怕不容易了。"特进魏徵回答说："以前豫让为智伯报仇，想刺杀赵襄子，襄子抓获了他，对他说：'你曾经在范氏、中行氏的名下做臣子吧？可是智伯把他们全杀光了，你于是投身智伯，你不为他们报仇；现在却要为智伯报仇，这是为什么呢？'豫让回答说：'我辅佐范氏和中行氏时，他们像对待普通人那样对待我，所以我用普通人报答人的方法报答他。智伯用对待贤士的礼节对待我，当然我也要以贤士的方式报答他。'因此，这一切都取决于国君对臣子的态度，怎么能说没有忠诚的臣子呢？"

贞观十二年，太宗幸蒲州，因诏曰："隋故鹰击郎将尧君素[①]，往在大业，受任河东，固守忠义，克终臣节。虽桀犬吠尧[②]，有乖倒戈之志，疾风劲草，实表岁寒之心。爰践兹境，追怀往事，宜锡宠命，以申劝奖。可追赠蒲州刺史，仍访其子孙以闻。"

注释

① 鹰击郎将：隋制，亲侍置鹰扬府，设鹰扬郎将之职，后将副将改为鹰击郎将。尧君素：魏郡人。隋炀帝为晋王时，尧君素守侍左右。炀帝嗣位后，擢为鹰击郎将，及至天下大乱，尧君素所部独全。后来屈突通守河东，败后诱尧君素投降，君素指斥屈突通不义，其妻来劝，又引弓将她射死。后为左右所害。

② 桀犬吠尧：桀为夏代暴君，他养的狗也会向尧这样圣明之君狂吠，因为它只听命于自己的主子，不问谁善谁恶。

译文

贞观十二年，唐太宗游幸蒲州，下诏说："隋朝已故鹰击郎将尧君素，曾在大业年间受命守护河东，他恪守忠义，尽忠臣节。虽然他明珠暗投，确实违背了弃恶投明的做法，但疾风之中方见劲草，寒冬季节才显松柏的气节。对隋朝来说，毕竟表现出他的一片忠心。现在重蹈旧境，追怀往事，想起来应该给予他崇高的荣誉，以示褒奖。可追封他为蒲州刺史，再寻访调查一下他子孙的情况报上来。”

贞观十二年，太宗谓中书侍郎岑文本曰：“梁、陈名臣，有谁可称？复有子弟堪招引否？”文本奏言：“隋师入陈，百司奔散，莫有留者，惟尚书仆射袁宪独在其主之旁。王世充将受隋禅，群僚表请劝进，宪子国子司业承家[①]，托疾独不署名。此之父子，足称忠烈。承家弟承序，今为建昌令，清贞雅操，实继先风。”由是召拜晋王友[②]，兼令侍读，寻授弘文馆学士[③]。

注释

①国子司业：国子监置司业，为副长官，协助主管长官国子祭酒管理事务。

②晋王友：唐制，诸王友掌陪侍游居及规谏道义。

③弘文馆：唐武德四年（621年）置修文馆于门下省。九年，太宗即位，改名弘文馆。聚书二十余万卷。

置学士，掌校正图籍，教授生徒，并参议政事。置校书郎，掌校理典籍，勘正错谬。设馆主二人，总领馆务。学生皆选自皇族贵戚及高级京官子弟。

译文

贞观十二年，唐太宗对中书侍郎岑文本说："南朝梁、陈两代有名望的大臣，有谁值得称道？他们还有子弟可以推荐任用吗？"岑文本启奏道："隋军攻入陈朝时，陈朝百官逃奔散离，没有留下来的，只有尚书仆射袁宪独自留在陈后主身边。王世充将要接受隋越王杨侗的禅让，百官纷纷上表劝他当皇帝，只有袁宪的儿子国子司业袁承家借口有病未在劝进表上签名。这样的父子，足可称得上忠诚刚烈。袁承家的弟弟袁承序，现在做建昌县令，为官清廉，情操雅正，确实继承了父兄的风骨。"于是召进袁承序任命为晋王友，并叫他陪侍指导晋王读书，不久又升他为弘文馆学士。

贞观十五年，诏曰："朕听朝之暇，观前史，每览前贤佐时，忠臣徇国，何尝不想见其人，废书钦叹！至于近代以来，年岁非远，然其胤绪[①]，或当见存，纵未能显加旌表[②]，无容弃之遐裔[③]。其周、隋二代名臣及忠节子孙，有贞观已来犯罪配流者，宜令所司具录奏闻。”于是多从矜宥[4]。

注释

①胤绪：后代，后嗣。

②旌表：旧时对所谓忠孝节义之人，用立牌坊、赐匾额等方式加以表彰叫作“旌表”。

③遐裔：僻远之地。

④矜宥 yòu：怜悯宽宥。

译文

贞观十五年，唐太宗下诏说：“我处理朝政的空闲时间，阅读前朝史书，每当看到古代的贤臣辅助国家，忠义的臣子以死为国效命时，我真恨不得与他们相见，然而只能掩卷叹息！近代以来，时间不算久远，我们还可以找到忠臣烈士的子孙，即使未能加以表彰，也不要有所遗弃。所以，周、隋两代名臣和以忠尽节的臣子的后代，在贞观以后犯了罪被流放发配的，命令有关部门把情况整理好报上来。”于是对这些人从轻发落，并予以抚慰。

贞观十九年，太宗攻辽东安市城[1]，高丽人众皆死战，诏令耨萨延寿、惠真等降[②]，众止其城下以招之，城中坚守不动。每见帝幡旗，必乘城鼓噪。帝怒甚，诏江夏王道宗筑土山[③]，以攻其城，竟不能克。太宗将旋师，嘉安市城主坚守臣节，赐绢三百匹，以劝励事君者。

注释

① 安市城：汉置，后汉及晋沿袭，后归辽。故城在今辽宁安平县东北。

② 延寿、惠真：皆高丽耨萨（部落酋长，相当于都督）。先是二人率部来救安市，被太宗击破投降。

③ 道宗：字承范，高祖堂侄。十七岁时随秦王征战有功，初封任城，后封江夏郡。

译文

贞观十九年，唐太宗攻打辽东安市城，高丽军民都拼死战斗。太宗诏令高丽守将高延寿、高惠真等人投降，唐军开到城下招抚他们，可城中仍坚守不动。每当看见唐太宗的幡旗，高丽守军必定登上城头擂鼓呐喊。太宗很是愤怒，诏令江夏王李道宗筑土山攻城，始终不能攻下。太宗要班师回朝时，赞赏安市城守将坚持为臣的节操，并赐给他们三百匹绢，以鼓励褒奖忠君之人。

论孝友第十五

司空房玄龄事继母，能以色养[①]，恭谨过人。其母病，请医人至门，必迎拜垂泣。及居丧，尤甚柴毁[②]。太宗命散骑常侍刘洎就加宽譬[③]，遗寝床、粥食、盐菜。

注释

① 色养：顺承脸色，态度亲切。

② 柴毁：面容憔悴、骨瘦如柴的样子。

③ 宽譬：宽慰劝说的意思。

译文

司空房玄龄侍奉继母，能顺承继母的脸色，恭敬谦谨超过一般人。继母生病时，他每次请大夫上门诊视，总会流泪迎拜大夫。在居丧期间，房玄龄更是悲伤过度，以致面容憔悴，骨瘦如柴。太宗叫散骑常侍刘洎前往安慰劝解，并送去寝床、粥食和盐菜等物。

虞世南，初仕隋，历起居舍人①。宇文化及杀逆之际，其兄世基时为内史侍郎②，将被诛，世南抱持号泣，请以身代死，化及竟不纳。世南自此哀毁骨立者数载，时人称重焉。

注释

① 起居舍人：隋制，负责记录帝王言行的官职。

② 内史侍郎：官名，汉代郎官的一种。隋唐以后，官位渐高，为中书省、门下省长官和尚书省各部长官的副职，协同掌管全国政务。

译文

虞世南，起初在隋朝做官，历任起居舍人。当宇文化及杀死隋炀帝的时候，他的哥哥虞世基在朝廷内任内史侍郎，也要被一同诛杀。见到这种情况，虞世南抱着哥哥号啕痛哭，一再请求让自己代替哥哥去死，宇文化及却不同意。从此以后的好几年，虞世南都悲痛万分，瘦得皮包骨，他的这种品行被当时人所尊重推崇。

韩王元嘉[①]，贞观初，为潞州刺史。时年十五，在州闻太妃有疾[②]，便涕泣不食，及至京师发丧，哀毁过礼。太宗嘉其至性，屡慰勉之。元嘉闺门修整，有类寒素士大夫，与其弟鲁哀王灵夔甚相友爱[③]，兄弟集见，如布衣之礼。其修身洁己，内外如一，当代诸王莫能及者。

注释

① 元嘉：唐高祖第十一子。少年好学，藏书万卷。

② 太妃：韩王李元嘉之母。隋大将军宇文述之女，为唐高祖昭仪，很受宠爱。

③ 灵夔 kuí：唐高祖第十九子。韩王李元嘉的同母弟弟。好学，工草隶，善音律。

译文

韩王李元嘉，在贞观初年任潞州刺史，当时他十五岁。在潞州听说他的母亲生病，于是痛哭流涕，不能饮食；后来到京城为母发丧，他更是悲伤得超过了丧礼的礼仪。唐太宗称赞他至情至性，常常安慰劝勉他。李元嘉家里非常朴素简洁，像寒门士大夫的家一样；他和弟弟鲁哀王李灵夔手足情深，每次兄弟相见，就像普通百姓一样亲切随便。李元嘉这样洁身自好，内外如一，当时诸王没有人比得上。

霍王元轨[1]，武德中，初封为吴王。贞观七年，为寿州刺史，属高祖崩，去职，毁瘠过礼。自后常衣布服，示有终身之戚。太宗尝问侍臣曰："朕子弟孰贤？"侍中魏徵对曰："臣愚暗，不尽知其能，惟吴王数与臣言，臣未尝不自失。"太宗曰："卿以为前代谁比？"徵曰："经学文雅，亦汉之间、平[2]，至如孝行，乃古之曾、闵也[3]。"由是宠遇弥厚，因令妻徵女焉。

注释

①元轨：唐高祖第十四子。好读书，多才艺。

②间、平：汉河间献王刘德、东平献王刘苍。

③曾、闵：指孔子弟子曾参和闵子骞。

译文

霍王李元轨，在武德年间被封为吴王，贞观七年任寿州刺史。唐高祖死后，他放弃了官职，居丧期间悲哀得身体骨瘦如柴；并且常常穿粗布衣服，以此表示对高祖的终生悲戚和怀念。唐太宗曾经问侍臣："皇族中，谁最贤德？"魏徵回答说："我愚钝，不能完全了解他们每个人的才能。只有吴王和我谈的那几次话，让我感到自愧不如。"唐太宗说："你可以把他比作前代的哪位贤人呢？"魏徵说："论经通礼仪，博学文雅，他可与汉代河间献王刘德、东平献王刘苍相比。若论孝道德行，他可与古代的曾参、闵子骞相媲美。"从此，唐太宗对霍王李元轨更加宠爱信任，并把魏徵的女儿嫁给了他。

贞观中，有突厥史行昌直玄武门[①]，食而舍肉，人问其故，曰："归以奉母。"太宗闻而叹曰："仁孝之性，岂隔华夷？"赐尚乘马一匹[②]，诏令给其母肉料。

注释

① 突厥史行昌：突厥阿史那氏人，唐时多以"史"为姓。行昌，其名。

② 尚乘：唐代管理皇家马匹的官署。

译文

贞观年间，有个突厥人史行昌在玄武门做看守，吃饭时留下菜里的肉不吃，别人问他什么原因，他说：“带回家去奉献给母亲。”唐太宗听到这事后感叹地说：“仁孝之本性，哪分汉人和夷人呢？”于是赐他一匹御马，还下令为他母亲送去肉食。

论公平第十六

太宗初即位，中书令房玄龄奏言："秦府旧左右未得官者,并怨前宫及齐府左右处分之先己。"太宗曰："古称至公者，盖谓平恕无私。丹朱、商均，子也，而尧、舜废之[①]。管叔、蔡叔，兄弟也，而周公诛之[②]。故知君人者，以天下为公，无私于物。昔诸葛孔明，小国之相，犹曰'吾心如称，不能为人作轻重'，况我今理大国乎？朕与公等衣食出于百姓，此则人力已奉于上，而上恩未被于下，今所以择贤才者，盖为求安百姓也。用人但问堪否，岂以新故异情？凡一面尚且相亲，况旧人而顿忘也！才若不堪，亦岂以旧人而先用？今不论其能不能，而直言其嗟怨，岂是至公之道耶？"

注释

① 丹朱、商均，子也，而尧、舜废之：尧知道儿子丹朱不肖，不足授天下，所以将帝位传给了舜。舜之

子商均亦不肖，舜就将帝位传给了禹。

② 管叔、蔡叔，兄弟也，而周公诛之：管叔名鲜，蔡叔名度，都是文王的儿子。后因挟商纣之子武庚作乱，周公便杀了管叔，流放了蔡叔。

译文

唐太宗刚即位时，中书令房玄龄上奏说："原来在秦王府做事而今没有做上官的人，他们都埋怨陛下，说前太子宫和齐王府的部下都比他们先安排了官职。"太宗说："古时候称为至公的人，都是公正无私的。丹朱、商均是尧、舜的儿子，而尧、舜却因他们不肖废黜了他们，管叔、蔡叔是周公的兄弟，而周公却因他们挟持武庚作乱把他们杀掉。由此可知，作为治理百姓的君主，要以天下为公，不存偏私之心。从前诸葛孔明，只是小小蜀国的丞相，他还说'我的心就像秤那样公平，不能因人而轻重有别'。何况我如今治理一个泱泱大国呢？我与你们的衣食都出自百姓，这就是说，百姓的人力已奉献给了朝廷，而我们的恩泽却没有遍及民间。如今朝廷之所以要选择贤德有才能的人，就是要安抚百姓。国家用人主要看是否有能力胜任职务，怎能因亲疏、新旧关系而区别对待呢？凡是见过一面的人尚且感到亲近，何况是旧的下属，怎会一下子就忘掉呢？如果才能不堪胜任，怎能因为是旧的下属而先任用？如今你们不谈论他们能不能胜任，而只说他们有怨言，这难道是至公之道吗？”

贞观元年，有上封事者，请秦府旧兵并授以武职，追入宿卫[1]。太宗谓曰：“朕以天下为家，不能私于一物，惟有才行是任，岂以新旧为差？况古人云：‘兵犹火也，弗戢将自焚[2]。’汝之此意，非益政理。”

注释

① 追入宿卫：补进宫禁中值宿警卫。

② 兵犹火也，弗戢将自焚：意即士兵像火一样，使用时若不加控制，将会烧到自己。

译文

贞观元年，有人上书请求把原来秦府旧兵都授予武职，补充进宫中做值宿警卫。太宗说：“我以天下为家，不能偏私于一人。只有有才能德行的人才任用，怎能因为新旧关系而有所分别呢？况且古人说：‘士兵就像火一样，使用而不能控制就会把自己烧死。’你的提议，对治理国家没有好处。”

贞观元年，吏部尚书长孙无忌尝被召，不解佩刀入东上阁门，出阁门后，监门校尉始觉[①]。尚书右仆射封德彝议，以监门校尉不觉，罪当死，无忌误带刀入，徒二年，罚铜二十斤。太宗从之。大理少卿戴胄驳曰："校尉不觉，无忌带刀入内，同为误耳。夫臣子之于尊极，不得称误，准律云[②]：'供御汤药、饮食、舟船，误不如法者，皆死。'陛下若录其功，非宪司所决；若当据法，罚铜未为得理。"太宗曰："法者非朕一人之法，乃天下之法，何得以无忌国之亲戚，便欲挠法耶[③]？"更令定议。德彝执议如初，太宗将从其议，胄又驳奏曰："校尉缘无忌以致罪，于法当轻，若论其过误，则为情一也，而生死顿殊，敢以固请。"太宗乃免校尉之死。

是时，朝廷大开选举，或有诈伪阶资者[④]，太宗令其自首，不首，罪至于死。俄有诈伪者事泄，胄据法断流以奏之。太宗曰："朕初下敕，不首者死，今断从法，是示天下以不信矣。"胄曰："陛下当即杀之，非臣所及，既付所司，臣不敢亏法。"太宗曰："卿自守法，而令朕失信耶？"胄曰："法者，国家所以布大信于天下，言者，当时喜怒之所发耳。陛下发一朝之忿，而许杀之，既知不可，而置之以法，此乃忍小忿而存大信，臣窃为陛下惜之。”太宗曰：“朕法有所失，卿能正之，朕复何忧也！”

注释

①监门校尉：守门的官员。

②准律：法律规定。

③挠法：徇私枉法。

④诈伪阶资：谎称或伪报官阶、资历。

译文

贞观元年，吏部尚书长孙无忌曾经被皇帝召见，没有解除下腰间的佩刀就进了东上阁门，走出阁门之后，守门的校尉才发觉。为此，尚书右仆射封德彝认为，由于监门校尉没有觉察，其罪行该当死，无忌失误带刀进入，判刑两年，罚铜二十斤。太宗听从了他的建议。大理少卿戴胄反驳道：“校尉没有察觉，无忌带刀进入，同样是失误，臣子位于极度尊贵的地位，不可以称之为是失误。按照律法上说的：‘供给皇上汤药、饮食、舟船，失误不依法规的人，都应当处死。’皇上如果因为长孙无忌有功而从轻处理，这便不是司法部门所能够决定的；如果应当按照律法，罚铜不符合法理。”太宗说：“法律，不是我一人的法律，是天下的法律，怎么能够因为无忌是皇亲国戚，便想要徇私枉法呢？”让臣子们更改命令订立议案。德彝坚持他原来的想法，太宗打算同意，戴胄又驳斥道：“校尉因为无忌的缘故以招致罪害，按照法律当从轻处理。如果讨论他的过失和错误，那么校尉则和长孙无忌犯罪情节相同，然而生死差距巨大，所以我才敢于顽固地请求。”太宗这才免了校尉的死罪。

当时，朝廷正大力选举推荐人才，有人伪造身份资历，唐太宗命令他们自首，不自首的人则判死罪。不久，有一个作伪者事情败露，戴胄根据法律判处他流放并予以奏告。太宗说：“我当初下命令，说不自首的死罪，如今你却根据法律来做决断，这向天下显示我说话没有信用。”戴胄说：“皇上如果当即把他杀了，那是我不能够干预的；既然已经交付司法部门处理，那我不敢不按照法律来执行。”太宗说：“你自己守法，却让我失信于天下吗？”戴胄说：“法律是国家用来向天下人传布大信用的，言语只是一时喜怒的表现而已。陛下一时忿怒而让杀掉他，其实心里也知道不可以，现将他放到司法部门来解决，这叫作忍小忿而存大信。为臣私下为陛下珍惜这一点。”唐太宗说：“我执法有失误你能予以纠正，我还有什么忧虑的呢？”

贞观二年，太宗谓房玄龄等曰：“朕比见隋代遗老，

咸称高颎善为相者[①]，遂观其本传，可谓公平正直，尤识治体，隋室安危，系其存没。炀帝无道，枉见诛夷，何尝不想见此人，废书钦叹！又汉、魏已来，诸葛亮为丞相，亦甚平直，尝表废廖立、李严于南中[②]，立闻亮卒，泣曰：'吾其左衽矣[③]！'严闻亮卒，发病而死。故陈寿称[④]：'亮之为政，开诚心，布公道，尽忠益时者，虽仇必赏；犯法怠慢者，虽亲必罚。'卿等岂可不企慕及之？朕今每慕前代帝王之善者，卿等亦可慕宰相之贤者，若如是，则荣名高位，可以长守。"玄龄对曰："臣闻理国要道，在于公平正直，故《尚书》云：'无偏无党，王道荡荡。无党无偏，王道平平。'又孔子称'举直错诸枉[⑤]，则民服'，今圣虑所尚，诚足以极政教之源，尽至公之要，囊括区宇，化成天下。"太宗曰："此直朕之所怀，岂有与卿等言之而不行也？"

注释

① 高颎 jiǒng（？—607 年）：隋渤海郡（今河北景县）人，名敏，字昭玄。北周末，受杨坚（隋文帝）罗致，为相府司录。隋建立后，任尚书左仆射，执掌朝政。炀帝即位后，任太常卿。后因议论朝政，为人告发，被炀帝诛杀。

② 表废廖立、李严于南中：廖立、李严都是三国时蜀

国大臣。廖立因调职不满，怨望怠慢，被诸葛亮上表奏请削职为民。李严督粮失职，反诬告诸葛亮祁山退军，也被诸葛亮废黜。

③ 左衽：我国古代某些少数民族的服装前襟向左掩，别于中原一带人民的右襟。说中原的人“左衽”，是说他们变成少数民族，即表示被异族统治。后借指亡国。

④ 陈寿（233—297 年）：西晋史学家，字承祚，安汉（今四川南充北）人。少好学，在蜀汉为观阁令史，因不愿屈事宦官黄皓，屡遭贬黜。入晋后，历任著作郎、治书侍御史。晋灭吴后，集合三国时官私著作，著成《三国志》，另编有《蜀相诸葛亮集》等书。

⑤ 举直错诸枉：举用正直之人，废置邪枉之人。错，置，废弃。

译文

贞观二年，唐太宗对房玄龄等人说：“我近来见到隋代的旧臣遗老，他们都称赞高颎是做宰相的人才，于是我就去翻阅他的本传。发现此人真是公平正直，能识大体，特别精通治理国家的策略。隋室的安危跟他的生死关系密切，可惜遇到隋炀帝这样的无道昏君，却被冤枉诛杀了。

我何尝不想见到这样的人呢？就连读书时也时常放下书来对他钦仰、叹息。再者，汉、魏以来，诸葛亮做丞相也非常公平正直，他曾经上表把廖立、李严罢官放逐到南中；后来廖立听到诸葛亮逝世，哭着说：‘我们大概要亡国了！’李严听到诸葛亮逝世，也悲痛地发病而死。所以陈寿称：‘诸葛亮执政，开诚心，布公道，尽忠国家，在当时做了不少有益于国家的事。虽是仇人，该赏的也必须奖赏；对违犯法纪玩忽职守的人，虽是最亲近的人也必须惩罚。’你们难道不仰慕他们吗？我如今常仰慕前代那些贤德的帝王，你们也可仰慕那些贤德的宰相，如果能这样做，那么荣耀的名声和高贵的地位就可以长久保持了。”房玄龄对答道：“臣听说治理国家的关键，在于公平正直，所以《尚书》说：‘不偏不向，王道就浩浩荡荡；不偏不向，王道就平平坦坦。’此外，孔子还说：‘举用正直的人而废弃邪恶的人，百姓就心服归顺。’如今圣上推崇的治国原则，确实体现了政教的根本，实现至公之道的要义，可以用来囊括宇内，教化天下。”太宗说：“这正是我所想的，但我怎能只对你们说说而不去实行呢？”

长乐公主[①]，文德皇后所生也。贞观六年将出降，敕所司资送，倍于长公主[②]。魏徵奏言：“昔汉明帝欲封其子，帝曰：‘朕子岂得同于先帝子乎？可半楚、淮阳王[③]。’前史以为美谈。天子姊妹为长公主，天子之女为公主，既加长字，良以尊于公主也，情虽有殊，义无等别。若令公主之礼有过长公主，理恐不可。实愿陛下思之。”太宗称善。乃以其言告后，后叹曰：“尝闻陛下敬重魏徵，殊未知其故，而今闻其谏，乃能以义制人主之情，真社稷臣矣！妾与陛下结发为夫妻，曲蒙礼敬，情义深重，每将有言，必俟颜色，尚不敢轻犯威严，况在臣下，情疏礼隔？故韩非谓之说难[④]，东方朔称其不易[⑤]，良有以也。忠言逆耳而利于行，有国有家者深所要急，纳之则世治，杜之则政乱，诚愿陛下详之，则天下幸甚！”因请遣中使赍帛五百匹，诣徵宅以赐之。

注释

① 长乐公主：太宗第五女，封长乐郡。

② 长 zhǎng 公主：天子的姊妹称为长公主，此指唐高祖之女永嘉长公主。

③ 楚、淮阳王：指汉光武帝的儿子楚王英、淮阳王。

④ 韩非：战国时法家，其著作称《韩非子》。他提倡法治，反对儒家礼治。《说难》是《韩非子》中的篇名，讲游说的困难。

⑤东方朔（前154—前93年）：西汉文学家。武帝时，为太中大夫，善辞赋，性诙谐滑稽，著有《答客难》等。

译文

长乐公主是文德皇后所生。贞观六年将要出嫁，太宗敕令有关部门陪送的嫁妆，比当年高祖之女永嘉长公主出嫁时高出一倍。魏徵上奏说："以前东汉明帝准备赐封他的儿子，说道：'我的儿子怎么能跟先帝的儿子得到同样多的封赏呢？参照先帝之子楚王、淮阳王的一半去封赏吧。'以前的史籍以此作为美谈。天子的姊妹称为长公主，女儿称为公主，既然在前面多了一个长字，那么就说明要比公主的身份尊贵，虽然在感情上不尽相同，可是从义理上讲却不能有等级差别。如果公主的礼节逾越了长公主，道理上恐怕是不妥的，希望您能够三思。"太宗十分赞同，退朝后将这些话告诉了皇后，皇后听完赞叹道："曾经听说您对魏徵十分敬重，可是对于其中的缘故知之甚少，现在听到他进谏的这番话，可见他能够用道义来抑制帝王的私欲，真是国家社稷忠臣啊！我和陛下结发做了夫妻，承蒙您的敬重礼待，情深义重。但每当我有话要说的时候，也要察言观色，尚且不敢轻易触怒您的威严，何况作为臣下，和陛下情谊疏远、礼仪相隔呢？因此韩非子将此称为

‘说难’，东方朔将其称为‘不易’，真的是非常有道理的。忠言逆耳利于行，做国君的必须认真对待，如果能采纳这些忠言，国家就能长治久安，如果杜绝这些忠言，政局就会混乱不堪。我希望您能够仔细体会其中的含义，那就是天下的大幸了。”于是，文德皇后请求太宗派遣中使带五百匹锦帛送到魏徵家中赏赐他。

刑部尚书张亮坐谋反下狱①，诏令百官议之，多言亮当诛，惟殿中少监李道裕奏亮反形未具②，明其无罪。太宗既盛怒，竟杀之。俄而刑部侍郎有阙，令宰相妙择其人，累奏不可。太宗曰：“吾已得其人矣。往者李道裕议张亮云‘反形未具’，可谓公平矣。当时虽不用其言，至今追悔。”遂授道裕刑部侍郎。

注释

①张亮：刑部尚书张亮为相州刺史时，迷信谶言，想搞阴谋活动。后被人告发，太宗大怒，杀张亮，籍没全家。

②殿中少监：唐制，殿中监掌天子服御事务，少监是其副职。

译文

刑部尚书张亮因被控谋反罪入狱，唐太宗下诏，命令百官商议惩处他的办法，许多人都说张亮应该杀头，只有殿中少监李道裕上奏说张亮谋反的证据不足，应赦免其罪。但唐太宗当时正处在盛怒之下，竟把张亮给杀掉了。不久，刑部侍郎空缺，唐太宗叫宰相精心选择称职的人，可宰相多次上奏推荐人才，唐太宗都没有同意。太宗说："我已找到合适的人选了，先前李道裕在拟议处置张亮的办法时，说'他谋反证据不足'，可见此人很公平。我当时没有采用他的意见，至今仍追悔莫及。"于是就任命李道裕为刑部侍郎。

贞观初，太宗谓侍臣曰："朕今孜孜求士，欲专心政道，闻有好人，则抽擢驱使[①]。而议者多称'彼者皆宰臣亲故'，但公等至公，行事勿避此言，便为形迹。古人'内举不避亲，外举不避仇'，而为举得其真贤故也。但能举用得才，虽是子弟及有仇嫌，不得不举。"

注释

① 抽擢驱使：提拔重用的意思。

译文

贞观初年，唐太宗对侍臣说："我现在孜孜不倦地寻找贤才，想要把心思都用在治理国家政治上，听说有贤良之人就提拔重用。但人们还是议论纷纷，说'那些官员都是朝廷宰相大臣们的亲戚、朋友'。但是你们诸位大公无私，做事不要因此而有所忌讳和回避，古人'推举人才对内不避亲，对外不避仇'，就是为了举荐那些真正贤良之人的缘故。唯才是举，只要是人才，即使是自己的子弟或仇人，也不可不推举。"

贞观十一年，时屡有阉宦充外使，妄有奏，事发，太宗怒。魏徵进曰："阉竖虽微，狎近左右[①]，时有言语，轻而易信，浸润之谮，为患特深。今日之明，必无此虑，为子孙教，不可不杜绝其源。"太宗曰："非卿，朕安得闻此语？自今已后，充使宜停。"魏徵因上疏曰：

臣闻为人君者，在乎善善而恶恶，近君子而远小人。善善明，则君子进矣；恶恶著，则小人退矣。近君子，则朝无粃政；远小人，则听不私邪。小人非无小善，君子非无小过。君子小过，盖白玉之微瑕；小人小善，乃铅刀之一割。铅刀一割[②]，良工之所不重，小善不足以掩众恶也；白玉微瑕，善贾之所不弃，小疵不足以妨大美也。善小人之小善，谓之善善，恶君子之小过，谓之恶恶，此则蒿兰同嗅[③]，玉石不分，屈原所以沉江，卞和所以泣血者也[④]。既识玉石之分，又辨蒿兰之臭，善善而不能进，恶恶而不能去，此郭氏所以为墟[⑤]，史鱼所以遗恨也[⑥]。

注释

① 狎近：过分亲近。

② 铅刀一割：钝刀割一下，比喻没有多少成绩。铅刀，不锋利的刀。

③ 蒿兰同臭：比喻香臭不分，好坏不辨。蒿，蒿草，有臭味。兰，草名，有香味。

④ 卞和：楚人，曾得玉璞献于厉王，厉王以为是假的，便把卞和的脚剁了下来。卞和抱着玉璞大哭，连血都呕出来了。

⑤ 郭氏所以为墟：郭国本是春秋时期的一个小国，被齐桓公所灭。齐桓公问郭国父老郭为什么亡，郭国父老说因为郭君善善而不能用，恶恶而不能去。

⑥ 史鱼所以遗恨：春秋时卫国大夫史鱼临死前因未能规劝君王进贤而抱恨。

译文

贞观十一年，当时常常有宦官外出担任使者，他们欺瞒朝廷，胡乱上报情况，事情败露后，唐太宗非常生气。魏徵说："宦官虽然卑微，但他们侍奉在天子左右，常常发表议论，如果陛下轻易相信，久而久之，便造成很大的危害。现在陛下圣明，可以无此顾虑，可是为了子孙后代考虑，不可不断绝这种祸患。"唐太宗说："不是你，我怎么会听到如此中肯的意见呢？从今以后，宦官不可再担任使者。"魏徵事后又写了一篇奏书，进献唐太宗：

我听说国君贵在表扬善事，贬斥劣迹，亲近君子，远离小人。如果善事得到发扬，那么君子就会为国效劳；憎恨恶事措施有力，那么小人就会自行隐退。亲近君子，那么朝廷不会有劣政，远离小人，视听就不会出现什么偏差。小人并非没有微小的优点，君子并非没有小小的差错。但是，君子小小的过失，就像白玉上的瑕疵；小人那小小的优点，则如钝刀子割肉，起不了什么作用。钝刀子割肉，能工巧匠是不会看重的，这小小的优点不足以掩盖许多缺点。白玉微瑕，精明的商人不会嫌弃，小小的斑点不会妨碍白玉整体的美丽。赞扬小人的优点，而认为这是对善的正确判断；贬斥君子的过失，而认为这是对恶的正确判断，这如同认为蒿草和兰花的香味一致，白玉和顽石的质地一样，是美丑不分，善恶不辨；这也是屈原投江自尽，卞和吐血的原因。如果认识了白玉和石头的差别、臭蒿和香兰的不同，但是称赞好人好事而不能引进，憎恶坏人坏事而不能唾弃，这正是历史上郭国之所以被齐国所灭、史鱼之所以抱恨终生的原因。

陛下聪明神武，天姿英睿，志存泛爱，引纳多途，好善而不甚择人，疾恶而未能远佞。又出言无隐，疾恶太深，闻人之善或未全信，闻人之恶以为必然。虽有独见之明，犹恐理或未尽。何则？君子扬人之善，小人讦人之恶[①]，闻恶必信，则小人之道长矣，闻善或疑，则君子之道消矣。为国家者，急于进君子而退小人，乃使君子道消，小人道长，则君臣失序，上下否隔，乱亡不恤，将何以理乎？且世俗常人，心无远虑，情在告讦，好言朋党。夫以善相成谓之同德，以恶相济谓之朋党，今则清浊共流，善恶无别，以告讦为诚直，以同德为朋党。以之为朋党，则谓事无可信；以之为诚直，则谓言皆可取。此君恩所以不结于下，臣忠所以不达于上。大臣不能辩正，小臣莫之敢论，远近承风，混然成俗，非国家之福，非为理之道。适足以长奸邪，乱视听，使人君不知所信，臣下不得相安，若不远虑，深绝其源，则后患未之息也。今之幸而未败者，由乎君有远虑，虽失之于始，必得之于终故也。若时逢少隳[2]，往而不返，虽欲悔之，必无所及。既不可以传诸后嗣，复何以垂法将来？且夫进善黜恶，施于人者也；以古作鉴，施于己者也。鉴貌在乎止水，鉴己在乎哲人。能以古之哲王鉴于己之行事，则貌之妍丑宛然在目，事之善恶自得于心，无劳司过之史，不假刍荛之议。巍巍之功日著，赫赫之名弥远。为人君者不可务乎？

注释

① 讦人之恶：攻击别人的短处或揭发别人的隐私。

② 时逢少隳：指世道稍乱。

译文

陛下聪明神武，天姿英明睿智，爱护百姓，兼收并蓄，能从各种途径选拔人才。但陛下喜好贤才却不善于选择贤才，痛恨邪恶，但还没能远离小人。并且，陛下言语毫不隐讳，疾恶如仇；所以造成听到某人的善行未必全信，听到劣迹就认为绝无错误。虽有远见卓识，但臣恐怕陛下有些地方还有不妥之处。为什么呢？君子愿意表扬别人的善行，小人专门诋毁别人的缺点。如果听到劣迹就确信无疑，那么就会助长小人的气焰；听到善行疑而不信，那么君子会很失望。为了国家的利益着想，急于进用君子而斥退小人，结果反使君子受怀疑小人得志，那么就会君臣失序、上下隔阂。国家混乱都来不及忧虑，将怎样去考虑治理国家呢？并且，世俗之人，缺乏深思熟虑，喜欢揭别人的短处，动不动就攻击善人为朋党。一般而言，我们把戮力同心做好事称作同德，把一起参与做坏事称作朋党。可现在清浊同流，善恶无别，把告讦攻击视为诚实正直，把同心同德的人叫作结党营私。被称作朋党的人，他们的言行就不被信任；被称作诚实正直的人，那么他们的一切都是可取的。这就是为什么陛下的恩德没有散布于臣子中间，臣子的忠诚没有传达到朝廷上的原因。地位高的大臣们不敢矫正朝廷的偏差，地位低的臣子们又不敢指出来，于是这种做法就形成风气，既不是国家的幸运，也不是治国的方法。这种风气只能助长奸邪，扰乱视听，使得国君不知道该相信什么，臣下不能相安无事。如果不断绝这种风气的根源，将贻害无穷。幸运的是，如今国家还没有出现大的祸害，这完全归功于陛下的深谋远虑，国政现在虽然有所偏差，可是必然能够改正。如果世道稍有混乱，遇到小的祸害，不加以制止，任由其发展，即使想后悔，也一定来不及了。这样的话，既不能将社稷传给后代，又拿什么作为后世的楷模呢？再说任用贤良而罢退邪恶是对别人的做法，以历史为鉴是对自己的做法。我认为要看到自己的容貌，要用平静的水面做镜子；考察人们的德行，要以前代的圣哲作借鉴。如果能以古代圣明的帝王为自己的借鉴，那么自己行为的善恶就一目了然，何需史官的评判，何需百姓们的议论！帝王自然会功勋卓著，名声就会越传越远。国君追求的不正是这样吗？

臣闻道德之厚，莫尚于轩、唐[①]，仁义之隆，莫彰于舜、禹。欲继轩、唐之风，将追舜、禹之迹，必镇之以道德，弘之以仁义，举善而任之，择善而从之。不择善任能，而委之俗吏，既无远度，必失大体。惟奉三尺之律，以绳四海之人，欲求垂拱无为，不可得也。故圣哲君临，移风易俗，不资严刑峻法，在仁义而已，故非仁无以广施，非义无以正身。惠下以仁，正身以义，则其政不严而理，其教不肃而成矣。然则仁义，理之本也；刑罚，理之末也。为理之有刑罚，犹执御之有鞭策也，人皆从化，而刑罚无所施；马尽其力，则有鞭策无所用。由此言之，刑罚不可致理，亦已明矣。故《潜夫论》曰："人君之理莫大于道德教化也。民有性、有情、有化、有俗。情性者，心也，本也；俗化者，行也，末也。是以上君抚世，先其本而后其末，顺其心而履其行。心情苟正，则奸慝无所生[②]，邪意无所载矣。是故上圣无不务治民心，故曰：'听讼，吾犹人也，必也使无讼乎？’道之以理，务厚其性而明其情。民相爱，则无相伤害之意；动思义，则无畜奸邪之心。若此，非律令之所理也，此乃教化之所致也。圣人甚尊德礼而卑刑罚，故舜先敕契以敬敷五教[③]，而后任咎繇以五刑也[④]。凡立法者，非以司民短而诛过误也，乃以防奸恶而救祸患，检淫邪而内正道。民蒙善化，则人有士君子之心；被恶政，则人有怀奸乱之虑。故善化之养民，犹工之为曲豉也[⑤]。六合之民，犹一荫也，黔首之属，犹豆麦也，变化云为，在将者耳！遭良吏，则怀忠信而履仁厚；遇恶吏，则怀奸邪而行浅薄。忠厚积，则致太平；浅薄积，则致危亡。是以圣帝明王，皆敦德化而薄威刑也。德者，所以循己也，威者，所以理人也。民之生也，犹铄金在炉，方圆薄厚，随溶制耳！是故世之善恶，俗之薄厚，皆在于君。世之主诚能使六合之内、举世之人，感忠厚之情而无浅薄之恶，各奉公正之心，而无奸险之虑，则醇醪之俗[⑥]，复见于兹矣。”后王虽未能遵，专尚仁义，当慎刑恤典，哀敬无私，故管子曰：“圣君任法不任智，任公不任私。”故王天下，理国家。

注释

① 轩、唐：指黄帝和尧帝。

② 奸慝 tè：奸诈邪恶。

③ 契：传说中商的始祖，子姓。母为简狄。被舜任为司徒，掌管教化，曾助禹治水有功。五教：古代指父子有亲，君臣有义，夫妇有别，长幼有序，朋友有信。

④ 咎繇：即皋陶。五刑：古代指墨、劓、刵、宫、大辟五种酷刑。

⑤ 曲豉：发酵的豆子。

⑥ 醇醲：本指酒质浓郁。本文指和顺融洽。

译文

为臣听说，若论道德的崇高，没人可以超过黄帝、尧帝；若论仁义的高尚，没人可比得上舜帝、大禹。如果要追慕黄帝、唐尧时代的风尚，追上虞舜、夏禹创造的业绩，就必须修养道德，发扬仁义，推举贤德之人而加以任用。如果不能选拔有才能的臣子，而把政务委托给凡庸的人，那么这些没有深谋远虑的人必然会使国家的大体丧失殆尽。只知道以严刑峻法来控制天下的百姓，想达到无为而治的目的，也是不可能的。所以圣贤的国君治理天下，移风易俗，不用严刑峻法，而是靠施行仁义教化。没有“仁”就无法广泛地在天下施行，没有“义”就无法端正自身。用“仁”来向天下人施行恩惠，用“义”来端正自身，这样，不用严刑峻法也能使朝政秩序井然，不动威容教化也可以蔚然成风。仁义是治国的根本，而刑罚是治国的辅助手段。用刑罚来治国，就像赶马车用鞭子，百姓们都已服从教化，那么刑罚就没有地方可施行了；马能自觉地尽力奔跑，那么鞭子也就没有什么用处了。由此可见，刑罚不能使国家太平，这个道理是很明显的。所以王符在《潜夫论》中写道："帝王的治国之道没有比道德教化更重要的了。人们有自己的本性、情感，也有自己的行为、风俗。所谓性情，就是人心，这是根本；所谓风俗，就是言行，这是枝节。因此圣明的君主治国，崇本抑末，顺应民心，从而矫正他们的行为。百姓本性纯正，那么奸邪之念无从产生和存在。所以圣明的君主，无不关注和教化民心，并说：'断处案件我也像别人一样，我和别人不同的地方在于我致力于治本，努力做到不再发生案件。"君王用礼去教化百姓，务必使他们本性淳厚，明白他们的心愿。百姓相互爱护，坚守仁义之道，那么就不会彼此伤害、怀疑了。相亲相爱不是靠法律命令所能实现的，只有依赖教化之功才能达到。圣人崇尚道德礼仪，轻视刑罚，所以舜命令契推行五教，后来又让咎繇设置了五种酷刑。立法的目的，不是为了制裁百姓的短处和错误的，而是用来防范邪恶、补救祸患、约束邪恶从而使其纳入正道的。人们受到好的教化，就会怀有君子之心；受到恶政的统治就会产生邪乱之意。所以好的教化对于人民的作用，就像酿酒工匠手中的曲酵一样。全国的老百姓就像温室里有待发酵的豆麦，怎样发展变化，全在于治政者的善恶。遇到正直的官吏就心怀忠信而言行仁厚；遇到邪恶的官僚就心怀奸邪而言行浅薄。人们忠厚淳朴，就可以使国家太平；人们浅薄狡诈，就会导致国家危亡。因此，圣明的君主都致力于德化而鄙薄酷刑。所谓德，是用来要求自己的；所谓威，是用来管束别人的。人生在世就像炉中化金一样，铸出来的东西的方圆厚薄全在于模子的形状啊！因此，世事的善恶，风俗的厚薄都取决于一国之君。治世的君主如果真能使普天下的人民都怀有忠厚之情而无浅薄之意，有奉公之善而无奸邪之恶，那么淳朴和谐的风俗就又可以出现了。”后来的帝王虽然不能像古代的圣君这样崇尚仁义，也应当慎重地运用刑典，力求公正无私。所以《管子》上说：“圣君用法度礼仪而不用酷刑奸智，用至公之道而不用营私之心。”所以能够取得天下，治理好国家。

贞观之初，志存公道，人有所犯，一一于法。纵临时处断或有轻重，但见臣下执论，无不忻然受纳。民知罪之无私，故甘心而不怨；臣下见言无忤，故尽力以效忠。顷年以来，意渐深刻，虽开三面之网，而察见川中之鱼，取舍在于爱憎，轻重由乎喜怒。爱之者，罪虽重而强为之辞；恶之者，过虽小而深探其意。法无定科，任情以轻重；人有执论，疑之以阿伪。故受罚者无所控告，当官者莫敢正言。不服其心，但穷其口，欲加之罪，其无辞乎？又五品已上有犯，悉令曹司闻奏[①]。本欲察其情状，有所哀矜；今乃曲求小节，或重其罪，使人攻击惟恨不深。事无重条，求之法外所加，十有六七，故顷年犯者惧上闻，得付法司[②]，以为多幸。告讦无已，穷理不息，君私于上，吏奸于下，求细过而忘大体，行一罚而起众奸，此乃背公平之道，乖泣辜之意，欲其人和讼息，不可得也。

注释

①曹司：为官所在的职司。曹，分科办事的官署。

②法司：主管司法刑狱的官署。

译文

贞观初年，陛下志在维护公道正义，如果有违法乱纪，都依法严办。即使偶尔断案有轻有重，朝廷听到臣下议论，无不欣然接受意见。百姓知道皇帝惩罚他们并非出于私心，所以都心悦诚服；臣子看到自己直言进谏并没有触犯龙颜，于是也更加尽力效忠。可是近年来，您处理政事慢慢变得严苛尖薄，即使仍有网开三面之怜悯心，但是仍然过分苛求细微，常根据自己的好恶来判断事物、做出取舍，按照自己的喜好来决定赏罚的轻重。对于自己喜爱的人，即使罪过再大也会寻找各种理由为他开脱；对于厌恶的人，即使过失非常微小，也会深加追究加重他的刑罚。执法失去了准确的定罪法则，凭着自己的意志和好恶来减轻或者加重罪名；臣子如果直言进谏，就会被怀疑是结党营私，欺瞒圣上。因此受罚者有口难辩，知情的官员不敢直言。不去想如何使他们心服口服，反而只是强逼他们闭嘴，这样一来，欲加之罪又何患无辞呢？另外，五品以上的官员犯罪，有关部门必须上奏圣上。这样做的本意是想明察真实的情况，从而酌情减刑；可是现在却是一味探求小节，甚至有些反而加重了刑罚，致使掌管司法的官员加大了对那些犯法官吏的打击力度，甚至因为自己的打击力度不够而深感遗憾。有的事情并没有重罚的法律规定，就在法律之外寻找理由重罚，此类情况占审断案件的十之六七，所以近年来犯法的官员都害怕被皇帝知道，当得知自己被交付司法纠察的部门，都觉得侥幸。这致使告讦的人接踵而来，加大治理却不能平息，君主在上面按照私心办事，官吏则在下面心怀欺诈。过于追究细节不顾大体，对一个人处罚却引起了众人的营私舞弊，这是与刑罚的公正背道而驰的，背弃了大禹对罪人哭泣的初衷，如此却希望人们和睦相处，使诉讼平息，是办不到的。

故《体论》云:“夫淫泆盗窃，百姓之所恶也，我从而刑罚之，虽过乎当，百姓不以我为暴者，公也。怨旷饥寒，亦百姓之所恶也，遁而陷之法，我从而宽宥之，百姓不以我为偏者，公也。我之所重，百姓之所憎也；我之所轻，百姓之所怜也。是故赏轻而劝善，刑省而禁奸。”由此言之，公之于法，无不可也，过轻亦可。私之于法，无可也，过轻则纵奸，过重则伤善。圣人之于法也公矣，然犹惧其未也，而救之以化，此上古所务也。后之理狱者则不然；未讯罪人，则先为之意，及其讯之，则驱而致之意，谓之能；不探狱之所由，生为之分，而上求人主之微旨以为制，谓之忠。其当官也能，其事上也忠，则名利随而与之，驱而陷之，欲望道化之隆，亦难矣。

译文

所以《体论》上说:“奸淫盗窃是百姓所痛恨的。我顺从百姓的心意处罚他们，即使过重，百姓也不会认为残暴，这是因为我是出于公心的缘故。怨旷饥寒也是百姓所痛恨的，为了摆脱这种境遇而触犯法律，我体谅他们而宽大处理，百姓也不会认为我偏爱，这也是因为我是出于公心的缘故。我所严加惩罚的正是百姓憎恶的，我所宽大处理的正是百姓所怜惜的。所以稍加奖赏就能鼓励善行，减轻刑罚也能禁止奸邪。”这样说来，实施刑法如果是出于公心的，那么就没有什么不可以的，量刑过轻也是可以的。如果刑法是出于私心的就没有好处了，量刑过轻就会助长奸恶，量刑过重就会伤害到善良。圣人实施刑法都是出于公心，即使如此还担心有不完善的地方，因此就加上教化来补救，这是上古时代的做法。后世治理刑狱的人却并不这样做，还没有审讯有罪的人，就已经先主观臆断；到了审讯他的时候，就将预先想好的罪名强加给他，并且将这种行为称为有才能；不探究案件的原因就妄下断语，按照皇帝的只言片语作为处罚标准，却将这种行为称为忠心。他们以此来当官，以此来表现忠诚，同时名利都会随之而来，进而陷入名利之中不能自拔。有这样的风气存在而想要使国家的道德教化纯正、隆厚，恐怕是很难的。

凡听讼理狱，必原父子之亲，立君臣之义，权轻重之序，测浅深之量。悉其聪明，致其忠爱，疑则与众共之。疑则从轻者，所以重之也，故舜命咎繇曰："汝作士，惟刑之恤。"又复加之以三讯[1]，众所善，然后断之。是以为法，参之人情。故《传》曰："小大之狱，虽不能察，必以情。”而世俗拘愚苛刻之吏，以为情也者取货者也，立爱憎者也，右亲戚者也，陷怨仇者也。何世俗小吏之情，与夫古人之悬远乎？有司以此情疑之群吏，人主以此情疑之有司，是君臣上下通相疑也，欲其尽忠立节，难矣。

注释

① 三讯：周礼规定断案一要讯群臣，二要讯群吏，三要讯万民。

译文

大凡审理案件，都要按照父子的亲情，依照君臣的情分，权衡轻重先后，测量深浅程度。展现自己全部的聪明才智，将忠君爱民之心发挥到极致，如果有疑问就和大家一起商量研究。存在疑问就从轻量刑，这就是对刑法的慎重。所以舜告诫咎繇：“你作为狱官之长，在量刑的时候要心存怜悯。”又规定一个案子要经过群臣、群吏、万民三次审讯，大家都同意了才能定罪。可见，律令必然也通人情。所以《左传》说：“大小案子，很难审理得非常准确，但务必要根据人情事理来断处。”但是，那些世俗苛刻、不知变通的官吏，以为人情就是随心所欲、捞取好处，对亲戚就放宽处理，对于仇人就加以陷害。为什么世俗小人的人情和古人宽大为怀的情感有着天壤之别呢？当今主管部门因为这样的人情而对司法官员们产生了怀疑，天子又以自己的偏见而对主管部门产生了怀疑。故而造成君臣之间上下之间互相怀疑和不信任的状况，这样却想要群臣树立节操，尽忠为国，那就太难了。

凡理狱之情，必本所犯之事以为主，不严讯，不旁求，不贵多端，以见聪明，故律正其举劾之法，参伍其辞[①]，所以求实也，非所以饰实也，但当参伍明听之耳，不使狱吏锻炼饰理成辞于手。孔子曰："古之听狱，求所以生之也；今之听狱，求所以杀之也。"故析言以破律，任案以成法，执左道以必加也。又《淮南子》曰："沣水之深十仞，金铁在焉，则形见于外。非不深且清，而鱼鳖莫之归也。"故为上者以苛为察，以功为明，以刻下为忠，以讦多为功，譬犹广革[②]，大则大矣，裂之道也。夫赏宜从重，罚宜从轻，君居其厚，百王通制。刑之轻重，恩之厚薄，见思与见疾，其可同日言哉！且法，国之权衡也，时之准绳也。权衡所以定轻重，准绳所以正曲直，今作法贵其宽平，罪人欲其严酷，喜怒肆志[③]，高下在心，是则舍准绳以正曲直，弃权衡而定轻重者也，不亦惑哉？诸葛孔明，小国之相，犹曰：

“吾心如秤，不能为人作轻重。”况万乘之主，当可封之日，而任心弃法，取怨于人乎？

注释

①参伍：交互错杂，综合比较。

②广革：巨大的甲盾。

③肆志：随心所欲。

译文

凡是审理案件，必须以犯罪事实为依据，不严刑逼供，不节外生枝，不以牵连的头绪多来显示审判者的聪明。所以要对检举弹劾的法律加以修正，综合考察法律条文的内容，目的是为了弄清事实，而不是要掩盖事实；多方调查，听取意见，是作为判断是非的依据，而不应成为狱吏徇私枉法的借口。孔子说：“古人审理案子，是想方设法使被告的人活下来，今天呢，是千方百计地要将其置于死地。”现在断案，随心所欲地解释法律，任何案件都要定罪，不讲究公正严明而存心从重处罚。《淮南子》上写道：“沣水深七八丈，可是把金铁放在里面也看得见，水不能说不深不清，但鱼鳖都不往那里去。”如果为上者把苛刻当作明察，把功多当作明智，把刻薄下属当忠心，把诽谤他人当功劳，这就像巨大的甲盾，虽然很大，但那是国家分裂和战乱的象征。所以说赏赐应该从重，处罚应该从轻，君王应宽厚为怀，这是历代帝王普遍的治国之术。怎么可以把刑罚轻重与恩德厚薄、思慕的与痛恨的相提并论呢？法律，犹如国家量刑的权衡、时代要求的准绳，权衡是用以确定轻重的，准绳是用来测量曲直的。法律贵在宽大公平，而判人之罪却想从严惩处，随心所欲，这就等于舍掉准绳来端正曲直，抛开权衡来确定轻重，怎能不令人迷惑不解呢？诸葛亮只是小国蜀国的丞相，他还说：“我的心是一杆秤，不能因人而使标准有别。”更何况大国的君主呢？又值国人多贤、民风淳厚的时代，怎能随意放弃法律的公平，让老百姓心生怨恨呢？

又时有小事，不欲人闻，则暴作威怒，以弭谤议。若所为是也，闻于外其何伤？若所为非也，虽掩之何益？故谚曰：“欲人不知，莫若不为；欲人不闻，莫若勿言。”为之而欲人不知，言之而欲人不闻，此犹捕雀而掩目，盗钟而掩耳者，只以取诮[①]，将何益乎？臣又闻之，无常乱之国，无不可理之民者。夫君之善恶由乎化之薄厚，故禹、汤以之理，桀、纣以之乱；文、武以之安，幽、厉以之危。是以古之哲王，尽己而不以尤人，求身而不以责下。故曰：“禹、汤罪己，其兴也勃焉；桀、纣罪人，其亡也忽焉。”为之无已，深乖恻隐之情，实启奸邪之路。温舒恨于曩日[②]，臣亦欲惜不用，非所不闻也。臣闻尧有敢谏之鼓，舜有诽谤之木，汤有司过之史，武有戒慎之铭。此则听之于无形，求之于未有，虚心以待下，庶下情之达上，上下无私，君臣合德者也。魏武帝云：“有德之君乐闻逆耳之言。犯颜之诤，亲忠臣，厚谏士，斥谗慝，远佞人者，诚欲全身保国，远避灭亡者也。”凡百君子，膺期统运[③]，纵未能上下无私，君臣合德，可不全身保国，远避灭亡乎？然自古圣哲之君，功成事立，未有不资同心，予违汝弼者也[④]。

注释

① 取诮：招来讥嘲。

② 曩 nǎng 日：以往的时日。

③ 膺期统运：治理天下。

④ 予违汝弼：即我违背了纲纪法制，你来匡正辅弼之意。

译文

陛下有时做的一些小事，不想让别人知道，就以威严和权力压人，以此来消除舆论。如果行为正确，让老百姓知道又何妨呢？如果做得不对，掩盖又有何用？所以有谚语说："若要人不知，除非己莫为；若要人不听见，除非自己不说。"做了却不想让人知道，说了又想使人听不到，就像遮住眼睛捕捉麻雀，掩住耳朵去偷铃，只能被人讥笑，又有什么好处呢？我又听说，没有永远动荡的国家，没有不能治理的人民，国君的治政善恶是根据教化的厚薄而定的，所以才有大禹、商汤时天下太平，夏桀、商纣时天下大乱；周文王、周武王时国泰民安，周幽王、周厉王时遭到危亡。所以古代圣明的帝王总是尽心尽力却不埋怨别人，严于律己不苟责臣下。所以说："大禹、商汤责备自己，所以国家兴旺；夏桀、商纣怪罪别人，因此众叛亲离，自取败亡。"因此如果不断地严惩犯人，与恻隐之心相违，其实是为奸邪开辟了方便之门。汉代温舒曾上书说狱吏太残酷，为臣也为温舒之言未被采纳而惋惜，并不是没有听说过。我听说过唐尧专门设置了进谏用的锣鼓，虞舜树立了提意见用的木头，商汤有专门记录自己过错的史官，周武王在桌几、盘碟、盆盖上写有告诫自己要谨慎的铭文，这样做是防患于未然，虚心接受各方意见的表现，使下情通达于上，从而达到上下无私，君臣同心同德，共同治理好国家。魏武帝曹操说："有德的君王高兴听到逆耳的忠言和正直诚恳的规劝，他们之所以亲近忠臣，厚待进谏的臣子，斥退小人，是希望保全自身和国家，避免灭亡的灾难。"凡是承受天命君临天下的国君，纵使做不到君臣同德、上下一心，难道不想保全自己和国家，避免灭亡吗？因此自古以来能够功成名就、建立伟业的国君，都是靠君臣上下同心同德，虚心纳谏，让臣子帮他们改正自身的错误。

昔在贞观之初，侧身励行[①]，谦以受物。盖闻善必改，时有小过，引纳忠规，每听直言，喜形颜色。故凡在忠烈，咸竭其辞。自顷年海内无虞，远夷慑服，志意盈满，事异厥初。高谈疾邪，而喜闻顺旨之说；空论忠谠[②]，而不悦逆耳之言。私嬖之径渐开[③]，至公之道日塞，往来行路，咸知之矣。邦之兴衰，实由斯道。为人上者，可不勉乎？臣数年以来，每奉明旨，深惧群臣莫肯尽言。臣切思之，自比来人或上书，事有得失，惟见述其所短，未有称其所长。又天居自高，龙鳞难犯，在于造次，不敢尽言，时有所陈，不能尽意，更思重竭，其道无因。且所言当理，未必加于宠秩，意或乖忤，将有耻辱随之，莫能尽节，实由于此。虽左右近侍，朝夕阶墀[④]，事或犯颜，咸怀顾望，况疏远不接，将何以极其忠款哉？又时或宣言云："臣下见事，只可来道，何因所言，即望我用？"此乃拒谏之辞，诚非纳忠之意。何以言之？犯主严颜，献可替否，所以成主之美，匡主之过。若主听则惑，事有不行，使其尽忠谠之言，竭股肱之力，犹恐临时恐惧，莫肯效其诚款。若如明诏所道，便是许其面从，而又责其尽言，进退将何所据？欲必使乎致谏，在乎好之而已。故齐桓好服紫，而合境无异色；楚王好细腰，而后宫多饿死。夫以耳目之玩，人犹死而不违，况圣明之君求忠正之士，千里斯应，信不为难。若徒有其言，而内无其实，欲其必至，不可得也。

注释

① 侧身励行：倾斜身体，忧惧不安，谨慎小心，砥砺言行。

② 忠谠：忠诚正直。

③ 私嬖 bì：营私偏爱。

④ 朝夕阶墀 chí：墀，台阶，也指阶面。这里指早晚守在帝王身旁。

译文

在贞观初期，陛下兢兢业业身体力行，虚怀若谷，谦虚待人。因为您闻善必行，即使偶尔有小过失，也可以接纳忠言规谏，每当听到直言良谏都会喜形于色。因此只要是忠烈之士，都竭尽自己的忠诚来进谏。但近年来，由于四海升平，外族降服，陛下志得意满，处理事务就跟以前不同了。尽管口中高谈阔论自己如何痛恨邪恶，却只喜欢听阿谀之辞；整天空论倡导直言敢谏的行为，却厌恶逆耳之言。于是私心渐起，至公之道日益阻塞，路上来往的普通百姓，都知道了这种变化。自古国家兴盛与衰亡，无不因此而起。作为至高无上的君主，怎能不谨慎自勉呢？为臣数年以来听到陛下表示，非常担忧群臣不能竭尽忠诚直言国政的得失。我认真思考了这个问题，发现近来臣子上书，不敢畅所欲言。如果所述之事有所出入，就只看到您批评他的缺点，而不见表扬其长处的。再加上您的地位至高无上，龙鳞难犯，臣子偶尔有机会，也不敢轻率进言，即使有时上书，也不能做到无所保留，事后再想进言，却找不到机会了。而且就算自己所说的合情合理，也未必能加官晋爵得到荣宠；但是如果万一忤逆圣意，就会招致耻辱。群臣不能尽忠直言的原因也就在这里。即使是您左右的侍从，与您朝夕相处，但遇到触犯龙颜之事，都心怀顾虑。更何况一些被疏远不在身边的下臣百姓，又怎么竭尽自己的忠恳之意呢？您曾经宣称：“臣子有事，只管前来进谏，但为什么任何意见，都希望我能采纳呢？”这其实是拒绝进谏之辞，绝非接纳忠言的意思。为什么这样说呢？臣子冒着顶撞圣上的危险进谏，进献可行之计以取代不全之策，实则在成就君王的美名，纠正君王的过失。如果君主一听见直谏心里就不痛快，所提的建议也未必能实行，即使让臣子们尽情直言心中所想，竭尽全力辅佐帮助，我还是担心他们届时仍会因为恐惧而不能尽忠。如果像陛下的诏书那样，就是一方面要臣子顺从自己言行，一方面又要臣子能够直言敢谏，不知道这样臣子应该根据什么样的标准来进退呢？要想使臣下大胆进谏，关键在于君主是否真正喜好这样做。因此过去齐桓公喜欢穿紫色的衣服，结果国境之内的臣民再没有穿其他颜色的服饰。楚王喜欢细腰的美女，结果后宫佳丽很多都因节食而饿死了。像这些供耳目之娱的行为，国人尚且宁愿豁出性命去追求，何况是明君征召天下忠诚正直之士，怎么能不天下响应呢？那些忠诚正直之士不远千里来应召，必定并非难事。如果只是说说而已，并没有切实实行的打算，却要想听到臣下的忠言，是万万不可能的。

太宗手诏曰：

省前后讽谕，皆切至之意，固所望于卿也。朕昔在衡门[①]，尚惟童幼，未渐师保之训，罕闻先达之言。值隋主分崩，万邦涂炭，惵惵黔黎[②]，庇身无所。朕自二九之年，有怀拯溺，发愤投袂，便提干戈，蒙犯霜露，东西征伐，日不暇给，居无宁岁。降苍昊之灵，禀庙堂之略，义旗所指，触向平夷。弱水、流沙，并通輶轩之使；被发左衽，皆为衣冠之域。正朔所班，无远不届。及恭承宝历[3]，寅奉帝图，垂拱无为，氛埃靖息[4]，于兹十有余年，斯盖股肱罄帷幄之谋，爪牙竭熊罴之力，协德同习，以致于此。自惟寡薄，厚享斯休，每以抚大神器，忧深责重，常惧万机多旷，四聪不达，战战兢兢，坐以待旦。询于公卿，以至隶皂，推以赤心。庶几明赖，一动以钟石；淳风至德，永传于竹帛。克播鸿名，常为称首。朕以虚薄，多惭往代，若不任舟楫，岂得济彼巨川？不藉盐梅，安得调夫五味？赐绢三百匹。

注释

① 衡门：寒舍陋室，这里是自谦之词。

② 慄慄 diédié：恐惧的样子。

③ 宝历：本文指帝位。

④ 氛埃靖息：天下太平。

译文

看了魏徵的上书后，唐太宗亲自写了诏书作为答复：

我仔细看了你前后几次讽喻的奏疏，都是情真意切，这本来就是我对你所寄予厚望之处。我当年生长在民间，年幼时，没有得到老师的训诫，更很少听到先哲的至理名言。正遇到隋炀帝荒淫无道，隋代分崩离析，战乱四起，生灵涂炭，老百姓流离失所。我十八岁时，就立志拯救处于水深火热中的百姓黎民，毅然投身军旅，手持刀枪，不畏寒暑，东征西讨，劳碌终日，没有一天过得安宁。幸而苍天护佑，禀持庙堂的韬略，义军所到之处，都能所向披靡。国家统一，弱水、流沙这些偏远蛮夷之地都派遣使者来进贡；风俗大相径庭的异族，也都身穿华夏服装。国家法律颁布之后，没有不能到达的地方。待我接管天下登上皇位，继承先帝留下的基业，休养生息，崇尚无为而治，四海升平，尘埃不起已经十几年了。这全都仰仗众位大臣运筹帷幄，善战武将竭尽骁勇，戮力同心！可是我是一个寡德少能的人，却享受着如此洪福，因此一想到自己肩负天下重任，忧患责任深重，于是总是担心政治得失，不能兼听四方民众的疾苦，因此常常战战兢兢，坐以待旦。我常常询问公卿大臣，甚至是下臣小吏，对人推心置腹，希望自己能够耳聪目明，做出一番能够垂范后世的功德，将其刻于钟鼎碑石之上；让我们大唐的德行，能够永垂史册，让后人提起这段历史就点头称道。我自觉才德微薄，愧对前世圣君明主，仰赖你们的辅佐如同仰赖舟楫和盐梅；我如果不使用船和桨，怎么能够渡过大江大河？如果不借助盐和梅，我怎能调出五味？因此，赐给你绢三百匹以示嘉奖。

论诚信第十七

贞观初，有上书请去佞臣者，太宗谓曰："朕之所任，皆以为贤，卿知佞者谁耶？"对曰："臣居草泽[①]，不的知佞者[②]，请陛下佯怒以试群臣，若能不畏雷霆，直言进谏，则是正人，顺情阿旨，则是佞人。"太宗谓封德彝曰："流水清浊，在其源也。君者政源，人庶犹水，君自为诈，欲臣下行直，是犹源浊而望水清，理不可得。朕常以魏武帝多诡诈，深鄙其为人，如此，岂可堪为教令？"谓上书人曰："朕欲使大信行于天下，不欲以诈道训俗，卿言虽善，朕所不取也。"

注释

① 草泽：荒野之地，此指民间。

② 的知：确切知道。

译文

贞观初年，有人上书请求斥退皇帝身边那些佞邪之臣，唐太宗对上书的人说："我任用的都是贤臣，你知道佞臣是谁吗？"那人回答说："我住在民间，的确不知道谁是佞臣。请陛下假装发怒，来试一试身边的大臣们。如果谁不怕雷霆之怒，直言进谏，那就是正直的人；如果谁一味依顺陛下，不分曲直地迎合皇上的意见，那就是佞邪的人。"唐太宗对封德彝说："流水是否清浊，关键在于源头。君主是施政的源头，臣民就好比流水，君主自行欺诈妄为，却要臣下行为正直，那就好比是水源浑浊而希望流水清澈，这是根本办不到的。我常常认为魏武帝曹操言行多诡诈而看不起他的为人，现在如果让我也这么做，不是让我效仿他吗？这不是实行政治教化的办法！"于是，唐太宗对上书的人说："我要使诚信行于天下，不想用诈骗的行为损坏社会风气，你的话虽然很好，但我不能采纳。"

贞观十年，魏徵上疏曰：

臣闻为国之基，必资于德礼，君之所保，惟在于诚信。诚信立则下无二心，德礼形则远人斯格[①]。然则德礼诚信，国之大纲，在于君臣父子，不可斯须而废也[②]。

故孔子曰："君使臣以礼，臣事君以忠。"又曰："自古皆有死，民无信不立。"文子曰："同言而信，信在言前；同令而行，诚在令外。"然而言而不信，言无信也；令而不从，令无诚也。不信之言，无诚之令，为上则败德，为下则危身，虽在颠沛之中，君子之所不为也。

注释

① 远人斯格：使远方的人归正。格，来，至，意谓信服，归顺。

② 斯须：须臾，一会儿。

译文

贞观十年，魏徵上疏说：

臣听说治理好国家的基础，必须依靠道德和礼教；国君地位的保障，全在于诚实信用。有了诚信，则臣民就不会产生二心；实行德政，边远的人民也会来归顺。由此可见，德行礼义、诚实信用是国家的纲领，贯穿在君臣、父子关系中，一刻也不能偏废。所以孔子说："君王以礼对待臣子，臣子以忠心侍奉君王。"还说："自古以来人终有一死，人无诚信就无法立身行事了。"文子说："说出话来能够使人相信，是因为说话之前已经取信于人；发出命令能够得到执行，是因为命令之中含有诚意。"如果说出的话人们不相信，就是说话早已失去了人们的信任；发出的命令不能执行，是发出的命令没有诚意。没有信用的言语，没有诚意的法令，如果是君王，就会败坏名声，如果是臣下，就会危及生命。因此，即使处境艰难，德行高尚的人也不会做有失诚信的事情。

自王道休明[①]，十有余载，威加海外，万国来庭，仓廪日积，土地日广，然而道德未益厚，仁义未益博者，何哉？由乎待下之情未尽于诚信，虽有善始之勤，未睹克终之美故也。昔贞观之始，乃闻善惊叹，暨八九年间，犹悦以从谏。自兹厥后，渐恶直言，虽或勉强有所容，非复曩时之豁如[②]。謇谔之辈[③]，稍避龙鳞；便佞之徒，肆其巧辩。谓同心者为擅权，谓忠谠者为诽谤。谓之为朋党，虽忠信而可疑；谓之为至公，虽矫伪而无咎。强直者畏擅权之议，忠谠者虑诽谤之尤。正臣不得尽其言，大臣莫能与之争。荧惑视听[④]，郁于大道，妨政损德，其在此乎？故孔子曰“恶利口之覆邦家者”，盖为此也。

注释

① 休明：原意是美而明，这里是太平盛世的意思。

② 豁如：豁然旷达，聪明大度。

③ 謇 jiǎn 谔之辈：忠诚正直、敢于直言的人。

④ 荧惑：眩惑，迷惑。

译文

自从陛下登基，实行王道得到昌明以来，已有十多年了。神威遍及四方，各国使者前来朝拜，国家粮仓日益充实，国土日益宽广。然而，我认为如今道德和仁义仍然不笃厚，这是什么原因呢？因为朝廷对待臣子的态度并不是完全诚信，虽然陛下在贞观初期勤于政务，有一个好的开头，却没能做到善始善终。贞观初年，陛下听到谁有美好的德行就会赞叹，到贞观八、九年间，仍然乐于接受意见。可是，从那之后，陛下您渐渐讨厌正直的言论，有时即使勉强接受，也不像早年那般纳谏如流了。因此，正直敢言的大臣，逐渐为了避免触犯您不敢直言；而那些奸邪之人，正好大肆发挥他们巧舌如簧的本领。他们诬陷与朝廷同心同德的人是滥用职权，中伤直言进谏的人是在诽谤朝政。只要认为一个人结党营私，即使他忠诚正直也会让人觉得可疑；说一个人大公无私，即使他弄虚作假也不予责备。所以刚强正直的人害怕玩忽职守的罪名，忠诚正直的人担心诽谤朝廷的恶名。于是正直的忠臣不能完全陈述自己的想法，朝中重臣也不能与之争辩是非。圣上被迷惑视听，破坏了治政的原则，妨政害德的原因也许就在这里吧？因此孔子说："邪佞善辩的口才会覆国亡家。"大概说的正是如今的情形啊。

且君子小人，貌同心异。君子掩人之恶，扬人之善，临难无苟免，杀身以成仁。小人不耻不仁，不畏不义，惟利之所在，危人自安。夫苟在危人，则何所不至？今欲将求致治，必委之于君子；事有得失，或访之于小人。其待君子也则敬而疏，遇小人也必轻而狎。狎则言无不尽，疏则情不上通。是则毁誉在于小人[①]，刑罚加于君子，实兴丧之所在，可不慎哉！此乃孙卿所谓[②]"使智者谋之，与愚者论之，使修洁之士行之，与污鄙之人疑之，欲其成功，可得乎哉？"夫中智之人，岂无小惠？然才非经国[③]，虑不及远，虽竭力尽诚，犹未免于倾败；况内怀奸利，承颜顺旨，其为祸患，不亦深乎？夫立直木而疑影之不直，虽竭精神，劳思虑，其不得亦已明矣。

注释

① 毁誉：诋毁或赞誉。

② 孙卿：即荀卿，名况。战国时著名思想家、教育家，

著有《荀子》。

③经国：治理国家。

译文

况且君子和小人，外表相同而内心不一。君子宽容别人的缺点，表扬别人的优点，危难之时绝不苟且偷生，即使牺牲生命也要成就仁义的美德；小人则不知羞耻，不讲仁德，不知敬畏，不守信义，只知唯利是图，诬陷别人于危险境地自己却苟安于世。如果能将危险推给别人，那么他还有什么事情做不出来呢？现在，陛下想求得国家的安定不得不把朝政的重任委托给君子，可是遇到重大决策时，就听取小人的意见。对待君子，尊敬却很疏远。对待小人，轻视却又亲近。亲则言无不尽，疏则不能沟通感情；所以对人诋毁赞誉的权力实际掌握在小人手中，而受到刑罚处置的总是君子。这关系到国家的安危，陛下能不慎重对待吗？诚如孙卿所说的："让有智能的人谋划，却让愚蠢的人去审议；让品行高洁的人实行，却让卑鄙的人说三道四，要想事情成功，怎么可能呢？"具有中等智能的人，他们也有自己的能力，可是他们非治国之才，缺乏深谋远虑，即使竭尽全力和忠诚，仍然难免失败。更何况那些心怀奸邪私利，处处阿谀逢迎的小人呢，这些人带给国家的祸患不是更深重吗？竖立直的木杆，却怀疑它的影子不直。即使竭尽精神，劳神费力也是不能从笔直的木杆看到歪影子的，这些道理其实是很明白的。

夫君能尽礼，臣得竭忠，必在于内外无私，上下相信，上不信，则无以使下，下不信，则无以事上，信之为道大矣。昔齐桓公问于管仲曰："吾欲使酒腐于爵，肉腐于俎[①]，得无害霸乎？"管仲曰："此极非其善者，然亦无害于霸也。"桓公曰："如何而害霸乎？"管仲曰："不能知人，害霸也；知而不能任，害霸也；任而不能信，害霸也；既信而又使小人参之，害霸也。"晋中行穆伯攻鼓[②]，经年而弗能下，馈间伦曰[③]："鼓之啬夫[④]，间伦知之。请无疲士大夫，而鼓可得。"穆伯不应，左右曰："不折一戟，不伤一卒，而鼓可得，君奚为不取？"穆伯曰："间伦之为人也，佞而不仁，若使间伦下之，吾可以不赏之乎？若赏之，是赏佞人也。佞人得志，是使晋国之士舍仁而为佞。虽得鼓，将何用之？"夫穆伯，列国之大夫，管仲，霸者之良佐，犹能慎于信任、远避佞人也如此，况乎为四海之大君，应千龄之上圣，而可使巍巍至德之盛，将有所间乎？

注释

①酒腐于爵，肉腐于俎：意即让杯子里的酒发酸，砧板上的肉发臭。

②中行穆伯攻鼓：指晋国大夫中行氏穆伯攻打鼓国。

③馈间伦：中行氏穆伯左右人员。

④啬sè夫：掌诉讼赋税的地方官。

译文

如要君王能够恪尽礼仪，臣下能够竭尽忠诚，就必须做到内外无私，君臣之间相互信任。圣上疑心太重，就没有办法指挥臣下；臣下疑心太重，也就没有办法侍奉圣上。互相信任作为一条治国原则，对于治理国家至关重要。过去，齐桓公对管仲说："我想使酒在酒器中变坏，肉在砧板上发臭，这样做对霸业无害吧？"管仲说："这样做不好，但对霸业也无害。"齐桓公问："那么什么会危害霸业呢？"管仲回答说："不能识别人才有损于霸业；知道是人才而不能恰当地任用有损于霸业；任用了又不肯信任有损于霸业；信任而又让小人从中掺和有损于霸业。"晋国的中行穆伯攻打鼓国，一年都攻克不下，馈间伦说："鼓国的官吏有和我认识的，不必劳烦士大夫费心费力，我就可以攻下鼓国这个地方。"穆伯不理他，左右的官员说："不用一兵一卒，就可以得到鼓国，为什么不听馈间伦的意见呢？”穆伯说：“馈间伦的为人，奸诈不仁义。如果他夺取了鼓地，我可以不赏他吗？如果赏赐了他，不是在赏赐奸邪小人吗？如果让小人得志，那就是让晋国的人放弃仁义而宣扬奸邪。即使得到了鼓地，又有什么意义呢？”穆伯是诸侯国的一位大夫，管仲是霸主的得力助手，他们尚且能够如此重视信用贤人，疏远小人，更何况陛下是德冠千古的圣明君主，怎能能够使崇高的美德有所损害呢？

若欲令君子小人是非不杂，必怀之以德，待之以信，厉之以义，节之以礼，然后善善而恶恶，审罚而明赏。则小人绝其私佞，君子自强不息，无为之治，何远之有？善善而不能进，恶恶而不能去，罚不及于有罪，赏不加于有功，则危亡之期，或未可保，永锡祚胤[1]，将何望哉！

太宗览疏叹曰：“若不遇公，何由得闻此语！”

注释

①永锡祚胤：这里的意思是把帝位长久传下去。锡，赐。祚，皇位。胤，子孙后代。

译文

要使君子小人判然有别，是非分明，君王必须用恩德来安抚他们，用诚信来对待他们，用道义来勉励他们，用礼仪来约束他们，然后才能表扬善行，摒除劣迹，谨慎处罚，明白赏赐。如果这样做，小人就不再施展他们的奸佞，君子就更会自强不息，达到无为而治的局面哪里还会远呢？如果表扬善行却不能任用，摒弃劣迹却不能杜绝恶行，刑罚不加于有罪的人，赏赐不加于有功之臣，那么危亡之期，也许不久就要到来，永远使子孙后代享受昌盛国运、永享太平，还有什么指望呢？

唐太宗读了魏徵的上书，感叹道：“如果不遇到魏徵，我怎么可能听到这样的肺腑之言呢？”

太宗尝谓长孙无忌等曰：“朕即位之初，有上书者非一，或言人主必须威权独任，不得委任群下；或欲耀兵振武，慑服四夷。惟有魏徵劝朕‘偃革兴文[①]，布德施惠，中国既安，远人自服’。朕从此语，天下大宁，绝域君长，皆来朝贡，九夷重译[②]，相望于道。凡此等事，皆魏徵之力也。朕任用岂不得人？”徵拜谢曰：“陛下圣德自天，留心政术。实以庸短，承受不暇，岂有益于圣明？”

注释

① 偃革兴文：即停止战争兴起文治之风。

② 九夷：各个少数民族。

译文

唐太宗对长孙无忌等大臣说："我刚刚即位的时候，有许多人上书建议，他们有的说国君必须独揽大权，不要重用臣下；有的要我加强兵力，以使四方少数民族受到威慑臣服。只有魏徵劝我'减少武功，提倡文治，广施道德仁义，只要中原安定了，远方异族自然会臣服'。我听从了他的建议，终于使天下赢得了太平，边远地区异族的首领都前来朝贡，各个少数民族派人前来交流联系，源源不断。这一切都是魏徵的功劳。我难道不是用人有道吗？"魏徵拜谢说："这是因为陛下圣德，用心政务所致。为臣才疏学浅，承受圣意尚且力不从心，怎么会对您有这么大的帮助呢？"

贞观十七年，太宗谓侍臣曰："《传》称'去食存信'，孔子曰：'民无信不立。'昔项羽既入咸阳，已制天下，向能力行仁信，谁夺耶？"房玄龄对曰："仁、义、礼、智、信，谓之五常，废一不可。能勤行之，甚有裨益。

殷纣狎侮五常，武王夺之。项氏以无信为汉高祖所夺，诚如圣旨。”

译文

贞观十七年，唐太宗对侍从的大臣们说：“经传上说：‘宁可去掉充足的粮食也要保持百姓对国家的信任。’孔子说：‘百姓不信任国家，国家就没有建立的根基。’从前，楚霸王项羽攻入咸阳，已经控制了天下，如果他能够努力推行仁政，那么谁能和他争夺天下呢？”房玄龄回答说：“仁、义、礼、智、信，称为五常，废弃任何一项都不行，如果能够认真推行这五常，对国家是大有益处的。殷纣王违反五常，于是周武王就去讨伐他。项羽因为得不到人民的信任，被汉高祖夺了天下。确实像陛下所说的那样。”

第六卷

论俭约第十八

贞观元年，太宗谓侍臣曰："自古帝王凡有兴造，必须贵顺物情[①]。昔大禹凿九山[②]，通九江[③]，用人力极广，而无怨讟者，物情所欲，而众所共有故也。秦始皇营建宫室，而人多谤议者，为徇其私欲，不与众共故也。朕今欲造一殿，材木已具，远想秦皇之事，遂不复作也。古人云：'不作无益害有益。''不见可欲，使民心不乱。'固知见可欲，其心必乱矣。至如雕镂器物，珠玉服玩，若恣其骄奢，则危亡之期可立待也。自王公以下，第宅、车服、婚嫁、丧葬，准品秩不合服用者[④]，宜一切禁断。"由是二十年间，风俗简朴，衣无锦绣，财帛富饶，无饥寒之弊。

注释

① 贵顺物情：指顺乎事理人情。

② 九山：指九州之山。

③ 九江：传说夏禹治水，疏通九江。具体所指，历来说法不一。

④ 品秩：品级身份。

译文

贞观元年，唐太宗对侍臣说：“自古帝王凡是有兴土木的大事，都必须合乎人民的愿望。当初大禹开凿九山，浚通九江，耗费人力非常巨大，而没有抱怨的人，就是因为合乎人民的利益，并集中了人民的愿望。秦始皇营建宫室，但人民非常反对，因为他是为了满足其私欲，没有想民之想的缘故。朕现在想造一座宫殿，材木工具已经准备就绪，但想想秦始皇的事，所以打算放弃。古人曾说：‘不做无益的事去损害百姓的利益。’‘不显耀可以引起贪欲的财货，免得搞乱人民清净的心思。’所以有了欲望人心必定会乱的。就像雕镂器物，珠玉服玩，如果肆意追求、骄逸奢侈，那么灭亡的时候就不远了。因此，自王公之下的人，第宅、车服、婚嫁、丧葬等，凡是按照官位俸禄不该享用的，应一律禁止。”此后二十年间，整个国家风俗简朴，衣无锦绣，财产富饶，没有饥饿寒冷的祸害。

贞观二年，公卿奏曰："依《礼》，季夏之月，可以居台榭。今夏暑未退，秋霖方始[①]，宫中卑湿[②]，请营一阁以居之。"太宗曰："朕有气疾，岂宜下湿？若遂来请，糜费良多[③]。昔汉文将起露台，而惜十家之产，朕德不逮于汉帝，而所费过之，岂为人父母之道也？"固请至于再三，竟不许。

注释

①秋霖：即秋雨。

②卑湿：潮湿。

③糜费：耗费过度。

译文

贞观二年，公卿大臣上奏说："依照《礼》中所讲的，陛下夏季最后一个月，可以到高台筑成的楼榭上去住。但是现在夏天暑气没有退却，秋天凉气刚刚开始，皇宫中非常潮湿，所以请求修建一座暖阁让您居住。"太宗说："朕有气疾，哪里适宜居住低下潮湿的地方？但如果同意了你们的话，会浪费许多人力物力。以前汉文帝想修建露台，因为考虑到要花费十户人家的财产而不再兴建。朕的功德不及汉文帝，而比他还要奢侈浪费，这哪里合乎为民父母应该遵守的原则呢？”公卿们再三上书奏请，太宗始终没有答应。

贞观四年，太宗谓侍臣曰：“崇饰宫宇，游赏池台，帝王之所欲，百姓之所不欲。帝王所欲者放逸[①]，百姓所不欲者劳弊。孔子云：‘有一言可以终身行之者，其恕乎！己所不欲，勿施于人。’劳弊之事，诚不可施于百姓。朕尊为帝王，富有四海，每事由己，诚能自节，若百姓不欲，必能顺其情也。”魏徵曰：“陛下本怜百姓，每节己以顺人。臣闻‘以欲从人者昌，以人乐己者亡’。隋炀帝志在无厌，惟好奢侈，所司每有供奉营造，小不称意，则有峻罚严刑[②]。上之所好，下必有甚，竞为无限[③]，遂至灭亡。此非书籍所传，亦陛下目所亲见。为其无道，故天命陛下代之。陛下若以为足，今日不啻足矣；若以为不足，更万倍过此，亦不足。”太宗曰：“公所奏对甚善。非公，朕安得闻此言？”

注释

①放逸：游赏玩乐的意思。

②峻罚严刑：严酷的刑罚。

③竞为无限：都争着这样来做而无限度。

译文

贞观四年，唐太宗对侍从的大臣说："用华丽的材料装饰宫殿，在水池亭台中游览、观赏，是帝王想做的事情，却不是百姓所希望的。帝王想要做这些的原因是要享乐，百姓不希望的原因是这样过于劳民伤财。孔子说：'有一句话，可以终身施行的话，那就是忠恕之道！己所不欲，勿施于人。'劳民伤财的事情，实在不可以强加在百姓身上。我尊为帝王，富有四海，每件事都可以自己决定，当然应该自我节制。如果百姓不想做，我就要顺应他们的情况，遵从他们的意愿。"魏徵说："陛下一贯爱护百姓，每每约束自己来顺应百姓。臣听说：'使自己的欲望顺应民情，国家就会昌盛；使老百姓劳民伤财来实现自己的快乐，国家就会灭亡。'隋炀帝贪得无厌，只喜欢奢侈，每当有关官署供奉营造的东西稍有不如意，就以严刑待之。上级喜欢的，下级必定竞相仿效，长此恶性循环，最终必定导致灭亡。这不仅是书中记载的，也是陛下亲眼目睹过的事实。因为隋炀帝荒淫无道，所以上天让陛下取而代之。陛下如果以此为满足，那么今天的基业确实可以满足了；如果不知足，那么即使万倍于此也难以满足啊！"太宗说："爱卿所说极是！没有你，我怎么能听到这番忠言？"

贞观十六年，太宗谓侍臣曰："朕近读《刘聪传》[1]，聪将为刘后起凰仪殿[2]，廷尉陈元达切谏[3]，聪大怒，命斩之。刘后手疏启请，辞情甚切，聪怒乃解，而甚愧之。人之读书，欲广闻见以自益耳，朕见此事，可以为深诫。比者欲造一殿，仍构重阁，今于蓝田采木[4]，并已备具，远想聪事，斯作遂止。"

注释

① 刘聪（？— 318 年）：十六国时期汉国国君。310—318 年在位。匈奴族，一名载，字玄明，刘渊之子。河瑞二年（310 年）刘渊死后，杀兄夺位。在位时穷兵黩武，广建宫殿，浪费民力，沉湎酒色，激起各族人民的反抗。

② 刘后：汉国太保刘殷的女儿，先封左贵嫔，后来立为皇后。凰仪殿：刘聪为皇后在后庭建造的宫殿。

③ 廷尉：狱官。陈元达：字长宏，本姓高，因生月妨父，改姓陈。刘聪时官至御史大夫，正直敢言。

④ 蓝田：地名，今陕西蓝田县。

译文

贞观十六年，唐太宗对侍从的大臣们说："我近来读

《刘聪传》，书中说刘聪准备给他的刘皇后建造凰仪殿，廷尉陈元达对此痛切地陈词，竭力劝谏刘聪不要这样做，刘聪听后大怒，命令把陈元达斩首。后来，刘皇后亲手写了奏疏替陈元达求情，在文辞和道理上都很恳切；刘聪看后怒气大消，而且内心感到很惭愧。人们读书是为了增长见识，使自己获得好处，我看这件事，可以作为深刻的借鉴。近来我想营建一座宫殿，照例要建重阁，现在从蓝田采办的木料，都已齐备。但遥想起刘聪这件事，就决定停止营建工程了。”

贞观十一年，诏曰：“朕闻死者终也，欲物之反真也[①]；葬者藏也，欲令人之不得见也。上古垂风，未闻于封树；后世贻则[②]，乃备于棺椁。讥僭侈者，非爱其厚费；美俭薄者，实贵其无危。是以唐尧，圣帝也，谷林有通树之说[③]；秦穆，明君也，橐泉无丘陇之处。仲尼，孝子也，防墓不坟[④]；延陵，慈父也，嬴、博可隐。斯皆怀无穷之虑，成独决之明[⑤]，乃便体于九泉[⑥]，非徇名于百代也[⑦]。洎乎阖闾违礼[⑧]，珠玉为凫雁[⑨]；始皇无度，水银为江海[⑩]；季孙擅鲁，敛以玙璠[⑪]；桓魋专宋，葬以石椁，莫不因多藏以速祸，由有利而招辱。玄庐既发[⑫]，致焚如于夜台[⑬]；黄肠再开[⑭]，同暴骸于中野。详思曩事，岂不悲哉？由此观之，奢侈者可以为戒，节俭者可以为师矣。朕居四海之尊，承百王之弊，未明思化，中宵战惕。虽送往之典详诸仪制，失礼之禁著在刑书，而勋戚之家多流遁于习俗，闾阎之内或侈靡而伤风，以厚葬为奉终，以高坟为行孝，遂使衣衾棺椁极雕刻之华，灵輀冥器穷金玉之饰。富者越法度以相尚，贫者破资产而不逮，徒伤教义，无益泉壤⑮，为害既深，宜为惩革。其王公以下，爰及黎庶，自今以后，送葬之具有不依令式者，仰州府县官明加检察，随状科罪。在京五品以上及勋戚家，仍录奏闻。”

注释

① 反真：本意是去其外饰，还其本真。这里是死后灵魂升天的意思。

② 贻则：遗留下来的习俗。

③ 通树：树丧是古代一种丧葬方法，即用树皮把尸体裹起来，架于树木之间，任其腐毁。通树即从简丧葬之意。

④ 防墓不坟：孔子合葬父母亲于防这个地方，只有墓穴而没有坟丘。古时穴地为墓，堆土为坟。

⑤ 独决：即操守。

⑥ 便体：死后安适。

⑦ 徇名：博取名望。

⑧ 阖闾 hélǘ 违礼：指吴王阖闾死后葬于虎丘山下，动用十万人治丧，“穿土为川，积壤为丘，铜棺三重，湖池六尺，以黄金珠玉为凫雁”。

⑨ 凫雁：像鸭子似的鸟。这里指用黄金珠玉做成假鸟，作为陪葬之物。

⑩ 始皇无度，水银为江海：指秦始皇死后葬于骊山，用水银注于墓下，是为江海。

⑪ 玙 yú 璠：两种美玉。

⑫ 玄庐：坟墓的别称。

⑬ 夜台：坟墓的别称。

⑭ 黄肠：指棺椁。

⑮ 泉壤：指九泉或埋在地下的人，即死去的人。

译文

贞观十一年，唐太宗下令说：“我听说，死亡即是人生的终结，它让人回归到自然，葬就是埋藏起来，要让别人不能再看到自己。上古的风俗，没有听说堆坟树碑。只是到了后世，才开始使用棺椁。在丧葬问题上，有人讥刺葬礼奢侈越礼，这并非是吝惜钱财；提倡节俭薄葬，因为这样死者才会安全无危险。所以，唐尧是圣帝，死后葬在谷林，仅在坟边栽上树木作为标记；秦穆公是明君，去世后葬在橐泉，并没修筑高大的陵墓；孔子是孝子，他把双亲合葬在防这个地方，只有墓穴而不堆坟；延陵是慈父，将儿子葬在嬴、博两地之间隐藏起来。这些都是出于长远考虑而做出的明智决定，是为了使死者安息于九泉之下，而不是哗众取宠，企图获得后世的赞美之辞。相反，吴王阖闾违背礼制，用黄金珠玉做成野鸭大雁作为陪葬；秦始皇荒淫无度，坟墓里有水银做的江河大海；季孙在鲁国擅政，他用玛瑙之类的美玉装殓尸体；宋司马桓魋专权，墓葬建造石椁。这些人都因为在墓里埋藏了大量的财物而招致了灾祸，因为墓里有利可图而遭受折辱。有的坟墓在发掘之后，葬器都被焚烧在墓穴中，有的棺椁被打开，尸骸暴露在旷野。仔细思量这些历史事件，岂不让人悲哀。由此看来，奢侈的人可以作为我们的鉴戒，节俭的人可以效法。我位居四海之尊，治理百孔千疮的烂摊子，到现在还没有明白如何教化百姓，睡到半夜都会为之恐惧忧虑。虽然现在丧葬的法规在仪制中已经有详细的记载，对违礼的处罚刑书上也写得清楚明白；但是皇亲贵族之中依然有很多人还在沿袭着陈旧的习俗，民间很多百姓也在葬礼时奢侈靡费，损害了简朴之风。他们用厚葬来供奉死者，用高坟来表示孝道，寿衣棺椁力求雕刻华丽，运灵柩的车子和殉葬物品也尽用金玉装饰。富贵人家破坏法度相互炫耀，贫穷之家倾家荡产彼此攀比，这样做有伤风俗，无益教化；同时也无益于死去的人。造成的危害已经很深了，现在，对此应予惩治革除。从今以后，凡王公以下以至平民百姓，希望各州府的官员严格检查，葬礼如有不遵照律令规条的，根据情节轻重定罪。京城里五品以上官员和皇亲贵族如有违反，要写下罪状上奏朝廷。”

岑文本为中书令，宅卑湿，无帷帐之饰。以劝其营产业者，文本叹曰：“吾本汉南一布衣耳，竟无汗马之劳，徒以文墨致位中书令，斯亦极矣。荷俸禄之重，为惧已多，更得言产业乎？”言者叹息而退。

户部尚书戴胄卒，太宗以其居宅弊陋，祭享无所，令有司特为之造庙。

温彦博为尚书右仆射，家贫无正寝，及薨，殡于旁室。太宗闻而嗟叹，遽命所司为造，当厚加赙赠。

魏徵宅内，先无正堂。及遇疾，太宗时欲造小殿，而辍其材为徵营构，五日而就。遣中使赍素褥布被而赐之，以遂其所尚。

译文

岑文本担任中书令要职时，家里房宅却低下潮湿，没有帷帐之类的装饰，有人劝他买房置地，文本叹息道：“我本来只是汉水南边的一个平民百姓，并没有什么汗马功劳，只是凭借一点文墨当上了中书令，这已是登峰造极了。现在我享受着这么高的俸禄，已经感到很惭愧了，还买房置地干什么呢？”听他这么说，劝他的人叹息着离开了。

户部尚书戴胄去世后，唐太宗见他的居所非常简陋，连个祭拜吊唁的地方都没有，于是下令有关部门专门为他营造祭拜之庙。

温彦博官居尚书右仆射，但是家中贫困没有正屋；他去世时灵柩只有在旁屋祭奠。唐太宗知道后叹息不已，立即下令为他营造正房，并赐给许多财物帮助办理丧事。

魏徵的住宅开始时并没有正堂。一次他生病，适逢唐太宗正要营造小型的宫殿，于是停下工，用这些材料为魏徵营造正堂，五天就完工了，唐太宗还派身边的人赠送给魏徵素布被褥，以成全他节俭的志向。

论谦让第十九

贞观二年，太宗谓侍臣曰："人言作天子则得自尊崇，无所畏惧，朕则以为正合自守谦恭，常怀畏惧。昔舜诫禹曰：'汝惟不矜，天下莫与汝争能；汝惟不伐[①]，天下莫与汝争功。'又《易》曰：'人道恶盈而好谦。'凡为天子，若惟自尊崇，不守谦恭者，在身倘有不是之事，谁肯犯颜谏奏？朕每思出一言，行一事，必上畏皇天，下惧群臣。天高听卑[②]，何得不畏？群公卿士，皆见瞻仰，何得不惧？以此思之，但知常谦常惧，犹恐不称天心及百姓意也。"魏徵曰："古人云：'靡不有初，鲜克有终[③]。'愿陛下守此常谦常惧之道，日慎一日，则宗社永固，无倾覆矣。唐、虞所以太平，实用此法。"

注释

① 伐：自我夸耀功劳。

②天高听卑：苍天高高在上，而听察下界尘世的善恶以降祸福。

③靡不有初，鲜克有终：意即行事无不有开始，却少有人能坚持到最终。

译文

贞观二年，唐太宗对侍从的大臣们说："人们说，是天子就可以自认为尊贵崇高，无所畏惧了，我认为恰恰相反，天子更应该谦逊恭谨，经常心怀畏惧。从前，舜告诫禹说：'你只有不骄傲，天下才没有人和你争贤能；你只有不自夸，天下才没有人和你争功劳。'另外《易经》上说：'君子的准则是厌恶骄傲自满而以谦逊恭谨为贵。'大凡做了天子，如果只认为自己尊贵崇高，不保持谦逊恭谨的态度，倘若自己有了过失，谁还会冒犯尊颜上奏劝谏？我常常在想，帝王每讲一句话，每做一件事，必定要上畏皇天、下惧群臣。皇天虽高，却能听到地上的议论，怎能不畏惧天呢？公卿百官，都在下面注视着我，这怎能不让人畏惧呢？因此，帝王即使常怀谦逊恐惧之心，恐怕还是不能上称天之心、下合百姓之意啊。"魏徵应对说："古人讲：'行事无不有个开始，但很少有人能够坚持到最终。'希望陛下保持常谦常惧的准则，一天比一天更谨慎，那么国家就会永远巩固，不会倾覆。唐尧、虞舜之世之所以天下太平，实际上就是用的这个方法。”

贞观三年，太宗问给事中孔颖达曰：“《论语》云：‘以能问于不能，以多问于寡，有若无，实若虚。’何谓也？”颖达对曰：“圣人设教，欲人谦光[①]。己虽有能，不自矜大，仍就不能之人求访能事。己之才艺虽多，犹病以为少，仍就寡少之人更求所益。己之虽有，其状若无，己之虽实，其容若虚。非惟匹庶[②]，帝王之德，亦当如此。夫帝王内蕴神明，外须玄默[③]，使深不可知。故《易》称‘以蒙养正[④]；以明夷莅众’。若其位居尊极，炫耀聪明，以才陵人，饰非拒谏，则上下情隔，君臣道乖。自古灭亡，莫不由此也。”太宗曰：“《易》云：‘劳谦，君子有终，吉。’诚如卿言。”诏赐物二百段。

注释

① 谦光：因谦虚而愈有光辉。

② 匹庶：平民百姓。

③ 玄默：深沉静默。

④ 以蒙养正：要以蒙昧自居，自己修养正道。

译文

贞观三年，唐太宗问给事中孔颖达："《论语》上说：'有才能的人向没才能的人请教，知识多的人向知识少的人请教，这样，有才能的人好像显得没有才能，知识渊博的人好像显得无知。'这句话是什么意思呢？"孔颖达回答说："圣人这样教导，是要求每个人都谦逊退让，有才能的人不骄傲自大，仍旧向没才能的人请教他不知道的事情。自己虽然多才多艺，可还是害怕懂得太少，仍旧向才艺寡少的人讨教求得更多的知识。自己虽然有本事，但是表面上却不表现出来；自己内心虽然已经很充实，但表面上却好像空虚。这句话不仅是对庶民百姓的要求，帝王的德行也应当如此。帝王内心蕴藏神明，但外表必须持重，使人感到高深莫测。所以《周易》上讲'要表现得蒙昧无知来自养正道，不显露明智以盛气凌人'。如果帝王身居至尊之位，就炫耀自己的聪明，凭借才能欺凌别人，掩饰过错拒绝诤谏，那么上下之间的情感就会被隔断，君臣之间的原则就会被抛弃。自古以来国家灭亡，没有不是由此而造成的。"唐太宗很赞同地说："《周易》上讲：'勤劳谦逊的品质，君子如果能够保持到底，就会有好事降临。'这句话的意思和你说的是一样的啊。"于是，下诏赏赐给孔颖达绢帛二百段。

河间王孝恭[①]，武德初封为赵郡王，累授东南道行台尚书左仆射。孝恭既讨平萧铣、辅公祏，遂领江、淮及岭南、北，皆统摄之。专制一方，威名甚著，累迁礼部尚书。孝恭性惟退让，无骄矜自伐之色。时有特进江夏王道宗，尤以将略驰名[②]，兼好学，敬慕贤士，动修礼让，太宗并加亲待。诸宗室中，惟孝恭、道宗莫与为比，一代宗英云[③]。

注释

① 孝恭：唐高祖李渊堂弟，佐高祖创立唐王朝有大功，声名甚盛。为人宽恕退让，深得太宗尊重，贞观十四年去世。

② 将略：精通武事，雄才大略。

③一代宗英：宗室中出类拔萃的人物。

译文

河间王李孝恭，在武德初年被封为赵郡王，后被加封为东南道行台尚书左仆射。他在平定了萧铣、辅公祏的势力以后，长江、淮河以及岭南、岭北地区都在他的统领之内。他控制一方，威名远扬，不久迁任礼部尚书。可是，李孝恭为人谦逊忍让，没有居功自傲、自我夸耀的表现。

当时，特进江夏王李道宗，以雄才大略、善于领兵著称，他谦虚好学，并且礼贤下士，爱惜人才，唐太宗很器重他。在大唐宗室中，只有李孝恭、李道宗二人德才无人可比，真是皇族中的一代英杰。

论仁恻第二十

贞观初，太宗谓侍臣曰：“妇人幽闭深宫，情实可悯[①]。隋氏末年，求采无已，至于离宫别馆[②]，非幸御之所，多聚宫人。此皆竭人财力，朕所不取。且洒扫之余，更何所用？今将出之，任求伉俪，非独以省费，兼以息人，亦各得遂其情性。”于是后宫及掖庭前后所出三千余人[③]。

注释

① 悯 mǐn：哀怜，可怜。

② 离宫别馆：正宫之外供帝王出巡时的宫室。

③ 掖庭：皇宫中的亭舍，宫嫔所住之地。

译文

贞观初年，唐太宗对侍从的大臣们说：“妇女幽禁在深宫里，实在很可怜。隋代末年，隋炀帝不停地去挑选宫女，以至于修建离宫别馆，甚至在并非君主住宿的地方，也聚集了许多宫女。这都是耗竭百姓财力的行为，我从不赞成这种做法。况且，这些妇女除了打扫宫室之外，还有什么用处呢？现在我准备放她们出去，任凭她们自由婚配。这样不仅可以节省费用，而且还可以使百姓减轻负担，使他们各自得以成全自己的本性。”于是，唐太宗从后宫和掖庭先后放出宫女三千多人。

贞观二年，关中旱，大饥。太宗谓侍臣曰：“水旱不调，皆为人君失德。朕德之不修，天当责朕，百姓何罪，而多遭困穷！闻有鬻男女者，朕甚悯焉。”乃遣御史大夫杜淹巡检[1]，出御府金宝赎之，还其父母。

注释

①杜淹：字执礼，杜如晦的叔父。起初为秦王府文学馆学士。太宗即位后，召为御史大夫。

译文

贞观二年，关中地区出现严重干旱，五谷不收，老百姓发生了饥荒。唐太宗对身边的侍臣说：“水旱不调，都是因为君王治国无道造成的。我德行修养不够，应该受到老天的惩罚，可是老百姓有什么罪过呢，却遭此困境！听说现在百姓中有很多卖儿卖女的现象，我对他们非常同情啊。”于是，派御史大夫杜淹出京巡视，用御府的资财替那些被卖出去的儿女赎了身，并将他们送还父母家。

贞观七年，襄州都督张公谨卒。太宗闻而嗟悼[①]，出次发哀[②]，有司奏言：“准阴阳书云：‘日在辰，不可哭泣。’此亦流俗所忌。”太宗曰：“君臣之义，同于父子，情发于中，安避辰日？”遂哭之。

注释

①嗟悼：悲悼。

②出次发哀：到郊外致以哀悼。

译文

贞观七年，襄州都督张公谨去世，唐太宗知道后悲极而泣，并到郊外致以哀悼。有关部门上书说：“阴阳书上说：‘丧亡在辰日，不能哭泣。’在民间这也是要避讳的。”唐太宗说：“君臣之间的情义，像父子一样，悲伤之情发自内心，怎么能够避讳辰日呢？”于是便哭泣起来。

贞观十九年，太宗征高丽，次定州[①]，有兵士到者，帝御州城北门楼抚慰之。有从卒一人病，不能进。诏至床前，问其所苦，仍敕州县医疗之。是以将士莫不欣然愿从。及大军回次柳城[②]，诏集前后战亡人骸骨，设太牢致祭[③]，亲临，哭之尽哀，军人无不洒泣。兵士观祭者，归家以言，其父母曰："吾儿之丧，天子哭之，死无所恨。"太宗征辽东，攻白岩城，右卫大将军李思摩为流矢所中[④]，帝亲为吮血，将士莫不感励。

注释

① 定州：州名，辽置，在今朝鲜平安北道义州以东。

② 回次柳城：回师驻扎柳城。柳城，治所在广宁，今河北昌黎。

③ 太牢：古代帝王举行祭祀礼时，牛、羊、豕三牲全备的为"太牢"。一般用来祭祀社稷。

④ 李思摩：颉利族人。高祖时封和顺郡王，与秦王结为兄弟，赐姓李，为化州都督。

译文

贞观十九年，唐太宗征战高丽，途中驻扎在定州，行军前来的士兵，唐太宗都要在州城北门进行安抚慰问。有一个士兵生病不能来，唐太宗亲自写下诏书到他的病床前，询问他的病情，还叫当地医生为他治疗。所以不管将军还是士兵看到这种情形，都愿意为朝廷尽忠报国。后来，大军回师驻扎在柳城，唐太宗下诏收集阵亡将士的遗骨，供奉牛、羊、猪，以太牢的仪式进行祭奠；他还亲自前去祭拜，痛哭失声，极其哀恸，在场将士无不受到感染，流下热泪。生还的士兵回到家乡，把这些情形告诉给死难者的父母，这些老人们说："我们的儿子死了，天子还为他哭泣，真是死而无憾啊。"唐太宗征战辽东时，在攻打白岩城的战役中，右卫大将军李思摩被乱箭射中，唐太宗亲自为他吸去污血，将士们无不感动并受到激励。

慎所好第二十一

贞观二年，太宗谓侍臣曰："古人云'君犹器也，人犹水也，方圆在于器，不在于水'，故尧、舜率天下以仁，而人从之；桀、纣率天下以暴，而人从之。下之所行，皆从上之所好。至如梁武帝父子志尚浮华，惟好释氏、老氏之教[①]；武帝末年，频幸同泰寺，亲讲佛经，百寮皆大冠高履，乘车扈从[②]，终日谈论苦空[③]，未尝以军国典章为意。及侯景率兵向阙，尚书郎以下，多不解乘马，狼狈步走，死者相继于道路。武帝及简文卒被侯景幽逼而死[④]。孝元帝在于江陵[⑤]，为万纽于谨所围，帝犹讲《老子》不辍，百寮皆戎服以听。俄而城陷，君臣俱被囚挚。庾信亦叹其如此[⑥]，及作《哀江南赋》，乃云：'宰衡以干戈为儿戏[⑦]，缙绅以清谈为庙略[⑧]。'此事亦足为鉴戒。朕今所好者，惟在尧、舜之道，周、孔之教，以为如鸟有翼，如鱼依水，失之必死，不可暂无耳。"

注释

① 释氏、老氏之教：谓佛教、道教。释氏指释迦牟尼，佛教鼻祖。老氏指老子，道教鼻祖。

② 扈从：皇帝出巡时护驾侍从。

③ 苦空：指佛教教义。

④ 简文：梁武帝第三子，昭明太子之弟，即萧纲。有文才，诗尤清绝。昭明太子死后，立为皇太子。武帝饿死台城，他即帝位，为侯景所害。

⑤ 孝元帝：名绎，梁武帝第七子，起兵讨侯景，即帝位。

⑥ 庾信：字子山，因受封“开府仪同三司”，故人称“庾开府”，南阳新野（今属河南）人。先世在周代曾为掌庾官（管理仓库之官），故以庾为姓。他自幼随父亲、梁代诗人庾肩吾出入于萧纲的宫廷，后来又与徐陵一起任萧纲的东宫学士，成为宫体文学的代表作家。

⑦ 宰衡：本是汉平帝时加于王莽的称号。后泛指宰相。

⑧ 缙绅：古代官员把笏板插在腰带间，故缙绅为官僚士大夫的代称。缙，通“搢”，插。绅，束在衣外的大带子。

译文

贞观二年，太宗对侍臣说：“古人说‘国君好比是容器，百姓好比是水，水或方或圆在于容器，而不在于水’。所以尧舜以仁义治天下，人们都跟随他行善；桀纣以残暴治天下，人们都跟随他作恶。下边所做的，都是跟随上边所喜欢的。至于像梁武帝父子崇尚浮华，只爱好释迦牟尼、老子的教义。梁武帝晚年，多次驾临同泰寺，亲自讲解佛经，百官都带大帽，穿高靴，乘车跟随皇上，整天谈论苦呀空呀那一套佛家教义，从不把军机国务和典章制度放在心里。等到侯景率兵攻向京城，尚书郎以下的官员，大多不会骑马，只好狼狈不堪地徒步逃跑，死在路上的人比比皆是。梁武帝和简文帝都被侯景囚禁逼死。梁孝元帝在江陵，被万纽于谨领兵包围了，还不停止讲《老子》，大臣们都穿着军服听讲，不久城被攻陷，君臣都被囚禁。连庾信也叹息他们这种做法，后来作《哀江南赋》，就说道：‘宰相把战争当成儿戏，官吏把清谈当作朝政策略。’这事也足可作为鉴戒。我现在所喜欢的，只在于唐尧、虞舜的治世之道，周公、孔子的圣明之教，觉得就像鸟有翅膀、鱼儿靠水一样，失去它就必然死亡，所以不能片刻没有。”

贞观二年，太宗谓侍臣曰：“神仙事本是虚妄，空有其名。秦始皇非分爱好[①]，为方士所诈，乃遣童男童女数千人，随其入海求神仙。方士避秦苛虐，因留不归，始皇犹海侧踟蹰以待之[②]，还至沙丘而死。汉武帝为求神仙，乃将女嫁道术之人，事既无验，便行诛戮。据此二事，神仙不烦妄求也。”

注释

① 非分：背乎常理。

② 踟蹰 chíchú：来回徘徊。

译文

贞观二年，唐太宗对侍从的大臣们说：“神仙本来是荒诞虚妄的，徒有其名。秦始皇却分外爱好仙术，结果他被方士欺诈，竟派童男童女几千人，跟随方士入海去求神仙，方士为逃避秦的苛政暴虐，因此留居海中不再回来，秦始皇却在海边徘徊等待他们，结果在返回的路上发病死于沙丘。汉武帝为了求得神仙，竟将女儿嫁给卖弄道术的人，后来发现他们的说法不灵验，就把方士杀掉。从这两件事情来看，神仙是不能乱求的。”

贞观四年，太宗曰：“隋炀帝性好猜防，专信邪道，大忌胡人[①]，乃至谓胡床为交床，胡瓜为黄瓜，筑长城以避胡。终被宇文化及使令狐行达杀之[2]。又诛戮李金才[3]，及诸李殆尽，卒何所益？且君天下者，惟须正身修德而已，此外虚事，不足在怀。”

注释

① 胡人：古代泛指我国北方和西方的少数民族。

② 令狐行达：令狐，复姓，行达为名。时任校尉之职。

③ 李金才：隋将军，名浑，与宇文述有隙，被诬灭族。

译文

贞观四年，唐太宗说：“隋炀帝生性多疑，一味相信那些邪门歪道，他相当提防胡人，乃至于把胡床称作交床，把胡瓜称作黄瓜，还修筑长城抵御胡人。最终被大臣宇文化及派遣的令狐行达杀死。他又听信方士的邪说，认为姓李的人要篡权夺位，于是杀死将军李金才，其他姓李的人也几乎杀尽了，但有什么用呢？我认为统治天下的人，只需修养品德，使自己公正无私，其他都是虚浮之事，何足挂念。”

贞观七年，工部尚书段纶奏进巧人杨思齐至[1]。太宗令试，纶遣造傀儡戏具[2]。太宗谓纶曰：“所进巧匠，将供国事，卿令先造此物，是岂百工相戒无作奇巧之意耶？”乃诏削纶阶级，并禁断此戏。

注释

①工部尚书：唐制，工部掌山泽、屯田、工匠之类的事，尚书为部长官。

②傀儡戏具：演木偶戏用的道具。

译文

贞观七年，工部尚书段纶上奏说要引荐能工巧匠杨思齐入朝。唐太宗下令试试他的本领，段纶就让杨思齐做演木偶戏的道具。唐太宗对段纶说：“推荐的能工巧匠，必须对国家有益，你让他做这些东西，难道是让工匠们相互监督不得制作奇巧无益之物的道理吗？”于是下诏降低段纶的官阶，并且禁止了这种游戏。

慎言语第二十二

贞观二年，太宗谓侍臣曰："朕每日坐朝，欲出一言，即思此一言于百姓有利否，所以不敢多言。"给事中兼知起居事杜正伦进曰[①]："君举必书，言存左史[②]。臣职当兼修起居注，不敢不尽愚直。陛下若一言乖于道理，则千载累于圣德，非止当今损于百姓，愿陛下慎之。"太宗大悦，赐彩百段。

注释

① 给事中兼知起居事：即负责记录皇帝言行。

② 左史：周代史官分左史、右史。《汉书·艺文志》称左史记言，右史记事。唐代在门下省设起居郎修记事之史，在中书省设起居舍人修记言之史，以此左史指记言之史，即皇帝的言论记录。

译文

贞观二年，唐太宗对侍从的大臣们说："我每天坐朝理政，每讲一句话，总是首先想想这句话是否对百姓有好处，所以我不敢多说话。"给事中兼起居注史官杜正伦进言道："君主办什么事，讲什么话都要记录在起居注里。我的职务是兼修起居注，所以不敢不尽忠职守。陛下如果有一句话违背了常理，那么，即使在千年之后都会损害陛下的圣德，所以这不仅仅只会对当今的百姓造成损害。希望陛下慎重。"唐太宗听后非常高兴，赏赐他彩色绢帛一百段。

贞观八年，太宗谓侍臣曰："言语者，君子之枢机[①]，谈何容易？凡在众庶，一言不善，则人记之，成其耻累，况是万乘之主？不可出言有所乖失。其所亏损至大，岂同匹夫？我常以此为戒。隋炀帝初幸甘泉宫，泉石称意，而怪无萤火，敕云：'捉取多少于宫中照夜。'所司遽遣数千人采拾，送五百舆于宫侧，小事尚尔，况其大乎？"魏徵对曰："人君居四海之尊，若有亏失，古人以为如日月之蚀[②]，人皆见之，实如陛下所戒慎。"

注释

①枢机：原指户枢和弩牙，用来比喻主要的事务。

②日月之蚀：谓日食和月食。

译文

贞观八年，唐太宗对侍从的大臣们说："言语是君子德行的重要表现，因此，话要说得合适，谈何容易？庶民百姓，一句话讲得不好，就会被别人记住，遭到耻笑损害，更何况是作为万乘之国的君主呢？君主决不能讲出不妥当的话来，否则造成的损失是极大的，君主岂能和普通人相比？我常以此为戒。隋炀帝刚到甘泉宫的时候，那里秀丽的山水泉石让他称心如意，但他却责怪没有萤火虫，便下令说：'捕捉一些萤火虫到宫里来，以供晚上照明用。'于是，主管部门马上派几千人去捕捉，后来从各地送来五百车萤火虫到宫中。小事尚且如此，更何况那些大事呢？"魏徵回答说："国君居四海之尊的高位，行为如果有所失误，古人认为如同日食和月食那样，人人都能看见。陛下的确应该有所警戒啊。"

贞观十六年，太宗每与公卿言及古道，必诘难往复[①]。散骑常侍刘洎上书谏曰："帝王之与凡庶，圣哲之与庸愚，上下相悬，拟伦斯绝[②]。是知以至愚而对至圣，以极卑而对极尊，徒思自强，不可得也。陛下降恩旨，假慈颜，凝旒以听其言[③]，虚襟以纳其说，犹恐群下未敢对扬，况动神机，纵天辩，饰辞以折其理，援古以排其议，欲令凡庶何阶应答？臣闻皇天以无言为贵，圣人以不言为德，老子称'大辩若讷'，庄生称'至道无文'，此皆不欲烦也。是以齐侯读书，轮扁窃议[④]，汉皇慕古，长孺陈讥[⑤]，此亦不欲劳也。且多记则损心，多语则损气，心气内损，形神外劳，初虽不觉，后必为累。须为社稷自爱，岂为性好自伤乎？窃以今日升平，皆陛下力行所至。欲其长久，匪由辩博，但当忘彼爱憎，慎兹取舍，每事敦朴，无非至公，若贞观之初，则可矣。至如秦政强辩，失人心于自矜，魏文宏材，亏众望于虚说。此才辩之累，皎然可知。伏愿略兹雄辩，浩然养气，简彼缃图[⑥]，淡焉怡悦[⑦]，固万寿于南岳，齐百姓于东户，则天下幸甚，皇恩斯毕[⑧]。"太宗手诏答曰："非虑无以临下，非言无以述虑。比有谈论，遂至烦多。轻物骄人，恐由兹道。形神心气，非此为劳。今闻谠言，虚怀以改。"

注释

① 诘难往复：诘问责求多次。

② 拟伦斯绝：指所持的观点或主张绝不相通。

③ 凝旒 liú：在这里有凝神倾听之意。旒，古代帝王礼帽前后的玉串。

④ 齐侯读书，轮扁窃议：齐桓公在堂上读书，轮扁在堂下制轮，他放下椎凿上堂去，说桓公所读的书是“古人之糟粕已夫”。

⑤ 汉皇慕古，长孺陈讥：汉武帝好古尊儒，欲招纳文学儒士，大臣汲黯极力劝阻，曾当面劝说武帝“内多欲而外示仁义”。

⑥ 缃图：指古书，因其纸色年久发黄。

⑦ 怡悦：安适愉快。

⑧ 皇恩斯毕：皇恩施及四方。

译文

贞观十六年，唐太宗每次和各位公卿大臣谈到古代的治国之道，必然要反复责备辩论。为此，散骑常侍刘洎也上书发表见解说：“帝王和平民，圣哲和凡夫，上下悬殊，如有天壤之别，所持的观点很难相通。因此，我们可以得知极其愚昧的人想要成为圣哲，极其卑下的人想要成为至尊之人，都是不可能的。陛下降下圣旨，和颜悦色、虚心听取臣下的意见，但还是担心臣下不敢直言，更何况陛下要求臣下谈论天人之际，旁征博引，还要文辞华丽，这叫一般的凡夫俗子如何应对呢？为臣听说苍天把无言看作尊贵，圣人把不说话看作美德。老子认为‘真正善辩的人像是言语迟钝一样’，庄子认为‘大道无需文采修饰’。这都是不希望多说话的意思。所以齐桓公读书，轮扁批评他读的书是徒劳无用的；汉武帝仰慕古风尊崇儒学，汲黯讥讽说这是外表施行仁义而内心欲望过多；这是不希望他们耗费精神。而且多记事就会损伤心思，多说话就会损伤元气。在内损伤心思、元气，在外损伤形体、精神，即使起初察觉不到，将来一定会受连累。应该为国家爱惜自己，岂能由着性子损伤自己呢？如今天下升平，都是陛下身体力行治理国家才实现的。想要它长久保持下去，不是靠雄辩能办到的；只要忘掉历史上那些爱憎之情，谨慎进行现实的取舍，做每件事都踏踏实实，一心为公，像贞观初年一样就行了。至于秦始皇善于强辩，自以为是而失去人心；魏文帝富有辩才，却因哗众取宠而失去声望。因有辩才而蒙受损害的，这种史实会被人清楚地牢记。希望陛下少和别人争论，好好修养浩然正气；少看些古代书籍，而要恬淡轻松。自己像南山一样长寿，把国家治理得像东户时代一样太平，那么天下就特别幸运，皇恩也就遍及天下了。”太宗亲笔写诏书批复说："不思考就不能治理国家，不说话就不能阐述自己的想法。近来和臣子谈论过于频繁，恐怕因此产生轻视别人的骄傲态度。身体、精神、心思和元气，倒不怕劳累。如今听到你忠诚正直的言论，我一定虚心接受，加以改正。"

杜谗邪第二十三

贞观初，太宗谓侍臣曰："朕观前代，谗佞之徒，皆国之蟊贼也[①]。或巧言令色，朋党比周。若暗主庸君，莫不以之迷惑，忠臣孝子所以泣血衔冤。故丛兰欲茂，秋风败之；王者欲明，谗人蔽之。此事著于史籍，不能具道。至如齐、隋间谗谮事，耳目所接者，略与公等言之。斛律明月[②]，齐朝良将，威震敌国，周家每岁斫汾河冰，虑齐兵之西渡。及明月被祖孝徵谗构伏诛[③]，周人始有吞齐之意。高颎有经国大才[④]，为隋文帝赞成霸业，知国政者二十余载，天下赖以安宁。文帝惟妇言是听，特令摈斥。及为炀帝所杀，刑政由是衰坏。又隋太子勇抚军监国[⑤]，凡二十年间，固亦早有定分。杨素欺主罔上[⑥]，贼害良善，使父子之道一朝灭于天性，逆乱之源，自此开矣。隋文既混淆嫡庶，竟祸及其身，社稷寻亦覆败。古人云'世乱则谗胜'，诚非妄言。朕每防微杜渐，用绝谗构之端，犹恐心力所不至，或不能觉悟。前史云：'猛兽处山林，藜藿为之不采[7]；直臣立朝廷，奸邪为之寝谋[8]。'此实朕所望于群公也。"魏徵曰："《礼》云：'戒慎乎其所不睹，恐惧乎其所不闻。'《诗》云：'恺悌君子，无信谗言。谗言罔极，交乱四国。'又孔子曰：'恶利口之覆邦家'，盖为此也。臣尝观自古有国有家者，若曲受谗谮，妄害忠良，必宗庙丘墟，市朝霜露矣。愿陛下深慎之！"

注释

① 蟊 máo 贼：原指吃庄稼的两种害虫，即食根曰蟊，食节曰贼。后常用以比喻危害国家和人民的人。

② 斛律明月：斛律，复姓。明月是字，名光。北齐朝兼行将相，善骑射，长期从事对北周的战争，为邻敌所惧。

③ 祖孝徵：北齐大臣。他散布谣言，馋杀斛律明月等贤臣。

④ 高颎：又名高敎，隋朝开国重臣，被封为渤海郡公。

⑤ 隋太子勇：杨勇，隋文帝长子。杨广阴有夺宗之意，勾结杨素多方设计诬陷杨勇，致废其为庶人。

⑥ 杨素：隋朝宰相。他揣知独孤皇后的心意，对文帝极言太子杨勇的不对，致废太子。

⑦ 藜藿 líhuò：野菜。

⑧ 寝谋：停止阴谋活动。

译文

贞观初年，唐太宗对身边的侍臣说：“我考察前代的历史，发现凡是阿谀逢迎，搬弄是非的人，都是危害国家的败类。他们巧言令色，结党营私。如果君主昏庸无能，就会被他们蒙蔽，忠义之臣就会受到排挤打击，蒙受不白之冤。所以兰花虽含苞吐蕊，却被秋风摧折；国君想要明察事理，却被献媚的小人迷惑。这样的事情在史书中不胜枚举。现在，我把在齐代、隋代年间所听到、看到的小人的奸邪行径，简略地说给你们听听。斛律明月是齐朝的良将，他的声威令敌国闻风丧胆，周朝的人每年都要斫碎汾河上的冰，因为害怕他率兵马西渡过来，把他们灭掉。后来斛律明月被孝徵用谗言诬陷致死，周朝的人于是产生了吞齐的想法。隋代的高颎有治国的雄才大略，辅佐隋文帝成就了帝业，他参与朝政二十多年，天下得以安宁。后来隋文帝听信妇人的谗言，摒弃冷落他；到后来他被隋炀帝杀害，隋朝的国政也就开始衰败了。另外，隋太子杨勇掌军国大权，达二十年之久，他早已是当仁不让的太子。可是，宰相杨素欺骗君主，残害忠良，他到处散布谣言，说太子没有才能；于是隋文帝废掉了太子，文帝父子关系遭到彻底破坏，隋朝灭亡的祸根也由此埋下。隋文帝混淆了嫡出与庶出，结果招来杀身之祸，江山社稷不久便拱手让人。古人说：‘世道混乱，那么谗言就会大行其道。’这话的确中肯。我常常想，应该防微杜渐，以此杜绝谗言的根源，只恐怕心有余而力不足，或者自己不能觉悟。史书说：‘猛兽在山林中出没，野菜不会被人采摘；忠正的臣子处于朝廷之中，奸邪小人只有停止他们的阴谋活动。’这句话其实就是我对你们的期望啊。”魏徵说：“《礼记》上写道：‘对自己不能亲见的事情要谨慎，对自己不能耳闻的事情要警觉。’《诗经》说：‘要憎恶小人搬弄是非的嘴，那会搅乱四方邻邦。’另外孔子说：‘邪恶善辩的口才会使国家覆灭’，说的就是这个道理啊。我发现，自古以来的帝王，如果被谗言蒙蔽，无故枉杀忠良，就必定国破家亡，宗庙会变为废墟，人众聚集的闹市也会变得空无一人。因此，希望陛下要谨慎啊。”

贞观七年，太宗幸蒲州。刺史赵元楷课父老服黄纱单衣，迎谒路左[①]，盛饰廨宇[②]，修营楼雉以求媚[③]；又潜饲羊百余口、鱼数千头，将馈贵戚。太宗知，召而数之曰：“朕巡省河、洛，经历数州，凡有所须，皆资官物。卿为饲羊养鱼，雕饰院宇，此乃亡隋弊俗，今不可复行。当识朕心，改旧态也。”以元楷在隋邪佞，故太宗发此言以戒之。元楷惭惧，数日不食而卒。

注释

①迎谒路左：在路左边迎接。

②廨 xiè 宇：旧时官吏办公的房子。

③楼雉：门楼。古代天子、诸侯宫内均有雉门，也称楼雉。

译文

贞观七年，唐太宗巡幸到蒲州。蒲州刺史赵元楷督促当地百姓一律穿上黄纱单衣，在路边迎接拜谒，并大肆装饰官署屋宇，营建城楼雉堞用来献媚讨好。他又偷偷地饲养了几百头羊、几千条鱼，准备馈送朝廷贵戚。唐太宗知道这事后，把他召来训斥道：“我巡察黄河、洛水一带，历经数州，大凡有需要的东西都由官府供给。但你却为此养羊养鱼，雕饰院宇，这是过去隋朝的坏习惯，如今不能再这么做了。你应该体会我的心情，把这套坏的作风改掉。”赵元楷过去在隋朝时就是个奸邪谄佞的官吏，所以唐太宗就讲这一番话来警戒他。赵元楷听后既羞愧又害怕，几天吃不下东西，很快就死了。

贞观十年，太宗谓侍臣曰："太子保傅，古难其选。成王幼小，以周、召为保傅，左右皆贤，足以长仁，致理太平，称为圣主。及秦之胡亥，始皇所爱，赵高作傅，教以刑法。及其篡也，诛功臣，杀亲戚，酷烈不已，旋踵亦亡。以此而言，人之善恶，诚由近习。朕弱冠交游[①]，惟柴绍[②]、窦诞等[③]，为人既非三益[④]，及朕居兹宝位，经理天下，虽不及尧、舜之明，庶免乎孙皓、高纬之暴[⑤]。以此而言，复不由染，何也？"魏徵曰："中人可与为善，可与为恶，然上智之人自无所染。陛下受命自天，平定寇乱，救万民之命，理致升平，岂绍、诞之徒能累圣德？但经云：'放郑声，远佞人[⑥]。'近习之间，尤宜深慎。"太宗曰："善。"

注释

① 弱冠：古代指男子二十岁左右的年龄。

② 柴绍：字嗣昌，临汾人。武德初，拜左翊卫大将军，多次征战，有功勋。

③ 窦诞：外戚。太宗与他交谈，他胡乱答对，后被罢免光禄大夫之职。

④ 三益：引自《论语》之词。孔子认为有益的朋友有

三种。同正直的人交朋友，同诚实的人交朋友，同见识广的人交朋友，这是有益的。

⑤孙皓、高纬：孙皓，三国吴主，后降于晋。高纬，北齐后主，为北周所虏。

⑥放郑声，远佞人：意即拒绝淫靡之音，摒弃奸佞之徒。春秋战国时期，郑国的民间音乐被认为是靡靡之音。

译文

贞观十年，唐太宗对侍臣说："太子的太保太傅，自古以来就很难选择。周成王年幼时，以周公、召公为老师，周围的人都是贤德之人，足以使周成王成为一代仁君，把国家治理得太平无事，所以成王被称为圣明之主。秦代的皇子胡亥，秦始皇很宠爱他，让赵高做他的师父，教授他刑法。胡亥篡位后，诛杀功臣，杀害亲戚，极其残暴，不久就败亡了。由此看来，一个人是善是恶的确与他所处的环境、所受的影响有关。我刚成年就开始结交名士，可是交往深的，只有柴绍、窦诞等人，但是他们不具有孔子所说益友的三个条件：正直、宽厚、见多识广。我继位以来，治理国家虽然不及尧、舜圣明，但也不像三国吴主孙皓、北齐后主高纬那样的昏暴。由此说来，人的善恶又并非由于受到亲近之人的影响，这又是为什么呢？"魏徵回答说：

"智慧中等的人可以受善的影响做善事，也可以受恶的影响做恶事，然而拥有上等智能的人是不会受到外界影响的。陛下顺应天意，平定战乱，救万民于水火之中，使天下达到太平，柴绍、窦诞这些人怎么能够损害陛下的圣德呢？但是经书上说得好：'拒绝郑国的靡靡之音，远离挑拨是非的奸邪小人。'这些外在的影响，也不可不谨慎啊。"听后，唐太宗点头称是。

尚书左仆射杜如晦奏言："监察御史陈师合上《拔士论》，谓人之思虑有限，一人不可总知数职，以论臣等。"太宗谓戴胄曰："朕以至公理天下，今任玄龄、如晦，非为勋旧，以其有才行也。此人妄事毁谤，止欲离间我君臣。昔蜀后主昏弱[①]，齐文宣狂悖[②]，然国称治者，以任诸葛亮、杨遵彦不猜之故也。朕今任如晦等，亦复如法。"于是，流陈师合于岭外。

注释

①蜀后主：即三国蜀后主刘禅，小名阿斗。为人庸碌无能，虽有诸葛亮等人全力辅助，也不能振兴蜀汉。

②齐文宣：即北齐文宣帝高洋，为政狂暴，胡作非为。

译文

尚书左仆射杜如晦上奏说："监察御史陈师合上奏《拔士论》，说一个人的能力有限，不可以身兼数职。我认为，这是在议论我们这些大臣啊。"看过奏书，唐太宗对戴胄说："我推行公正的原则治国，现在我重用房玄龄、杜如晦，并非考虑到他们是旧时的功臣，而是因为他们德才兼备的缘故。陈师合这个人胡乱议论朝政，其目的是想离间我们君臣之间的关系。过去，蜀国后主刘禅昏庸无能，齐文宣王狂妄无理，然而国家却治理得井然有序，就是因为他们毫无疑心地任用了诸葛亮、杨遵彦这些良才的缘故。我现在任用杜如晦等人，也会遵照用而不疑的原则。"于是，把陈师合流放到边远的地区。

贞观中，太宗谓房玄龄、杜如晦曰："朕闻自古帝王上合天心，以致太平者，皆股肱之力。朕比开直言之路者，庶知冤屈，欲闻谏诤。所有上封事人，多告讦百官，细无可采。朕历选前王，但有君疑于臣，则下不能上达，欲求尽忠极虑，何可得哉？而无识之人，务行谗毁，交乱君臣，殊非益国。自今以后，有上书讦人小恶者，当以谗人之罪罪之。"

译文

贞观年间，唐太宗对房玄龄、杜如晦说："我听说自古以来的帝王，能够顺从天意，从而使天下获得太平，都必须依赖于大臣的辅佐。我近来广开言路的目的，是想知道百姓有什么冤屈，和听到正直诚恳的规谏。现在，所有上书提意见的人，大都是告发百官一些细微小事，琐碎到让人无法定夺。我发现，历朝历代只要君王怀疑臣下，那么下面的意见就不会传达到朝廷上面，想要臣民们尽职尽忠，是不可能的。而无耻小人，专以诽谤他人为能事，破坏君臣之间的关系，这对国家是非常不利的。从今以后，凡有人上书揭发别人的小过失，应当以诬陷之罪论处。"

魏徵为秘书监，有告徵谋反者。太宗曰："魏徵，昔吾之雠，只以忠于所事，吾遂拔而用之，何乃妄生谗构？"竟不问徵，遽斩所告者。

译文

魏徵做秘书监的时候，有人告发他谋反。唐太宗非常气愤地说："魏徵过去是我的仇人，只因为他对自己的职责尽心尽力，于是我就提拔任用他，现在怎么会传出他谋反的谗言呢？”结果唐太宗不询问魏徵，反而把告发者处以斩首之刑。

贞观十六年，太宗谓谏议大夫褚遂良曰：“卿知起居，比来记我行事善恶？”遂良曰：“史官之设，君举必书。善既必书，过亦无隐。”太宗曰：“朕今勤行三事，亦望史官不书吾恶。一则鉴前代成败事，以为元龟；二则进用善人，共成政道；三则斥弃群小，不听谗言。吾能守之，终不转也。”

译文

贞观十六年，唐太宗对谏议大夫褚遂良说：“你负责撰写起居注的工作，近来你们记录我所做的事情是善还是恶呢？”褚遂良说：“朝廷专门设置了史官，就是要把君主的一举一动记录下来。善的自然必须记，过失也一定不加隐瞒。”唐太宗说：“我现在正在认真做三件事，也是希望史官没有我的过失可写。一是对照前代成功、失败的事实，作为鉴戒；二是任用品德良好的人，共同治理朝政，以成邦国大业；三是斥退小人，不听信谗言。这三点我会坚持下去，始终不会改变。”

论悔过第二十四

贞观二年，太宗谓房玄龄曰："为人大须学问。朕往为群凶未定[1]，东西征讨，躬亲戎事[2]，不暇读书。比来四海安静，身处殿堂，不能自执书卷，使人读而听之。君臣父子，政教之道，共在书内。古人云：'不学，墙面，莅事惟烦[3]。'不徒言也。却思少小时行事，大觉非也。"

注释

① 群凶未定：指隋末农民起义军及与唐敌对的各派势力尚未平定。

② 躬亲戎事：亲自参加征战。

③ 不学，墙面，莅事惟烦：语出《尚书·周官》，意即不学习犹如面对墙而无所睹见，临事就会困扰。

译文

贞观二年，唐太宗对房玄龄说："做人非常需要学问。我当年因为各路顽敌没有平定，东征西讨，亲自带兵打仗，没有时间读书。近来四海安宁，我身为君主，即使不能自己手拿书卷阅读，也要叫人读来听。君臣父子的伦常、政治教化的种种道理，都在书里。古人说：'不学习，就像面对着墙壁，头脑一片空白，临事就会困扰。'这确实不是句空话，我现在想起小时候所做之事，觉得很多都做得不对。"

贞观中，太子承乾多不修法度，魏王泰尤以才能为太宗所重，特诏泰移居武德殿。魏徵上疏谏曰："魏王既是陛下爱子，须使知定分，常保安全，每事抑其骄奢，不处嫌疑之地也。今移居此殿，使在东宫之西，海陵昔居[①]，时人以为不可。虽时移事异，犹恐人之多言。又王之本心[②]，亦不宁息。既能以宠为惧，伏愿成人之美。"太宗曰："我几不思量，甚大错误。"遂遣泰归于本第。

注释

①海陵：唐高祖第四子齐王李元吉，死后追封为海陵郡王。

②王之本心：指魏王李泰的内心。

译文

贞观年间，太子李承乾常常做不合法度的事，而魏王李泰因为出众的才华深得唐太宗的喜爱。一次，唐太宗下诏让李泰搬到武德殿居住。魏徵上书劝阻，说："魏王既然是陛下的爱子，应当知道自己的名分和地位，以保证自身的安全。凡事应该控制骄傲奢侈的习气，不住在招惹是非的地方。现在他搬到武德殿来居住，就在太子东宫的西边，过去海陵王住在那里，当时的人都认为不合适。虽然时过境迁，但是恐怕还会引来风言风语，再说魏王本人心里也不会平静，李泰既然因为受到宠爱而感到害怕，那么陛下何不使他退居原处，成人之美呢？"唐太宗说："我没仔细考虑就这么做了，差点酿成大错。"于是就让李泰回到原来的住所居住。

贞观十七年，太宗谓侍臣曰："人情之至痛者，莫过乎丧亲也。故孔子云：'三年之丧，天下之通丧，自天子达于庶人也。’又曰：‘何必高宗[1]？古之人皆然。’近代帝王遂行不逮汉文以日易月之制，甚乖于礼典。朕昨见徐幹《中论·复三年丧》篇[2]，义理甚深，恨不早见此书。所行大疏略[3]，但知自咎自责，追悔何及！”因悲泣久之。

注释

① 高宗：即武丁，商代国君。盘庚弟小乙之子。公元前 1250—前 1192 年在位。

② 徐幹（171—218 年）：东汉末哲学家、文学家，“建安七子”之一，擅长辞赋。著有《中论》，主张把才智多寡作为品评人物的标准。

③ 所行大疏略：太宗自悔过去给父母行丧礼太过简单随便。

译文

贞观十七年，唐太宗对侍臣说：“人情之中最让人哀痛的，莫过于失去亲人。所以孔子说：‘父母死后，服丧三年，是天下的通理，从天子到平民莫不如此。’他又说：‘何必只说商代的国君武丁这么做呢？古代的人都是这样做的。’可是，近代的帝王实行汉文帝以日代月的短期服丧礼仪，这与古代礼义的原则大相违逆。我昨天看到徐幹写的《中论·复三年丧》这篇文章，觉得他论述的道理非常深刻，只可惜没早些看到它。现在我才发现，我对父母行的丧礼太疏忽大意了，可现在只能责备自己，真是追悔莫及啊。”说完，便因悲伤过度而哭泣良久。

贞观十八年，太宗谓侍臣曰：“夫人臣之对帝王，多承意顺旨，甘言取容①。朕今欲闻己过，卿等皆可直言。”散骑常侍刘洎对曰：“陛下每与公卿论事，及有上书者，以其不称旨，或面加诘难，无不惭退②，恐非诱进直言之道。”太宗曰：“朕亦悔有此问难，当即改之。”

注释

①甘言：甜蜜的语言。

②惭退：很难堪地退下去。

译文

贞观十八年，唐太宗对侍臣说：“臣子对帝王，常常只顺从他的旨意，用好听的话来博得他的欢心。但现在我要听听自己的过失，你们尽管坦率地指出来吧。”散骑常侍刘洎说：“陛下每次和大臣们共商国事，或看奏疏，如果发现他们的意见不合己意，有时当面加以追问责难，结果提意见的大臣无不面带惭色退朝。臣认为，这样恐怕不是鼓励大臣们提意见的办法。”唐太宗说：“你的话很对，我也很后悔为难别人，从现在起我要改掉这个毛病。”

论奢纵第二十五

贞观十一年，侍御史马周上疏陈时政曰[①]：

臣历睹前代，自夏、殷、周及汉氏之有天下，传祚相继[②]，多者八百余年[③]，少者犹四五百年[④]，皆为积德累业，恩结于人心。岂无僻王[⑤]？赖前哲以免尔！自魏、晋以还，降及周、隋，多者不过五六十年，少者才二三十年而亡。良由创业之君不务广恩化，当时仅能自守，后无遗德可思。故传嗣之主政教少衰，一夫大呼而天下土崩矣。今陛下虽以大功定天下，而积德日浅，固当崇禹、汤、文、武之道，广施德化，使恩有余地，为子孙立万代之基。岂欲但令政教无失，以持当年而已！且自古明王圣主虽因人设教，宽猛随时，而大要以节俭于身、恩加于人二者是务。故其下爱之如父母，仰之如日月，敬之如神明，畏之如雷霆。此其所以卜祚遐长而祸乱不作也[⑥]。

注释

① 马周（601—648 年）：唐初大臣。字宾王，博州人。少孤贫，后到长安，为中郎将常何家客。贞观五年代常何上书，为太宗所赏识，即日召见，授监察御史，后累官至中书令。

② 传祚相继：帝位一代一代相传。

③ 多者八百余年：指周传三十七王，历八百六十七年。

④ 少者犹四五百年：史书载，夏从禹至桀共十七君，十四世，有王与无王，共历四百七十一年。殷凡三十一世，历六百二十九年。东西两汉共二十四帝，凡四百二十四年。

⑤ 僻王：昏庸之王。僻，不正。

⑥ 卜祚遐长：意谓上天赐予帝位时间长久。

译文

贞观十一年，侍御史马周上疏陈述时政得失说：

为臣历观前代史实，发现从夏、商、周到汉代，朝代不断交接更替，时间长的朝代可以延续八百多年，短的也有四五百年，这些朝代都积善积德，恩惠赢得了民心。这期间并不是没有出现过昏君，只不过依赖前哲教诲才免于灭亡。可是从魏晋以来，到周、隋之时，朝代长的不过五六十年，短的只有二三十年就烟消云散了。这都是因为创业的君主没有广施恩德，只能做到自保，身后没有什么恩德值得人们思念。所以，只要继承王位者的政教稍有偏差，又值有人趁机造反，那么天下马上就会土崩瓦解。现在，陛下虽然创下奇功，平定了天下，但是，积累德行的时间还很短。因此，应当推崇大禹、商汤、文王、武王之道，广布道德教化，使黎民百姓感恩不尽，为后世帝王创下稳固的基业。怎么可以认为只要当今的政治没有过失，保住今日的江山，就可以万事大吉了呢？而且，自古帝王虽然都根据当时的局势制定或宽或严的具体政策，但节俭、施恩却是历代政治的根本。只有这样，百姓才会爱戴君王如同爱戴自己的父母，仰慕君王如同仰慕日月，尊敬君王如同尊敬神明，畏惧君王如同畏惧雷霆。这才是国家长治久安而不发生动乱的原因。

今百姓承丧乱之后，比于隋时才十分之一，而供官徭役，道路相继。兄去弟还，首尾不绝。远者往来五六千里，春秋冬夏，略无休时。陛下虽每有恩诏，令其减省，而有司作既不废，自然须人，徒行文书，役之如故。臣每访问，四五年来，百姓颇有怨嗟之言，以陛下不存养之。昔唐尧茅茨土阶[①]，夏禹恶衣菲食[②]。如此之事，臣知不复可行于今。汉文帝惜百金之费，辍露台之役，集上书囊以为殿帷，所幸夫人衣不曳地[3]。至景帝以锦绣綦组妨害女工，特诏除之，所以百姓安乐。至孝武帝，虽穷奢极侈，而承文、景遗德，故人心不动。向使高祖之后即有武帝，天下必不能全。此于时代差近，事迹可见。今京师及益州诸处营造供奉器物，并诸王妃主服饰，议者皆不以为俭。臣闻昧旦丕显[4]，后世犹怠，作法于理，其弊犹乱。陛下少处民间，知百姓辛苦，前代成败，目所亲见，尚犹如此，而皇太子生长深宫，不更外事，即万岁之后，固圣虑所当忧也。

注释

① 茅茨 cí 土阶：以茅草盖房，以土为台阶，言住屋简陋。

② 恶衣菲食：言衣食节俭。恶衣，粗劣的衣服。菲食，粗劣的食物。

③ 曳地：拖在地上，挨着地面。

④ 昧旦丕显：意谓开国之君德业盛大。昧旦，黎明、拂晓。丕显，大明。《尚书》赞美周文王“丕显哉，文王谟”！

译文

现在处于天下大乱之后，百姓人口相当于隋朝的十分之一。然而，所担负的徭役却接连不断，哥哥离家弟弟才能回来；并且往来征程五六千里，一年四季，一点休息的时间都没有。陛下虽然仁德，每每下令减轻徭役。可是，有些部门却劳务不停，还是需要不断征派百姓去服劳役。官府减轻劳役的文书不断下达，可是，百姓服役的征程依然如故。我常常去访问民间疾苦，这四五年来，老百姓之中已有很多抱怨之辞了，他们认为陛下不能体恤爱抚百姓。过去，唐尧用茅草盖房，用土块建台阶；夏禹穿粗衣吃淡饭，这些节俭的美德，我知道已不可能在当今推行。汉文帝顾惜一百金的资费，停止修建露台，他收集大臣们上书用的布囊来做大殿的帷幕，不让他宠爱的慎夫人的衣裙长得拖到地上。汉景帝认为织锦刺绣会妨碍女工正常劳作，于是下令解散官府的作坊，让老百姓休养生息，安居乐业。孝武帝时，他虽然穷奢极欲，但还是继承了文帝、景帝的遗风，所以民心没有动摇。如果汉高祖之后就是武帝即位，那么汉代的江山必定不会保全。这些情况离当今较近，事情还了解得很清楚。现在京城和益州等地正在大兴土木，各位王爷、妃嫔的服饰也极其精美，民间的舆论都认为这太奢侈。臣听纵然开国之君德业盛大，后代还会因循懈怠；制定合乎常理的法令，久而久之还会出现弊端而导致社会动乱。陛下年少时，生长在民间，知道百姓的辛苦。前代的成败，也看在眼里，还尚且这样做。况且太子生长在宫中，养尊处优，不知民间疾苦，将来即位之后如何行事，确实是圣上应当担忧的。

臣窃寻往代以来成败之事，但有黎庶怨叛[①]，聚为盗贼，其国无不即灭，人主虽欲改悔，未有重能安全者。凡修政教，当修之于可修之时，若事变一起，而后悔之，则无益也。故人主每见前代之亡，则知其政教之所由丧，而皆不知其身之有失。是以殷纣笑夏桀之亡，而幽、厉亦笑殷纣之灭[②]。隋帝大业之初，又笑周、齐之失国[③]，然今之视炀帝，亦犹炀帝之视周、齐也。故京房谓汉元帝云[④]："臣恐后之视今，亦犹今之视古。"此言不可不戒也。

注释

① 黎庶怨叛：指百姓因生怨恨而反叛。

② 幽、厉：指周幽王、周厉王，二人均为周代荒淫无道的国君。

③ 周、齐：指北周、北齐，皆因国君荒淫无道而亡。

④ 京房：字君明，汉东郡人。

译文

我私下考察前朝以来国家兴衰成败的史事，发现只要百姓心生怨恨，聚众闹事，国家没有不灭亡的，君王即使悔过，也没有能重新安定的。如今，改进政治教化，应当在还有改进余地的时候进行，如果发生变故才感到后悔，那就已经无益了。所以，后代的国君总是见到前代的覆亡，知道人家的政治教化如何失误，可是都不知道自己本身有什么过失。因此，商纣王嘲笑夏桀的灭亡，周幽王、周厉王嘲笑商纣王的灭亡。隋代开国之时，又讥笑北周、北齐失掉江山。现在，我们也这样评价隋代，殊不知今日看待隋代，犹如隋之视北周、北齐一样。所以，京房对汉元帝说："我害怕后世看待现在，犹如现在看古代啊。"这句话不可不引以为戒。

往者贞观之初，率土霜俭，一匹绢才得粟一斗，而天下帖然[①]。百姓知陛下甚忧怜之，故人人自安，曾无谤讟。自五六年来，频岁丰稔，一匹绢得十余石粟，而百姓皆以陛下不忧怜之，咸有怨言。又今所营为者，颇多不急之务故也。自古以来，国之兴亡不由蓄积多少，惟在百姓苦乐。且以近事验之，隋家贮洛口仓，而李密因之；东京积布帛，王世充据之；西京府库亦为国家之用，至今未尽。向使洛口、东都无粟帛，即世充、李密未必能聚大众。但贮积者固是国之常事，要当人有余力而后收之。若人劳而强敛之，竟以资寇，积之无益也。然俭以息人，贞观之初，陛下已躬为之，故今行之不难也。为之一日，则天下知之，式歌且舞矣[②]。若人既劳矣，而用之不息，倘中国被水旱之灾，边方有风尘之警[③]，狂狡因之窃发[④]，则有不可测之事，非徒圣躬旰食晏寝而已[⑤]。若以陛下之圣明，诚欲励精为政，不烦远求上古之术，但及贞观之初，则天下幸甚。

太宗曰："近令造小随身器物，不意百姓遂有嗟怨，此则朕之过误。"乃命停之。

注释

①帖然：安定之貌。

②式歌且舞：载歌载舞。

③风尘之警：泛指战事，即敌人侵犯，战尘飞起，警报传来。

④狂狡：狂暴狡诈之徒。

⑤旰食晏寝：谓天子勤政。旰，天色晚。晏寝，迟寝，睡得很晚。

译文

过去，在贞观初年的时候，普天下霜灾歉收，一匹绢只能换得粟一斗，但天下平静。百姓知道陛下非常关心爱怜他们，所以人人自安，从无讪谤抱怨之词。近五六年来，连年丰收，一匹绢可以换十几石粟，然而百姓认为陛下不关心爱怜他们，都有怨言，这是由于徭役过重，加以如今所兴办的事务，许多都是无关紧要的缘故。自古以来，国家兴亡不是由于积蓄的多少，而只在于百姓的苦乐。再就近代的事情来看，隋朝在洛口仓贮粟，而为李密所用；在东京洛阳堆积布帛，结果被王世充占有；西京府库的财物也被大唐所用，至今还未用完。当时如果洛口、东京没有粟帛，那王世充、李密就不可能招聚大众。当然贮积钱粮财物本是国家的常事，总得等百姓衣食有余，然后再去征收。如果百姓劳苦仍横征暴敛，最后还是帮助了贼寇，所积聚的财物并没什么好处。不过，用节俭来与民休息，在贞观初年，陛下已经亲自实行过，所以如今实行起来也不会困难。只要实行一天，天下都会知道，并且会载歌载舞。如果百姓已经劳苦，还用个不停，一旦国家受水旱之灾，边境又有异族入侵，狂悖狡黠的人就会乘机作乱，就将有不可预测的事情发生，那是仅靠陛下废寝忘食也解决不了的。如果以陛下圣明之德，真要励精图治，不用远求上古的办法，只要做到像贞观初年那样，那么天下就很幸运了。

唐太宗说："最近命令营造随身的小器物，没想到百姓因此而不满，这是我的过错。"于是命令停止制造。

论贪鄙第二十六

贞观初，太宗谓侍臣曰："人有明珠，莫不贵重。若以弹雀[1]，岂非可惜？况人之性命甚于明珠，见金钱财帛不惧刑网[2]，径即受纳[3]，乃是不惜性命。明珠是身外之物，尚不可弹雀，何况性命之重，乃以博财物耶？群臣若能备尽忠直，益国利人，则官爵立至。皆不能以此道求荣，遂妄受财物，赃贿既露，其身亦殒，实可为笑。帝王亦然，恣情放逸，劳役无度，信任群小，疏远忠正，有一于此，岂不灭亡？隋炀帝奢侈自贤，身死匹夫之手，亦为可笑。"

注释

① 弹雀：射雀。后以"弹雀"比喻轻重倒置、得不偿失的行动。

② 不惧刑网：不害怕刑律法网。

③ 径即受纳：立即接受贿赂。

译文

贞观初年，太宗皇帝对侍臣们说："人们手中有一颗明珠，没有不视之为宝贵的，如果拿去弹射鸟雀，这难道不是很可惜吗？何况人的性命比明珠珍贵，见到金银钱帛不惧怕法律的惩罚，立即接受贿赂，这就是不爱惜性命。明珠是身外之物，尚且不能拿去弹射鸟雀，何况更加珍贵的性命，怎么能用它来换取财物呢？群臣如果能够全力竭尽忠诚正直，有益于国家、利于百姓，那么官职爵位立即就可以得到。一律不能用这种受贿的手段求取荣华富贵，随便就收受财物。须知赃物贿赂暴露以后，自身也将受到损害，确实是可笑的。帝王也是这样，他们任性放纵，无限度地征用劳役，信任小人，疏远忠诚正直的人，犯有其中一件事，岂能不灭亡？隋炀帝奢侈而自认为贤能，死在一介匹夫手里，也是很可笑的。"

贞观二年，太宗谓侍臣曰："朕尝谓贪人不解爱财也。至如内外官五品以上，禄秩优厚，一年所得，其数自多。若受人财贿，不过数万。一朝彰露，禄秩削夺[①]，此岂是解爱财物？规小得而大失者也[②]。昔公仪休性嗜鱼[③]，而不受人鱼，其鱼长存。且为主贪，必丧其国；为臣贪，必亡其身。《诗》云：‘大风有隧，贪人败类。’固非谬言也。昔秦惠王欲伐蜀[④]，不知其径，乃刻五石牛，置金其后，蜀人见之，以为牛能变金。蜀王使五丁力士拖牛入蜀，道成。秦师随而伐之，蜀国遂亡。汉大司农田延年赃贿三千万[⑤]，事觉自死。如此之流，何可胜记！朕今以蜀王为元龟[⑥]，卿等亦须以延年为覆辙也。”

注释

① 禄秩：官吏的俸禄。

② 规：贪求。

③ 公仪休：公仪，复姓。休，名。战国时鲁相。

④ 秦惠王：即秦惠公。

⑤ 大司农：官名。汉武帝时置大司农，掌钱谷之事。

⑥ 元龟：警诫。

译文

贞观二年，唐太宗对侍臣说：“我曾经说过，贪婪的人不知道如何爱惜财物。像五品以上的官员，他们高官厚禄，一年所得的俸禄数目非常大。如果接受别人的贿赂，数目不过几万。然而，一旦丑行暴露，就会被革去官职和俸禄，这样做，哪里是爱惜钱财呢？他们是因小失大，得不偿失。过去，鲁国的丞相公仪休很喜欢吃鱼，但从不接受别人进献的鱼，因此他得以长期享受鱼的美味。国君贪婪必定亡国，臣子贪婪必定丧命。《诗经》上写道：'大风吹时必有来路，贪心的人败坏善道。'所言不虚啊！过去，秦惠王要攻打蜀国，但不熟悉蜀国的道路，于是，他叫人刻了五头石牛，并把金子放在石头身后。蜀国人看见了，以为石牛可以屙金子。蜀王便叫五个大力士把石牛拖到蜀国去，由秦入蜀的道路就这样开辟出来了。于是，秦国大军尾随而至，灭掉了蜀国。汉代，大司农田延年接受贿赂三千万，事情败露后自杀身亡。这样的例子，不胜枚举。我现在以蜀王为警戒，你们也要把田延年当作前车之鉴。"

贞观四年，太宗谓公卿曰："朕终日孜孜，非但忧怜百姓，亦欲使卿等长守富贵。天非不高，地非不厚，朕常兢兢业业，以畏天地。卿等若能小心奉法，常如朕畏天地，非但百姓安宁，自身常得欢乐。古人云：'贤者多财损其志，愚者多财生其过。'此言可为深诫。若徇私贪浊，非止坏公法，损百姓，纵事未发闻，中心岂不常惧？恐惧既多，亦有因而致死。大丈夫岂得苟贪财物，以害及身命，使子孙每怀愧耻耶？卿等宜深思此言。"

译文

贞观四年，太宗对公卿说："朕整天都不敢懈怠，不但忧念爱惜百姓，也想让你们能够长守富贵。天非不高，地非不厚，朕长久以来总是兢兢业业，敬畏天地。你们如果能小心遵守法令，总是像朕敬畏天地那样，这样不但百姓安宁，自己也可常得快乐。古人说：'贤者多财损他的意志，愚者多财会造成他的过错。'这话可以深以为戒。如果徇私贪污，不但是破坏国法，伤害百姓，即使事情没有败露，心中怎能不常怀恐惧呢？恐惧多了也有因此而导致死亡的。大丈夫岂能为了贪求财物，而害了自己的身家性命，还使子孙总是蒙受羞耻呢？你们应当深入地思考这些话。"

贞观六年，右卫将军陈万福自九成宫赴京[①]，违法取驿家麸数石。太宗赐其麸，令自负出以耻之。

注释

① 右卫将军：武官名。唐制，左右卫将军之职，掌统领宫廷警卫，以督其所属的队仗，并总管诸曹。

译文

贞观六年，右卫将军陈万福从九成宫赶赴京城，他在驿站那里违法取得几石麦麸。唐太宗知道后，就把这些麦麸赐给他，让他自己背出宫，以此来羞辱他。

贞观十年，治书侍御史权万纪上言："宣、饶二州诸山大有银坑，采之极是利益，每岁可得钱数百万贯。"太宗曰："朕贵为天子，是事无所少之。惟须纳嘉言，进善事，有益于百姓者。且国家剩得数百万贯钱，何如得一有才行人？不见卿推贤进善之事，又不能按举不法，震肃权豪[①]，惟道税鬻银坑以为利益[②]。昔尧、舜抵璧于山林[③]，投珠于渊谷，由是崇名美号，见称千载。后汉桓、灵二帝好利贱义[④]，为近代庸暗之主。卿遂欲将我比桓、灵耶？"是日敕放令万纪还第[⑤]。

注释

① 震肃权豪：震慑整肃权门豪强。

② 税鬻 yù：谓出租出售。

③ 抵璧：抛弃玉璧。

④ 好利贱义：贪财求利而轻贱礼义。

⑤ 还第：削官为民而返回私宅。

译文

贞观十年，治书侍御史权万纪上书说："宣州、饶州的大山里埋藏有银矿，如果把它们开采出来，可获得极大的收益，每年可向朝廷上缴钱数百万贯。"唐太宗说："我贵为天子，什么都不缺，我需要的只是对老百姓有益的忠言，推行善事以造福于百姓。国家增加数百万的收益，哪里比得上一个德才兼备的人呢？不见你不推举贤能，表彰善事，也不曾见你揭发奸邪之人，从而使权贵豪族震惊敬肃，只知道上奏银矿这些有关实利的事情。过去，尧舜把美玉扔进山林，把宝珠沉没于深渊，赢得了高尚的美名，流芳千古。东汉时期桓帝、灵帝重利轻义，是近世有名的昏聩之君。你这样做，是要把我与桓帝、灵帝相比吗？"当天下令将权万纪削官为民。

贞观十六年，太宗谓侍臣曰："古人云：'鸟栖于林，犹恐其不高，复巢于木末；鱼藏于水，犹恐其不深，复穴于窟下。然而为人所获者，皆由贪饵故也。'今人臣受任，居高位，食厚禄，当须履忠正，蹈公清，则无灾害，长守富贵矣。古人云：'祸福无门，惟人所召。'然陷其身者，皆为贪冒财利，与夫鱼鸟何以异哉？卿等宜思此语为鉴诫。"

译文

贞观十六年，唐太宗对身边的侍臣说："古人说：'飞鸟栖息于树林，唯恐树木不高，所以筑巢于树木的顶端；鱼藏于水中，唯恐水不深，所以穴居于水底洞穴中。然而能被人们所捕获的，都是因为贪吃诱饵的缘故。'现在大臣受任命，居高位，食厚禄，应当要履行忠诚正直，遵循清廉无私，这样才能没有灾祸，长守富贵啊！古人说：'祸福无门，惟人所召。'如此说来身遭灾祸的都是因为贪财求利，这与那些鱼鸟有什么不同呢？你们应当好好想想这些话，以此作为借鉴和告诫。"

第七卷

崇儒学第二十七

太宗初践祚[①]，即于正殿之左置弘文馆[②]，精选天下文儒，令以本官兼署学士，给以五品珍膳，更日宿直，以听朝之隙引入内殿，讨论坟典[③]，商略政事，或至夜分乃罢。又诏勋贤三品以上子孙为弘文学生。

注释

① 践祚：多指帝王即位。古代庙、寝堂前两阶，东边为主阶，称祚阶，祚阶之上为主位。

② 弘文馆：唐武德四年（621 年）置修文馆于门下省。太宗即位后，改为弘文馆。聚书二十余万卷。置学士，掌校正图籍，教授生徒，并参议政事。置校书郎，掌校理典籍，勘正错谬。设馆主一人，总领馆务。学生数十名，从学士受经史书法，皆选自皇族贵戚及高级京官子弟。

③ 坟典："三坟五典"的简称，泛指古代典籍。

译文

唐太宗刚刚即位不久，就在正殿的左侧设置了弘文馆，精心挑选天下通晓儒学的人士，让他们保留原来的官职，并兼任弘文馆学士，供给他们五品官员才能享用的精美的膳食，排定当值的日子，并让他们在宫内歇息留宿。唐太宗在上朝听政的间隙时间，就把他们引进内殿，讨论古代典籍，商议谋划政事，有时到半夜才停歇。后来，太宗又下诏让三品以上的贤臣良将的子孙充任弘文馆学生。

贞观二年，诏停周公为先圣，始立孔子庙堂于国学，稽式旧典[①]，以仲尼为先圣，颜子为先师，两边俎豆干戚之容[②]，始备于兹矣。是岁大收天下儒士，赐帛给传，令诣京师，擢以不次，布在廊庙者甚众。学生通一大经以上，咸得署吏[③]。国学增筑学舍四百余间，国子、太学、四门、广文亦增置生员[④]，其书、算各置博士、学生，以备众艺。太宗又数幸国学，令祭酒、司业、博士讲论[⑤]，毕，各赐以束帛。四方儒生负书而至者，盖以千数。俄而吐蕃及高昌、高丽、新罗等诸夷酋长，亦遣子弟请入于学。于是国学之内，鼓箧升讲筵者[⑥]，几至万人，儒学之兴，古昔未有也。

注释

①稽式：效法，取法。

②俎 zǔ 豆干戚：俎和豆是古代祭祀用的礼器，干和戚是用于祭祀的乐舞之具。

③署吏：进入仕途，开始为官。

④国子、太学、四门、广文：皆为当时的教学馆所。

⑤祭酒、司业、博士：国学的长官和教师名称。

⑥鼓箧 qiè：据《礼记·学记》注，鼓箧意谓击鼓召集学士，令启箧（书箱）出书以授学。后亦称勤学为鼓箧。

译文

贞观二年，唐太宗下令停止尊崇周公为先圣，开始在国子监里建立孔子庙堂，查考典籍并依照过去的规定，尊崇孔子为先圣，颜子为先师。在孔子庙堂里，供台两边祭祀用的俎豆、干戚等礼具和乐舞之具也开始齐备。这一年，唐太宗还招纳大批天下儒士，赏赐他们布帛，供给车马食宿，下令他们都集聚到京师，大都被破格提升为大小不等的官，在朝廷上任官的很多。太学生如果读通一大经以上的经书，就可以入仕做官。在这之后，国子监增益学舍四百多间，国子学、太学、四门学、广文馆也增加了学生的名额。另外，书学、算学分别设置了博士，招收学生，使国学的各种技艺都设置齐备了。唐太宗还几次亲临国子监，叫祭酒、司业、博士讲说经术，讲毕，每人赐给帛一束。儒学之盛，致使全国各地的儒生纷纷携经书前往京城，人数达数千之多。不久，吐蕃和高昌、高丽、新罗等国的首领，也派子弟到长安求学。于是，国子监之内，带着书箱和登上讲席的，几乎有上万人，这种儒学的繁荣兴盛是史无前例的。

贞观十四年诏曰："梁皇侃[①]、褚仲都[②]，周熊安生[③]、沈重[④]，陈沈文阿[⑤]、周弘正[⑥]、张讥[⑦]，隋何妥[⑧]、刘炫[⑨]，并前代名儒，经术可纪，加以所在学徒，多行其讲疏，宜加优赏，以劝后生，可访其子孙见在者，录姓名奏闻。"二十一年诏曰："左丘明、卜子夏、公羊高、谷梁赤、伏胜、高堂生、戴圣、毛苌、孔安国、刘向、郑众、杜子春、马融、卢植、郑玄、服虔、何休、王肃、王弼、杜预、范宁等二十有一人，并用其书，垂于国胄[⑩]，既行其道，理合褒崇。自今有事于太学，可并配享尼父庙堂。"其尊儒重道如此。

注释

① 皇侃 kǎn：梁散骑侍郎，明《三礼》。

② 褚仲都：明《周易》。

③ 熊安生：字植之，长乐人，为国子博士。

④ 沈重：字子厚，通《春秋》群书，为《五经》博士。

⑤ 沈文阿：字国卫，通《三礼》《春秋》，为《五经》博士。

⑥ 周弘正：字思行，晋周觊之后，为国子博士。

⑦ 张讥：字直言，武城人，为国子博士。

⑧ 何妥：字栖凤，西城人，为国子祭酒。

⑨ 刘炫：字光伯，河间人，为太学博士。

⑩ 国胄：本文国胄泛指国学学生。胄，帝王的后裔。

译文

贞观十四年，唐太宗下诏说："梁代的皇侃、褚仲都，北周的熊安生、沈重，陈代的沈文阿、周弘正、张讥，隋代的何妥、刘炫，都是前代的著名儒生，他们精通经学儒术，加上各地的学生大都奉行他们的讲疏，应该对他们加以赏赐，以鼓励后学之士，还应当寻访他们的后人。请有关部门把他们的姓名记录下来，上奏朝廷。"贞观二十一年，唐太宗又下诏说："左丘明、卜子夏、公羊高、谷梁赤、伏胜、高堂生、戴圣、毛苌、孔安国、刘向、郑众、杜子春、马融、卢植、郑玄、服虔、何休、王肃、王弼、杜预、范宁等二十一人，他们注解经书的著作都被采用，教育太学里的学生。既然遵循他们的学说，理应给予褒扬和尊崇。从现在起，太学里凡举行祭祀之典时，可使他们配享孔子庙堂。”太宗就是这样尊儒重道。

贞观二年，太宗谓侍臣曰：“为政之要，惟在得人。用非其才，必难致治。今所任用，必须以德行、学识为本。”谏议大夫王珪曰：“人臣若无学业，不能识前言往行，岂堪大任？汉昭帝时[①]，有人诈称卫太子[②]，聚观者数万人，众皆致惑。隽不疑断以蒯聩之事[③]，昭帝曰：‘公卿大臣，当用经术明于古义者，此则固非刀笔俗吏所可比拟。’”上曰：“信如卿言。”

注释

① 汉昭帝：名弗陵，汉武帝的幼子。

② 卫太子：名据，武帝太子，卫皇后所生。

③ 隽不疑：字曼倩，渤海人，昭帝时为京兆尹。蒯聩：春秋时卫灵公世子，逃亡国外，灵公死后，孙辄继位，他要回国争夺帝位，辄拒而不纳。《春秋》载此事，认为辄做得对。

译文

贞观二年，唐太宗对侍从的大臣们说："治国的关键，在于使用合适的人才；用人不当，就必然难以治理好国家。如今，任用人才必须以德行、学识为根本的条件。"谏议大夫王珪说："臣子如果没有学问，不懂得前人的言行得失，怎能担当大任呢？汉昭帝时，有人冒充卫太子，围观的人达到好几万，大家都被迷惑住了。后来，大臣隽不疑用古代蒯聩的先例来处理，将那个人逮捕。对此，汉昭帝说：'公卿大臣，应当由通晓经术、懂得古义的人来担任，这绝不是俗吏之辈所能相比的。'"太宗说："确实像你所说的那样。"

贞观四年，太宗以经籍去圣久远，文字讹谬，诏前中书侍郎颜师古于秘书省考定五经[①]。及功毕，复诏尚书左仆射房玄龄集诸儒重加详议。时诸儒传习师说，舛谬已久，皆共非之，异端蜂起。而师古辄引晋、宋以来古本，随方晓答，援据详明，皆出其意表，诸儒莫不叹服。太宗称善者久之，赐帛五百匹，加授通直散骑常侍，颁其所定书于天下，令学者习焉。太宗又以文学多门，章句繁杂，诏师古与国子祭酒孔颖达等诸儒，撰定五经疏义，凡一百八十卷，名曰《五经正义》，付国学施行。

注释

① 颜师古（581—645 年）：唐训诂学家，名籀 zhòu，京兆万年（今陕西西安）人。官至中书侍郎。考证经籍，多所订正。

译文

贞观四年，唐太宗认为儒家的经籍流传离圣人时代已经很久远了，出现了很多文字讹误。于是，唐太宗下令前中书侍郎颜师古在秘书省考订《五经》。考订完毕之后，又下令尚书左仆射房玄龄召集许多儒生再次详细讨论、审定。当时，这些儒生接受和学习老师的解释，而这些旧说错乱讹误相传已久，所以他们都不同意颜师古的考订，一时之间，各种异说蜂起。但是，颜师古引用晋、宋以来古本，对他们提出的疑义一一引经据典，详细地加以说明，使得这些儒生无不叹服。唐太宗对颜师古的学识也大为称赞，赏赐给他帛五百匹，又授予他通直散骑常侍，还将他考订的经书颁行天下，让读书人都来学习。后来，唐太宗又因为经术师承不同，解释各异，下令颜师古和国子祭酒孔颖达等大儒，撰写《五经》的疏义，共一百八十卷，名为《五经正义》，交付国子监作为教材使用。

太宗尝谓中书令岑文本曰："夫人虽禀定性，必须博学以成其道，亦犹蜃性含水，待月光而水垂[①]；木性怀火，待燧动而焰发；人性含灵，待学成而为美。是以苏秦刺股[②]，董生垂帷[③]。不勤道艺，则其名不立。"文本对曰："夫人性相近，情则迁移，必须以学饬情，以成其性。《礼》云：'玉不琢不成器，人不学不知道。'所以古人勤于学问，谓之懿德。"

注释

① 蜃 shèn 性含水，待月光而水垂：蜃的本性虽然含水，但必须等待有月光的时候才喷出来。蜃，大蛤蜊。传说海上有月光时蜃吐气如楼阁之状。

② 苏秦刺股：相传苏秦读书刻苦，欲睡时就用锥子刺自己的大腿。

③ 董生（前 179—前 104 年）：即董仲舒。西汉哲学家，今文经学大师。广川（今河北景县）人。汉景帝时为博士，武帝时擢为江都王相。

译文

唐太宗曾对中书令岑文本说："虽然上天赋予人一定的秉性和气质，但必须博学才能有所成就。就好比蜃的本性含有水，要见到月光才能吐水；木的本性含有火的因素，但要燧石敲打才能发火；人的本性含有灵气，可是要通过学习，才能美好完善。所以历史上有苏秦刺股读书，董仲舒放下帷帐讲学的美谈。不勤奋于道艺，功名是不会树立的。”岑文本回答说：“人的本性都很相近，但是情趣却有所差别，必须用学习来修养情趣，使本性完善。《礼记》说：‘玉石不经雕琢就不会成为器具，人不学习就不会懂得做人的道理。’所以古人以勤于学习为美德。”

论文史第二十八

贞观初，太宗谓监修国史房玄龄曰："比见前、后《汉史》载录扬雄《甘泉》《羽猎》[①]，司马相如《子虚》《上林》[②]，班固《两都》等赋[③]，此既文体浮华，无益劝诫，何假书之史策？其有上书论事，词理切直，可裨于政理者，朕从与不从皆须备载。"

注释

① 扬雄（前 53—18 年）：字子云，蜀郡成都（今属四川）人，西汉辞赋家。

② 司马相如（前 179—前 117 年）：字长卿，蜀郡成都人，西汉辞赋家。

③ 班固（32—92 年）：东汉史学家、文学家。字孟坚，扶风安陵（今陕西咸阳东北）人。汉明帝时为校书郎，善作赋。

译文

贞观初年，唐太宗对监修国史的官员房玄龄说："近来我发现《汉书》《后汉书》记录有扬雄的《甘泉赋》《羽猎赋》，司马相如的《子虚赋》《上林赋》，班固的《两都赋》，这些文章文辞浮华，无益于对帝王的劝诫，为什么还要收录在史书中呢？今后，如果有人上书议政，只要言辞直率，道理中肯，于国家政治有益的，不管我采纳与否，都必须记载在史书上。"

贞观十一年，著作佐郎邓隆表请编次太宗文章为集[①]。太宗谓曰："朕若制事出令，有益于人者，史则书之，足为不朽。若事不师古，乱政害物，虽有词藻，终贻后代笑，非所须也。只如梁武帝父子及陈后主、隋炀帝[②]，亦大有文集，而所为多不法，宗社皆须臾倾覆。凡人主惟在德行，何必要事文章耶？"竟不许。

注释

①邓隆：贞观初任国子主簿，修史学士，后任卫尉丞，著作佐郎。

②梁武帝父子：梁武帝即萧衍，南朝梁的建立者；其子萧统是文学家，未即位而死，谥昭明，世称昭明太

子。萧统曾召集文学之士，编集《文选》三十卷，后称《昭明文选》。陈后主（553—604 年）：陈叔宝，字元秀。南朝陈的最后一个皇帝。在位时大建宫室，生活奢侈，日夜与嫔妃、文臣游宴，制作艳词。后为隋兵俘虏，病死在洛阳。

译文

贞观十一年，著作佐郎邓隆上书请求编纂太宗文集。唐太宗说：“我的诏书和命令，如果有益于百姓的，史书都已经记载，足以流传千古了。如果我的命令不遵循古训，扰乱了政务，有损于人民的利益，即使辞藻华丽，也终将贻笑后人，这不是我所需要的。像梁武帝父子、陈后主、隋炀帝，他们都有文集传世，可是他们的行为大都违反法度，最后，社稷江山统统断送在他们手中。君主圣明与否，关键在于他的品性和行为，何必一定要有文章流传后世呢？”太宗最终不许编纂文集。

贞观十三年，褚遂良为谏议大夫，兼知起居注。太宗问曰：“卿比知起居，书何等事？大抵于人君得观见否？朕欲见此注记者，将却观所为得失以自警戒耳。”遂良曰：“今之起居，古之左、右史，以记人君言行，善恶毕书，庶几人主不为非法，不闻帝王躬自观史。”太宗曰：“朕有不善，卿必记耶？”遂良曰：“臣闻守道不如守官，臣职当载笔，何不书之？”黄门侍郎刘洎进曰：“人君有过失，如日月之蚀，人皆见之。设令遂良不记，天下之人皆记之矣。”

译文

贞观十三年，褚遂良担任谏议大夫，兼任撰写帝王言行的起居注的史官。一次，唐太宗问他：“近来你的起居注都写些什么呢？可不可以让我看一看？我想看看起居注，总结朝政得失来警戒自己。”褚遂良劝阻说：“现在的起居注，就是古代记录帝王言语的左史和记录帝王行为的右史。无论善恶全部记录下来，以期望帝王不做对国家不利的事情。可是，我却没听说过帝王要看关于自己的史书。”唐太宗说：“我有不好的言行，你们都记录下来了吗？”褚遂良说：“常言道，坚守君臣道义不如尽忠职守。我的职责是记录历史，怎么可以不把一切都记录下来呢？”黄门侍郎刘洎说：“帝王有过失，就像日月有日食、月食一样，人人都看得见。即使褚遂良不记录，天下老百姓也都会记住的。”

贞观十四年，太宗谓房玄龄曰："朕每观前代史书，彰善瘅恶[①]，足为将来规诫。不知自古当代国史，何因不令帝王亲见之？"对曰："国史既善恶必书，庶几人主不为非法。止应畏有忤旨，故不得见也。"太宗曰："朕意殊不同古人。今欲自看国史者，盖有善事，固不须论；若有不善，亦欲以为鉴诫，使得自修改耳。卿可撰录进来。"玄龄等遂删略国史为编年体，撰高祖、太宗实录各二十卷，表上之。太宗见六月四日事[②]，语多微文[③]，乃谓玄龄曰："昔周公诛管、蔡而周室安[④]，季友鸩叔牙而鲁国宁[⑤]。朕之所为，义同此类，盖所以安社稷，利万民耳。史官执笔，何烦有隐？宜即改削浮词，直书其事。"侍中魏徵奏曰："臣闻人主位居尊极，无所忌惮。惟有国史，用为惩恶劝善，书不以实，后嗣何观？陛下今遣史官正其辞，雅合至公之道。"

注释

① 彰善瘅 dàn 恶：表彰美善，指斥丑恶。

② 六月四日事：即玄武门之变。

③ 微文：委婉隐晦的文辞。

④ 周公诛管、蔡：指周公诛杀联合武庚叛乱的管叔、

蔡叔之事。

⑤ 季友鸩叔牙：春秋时鲁庄公有三个弟弟，长者庆父，次者叔牙，再次季友。庄公打算让儿子继位，叔牙却说应让庆父嗣位，季友奉庄公之命，让人用毒酒将叔牙杀死。

译文

贞观十四年，唐太宗对房玄龄说："我每看前朝的史书，惩恶扬善，足以规劝警戒后人。但我不知道，自古以来当朝的国史，为什么不让帝王亲自看到呢？"房玄龄回答说："国史善恶必书，可以警戒帝王不做非法的事情。只是担心有与君主意见相抵触的地方，所以不让帝王本人看到。"太宗说："我的想法完全不同于古人。现在要亲自看国史，如果记有好事，自不必说；如记有不好的事，我可以引为鉴戒，并加以改正。你们把撰写抄录好的国史送过来吧。"于是，房玄龄等人就把国史加以删减整理，成为按照年月顺序记事的编年体，撰写成高祖、太宗《实录》各二十卷，上表呈献。太宗看到六月四日所记玄武门之变的文字多有隐晦含糊之处，就对房玄龄说："从前，周公东征诛杀管叔、蔡叔，从而使周室得以安定。季友用毒药杀死叔牙，而使鲁国得以安宁。我的所作所为，和古人的道理相同，都是为了安定社稷，以利万民。史官执笔，何须隐晦？应当改删虚饰之词，把这件事的原委写清楚。”事后，侍中魏徵上奏说：“我听说，君主身居至尊之位，无所顾忌惧怕，只有国史足以惩恶劝善，如果写得不真实，后人怎么能了解真实情况？陛下如今叫史官修正《实录》，很符合公正的道理。”

论礼乐第二十九

太宗初即位，谓侍臣曰：“准《礼》[1]，名，终将讳之。前古帝王，亦不生讳其名[2]，故周文王名昌，《周诗》云：‘克昌厥后。’春秋时鲁庄公名同，十六年《经》书[3]：‘齐侯、宋公同盟于幽。’惟近代诸帝，妄为节制，特令生避其讳，理非通允[4]，宜有改张。”因诏曰：“依《礼》，二名义不偏讳，尼父达圣，非无前指。近世以来，曲为节制，两字兼避，废阙已多，率意而行，有违经语。今宜依据礼典，务从简约，仰效先哲，垂法将来，其官号人名，及公私文籍，有‘世’及‘民’两字不连读，并不须避。”

注释

①准《礼》：按照《周礼》。

②生讳其名：活着的时候就避讳其名字。

③《经》书：指《春秋》。

④ 通允：通达妥当。

译文

唐太宗即位之初，曾对侍臣们说："根据《周礼》的规定，帝王的名字是死后才避讳的，在活着的时候并不避讳这些，所以周文王叫昌，《周诗》中却有'克昌厥后'这样的诗句。春秋时鲁庄公名叫同，庄公十六年《春秋》上有这样的字句：'齐侯、宋公同盟于幽。'只是到了后来，帝王们才制造出许多禁忌来，他们下令，生前就要对帝王的名字进行避讳。我认为这样不通情理，应该改变。"于是下诏说："按照《礼记》，人名是两个字的，只要不是两个字连着出现，就不要避讳。孔子作为至圣，以前不是没有指出过这种事。近世以来，限制多不合理，人名两字都得避讳，因此而遭废除和空缺的字已经很多了，这是任意妄为，与经书所言不符。现在应该遵循经典，从简约出发，效仿先哲，规范后世。官员的称谓、姓名，公私的文章书籍，只要'世'和'民'两个字不连读，就没有必要避讳。"

贞观二年，中书舍人高季辅上疏曰："窃见密王元晓等俱是懿亲[①]，陛下友爱之怀，义高古昔，分以车服，委以藩维，须依礼仪，以副瞻望[②]。比见帝子拜诸叔，诸叔亦即答拜，王爵既同，家人有礼，岂合如此颠倒昭穆[③]？伏愿一垂训诫，永循彝则[④]。”太宗乃诏元晓等，不得答吴王恪、魏王泰兄弟拜。

注释

① 元晓：高祖第二十一子。

② 瞻望：仰望。

③ 昭穆：古时宗庙牌位按辈次排列，左为昭，右为穆。这里指辈分。

④ 彝 yí 则：古时指人与人之间的伦理道德关系或准则。

译文

贞观二年，中书舍人高季辅上疏说：“我私下看到密王李元晓等人，他们都是皇亲国戚，陛下对他们的关注仁爱之心，超过古代的帝王；陛下对于分派给他们兵马，委以藩王的重任，行事仍须遵循礼仪规范，使其与众人的仰望相称。我看见皇子们拜见叔叔时，叔叔们也马上回礼。皇弟与皇子爵位虽然相同，但是也应该遵守家庭的礼节，岂能如此颠倒上下秩序呢？希望陛下加以教诲和训诫，永远遵循前人美好的礼仪。”唐太宗于是下诏李元晓等人，对吴王李恪、魏王李泰兄弟的致礼下拜不用答拜。

贞观四年，太宗谓侍臣曰："经闻京城士庶居父母丧者，乃有信巫书之言，辰日不哭，以此辞于吊问，拘忌辍哀，败俗伤风，极乖人理。宜令州县教导，齐之以礼典。"

译文

贞观四年，唐太宗对侍臣说："近来听说，京城的官员、百姓在为父母服丧期间，有的人听信巫师的妖言，在辰日这天不哭，并以此为由谢绝别人的哀悼慰问，拘泥于禁忌不允许悲伤，这是伤风败俗、违背人情伦理的做法。现在下令各州县，让他们教导百姓，一律按照正确的礼仪规范去做。"

贞观五年，太宗谓侍臣曰："佛道设教[①]，本行善事，岂遣僧尼道士等妄自尊崇，坐受父母之拜，损害风俗，悖乱礼经？宜即禁断，仍令致拜于父母。"

注释

① 佛道设教：指佛教、道教设施教化。

译文

贞观五年，唐太宗对侍臣说：“佛教、道教设施教化，本应该广做善事，怎么能够让和尚、尼姑、道士等人妄自尊贵，坐着接受父母的跪拜礼呢？这样做只会损害民风民俗，使礼仪混乱。现在，应该马上下令禁止这种行为，仍旧让他们对自己的父母行跪拜礼。”

贞观六年，太宗谓尚书左仆射房玄龄曰：“比有山东崔、卢、李、郑四姓，虽累叶陵迟[①]，犹恃其旧地，好自矜大，称为士大夫。每嫁女他族，必广索聘财，以多为贵，论数定约，同于市贾[②]，甚损风俗，有紊礼经。既轻重失宜，理须改革。”乃诏吏部尚书高士廉、御史大夫韦挺、中书侍郎岑文本、礼部侍郎令狐德棻等[③]，刊正姓氏，普责天下谱牒[④]，兼据凭史传，剪其浮华，定其真伪，忠贤者褒进，悖逆者贬黜，撰为《氏族志》。士廉等及进定氏族等第，遂以崔干为第一等。太宗谓曰：“我与山东崔、卢、李、郑，旧既无嫌，为其世代衰微，全无官宦，犹自云士大夫，婚姻之际，则多索财物，或才识庸下，而偃仰自高[⑤]，贩鬻松槚[⑥]，依托富贵，我不解人间何为重之？且士大夫有能立功，爵位崇重，善事君父，忠孝可称，或道义清素，学艺通博，此亦足为门户，可谓天下士大夫。今崔、卢之属，惟矜远叶衣冠[7]，宁比当朝之贵？公卿已下，何暇多输钱物，兼与他气势，向声背实，以得为荣。我今定氏族者，诚欲崇树今朝冠冕，何因崔干犹为第一等，只看卿等不贵我官爵耶？不论数代已前，只取今日官品、人才作等级，宜一量定，用为永则。”遂以崔干为第三等。至十二年，书成，凡百卷，颁天下。又诏曰：“氏族之美，实系于冠冕，婚姻之道，莫先于仁义。自有魏失御，齐氏云亡，市朝既迁，风俗陵替，燕、赵古姓，多失衣冠之绪，齐、韩旧族，或乖礼义之风。名不著于州闾，身未免于贫贱，自号高门之胄，不敦匹嫡之仪，问名惟在于窃赀[8]，结褵必归于富室[9]。乃有新官之辈，丰财之家，慕其祖宗，竞结婚姻，多纳货贿，有如贩鬻。或自贬家门，受辱于姻娅[10]；或矜其旧望，行无礼于舅姑。积习成俗，迄今未已，既紊人伦，实亏名教。朕夙夜兢惕，忧勤政道，往代蠹害，咸已惩革，唯此弊风，未能尽变。自今以后，明加告示，使识嫁娶之序，务合礼典，称朕意焉。”

注释

① 累叶陵迟：这里指家世衰落。累叶，累世。陵迟，盛况渐衰。

②市贾 gǔ：商人。

③令狐德棻 fēn：令狐，复姓。德棻，名。宜州人，博贯文史，武德初年，为起居舍人。贞观年间迁礼部侍郎。

④谱牒：古代记述氏族或宗族世系的书籍。

⑤偃仰自高：心安理得，自高自大。本文指自以门第高贵而悠闲自得。

⑥贩鬻松槚 jiǎ：意思是拿着前世的声望做交易。槚，木名，即楸树，常和松树一起种在坟墓前。

⑦远叶衣冠：意思是远世的官绅。

⑧问名：古代婚礼“六礼”之一。男家请媒人问女方的名字和生辰八字。窃赀：这里指借机索财。赀，通“资”，钱财。

⑨结褵 lí：即成婚的代称。褵，古时女子出嫁时系的佩巾。

⑩姻娅：泛指有婚姻关系的亲戚。

译文

贞观六年，唐太宗对尚书左仆射房玄龄说：“近来山东的崔、卢、李、郑四大姓，虽然家世已经衰败，但他们仍依仗旧时的名望自高自大，号称士大夫。每当把女儿嫁给其他家族，总要大肆索取聘礼财物，并以多为贵，根据聘礼的数目决定婚约，就像集市上的商贩一样，这样做败坏了风俗，也有违礼法的规定。既然他们的门望与事实不符，看来，现在的礼仪制度应该有所改革了。”于是下诏，命吏部尚书高士廉、御史大夫韦挺、中书侍郎岑文本、礼部侍郎令狐德棻等人订正姓氏，广泛收集全国姓氏家谱。并根据史书传记，删除浮华，去伪存真，对忠贤者给予褒奖提拔，对悖逆者给予贬斥罢黜。依此标准，撰写了一部《氏族志》。高士廉等人将所定的氏族等第呈给唐太宗，仍把崔干列为第一等。太宗说：“我和山东的崔、卢、李、郑，并无宿怨，只是因为他们世代衰微，又无人做官，还自称是士大夫，婚嫁的时候依此大量索取财物。有的人才能见识平庸低劣，却还悠然自得地自夸高门，炫耀死去的祖先，依靠这个发财尊贵，我真不明白社会上为什么还会看重他们？如果有人能建立功业，爵位隆重，善于侍奉君主和父亲，忠孝都值得称赞，或者道德仁义高尚，学艺通博，这样也足以自立门户，称得上是士大夫。如今崔、卢之类，只是自恃远祖的高官厚爵，怎能和当朝的显贵相比呢？公卿以下的人，何苦给他们多送财物，助长他们的气势呢？他们只图虚名不顾实际，想借此增加自己的光彩。我之所以要考定氏族，是为了树立当今显贵的地位，为什么还把崔干列在第一等，你们这不是看轻我朝的官爵吗？所以不管以前如何，只按照今天的官品、人才来定等级，并且这次量定等级将作为永久的准则。”于是把崔干定为第三等。贞观十二年，《氏族志》全部编成，共一百卷，颁行天下。其后，唐太宗下令说："氏族的高下决定于官品的高低，婚姻的正道要以仁义为先。自从北魏失国，北齐灭亡，朝野变化，风俗衰败。早先的燕、赵古姓，后人多失去官爵，以前齐、韩旧族，行为也有悖礼义。他们名不闻于乡里，身不免于贫贱，却自称高门望族后裔，而不讲究嫁娶礼仪，依仗名望只在于勒索财物，女儿必嫁给富贵之家。于是就有新做官的人和钱财多的人家，羡慕富贵人家的祖宗，抢着和人家攀亲，多送财物，如同商人做买卖。他们有的自愿贬低家门，受辱于姻亲；有的夸耀过去的地位，在公婆面前行为无礼。这种做法积习已久，已经成了风俗，至今还未改变，这既紊乱了人伦，也有亏于名教。我日夜谨慎小心，操劳政事，历代的弊端祸害都已革除，唯有这项坏风气还未完全转变。从今以后，让天下人都要懂得嫁娶的规矩，务必合乎礼法，按照朝廷的礼仪办事，才符合我的心意。"

礼部尚书王珪子敬直，尚太宗女南平公主[①]。珪曰："《礼》有妇见舅姑之仪，自近代风俗弊薄，公主出降，此礼皆废。主上钦明，动循法制[②]，吾受公主谒见，岂为身荣，所以成国家之美耳。"遂与其妻就位而坐，令公主亲执巾，行盥馈之道[3]，礼成而退。太宗闻而称善。是后公主下降有舅姑者，皆遣备行此礼。

注释

① 尚：匹配，专指匹配皇室的女儿。

② 动循法制：做什么事都遵循礼法典制。

③ 盥馈之道：指妇人为长者行盥洗、送膳食之礼。

译文

礼部尚书王珪的儿子王敬直，娶了唐太宗的女儿南平公主。王珪说："《礼记》上规定有妇人拜见公婆的礼仪。可近世以来，这种风气逐渐改变了，公主下嫁，这些礼节都被废弃了。陛下圣明，一切行为都遵循法令规范。我接受公主的拜见之礼，不是显示自己的荣耀，其实是在成全大唐礼仪之邦的美名啊。"于是和妻子就坐在公婆的位置上，让公主亲自拿着帕子，行侍奉父母的洗手进食之礼，礼毕，公主自行退下。唐太宗听说此事后非常赞成。此后，凡是有公主下嫁到有公婆的家庭，都要遵照这条礼仪。

贞观十二年，太宗谓侍臣曰："古者诸侯入朝，有汤沐之邑[1]，刍禾百车[2]，待以客礼。昼坐正殿，夜设庭燎[3]，思与相见，问其劳苦。又汉家京城亦为诸郡立邸舍。顷闻考使至京者，皆赁房以坐，与商人杂居，才得容身而已。既待礼之不足，必是人多怨叹，岂肯竭情于共理哉。”乃令就京城闲坊，为诸州考使各造邸第。及成，太宗亲幸观焉。

注释

① 汤沐之邑：住宿和沐浴的地方。

② 刍禾：喂马的草料。

③ 庭燎：用于庭中照明的火炬，此指大蜡烛。

译文

贞观十二年，唐太宗对侍臣说：“古时候诸侯入朝拜谒天子，有专门住宿和沐浴的地方，还供给他们草喂养马匹，享受客人的礼遇。白天天子在正殿里端坐，晚上在庭院中点燃蜡烛接见，向他们嘘寒问暖。京城里还有为各个郡县专门设立的馆舍。现在，我听说各地使者到京城，都租房子居住，和商人杂居在一起，仅有容身之地而已。如今待客之礼如此怠慢，恐怕各地使者会产生怨恨，怎么还会竭尽全力为朝廷尽职尽忠呢？”于是，下令京城有空地的坊中，为各地来的使者营造馆舍。修成之后，唐太宗还亲自前去参观视察。

贞观十三年，礼部尚书王珪奏言："准令，三品以上，遇亲王于路，不合下马，今皆违法申敬，有乖朝典[①]。"太宗曰："卿辈欲自崇贵，卑我儿子耶？"魏徵对曰："汉、魏已来，亲王班皆次三公下。今三品并天子六尚书九卿[②]，为王下马，王所不宜当也。求诸故事，则无可凭，行之于今，又乖国宪，理诚不可。"帝曰："国家立太子者，拟以为君。人之修短，不在老幼。设无太子，则母弟次立。以此而言，安得轻我子耶？"徵又曰："殷人尚质[③]，有兄终弟及之义。自周已降，立嫡必长，所以绝庶孽之窥窬[④]，塞祸乱之源本。为国家者，所宜深慎。"太宗遂可王珪之奏。

注释

① 有乖朝典：有违于当朝典制。

② 九卿：即太常寺、光禄寺、卫尉寺、宗正寺、太仆寺、大理寺、鸿胪寺、司农寺、太府寺。

③ 尚质：重视实际。

④ 庶孽之窥窬：庶子有非分的企图和希望。庶孽，旧时指妾媵所生的儿子。

译文

贞观十三年，礼部尚书王珪上奏说："按照律令，三品以上的官员在道路上遇到亲王，可以不下马致礼。现在都违背法令来表明尊敬，这实在与朝廷律令不符啊！"唐太宗说："你们是想自己尊贵，而轻慢我的儿子们吗？"魏徵说："汉代、魏晋以来，亲王的礼遇都低于三公。然而，现在三品官员和天子六尚书九卿，都要为亲王下马致礼，这是亲王不应该接受的礼节。这样做既无先例可循，又违背国家的法令，于理实在不合。"唐太宗说："国家确立的太子，是未来的国君。一个人地位的高低，不在于年龄的长幼。如果太子去世，那么同母的弟弟就该列为太子。如此说来，怎么能轻视我的儿子呢？"魏徵又说："商代看重实际，有兄长去世，弟弟继承的规定。从周代以来，都立长子为继承人，这样做就杜绝了庶子意图篡权夺位、制造混乱的不轨之心，堵塞祸乱的根源。国君对此应该审慎。"于是，唐太宗接受了王珪的意见。

贞观十四年，太宗谓礼官曰："同爨尚有缌麻之恩[①]。而嫂叔无服，又舅之与姨，亲疏相似，而服之有殊，未为得礼，宜集学者详议。余有亲重而服轻者，亦附奏闻。"是月尚书八座与礼官定议曰[②]：

臣窃闻之，礼所以决嫌疑、定犹豫、别同异、明是非者也，非从天下，非从地出，人情而已矣。人道所先，在乎敦睦九族[3]。九族敦睦，由乎亲亲，以近及远。亲属有等差，故丧纪有隆杀[4]，随恩之薄厚，皆称情以立文。原夫舅之与姨，虽为同气，推之于母，轻重相悬。何则？舅为母之本宗，姨乃外戚他姓，求之母族，姨不与焉，考之经史，舅诚为重。故周王念齐，是称舅甥之国[5]；秦伯怀晋，实切《渭阳》之诗[6]。今在舅服止一时之情，为姨居丧五月，徇名丧实，逐末弃本，此古人之情或有未达，所宜损益，实在兹乎。

注释

① 同爨 cuàn：共同烧火做饭。缌 sī 麻：旧时丧服名，五服中最轻的一种。其服用细麻布制成，服期三个月。

② 八座：唐代六部尚书及左右仆射称为八座。

③ 九族：旧时指本身以上的父、祖、曾祖、高祖和以下的子、孙、曾孙、玄孙为九族。也有包括异姓亲属而言的。

④ 丧纪：古时依与死者关系的亲疏而行丧礼的等级。隆杀 shài：隆重和简省。

⑤ 舅甥之国：两国国君是舅父和外甥的关系。

⑥《渭阳》之诗：《诗经·秦风·渭阳》是表现外甥与舅父惜别之情的。

译文

贞观十四年，唐太宗对礼官说："现在与你共同生活的人去世了，还有三个月的守丧时间。可是嫂子、叔叔去世了，却不服丧。舅舅和姨妈，都是亲属，但表丧的礼节却有差别。这些做法都不符合礼仪规范，应该召集学者来商议一下，制定出服丧的礼仪。有同属亲属但侍奉的礼数却很轻的，也应一起上奏。"就在同月，尚书八座和礼官讨论确定意见奏道：

臣听说，礼是用来判断疑惑和解决迟疑不决的，是用来区别异同和明辨是非的，它不是从天而降，也不是从地下冒出来的，而是根据人情事理制定的。人道最重要的一点，是使九族和睦。九族和睦在于由近及远，实行亲疏有别的礼节。亲属之间有远近之别，所以丧礼中的祭文应根据情分的多少来书写。舅舅和姨妈是同辈的，和母亲是一族，但他们和母亲之间的关系有差别，为什么呢？舅舅是母亲的本宗，姨妈出嫁后改姓丈夫的姓，成为别家的人，参考经史，舅舅的确比姨妈重要。所以周王顾念着齐国，称齐国是舅甥之国。秦穆公不忘晋国重耳是他的舅舅，把他的儿子康公送到渭阳，作了《渭阳》这首诗。现在，舅舅去世，只是服丧三个月，对姨妈却要居丧五个月，迁就了虚名，丧失了人情，舍本逐末。这大概是古人对人的感情没有考虑周全，我们应该对之有所增减。

《礼记》曰：“兄弟之子犹子也，盖引而进之也。嫂叔之无服，盖推而远之也。”礼，继父同居则为之期，未尝同居则不为服。从母之夫，舅之妻，二人相为服。或曰“同爨缌麻”。然则继父且非骨肉，服重由乎同爨，恩轻在乎异居。固知制服虽系于名文，盖亦缘恩之厚薄者也。或有长年之嫂，遇孩童之叔，劬劳鞠养[①]，情若所生，分饥共寒，契阔偕老[②]，譬同居之继父，方他人之同爨，情义之深浅，宁可同日而言哉？在其生也，乃爱同骨肉，于其死也，则推而远之，求之本源，深所未喻。若推而远之为是，则不可生而共居；生而共居为是，则不可死同行路。重其生而轻其死，厚其始而薄其终，称情立文，其义安在？且事嫂见称，载籍非一。郑仲虞则恩礼甚笃[③]，颜弘都则竭诚致感[④]，马援则见之必冠[⑤]，孔伋则哭之为位[⑥]，此盖并躬践教义，仁深孝友，察其所行之旨，岂非先觉者欤？但于时上无哲王，礼非下之所议，遂使深情郁于千载，至理藏于万古，其来久矣，岂不惜哉！

注释

① 劬 qú：辛辛苦苦地抚养。

② 契阔：劳苦，勤劳。

③ 郑仲虞则恩礼甚笃：后汉时的郑仲虞，名均。好义笃实，养寡嫂孤儿，恩礼敦至。

④ 颜弘都则竭诚致感：晋人颜弘都，名含。其嫂因病失明，他尽心奉养，后嫂病愈。

⑤ 马援则见之必冠：后汉伏波将军马援，字文渊。奉嫂至恭，不穿戴齐整，不进屋见嫂。

⑥ 孔伋则哭之为位：孔子之孙孔伋，字子思。相传他尊奉嫂嫂，嫂嫂死后，孔伋立牌位痛哭不已。

译文

《礼记》说："兄弟的孩子如同自己的孩子，这是因为引而进之。嫂嫂、叔叔不用守丧，是因为推而远之。"按礼的规定，和继父一起生活过，就要为他居丧一年，如果没有一起生活，就不用居丧。至于姨夫和舅妈，对这二者服丧的礼节相同。常言道："同居一处的继父为之服丧三个月。"继父并非生父，对他服丧隆重是因为共同生活过，恩情轻微是因为不住在一起。因此，服丧虽然事关名分，但也随恩情厚薄而定。如年长的嫂子，她抚养年幼的小叔子像对待自己的亲生儿子一样，两人同甘共苦到终老，这比起一起生活的继父，和其他一起生活的人，情义的深浅怎可相提并论呢？嫂子生前，二人情同骨肉，嫂子死后，却以外人的礼节对待她，这种做法实在让人难以理解。如果推而疏远是对的，那生前就不应住在一起；生前住在一起，死后就不应像看待路人一样看待嫂子。生前恩情厚重而死后礼节轻微，开始时厚待而最终薄待，用这个原则来衡量，有这样的道理吗？况且历史上因为侍奉嫂子而被称赞的也不乏其人。后汉郑仲虞抚养寡居的嫂子和她的儿子，待她的礼节和情义都很笃厚；晋时颜弘都侍奉失明的嫂子，诚心感动了神人；后汉将军马援对嫂子极为尊重，不穿戴整齐就不敢进屋拜见嫂子；孔子之孙孔伋在嫂子的灵位前痛哭。这些都是亲身实践礼义规范，极其仁义孝敬的人。能够深明其中大义的，难道不是先知先觉者吗？只是当时没有圣明的哲人，百姓也不议论礼仪之事，致使这种深切之情和至明之理压抑埋没了数千年之久，这真让人痛惜啊。

今陛下以为尊卑之叙，虽焕乎已备，丧纪之制，或情理未安，爰命秩宗，详议损益。臣等奉遵明旨，触类傍求，采摭群经，讨论传记，或抑或引，兼名兼实，损其有馀，益其不足，使无文之礼咸秩，敦睦之情毕举，变薄俗于既往，垂笃义于将来，信六籍所不能谈，超百王而独得者也。

谨按曾祖父母，旧服齐衰三月[①]，请加为齐衰五月；嫡子妇，旧服大功，请加为期；众子妇，旧服小功，今请与兄弟子妇同为大功九月；嫂叔，旧无服，今请服小功五月。其弟妻及夫兄亦小功五月。舅，旧服缌麻，请加与从母同服小功五月。

诏从其议。此并魏徵之词也。

注释

①齐衰：旧时丧服名，为五服之一。其服用粗麻布制成，以其缉边，故称“齐衰”。

译文

现在，陛下认为尊卑之序虽然都制定完备了，但丧礼制度还不合情理，于是令有关大臣详加审议修改。我们遵照陛下圣旨，参考了经典、传记，进行了修改增删，兼顾名实，损有余而补不足，使未成条文的制度固定下来，希望这会使人伦敦厚和睦，使日渐轻薄的民俗变得淳朴，改变过去浅薄的风俗，给后世留下榜样，这些是六经上没有谈到的，是陛下超越百世帝王独自获得的。

谨按：曾祖母、曾祖父去世过去服丧三个月，现在请延长至五个月；嫡系儿媳过去为公婆服丧九个月，现在请再延长为一年；各位儿子的妻子服丧，请将过去规定的五个月改为九个月；嫂子、叔叔过去不服丧，现在请改为服丧五个月。弟弟的妻子和丈夫的兄弟也应服丧五个月。舅舅过去只披麻戴孝，现在请规定同对待继母一样，服丧五个月。

看毕，唐太宗下诏通过此项议案。此议案的作者乃魏徵。

贞观十七年十二月癸丑[①]，太宗谓侍臣曰："今日是朕生日。俗间以生日可为喜乐，在朕情，翻成感思。君临天下，富有四海，而追求侍养，永不可得。仲由怀负米之恨[②]，良有以也。况《诗》云：'哀哀父母，生我劬劳。'奈何以劬劳之辰，遂为宴乐之事！甚是乖于礼度。"因而泣下久之。

注释

①癸丑：唐太宗生日。

②仲由怀负米之恨：仲由，孔子弟子子路，子路孝侍父母，自己常吃野菜，而背米送给父母。父母死后，子路富有了，常怀悲叹。

译文

贞观十七年十二月癸丑日，唐太宗对大臣们说："今天是我的生日。民间认为生日是值得庆祝的事情，但我却感慨万千。帝王君临天下，富有四海，可是想奉养父母，却永远无法做到。仲由贫困时，常常到外面去为父母背米，他到楚国做官之后，富有万钟之粟，但那时他的父母去世了，再想尽孝心已不可能，所以他感到非常遗憾。《诗经》说：'可怜我的父母，为养育我付出了多少艰辛啊。'怎么可以在父母生我这样艰难的日子，举办宴会寻欢作乐呢？这实在是与礼仪相违。"说完，便情不自禁地哭泣了许久。

太常少卿祖孝孙奏所定新乐[①]。太宗曰："礼乐之作，是圣人缘物设教，以为撙节[②]，治政善恶，岂此之由？"御史大夫杜淹对曰[③]："前代兴亡，实由于乐。陈将亡也，为《玉树后庭花》[④]，齐将亡也，而为《伴侣曲》[⑤]，行路闻之，莫不悲泣，所谓亡国之音。以是观之，实由于乐。"太宗曰："不然，夫音声岂能感人？欢者闻之则悦，哀者听之则悲。悲悦在于人心，非由乐也。将亡之政，其人心苦，然苦心相感，故闻之则悲耳。何乐声哀怨，能使悦者悲乎？今《玉树》、《伴侣》之曲，其声具存，朕能为公奏之，知公必不悲耳。”尚书右丞魏徵进曰：“古人称：礼云，礼云，玉帛云乎哉！乐云，乐云，钟鼓云乎哉！乐在人和，不由音调。”太宗然之。

注释

① 新乐：祖孝孙作唐雅乐凡八十四调，三十一曲，十二和。

② 撙 zǔn 节：控制约束。

③ 杜淹：杜如晦的叔父，字执礼。初在隋任御史中丞。唐太宗时曾任吏部尚书，博学多闻，尤善于机辩。

④《玉树后庭花》：乐府《吴声歌曲》名。南朝陈后主所作艳曲之一，内容系赞美其妃嫔的姿色。

⑤《伴侣曲》：南朝齐最末一个皇帝萧宝卷宠潘贵妃，沉溺于酒色淫逸之中朝欢暮乐，不理朝政。

译文

太常少卿祖孝孙上奏新近制定的音乐。唐太宗说：“礼仪、音乐，是圣人为了节制人们的情欲而设立的，用来教化百姓；至于政治治理的好坏，岂是由于音乐的缘故？”御史大夫杜淹说：“前代的兴衰存亡，的确跟音乐有关。

陈后主灭亡，就是因为奢侈荒淫和为妃嫔们谱写淫曲《玉树后庭花》所造成的。齐灭亡，也是因为齐东昏侯作《伴侣曲》，行旅之人听到，无不悲伤而泣，这乃是亡国之音啊。所以，国家的存亡，实在是在于音乐。”唐太宗不同意，说：“不是这样的，仅仅是声音怎么能影响人呢？快乐的人听到声音就会喜悦，哀伤的人听了就会悲伤。悲喜之情在于人心而非声音。即将灭亡的国家，百姓内心凄苦。听到哀怨的音乐，内心十分感动，就会愈加悲伤。相反，一首悲哀的音乐，怎么会使快乐的人悲伤呢？现在，《玉树后庭花》《伴侣曲》这些靡靡之音依然存在，我自己都可以演奏它们。但是，可以肯定，你们是不会悲伤的。”尚书右丞魏徵接着说：“古人说，礼呀，礼呀，难道就是玉帛之类的礼器吗？乐呀，乐呀，难道就是钟鼓之类的乐器吗？音乐的关键在于人的心境，不在于音调。”唐太宗很赞同他的看法。

贞观七年，太常卿萧瑀奏言：“今《破陈乐舞》[①]，天下之所共传，然美盛德之形容，尚有所未尽。前后之所破刘武周、薛举、窦建德、王世充等，臣愿图其形状，以写战胜攻取之容。”太宗曰：“朕当四方未定，因为天下救焚拯溺[②]，故不获已，乃行战伐之事，所以人间遂有此舞，家国因兹亦制其曲。然雅乐之容[3]，止得陈其梗概，若委曲写之，则其状易识。朕以见在将相，多有曾经受彼驱使者，既经为一日君臣，今若重见其被擒获之势，必当有所不忍，我为此等，所以不为也。”萧瑀谢曰：“此事非臣思虑所及。”

注释

①《破陈乐舞》：唐宫廷乐舞，陈即阵。贞观初年制秦王破阵乐曲，吕才协音律，李百药、虞世南、魏徵等人做歌词。内容以征讨叛逆为主题，歌颂太宗征讨四方平定天下的武功。

② 救焚拯溺：拯救处于水深火热的百姓。

③ 雅乐：古代帝王祭祀天地、祖宗及朝贺、宴会等大典所用的乐舞。

译文

贞观七年，太常卿萧瑀上书说：“现在《破陈乐舞》在天下广为传颂，但此乐仍不足以形容陛下超世的武功和宏伟的业绩。陛下先后打败了刘武周、薛举、窦建德、王世充等乱世枭雄，我愿意绘制出图画来，以反映当时战胜攻取的壮阔场面。”唐太宗说：“我生在天下纷争的乱世，为了拯救天下苍生，迫不得已才征讨四方，所以才有了这个舞蹈和音乐。然而高雅的音乐，应该只陈述历史梗概，不宜把详情原原本本写出来。如果原原本本地描写，那么其中的具体情况就容易被看出来。我看当今朝廷的将相，很多都曾受敌人的驱使，毕竟曾经有过君臣关系，如果现在又看到他们被俘虏的情景，肯定会于心不忍。考虑到这些，所以我认为不可。”萧瑀道歉说:“这件事是为臣没有想到的。”

第八卷

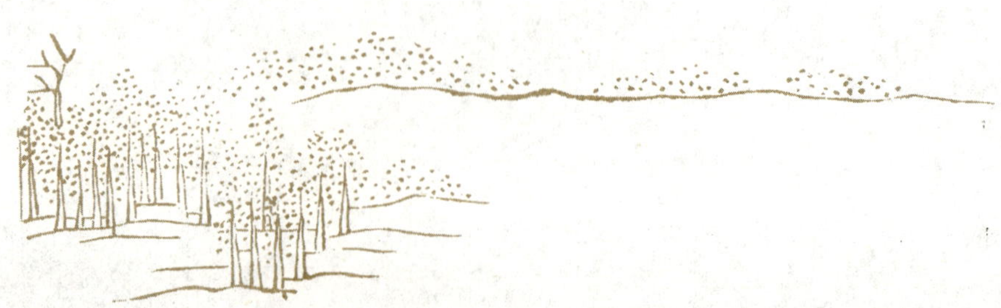

论务农第三十

贞观二年，太宗谓侍臣曰："凡事皆须务本。国以人为本，人以衣食为本，凡营衣食，以不失时为本。夫不失时者，在人君简静乃可致耳[①]。若兵戈屡动，土木不息，而欲不夺农时，其可得乎？"王珪曰："昔秦皇、汉武，外则穷极兵戈，内则崇侈宫室，人力既竭，祸难遂兴。彼岂不欲安人乎？失所以安人之道也。亡隋之辙，殷鉴不远[②]，陛下亲承其弊，知所以易之。然在初则易，终之实难。伏愿慎终如始，方尽其美。"太宗曰："公言是也。夫安人宁国，惟在于君。君无为则人乐，君多欲则人苦。朕所以抑情损欲，克己自励耳。"

注释

① 简静：简易宁静，不苛烦百姓。

② 殷鉴：原谓殷人灭夏，殷的子孙应以夏的灭亡作为鉴戒。后泛称可作借鉴的往事。

译文

贞观二年，唐太宗对侍从的大臣们说："任何事情都必须掌握根本。国家以人民为根本，人民以衣食为根本，经营农桑衣食以不失时机为根本。要不失时机，只有君主不生事劳民才能做到。假若连年打仗，营建不停，而又想不夺农时，能办得到吗？"大臣王珪说："从前秦始皇、汉武帝，对外穷兵黩武，对内大建宫室，人力既已用尽，灾祸也就接踵而至了，他们难道就不想安定百姓吗？只是没有使用安定百姓的正确方法。隋代灭亡的教训距今不远，应引以为戒，陛下亲自承受了隋朝遗留下来的弊病，懂得怎样去改变。不过刚开始还比较容易，要坚持到底就很难。但愿陛下自始至终都能小心谨慎，从而善始善终。"太宗说："你讲得很对。安定百姓和国家，关键在于君主。君主能与民休息，百姓就安居乐业，君主多私欲，百姓就痛苦不堪，这就是我之所以不敢任情纵欲，而不断克制告诫自己的原因。"

贞观二年，京师旱，蝗虫大起。太宗入苑视禾，见蝗虫，掇数枚而咒曰[①]："人以谷为命，而汝食之，是害于百姓。百姓有过，在予一人，尔其有灵，但当蚀我心，无害百姓。”将吞之，左右遽谏曰[②]：“恐成疾，不可。”太宗曰：“所冀移灾朕躬，何疾之避？”遂吞之。自是蝗不复为灾。

注释

① 掇 duō：拾取。

② 遽 jù 谏：立即劝谏。

译文

贞观二年，京城一带大旱，蝗虫成灾。唐太宗亲自到田野去看稻谷，看见蝗虫猖獗，捡起了几只并骂道：“百姓视稻谷为生命，你却把谷子吃了，你是在危害百姓啊。如果说老百姓有罪过，那么责任也只在于我一人！如果你真的有灵性，就应当只啃噬我的心脏，不要危害百姓。”说完就要把蝗虫吃掉。左右的臣子立即规劝说：“吃了恐怕要生病，万万不可。”唐太宗说：“我只希望把灾祸转移到我身上，还怕什么疾病呢？”说完便一口将蝗虫吞下。从此，蝗虫不再成灾。

贞观五年，有司上书言：“皇太子将行冠礼[①]，宜用二月为吉，请追兵以备仪注[②]。”太宗曰：“今东作方兴[③]，恐妨农事。”令改用十月。太子少保萧瑀奏言：“准阴阳家[4]，用二月为胜。”太宗曰：“阴阳拘忌，朕所不行。若动静必依阴阳，不顾理义，欲求福佑，其可得乎？若所行皆遵正道，自然常与吉会。且吉凶在人，岂假阴阳拘忌？农时甚要，不可暂失。”

注释

① 冠礼：古代男子成年时（二十岁）加冠的礼节。

② 追兵：增调、增补兵卒。仪注：典礼仪式。

③ 东作：指农事。

④ 阴阳家：这里指专司“择日”“星相”“占卜”“风水”等迷信活动的人。

译文

贞观五年，主管大臣上书说：“皇太子即将举行加冠礼仪式，在二月里举行最吉祥，请陛下增加兵卫仪仗的规模以使礼节齐备。”唐太宗说：“如今百姓春耕刚开始，这样做怕要妨碍农事。”于是下令将礼仪改在十月。太子少保萧瑀上奏说：“按照阴阳家的推算，在二月里举行最好。”太宗说：“阴阳讲究禁忌，我从不信那一套。如果一举一动都必须依照阴阳家的话去办，而不顾天理道义，想求得福佑吉祥，怎么可能呢？如果所做的都遵照正道，自然会万事吉祥。并且，吉凶取决于人，怎能听信阴阳禁忌呢？农时很要紧，不能耽误片刻。”

贞观十六年，太宗以天下粟价率计斗值五钱，其尤贱处，计斗值三钱，因谓侍臣曰：“国以民为本，人以食为命。若禾黍不登，则兆庶非国家所有。既属丰稔若斯，朕为亿兆人父母，唯欲躬务俭约，必不辄为奢侈。朕常欲赐天下之人，皆使富贵，今省徭赋，不夺其时，使比屋之人恣其耕稼，此则富矣。敦行礼让，使乡闾之间，少敬长，妻敬夫，此则贵矣。但令天下皆然，朕不听管弦，不从畋猎，乐在其中矣！”

译文

贞观十六年，唐太宗因为全国米价一斗才值五钱，更便宜的地方，一斗只值三钱。因此，他对侍臣说：“国家以百姓为根本，百姓又以粮食为生命。如果粮食不丰收，黎民百姓就不再为国家所有了。既然粮食对国计民生关系如此重大，我又是百姓的衣食父母，只希望能够克勤克俭，不奢侈浮华。我常常想赏赐天下百姓，使他们都富裕尊贵。现在减少徭役租赋，不夺农时，使他们能够顺应天时，把庄稼种好，其实，这就是使他们富裕。

我还重视推行礼仪谦让的风气，让乡间的百姓年轻人尊敬年长者，妻子尊敬丈夫，其实，这就是使他们尊贵。只要天下都能这样，我即使不听音乐、不打猎也乐在其中了。”

论刑法第三十一

贞观元年，太宗谓侍臣曰："死者不可再生，用法务在宽简。古人云，鬻棺者欲岁之疫，非疾于人，利于棺售故耳。今法司核理一狱，必求深刻，欲成其考课[①]。今作何法，得使平允？"谏议大夫王珪进曰："但选公直良善人断狱允当者，增秩赐金，即奸伪自息。"诏从之。太宗又曰："古者断狱，必讯于三槐、九棘之官[②]，今三公、九卿，即其职也。自今以后，大辟罪皆令中书[③]、门下四品以上及尚书九卿议之。如此，庶免冤滥。"由是至四年，断死刑，天下二十九人，几致刑措。

注释

① 考课：古时按一定的标准考察官吏的功过善恶，分别等差，升降赏罚，谓之考课。

② 三槐、九棘：据《周礼》说，古代外朝种有三棵槐树，三公位在其下。后以"三槐"为三公的代称。

又以朝廷树棘来分别朝臣的品位，左右各九，称“九棘”。

③ 大辟：古代五刑之一，商周时期死刑的通称，执行的方式很多，有的极其残酷，如枭首、腰斩、剖腹等，是五刑中最重的一种刑罚。

译文

贞观元年，唐太宗对侍从的大臣们说：“人死了不能复生，所以执法务必要宽大简约。古人说，卖棺木的人希望遇到凶年闹瘟疫，并不是对人仇恨，而是利于棺木出售的缘故。如今执法部门审理每一件狱案，总是力求严苛，以此博得好的考核成绩。现在该用什么办法，才可以做到公平恰当呢？”谏议大夫王珪进言道：“只要选拔正直善良的人，他们判断狱案准确，就给予奖励提升，那么奸伪邪恶自然会止息。”太宗于是下令按这个办法实行。太宗又说：“古时候判断狱案，必须向三槐、九棘之官询问，当今的三公、九卿就有这样的职责。从今以后，凡是判死罪的都叫中书、门下两省四品以上高官以及尚书、九卿来议处，这样做才有可能避免冤狱滥刑。”由于实行了这样的措施，到贞观四年，全国被判处死刑的人只有二十九个，几乎做到刑法搁置不用。

贞观二年，太宗谓侍臣曰："比有奴告主谋逆，此极弊法，特须禁断。假令有谋反者，必不独成，终将与人计之；众计之事，必有他人论之，岂借奴告也？自今奴告主者，不须受，尽令斩决。"

译文

贞观二年，唐太宗对侍臣说："近来有奴才告主子谋反作乱，这危害非常大，必须严加禁止。如果真有谋反，肯定不是一个人单独的行为，终将和别人合谋策划。许多人策划的事情，肯定会引得别人议论，怎么偏偏由奴才告发呢？从今以后，凡是有奴才告发主子的案子，不要受理，下令将这样的奴才全都斩首处决。"

贞观五年，张蕴古为大理丞。相州人李好德，素有风疾[①]，言涉妖妄，诏令鞫其狱。蕴古言："好德癫病有征，法不当坐。"太宗许将宽宥。蕴古密报其旨，仍引与博戏[②]。治书侍御史权万纪劾奏之。太宗大怒，令斩于东市[③]。既而悔之，谓房玄龄曰："公等食人之禄，须忧人之忧，事无巨细，咸当留意。今不问则不言，见事都不谏诤，何所辅弼？如蕴古身为法官，与囚博戏，漏泄朕言，此亦罪状甚重。若据常律，未至极刑。朕当时盛怒，即令处置。公等竟无一言，所司又不覆奏，遂即决之，岂是道理。”因诏曰：“凡有死刑，虽令即决，皆须五覆奏。”五覆奏，自蕴古始也。又曰：“守文定罪，或恐有冤。自今以后，门下省覆，有据法令合死而情可矜者，宜录奏闻。”

注释

①风疾：狂疾，精神病。

②博戏：即局戏，用六箸十二棋。

③东市：即唐长安东市，市肆为行刑处，这是从先秦传下来的制度。

译文

贞观五年，张蕴古任大理寺丞。相州有个名叫李好德的人患有精神病，讲了些荒谬狂妄的话，唐太宗诏令治罪。张蕴古说：“李好德患疯癫病证据确凿，按照法律不应判罪。”太宗答应对他予以从宽处理，张蕴古私下把太宗的旨意告诉李好德，并和他博戏。治书侍御史权万纪弹劾张蕴古，太宗对张蕴古的行为感到十分愤怒，便下令在东市斩首。不久，唐太宗对自己的做法很后悔，对房玄龄说：“你们吃着朝廷的俸禄，就要替君主分忧，事无大小都得留心。如今我不询问，你们就不说自己的看法，看到事情都不谏诤，这怎么能称作辅弼呢？比如，张蕴古身为法官，和狱囚一起博戏，还泄露我的话，虽说罪状严重，但按正常的法律量处，还不至于判处死刑。我当时大怒，立即下令处死，你们竟然不说一句话，主管部门又不复奏就把他处决，这难道合乎道理吗？”于是下诏说：“凡判处死刑，虽下令立即处决，都还得五次复奏。”唐代五复奏的规定就是从张蕴古这件事情开始的。诏令中又说：“遵照律文定罪，有时还恐怕产生冤案。从今以后，由门下省复审，有按照法令应当处死而情有可原的，应将案情抄录奏报。”

蕴古初以贞观二年，自幽州总管府记室兼直中书省，表上《大宝箴》①，文义甚美，可为规诫。其词曰：

今来古往，俯察仰观，惟辟作福②，为君实难。宅普天之下，处王公之上，任土贡其所有③，具僚和其所唱④。是故恐惧之心日弛，邪僻之情转放。岂知事起乎所忽，祸生乎无妄。故以圣人受命，拯溺亨屯⑤，归罪于己，推恩于民。大明无偏照⑥，至公无私亲。故以一人治天下，不以天下奉一人。礼以禁其奢，乐以防其佚。左言而右事，出警而入跸。四时调其惨舒⑦，三光同其得失。故身为之度，而声为之律。勿谓无知，居高听卑；勿谓何害，积小成大。乐不可极，极乐成哀；欲不可纵，纵欲成灾。壮九重于内，所居不过容膝；彼昏不知，瑶其台而琼其室。罗八珍于前[8]，所食不过适口；惟狂罔念，丘其糟而池其酒。勿内荒于色，勿外荒于禽；勿贵难得之货，勿听亡国之音。内荒伐人性，外荒荡人心；难得之物侈，亡国之声淫。勿谓我尊而傲贤侮士，勿谓我智而拒谏矜己。闻之夏后，据馈频起[9]；亦有魏帝，牵裾不止。安彼反侧，如春阳秋露；巍巍荡荡，推汉高大度。抚兹庶事，如履薄临深；战战栗栗，用周文小心。

注释

①《大宝箴》：张蕴古向唐太宗呈奏的，文辞和意义都很好，可以作为对君主规劝警戒之表。《周易》："圣人之大宝曰位。"盖取此义。箴，诫也。

② 惟辟作福：指国君专擅赏罚。

③ 任土：根据土地肥瘦、生产情况，定出贡献。

④ 具僚：指左右群臣。

⑤ 亨屯 zhūn：意谓解救危难，使之安顺。亨，顺通。屯，艰难。

⑥ 大明：指太阳。

⑦ 惨舒：残忍和宽大。

⑧ 八珍：八种珍贵的菜肴，具体说法不一。

⑨ 据馈频起：一顿饭要中断好几次。

译文

张蕴古，在贞观二年任幽州总管府记室兼直中书省时，他向唐太宗呈上了《大宝箴》一文，文辞华美，道理深刻，是一篇规诫朝政的好文章。内容如下：

古往今来，纵横考察，只有君主专擅赏罚，要做好君主的确不易。普天之下莫非王土，率土之滨莫非王臣，全国各地随其所有进贡，满朝文武一呼百应。因此国君容易丢掉戒备谨慎之心，滋生放纵之情。岂知福兮祸所伏，事故生于疏忽，灾祸生于意外，世事无常。所以圣人顺应天意，拯济苍生，归罪于自己，施恩于百姓。“大道之行，天下为公”，君主以一己之躯侍奉天下，不以天下百姓侍奉一身。用礼教防止奢靡，制定音乐防止其放荡。左官记下言论，右官记下行事，外出时戒备森严，回宫时路禁行人。按照春夏秋冬而调整其宽严，依据日月星辰检查得失。因此，自己的言行就成了国家法度，声音就成了时代旋律。不以臣下为无知，身居高位而能倾听下面的呼声；不可掉以轻心，让小小的过失酿成难以挽回的灾难。快乐不可过度，乐极生悲；欲望不可放纵，纵欲成灾。君王居住琼楼玉宇，何等华丽，其实尺幅之地就可以容身。可是像夏桀殷纣那些暴君不明这道理，竟用美玉来修筑楼台宫室。山珍海味任由享用，其实食物只要合口就已很好了。而一味放纵的暴君却贮酒为池，酒糟堆成山。做国君的不要沉溺于女色和打猎，不以奇珍异宝为贵，不听让人堕落的音乐。在内沉迷美色会使人性沦丧，在外沉迷田猎会使人心放荡，贪图稀有的财宝是奢侈浪费，迷恋亡国的音乐会使人淫邪。不要以为自己尊贵就看不起贤能之士，不要认为自己聪明而拒绝规劝。听说夏禹为国事操劳，一顿饭都要中断几次；也听说魏文帝大臣辛毗拉着他的衣服，苦苦劝阻却不采纳。安定那些不顺从的人，要像春天的阳光和秋天的露水那样温和。古代宽厚仁慈的君王，汉高祖可为典范。处理政事，应有脚踏薄冰、面临深渊那样的紧张和高度重视，应当像周文王一样小心谨慎。

《诗》云："不识不知。"《书》曰："无偏无党。"一彼此于胸臆，捐好恶于心想。众弃而后加刑，众悦而后命赏。弱其强而治其乱，伸其屈而直其枉。故曰：如衡如石，不定物以数，物之悬者，轻重自见；如水如镜，不示物以形，物之鉴者，妍蚩自露[1]。勿浑浑而浊，勿皎皎而清；勿汶汶而暗，勿察察而明。虽冕旒蔽目而视于未形[②]，虽黈纩塞耳而听于无声[③]。纵心乎湛然之域，游神于至道之精。扣之者，应洪纤而效响；酌之者，随浅深而皆盈。故曰：天之清，地之宁，王之贞。四时不言而代序，万物无为而受成。岂知帝有其力，而天下和平。吾王拨乱，戡以智力；人惧其威，未怀其德。我皇抚运，扇以淳风；民怀其始，未保其终。爰术金镜[④]，穷神尽性。使人以心，应言以行。包括理体，抑扬辞令。天下为公，一人有庆。开罗起祝，援琴命诗[⑤]。一日二日，念兹在兹[⑥]。惟人所召，自天佑之。争臣司直，敢告前疑。

太宗嘉之，赐帛三百段，仍授以大理寺丞。

注释

① 妍蚩：美好和丑恶。

② 冕旒 liú：冠冕。旒，冕冠前后悬垂的玉串。

③ 黈纩 tǒukuàng：黄丝绵。黈，黄色。纩，丝棉絮。古代帝王戴冕，两旁各挂一小团黄绵，以示不听无益之言。

④ 金镜：比喻明道，即大道。

⑤ 援琴命诗：言舜帝操五弦琴，歌南风之诗。

⑥ 念兹在兹：念念不忘所行之事。

译文

《诗经》写道:“不去认识就不会了解。”《尚书》说:“不偏私,不结党。”为君之道光明正大,必须一视同仁,不随意流露好恶之情。被众人指责的就加以处罚,被众人赞赏的就实行赏赐。打击邪恶整顿乱世,伸张正义昭雪冤案,所以说:好比是秤,它并不确定物体的重量,而物体用秤一称,轻重自然就显示出来了;好比是镜子,它并不赋予物体形状,但是物体在镜子前面一照,美丑自然就显露出来了。国君不要糊里糊涂,是非不分;也不要过分苛刻,以苛察为明。虽然冠冕遮目也应当看到尚未酿成的问题,虽然棉絮塞耳也要听到尚未发出的声音。应使自己的思想驰骋于清澈明净的境界,使自己的精神遨游于大道的精粹天空。像洪钟,随着叩打者用力大小发出不同的声音;像大海,任取水的人用多用少都能满足。所以说:上天得道就会清朗,大地得道就会安宁,王侯得道会天下归心。一年四季默默地交替轮转,寒暑有序;万物不自作主张而自然生成,哪里知道帝王的力量然后才有天下的和平呢?陛下崛起于乱世,凭借智能和武功,挫败群雄。现在,百姓只惧怕您的神威,还没有感激您的恩德。陛下顺应天意,力行淳朴之风;老百姓开始归附,但还未能保持到最终。所以要借助历史的明镜,勤于思考修养德行,以诚心对百姓,用行动实现诺言。基本国策要掌握,语言辞令有褒贬。

让天下成为公有，让皇帝有美好德行。像商汤那样网开三面祝告禽兽逃生以示仁慈，像舜帝那样弹五弦琴颂诗教化百姓。一天又一天，念念在于此。祝福为人自召，上天择善而祐。正直之臣斗胆妄言，敢请陛下三思而行。

唐太宗看后很是赞许，赐给他丝帛三百段，加封他为大理寺丞。

贞观五年，诏曰："在京诸司，比来奏决死囚，虽云三覆，一日即了，都未暇审思，三奏何益？纵有追悔，又无所及。自今后，在京诸司奏决死囚，宜二日中五覆奏，天下诸州三覆奏。"又手诏敕曰："比来有司断狱，多据律文，虽情在可矜而不敢违法，守文定罪，或恐有冤。自今门下省复有据法合死，而情在可矜者，宜录状奏闻。"

译文

贞观五年，唐太宗下诏说："现在京城的各个官府衙门，奏请判处死刑，虽然批报三次，但在一天内就决定了，根本来不及仔细审查，三次审理的规定不是形同虚设吗？这样做的话，即使事后有所反悔，也无可挽救了。从今以后，京城的官府判决死罪，必须在两日内经过五次上奏审核，京城外的，必须经过三次上奏审核。”不久，又亲自手谕下诏说：“过去执法官吏判处案子，大都根据法律条文办事，即使情有可原也不敢违反律令，完全按照条文定罪，这样恐怕会产生很多冤假错案来。从今以后，门下省如果发现根据法令该判处死罪，而情有可原的案子，应该写成状子上奏再审。”

贞观九年，盐泽道行军总管、岷州都督高甑生，坐违李靖节度，又诬告靖谋逆，减死徙边。时有上言者曰：“甑生旧秦府功臣，请宽其过。”太宗曰：“虽是藩邸旧劳，诚不可忘。然理国守法，事须画一，今若赦之，使开侥幸之路。且国家建义太原，元从及征战有功者甚众[1]，若甑生获免，谁不觊觎？有功之人，皆须犯法。我所以必不赦者，正为此也。”

注释

① 元从：最早跟从的人。

译文

贞观九年，盐泽道行军总管、岷州都督高甑生，由于违抗李靖的节制调度，还诬告李靖谋反，被判减免死罪流放到边远地方。当时有人上书为他求情说:“高甑生是当年秦王府的功臣，请求陛下宽免他的过错。”唐太宗说:“他过去曾在秦王府出过力，确实不应该忘记，但是治国守法必须统一，今天如果赦免他，就开了侥幸之路。而且当初太原起兵以来，一开始就响应起义并在征战中立下功劳的人很多，如果高甑生得以免罪，那么谁会不存侥幸之心呢，有功的人，都会依仗功劳犯法作乱。我之所以决定不予赦免，正是为了这个缘故。”

贞观十一年，特进魏徵上疏曰:

臣闻《书》曰:“明德慎罚”,“惟刑恤哉！”《礼》云:“为上易事，为下易知，则刑不烦矣。上人疑则百姓惑，下难知则君长劳矣。”夫上易事，则下易知，君长不劳，百姓不惑。故君有一德，臣无二心，上播忠厚之诚，下竭股肱之力，然后太平之基不坠,“康哉”之咏斯起。当今道被华戎[①]，功高宇宙，无思不服，无远不臻。然言尚于简文，志在于明察，刑赏之用，有所未尽。夫刑赏之本，在乎劝善而惩恶，帝王之所以与天下为画一，不以贵贱亲疏而轻重者也。今之刑赏，未必尽然。或屈伸在乎好恶，或轻重由乎喜怒；遇喜则矜其情于法中，逢怒则求其罪于事外；所好则钻皮出其毛羽，所恶则洗垢求其瘢痕。瘢痕可求，则刑斯滥矣；毛羽可出，则赏因谬矣。刑滥则小人道长，赏谬则君子道消。小人之恶不惩，君子之善不劝，而望治安刑措，非所闻也。

注释

①华戎：原指中原的民族和边疆的少数民族。这里指普天之下。

译文

贞观十一年，特进魏徵上书说：

我看见《尚书》上讲："文王以明德治理天下而谨慎使用刑罚。""舜帝忧念用刑恐有滥施，力求使其不偏颇！"《礼记》说："君上以正理驾驭臣下，臣下侍奉君主就容易；臣下无奸诈，君上对下情就容易知道，这样就用不着多少刑罚了。如果国君和臣子之间互相怀疑，那么老百姓就会疑惑；臣下不易驱使，君上就得劳神费心了。"君主容易侍奉，臣下就容易驱使，君主可以不必操劳，百姓也不会不知所措。所以君主有纯一的美德，臣下就无驳杂的二心，君主广播忠厚之诚，臣下竭尽辅佐之力，这样太平基业才不会毁灭，欢乐的歌声才会四起。当今国泰民安，陛下恩及四海，无人不服，无远不至。但口头上虽然说崇尚精简刑法，于刑罚的实行上仍苛察细枝末节，奖罚的实施有不尽妥当之处。赏罚的根本目的，在于提倡善良、铲除邪恶，因此，帝王不能按贵贱亲疏之别而有轻重之分。如今的赏罚，不一定都能实现《尚书》《礼记》所提倡的那样。有的赏罚标准出于自己的好恶，有的赏罚轻重出于自己的喜怒：遇到高兴时就随心所欲以情代法，遇到生气时就无中生有事外求罪；对于自己所喜欢的就想方设法找他的长处，对于自己所厌恶的就吹毛求疵挑他的毛病。找到毛病就滥施刑罚，找出长处就任意奖赏他。滥刑增长了小人胡作非为的气势，错误的奖赏就会使君子之道消失殆尽。对小人之恶不予以惩罚，对君子之善不予以奖励，如果这样做还指望国家秩序井然，赏罚得法，臣下还没有听说过呢。

且夫暇豫清谈，皆敦尚于孔、老[①]；威怒所至，则取法于申、韩[②]。直道而行，非无三黜[③]，危人自安，盖亦多矣。故道德之旨未弘，刻薄之风已扇。夫刻薄既扇，则下生百端；人竞趋时，则宪章不一。稽之王度，实亏君道。昔州犁上下其手[④]，楚国之法遂差；张汤轻重其心[⑤]，汉朝之刑以弊。以人臣之颇僻，犹莫能申其欺罔，况人君之高下，将何以措其手足乎？以睿圣之聪明，无幽微而不烛，岂神有所不达，智有所不通哉？安其所安，不以恤刑为念；乐其所乐，遂忘先笑之变[⑥]。祸福相倚，吉凶同域，惟人所召，安可不思？顷者责罚稍多，威怒微厉，或以供帐不赡，或以营作差违，或以物不称心，或以人不从命，皆非致治之所急，实恐骄奢之攸渐[⑦]。是知“贵不与骄期而骄自至，富不与侈期而侈自来”，非徒语也。

注释

① 孔、老：指孔子和老子。

② 申、韩：指战国时期的申不害和韩非子。

③ 三黜：三次被罢官。《论语》载柳下惠为士师，三次被罢黜，他说：“直道而事人，焉往而不三黜？”

④ 州犁上下其手：《左传·襄公二十六年》载，楚攻郑，穿封戌俘郑将皇颉，公子围争功，请伯州犁裁处。伯州犁叫俘虏作证，而有意偏袒公子围，于是对皇颉进行暗示：上其手曰：“夫子为王子围，寡君之介弟也。”下其手曰：“此子为穿封戌，方城外之县尹也。谁获子？”皇颉心领神会地说：“我遇上王子，被打败了。”后来把串通作弊、徇私枉法称为“上下其手”。

⑤ 张汤轻重其心：汉张汤为廷尉，断处案件不严格执法，而是揣摩迎合皇上意志，或轻判，或重判，以讨皇上欢心。

⑥ 先笑之变：指命运的变化。

⑦ 攸渐：所渐。攸，助词，用法相当于“所”。

译文

再说平时闲谈都是崇尚孔子、老子的学说，而在发怒逞威时就取法于申不害、韩非子的说法。直道而行的人往往屡遭贬黜，危人自安的事也不少，所以说朝廷的道德未能光大，反而使刻薄之风愈演愈烈。这样一来，百姓中会滋生出许多事端，如果人人趋炎附势，宪章失去了约束力，用帝王的德行法度来衡量，实在有损于君主的品德道行。过去伯州犁上下其手，楚国的法律因此而出现了偏差，张汤以皇上的意志作为量刑的轻重，汉朝的刑法因此产生了弊端。人臣有意偏袒，尚且使别人所受的欺骗不能得以申诉，何况君主任意钦定的高下之分，别人怎能不慌乱而无措呢？以陛下的圣明，明察秋毫，幽暗隐微处无不看得清清楚楚，难道也有神明、圣智没有通达的情形吗？君王应该安百姓所安，不要只存惩罚之念；乐百姓所乐，避免犯古人同样的过失。须知祸福相倚，吉凶相连，关键要看一个人如何选择，怎能不慎重呢？陛下近来责罚较多，发怒逞威也渐渐厉害，或者是因为供奉不足，或者是因为营建的工程违背了命令，或者是因为进贡的物品不称心，或者是因为人臣没有听从命令，这些都非关系国计民生的大事，长此以往，恐怕会使骄奢放纵之情滋生蔓延。所以可知“尊贵之后，虽非有意骄横，可骄横自然会产生；富裕之后，虽不刻意奢侈，而奢侈自然会滋生”，这句话并不是无稽之谈啊！

且我之所代，实在有隋。隋氏乱亡之源，圣明之所临照[①]。以隋氏之府藏譬今日之资储，以隋氏之甲兵况当今之士马，以隋氏之户口校今时之百姓，度长比大，曾何等级？然隋氏以富强而丧败，动之也；我以贫穷而安宁，静之也。静之则安，动之则乱，人皆知之，非隐而难见也，非微而难察也。然鲜蹈平易之途，多遵覆车之辙，何哉？在于安不思危，治不念乱、存不虑亡之所致也。昔隋氏之未乱，自谓必无乱；隋氏之未亡，自谓必不亡，所以甲兵屡动，徭役不息。至于将受戮辱，竟未悟其灭亡之所由也，可不哀哉！

注释

①临照：照耀到。这里是亲眼所见的意思。

译文

我朝所取代的是隋朝，隋朝乱亡的根源，陛下都亲眼看见了。拿隋朝的物资、兵甲、人口和现在的情况相比，成什么比例？然而隋朝以富强而败亡，原因就在于隋炀帝横征暴敛，扰民不已；我朝贫穷反而安宁，原因在于陛下清净无为，实行休养生息。无为而治则天下安定，徭役不已则天下动乱，这个道理人人皆知，并非细微深藏难以察见。然而却很少有人踏上平易之路，更多的是重蹈覆辙，这是什么原因呢？原因就在于不知居安思危，且太平的时候不想着混乱，存活的时候不想着败亡，所以才导致了这样的结果。过去隋朝在未动乱之前，自以为肯定不会动乱；在未灭亡之前，自以为肯定不会灭亡。所以连年征战，徭役不息，以至到了将要灭亡的时候，竟然尚未领悟到自己灭亡的原因，这岂不是十分可悲吗？

夫鉴形之美恶，必就于止水；鉴国之安危，必取于亡国。故《诗》曰："殷鉴不远，在夏后之世。"又曰："伐柯伐柯，其则不远。"臣愿当今之动静，必思隋氏以为殷鉴，则存亡之治乱，可得而知。若能思其所以危，则安矣；思其所以乱，则治矣；思其所以亡，则存矣。知存亡之所在，节嗜欲以从人，省游畋之娱，息靡丽之作，罢不急之务，慎偏听之怒；近忠厚，远便佞，杜悦耳之邪说，甘苦口之忠言；去易进之人，贱难得之货，采尧舜之诽谤[①]，追禹汤之罪己；惜十家之产，顺百姓之心，近取诸身，恕以待物，思劳谦以受益，不自满以招损；有动则庶类以和，出言而千里斯应，超上德于前载，树风声于后昆[②]，此圣哲之宏观，而帝王之大业，能事斯毕，在乎慎守而已。

注释

① 尧舜之诽谤：相传尧舜时于交通要道上竖立木牌，让人在上面写谏言。后来称谤木或诽谤木。

② 后昆：后裔，子孙后代。

译文

要观察自己形态的美丑，必须面对平静的水面；要鉴察国家的安危，必须吸取亡国的教训。所以《诗经》上说："殷朝可以引为借鉴的例子并不远，就在夏朝的末代皇帝。"又说："拿着斧子砍树枝做斧柄，斧柄就在眼前。"为臣但愿当今所采取的政策，一定要以隋朝的灭亡为借鉴。这样，国家的存亡治乱就可以知道了。如果能够思考其危亡的原因，那么我朝就可以大治了；如果能够思考其灭亡的原因，那么就可以生存了。望陛下弄清存亡的关键，听从规劝、节制嗜欲，省却游猎之乐，停止豪华的建造，取消不急之务，谨防偏听之怒；亲近忠良之人，远离奸邪之辈，杜绝悦耳的邪说，采纳苦口利行的忠言。斥退投机取巧的人，鄙视难得的财物，像尧、舜那样竖诽谤木鼓励臣民进谏，像禹、汤那样凡事归罪于自己，爱惜点滴的财物，顺和百姓之心，严以律己，宽以待人，坚持励精图治以求受益，谨防骄傲自满以免招损。这样做事就会得到天下万民的臣服，说话就会一呼百应，道德超越千古，风范垂于后世。这就是圣哲的宏图，帝王的大业。能成就宏伟事业，就在于慎守。

夫守之则易，取之实难。既能得其所以难，岂不能保其所以易？其或保之不固，则骄奢淫泆动之也。慎终如始，可不勉欤！《易》曰："君子安不忘危，存不忘亡，治不忘乱，是以身安而国家可保也。"诚哉斯言，不可以不深察也。伏惟陛下欲善之志，不减于昔时，闻过必改少亏于曩日。若以当今之无事，行畴昔之恭俭，则尽善尽美矣，固无得而称焉。

太宗深嘉而纳用。

译文

守帝王之道容易，创帝王之道艰难。既然能得到了艰难的，难道还保不住容易的吗？如果谨守不住，那就是骄奢淫逸的缘故。慎终如始，怎能不时刻自我勉励呢！《易经》上说："君子安不忘危，存不忘亡，治不忘乱，这样，自身平安的同时，国家也就可以保住了。"这话很对，不可不去深刻理解。想来陛下治理好国家的愿望不减当年，而闻过必改的精神却有点不如往日。如果在今天平安无事的情况下，还像过去那样谦恭节俭，那就尽善尽美了，没有什么人能和陛下相匹敌了。

太宗皇帝对魏徵的意见大为赞赏并予以采纳。

贞观十四年，戴州刺史贾崇以所部有犯十恶者[①]，被御史劾奏。太宗谓侍臣曰："昔陶唐大圣，柳下惠大贤，其子丹朱甚不肖，其弟盗跖为臣恶[②]。夫以圣贤之训，父子兄弟之亲，尚不能使陶染变革[③]，去恶从善。今遣刺史，化被下人，咸归善道，岂可得也？若令缘此皆被贬降，或恐递相掩蔽，罪人斯失。诸州有犯十恶者，刺史不须从坐，但令明加纠访科罪[④]，庶可肃清奸恶。"

注释

① 十恶：大罪。古时把谋反、谋大逆、谋叛、恶逆、不道、大不敬、不孝、不敬、不义、内乱称为十恶。

② 盗跖：春秋时奴隶起义领袖，相传是善于讲究礼节的鲁国大夫柳下惠之弟，过去被蔑称为“盗跖”。

③ 陶染：熏陶感染。

④ 纠访科罪：查纠办罪。

译文

贞观十四年，戴州刺史贾崇因为其部下有人犯了十恶之罪，被御史弹劾上奏。唐太宗听说后对身边的大臣们说：“古代唐尧是大圣，他的儿子丹朱却非常不成器；柳下惠是大贤，他的弟弟盗跖却成了巨恶之人。他们以圣贤之训，以父子兄弟之亲，尚且不能使其子弟受到熏染而发生变化，去恶从善，现在却要求刺史教化百姓都使他们走正道，这怎么可能呢？如果因为所管之地有人犯罪就被贬官降职，恐怕今后都会互相隐瞒罪行，真正的罪人就漏网了。因此各州有犯十恶之罪的，刺史不必连坐获罪，只令其明加查纠惩治，这样才可以肃清奸恶之人。”

贞观十六年，太宗谓大理卿孙伏伽曰[①]：“夫作甲者欲其坚，恐人之伤；作箭者欲其锐，恐人不伤。何则？各有司存，利在称职故也。朕常问法官刑罚轻重，每称法网宽于往代，仍恐主狱之司，利在杀人，危人自达，以钓声价[2]。今之所忧，正在此耳。深宜禁止，务在宽平。”

注释

①孙伏伽：唐贝州武城人，唐高祖时，多有规谏，颇受重视。贞观年间拜为御史，累迁大理卿。

②声价：声名身价。

译文

贞观十六年，唐太宗对大理卿孙伏伽说：“做铠甲的人千方百计使铠甲坚固，唯恐被人击伤；造箭的人希望箭头尖锐，唯恐不能将人射伤。为什么呢？其实他们只是各司其职，都希望自己称职而已。我常常询问司法部门刑罚的轻重情况，他们都说刑罚比前代宽大，但我仍然担心主管断案的官员以杀人为功，沽名钓誉，危害别人以抬高自己。现在我所担心的就在于此！因此，应对沽名钓誉的行为严加禁止，刑罚务必宽平。”

论赦令第三十二

贞观七年，太宗谓侍臣曰："天下愚人者多，智人者少，智者不肯为恶，愚人好犯宪章。凡赦宥之恩，惟及不轨之辈。古语云：'小人之幸，君子之不幸。''一岁再赦，善人喑哑。'凡养稂莠者伤禾稼[①]，惠奸宄者贼良人。昔'文王作罚，刑兹无赦'。又蜀先主尝谓诸葛亮曰：'吾周旋陈元方、郑康成之间[②]，每见启告理乱之道备矣，曾不语赦。'故诸葛亮治蜀十年不赦，而蜀大化。梁武帝每年数赦，卒至倾败。夫谋小仁者，大仁之贼。故我有天下以来，绝不放赦。今四海安宁，礼义兴行，非常之恩，弥不可数，将恐愚人常冀侥幸，惟欲犯法，不能改过。"

注释

① 稂莠 lángyǒu：稂和莠，都是形似禾苗却妨害禾苗生长的杂草。后用以比喻坏人。

②陈元方、郑康成：陈元方，名纪。郑康成，名玄。都是后汉时人。

译文

贞观七年，唐太宗对侍从的大臣们说："天下无知的人多，聪明的人少，聪明人不会做坏事，无知的人却经常触犯法律。所以那些赦免宽宥的恩典，都是给那些不轨之徒设立的。古话说：'小人的幸运，就是君子的不幸。''一再赦宥罪人，好人就不敢再发表意见了。'凡是让稂莠之类的杂草任意生长，就会伤害到田中的禾苗；将恩惠施予奸邪的人就会伤害好人。从前'周文王制定刑罚，对触犯刑罚的一概不予赦宥'。还有蜀国先主刘备曾对诸葛亮说：'我反复读陈元方、郑康成的书，看他们阐述治乱之道已经很齐全了，但从来不曾讲到赦宥。'因此诸葛亮治理蜀国十年不赦，而蜀国大治。梁武帝每年几次赦宥，终于导致倾覆败亡。这种谋求小仁的做法，实际上是对大仁的损害，所以我即位以来，绝不颁发赦令。如今四海安宁，礼义盛行，特殊的恩典，数不胜数。只怕赦宥会使无知的人常存侥幸之心，只想犯法，而不能改正自己的过错。"

贞观十年，太宗谓侍臣曰："国家法令，惟须简约，不可一罪作数种条。格式既多，官人不能尽记，更生奸诈，若欲出罪即引轻条，若欲入罪即引重条。数变法者，实不益道理，宜令审细，毋使互文[①]。"

注释

① 互文：几种含义相同的条文。

译文

贞观十年，唐太宗对侍臣说："国家的法令必须简明扼要，不可以一个罪名定很多种处罚条令。条款太繁琐，官员不能够完全记清楚，反而会生出许多奸诈的事端来。如果要开脱犯人的罪名，有人就会援引从轻的处罚，如果要把罪名硬加到别人头上，就会用从重的处罚。这对国家的治安非常不利。现在，我们应该仔细审定条款，不要有重复相通的条文。"

贞观十一年，太宗谓侍臣曰："诏令格式，若不常定，则人心多惑，奸诈益生。《周易》称'涣汗其大号'，言发号施令，若汗出于体，一出而不复也。《书》曰：'慎乃出令，令出惟行，弗为反。’且汉祖日不暇给，萧何起于小吏，制法之后，犹称画一。今宜详思此义，不可轻出诏令，必须审定，以为永式。”

译文

贞观十一年，唐太宗对侍臣们说：“皇帝发布诏书的格式如果不固定，百姓会无所适从，恐怕会滋生出许多奸诈行为来。《周易》说‘涣汗其大号’，意思是说发号施令就像汗水流出身体，一旦发出就不可收回。《尚书》说‘谨慎地下达命令，命令一出就要坚决执行，不可反复无常’。汉高祖整天忙个不停，萧何也是由小官起家，他们制定出的律令，都整齐划一。如今我们应仔细思考这个问题，不可轻易颁发诏书；格式也一定要小心审定，让它有一个固定的形式。”

长孙皇后遇疾，渐危笃。皇太子启后曰：“医药备尽，今尊体不瘳[1]，请奏赦囚徒并度人入道，冀蒙福佑。”后曰：“死生有命，非人力所加。若修福可延，吾素非为恶者；若行善无效，何福可求？赦者国之大事，佛道者，上每示存异方之教耳[2]，常恐为理体之弊。岂以吾一妇人而乱天下法？不能依汝言。”

注释

① 不瘳 chōu：病情不见好转。

② 异方之教：佛法自西域传来。唐初一些大臣认为自羲、农到汉、魏，皆无佛法，反对佛法。

译文

长孙皇后生了病，病情日渐危重。皇太子承乾向皇后禀告说："所有的医药都用遍了，现在母后的尊体仍不能痊愈，请奏知父皇赦免犯人，并让一些人出家奉佛，以求上天保佑母后痊愈。"长孙皇后说："生死都是命里注定，不是人力所能改变的。如果行善修福能延长寿命，那我向来没做过什么坏事；如果平素行善都无效，那又有什么福可求呢？赦免犯人是国家的大事，佛道不过是皇上有意识保留的一种外来宗教罢了。他还时常顾虑佛教会成为治国大道的障碍，现在怎能因为我一个妇人而乱了国家的法度，不能按你说的办。"

论贡赋第三十三

贞观二年，太宗谓朝集使曰[①]："任土作贡，布在前典[②]，当州所产，则充庭实[③]。比闻都督、刺史邀射声名，厥土所赋，或嫌其不善，逾意外求[④]，更相仿效，遂以成俗。极为劳扰，宜改此弊，不得更然。"

注释

① 朝集使：唐时称各州奉供入京者为朝集使。

② 前典：从前的典籍，此指《尚书·禹贡》。

③ 庭实：陈列于朝堂的贡品。古时诸侯送贡品充于天子之庭，故称贡品为庭实。

④ 逾意外求：非分地从外边搜寻。

译文

贞观二年，唐太宗对从各地来朝廷进贡的使者们说："根据土地物产确定贡赋，这是古代典籍上有记载的，用本州所产的物品充贡品。近来我听说有些都督、刺史追求声名，嫌本地的贡赋不好，就越境到外地寻求，各地相互仿效，形成了风气，这样做会劳民伤财。应该改掉这种弊病，以后不得再这么做了。”

贞观中，林邑国贡白鹦鹉，性辩慧，尤善应答，屡有苦寒之言。太宗悯之，付其使，令还出于林薮。

译文

贞观年间，林邑国向唐太宗进奉了一只白鹦鹉，这只鹦鹉非常聪明，能说很多人话，尤其善于应答，但它在应答之中，竟然经常流露出凄苦无助的言语来。唐太宗很怜悯它，把它交给林邑国使者，让使者将它放归于森林。

贞观十二年，疏勒、朱俱波、甘棠遣使贡方物，太宗谓群臣曰："向使中国不安，日南[①]、西域朝贡使亦何缘而至？朕何德以堪之？睹此翻怀危惧。近代平一天下，拓定边方者，惟秦皇、汉武。始皇暴虐，至子而亡。汉武骄奢，国祚几绝。朕提三尺剑以定四海，远夷率服，亿兆乂安[②]，自谓不减二主也。然二主末途，皆不能自保，由是每自惧危亡，必不敢懈怠。惟藉公等直言正谏，以相匡弼。若惟扬美隐恶，共进谀言，则国之危亡，可立而待也。”

注释

①日南：郡名，秦为象郡，汉后更名，属交州。其地在今越南中部。

②乂安：安定，太平无事。

译文

贞观十二年，西域的疏勒、朱俱波、甘棠国派使者向唐太宗进献特产。唐太宗对朝中各位大臣说：“如果国家不安定，南方的日南、西域各国的朝贡使者怎么会源源不断进入京城呢？我又何德何能得到这样的礼遇？近代以来，能够统一天下，拓宽疆域的，只有秦始皇和汉武帝。但秦始皇残酷暴虐，到他儿子那一代就灭亡了。汉武帝骄傲奢侈，国运几乎被断送。我挥剑平定天下，远方异族纷纷臣服，亿万人民平安无事，自认为功业不逊于这两位帝王。但是这两个帝王最后都穷途末路，不能保全自己。因此，我每天都害怕国家有危难，不敢有丝毫懈怠。只希望各位大臣直言进谏，匡扶朝纲。如果只是一味地赞美功绩，隐瞒过失，满朝都是阿谀奉承的言辞，那么国家的危亡就近在咫尺了。”

贞观十八年，太宗将伐高丽，其莫离支遣使贡白金[1]。黄门侍郎褚遂良谏曰：“莫离支虐杀其主[2]，九夷所不容[3]，陛下以之兴兵，将事吊伐[4]，为辽东之人报主辱之耻。古者讨弑君之贼，不受其赂。昔宋督遗鲁君以郜鼎[5]，桓公受之于大庙[6]，臧哀伯谏曰[7]：‘君人者将昭德塞违，今灭德立违，而置其赂器于大庙，百官象之，又何诛焉？武王克商，迁九鼎于雒邑，义士犹或非之，而况将昭违乱之赂器置诸大庙，其若之何？’夫《春秋》之书，百王取则，若受不臣之筐篚[8]，纳弑逆之朝贡，不以为愆，将何致伐？臣谓莫离支所献，自不合受。”太宗从之。

注释

①莫离支：高丽官名。其职务相当于中国吏部兼兵部尚书。

②莫离支虐杀其主：贞观十六年，高丽东部大人泉盖苏文杀其王武，立王弟子藏为王，自任莫离支官。

③九夷：中国对居住在东方各个民族的通称。

④吊伐：吊民伐罪。慰问被压迫的百姓，讨伐有罪的

统治者。

⑤ 郜鼎：郜国所造之鼎。

⑥ 大庙：周公之庙。

⑦ 臧哀伯：即鲁国大夫臧孙达。

⑧ 筐篚 fěi：盛物的竹器，古代用以装丝帛之类贡物。方形为筐，圆形为篚。

译文

贞观十八年，唐太宗将要攻打高丽，高丽莫离支泉盖苏文派使者向大唐进献白金。黄门侍郎褚遂良进谏说："莫离支杀害了他的国君，为九夷所不容，陛下因此出兵讨伐他，悼唁他们的亡君，是为百姓洗刷国君被杀的耻辱。古人讨伐杀害君主的罪人，是不会接受罪人的贿赂的。春秋时，宋国宋戴公的孙子送给鲁桓公郜国制造的鼎，鲁桓公接受了，把它放置在大庙里，鲁国大夫臧哀伯规劝说：'国君应该弘扬道德，杜绝邪恶，可是大王却在助长邪恶，损害道德，把受贿的物品供奉在大庙之中，文武百官如果效仿，该以何种理由处死他们呢？周武王战胜了商朝，把商朝的九鼎迁移到洛邑，还遭到伯夷等义士的责备，更何况把犯上作乱者贿赂的器物放置在大庙里呢，真不知会产生什么样的后果？'《春秋》这本书是历代国君取法的典籍，如果接受不义臣子的物品和杀君的叛臣的贡奉，而且不觉得是罪过，那么该以何种理由向他们兴师问罪呢？我认为莫离支进献的白金不可接受。”唐太宗听从了他的意见。

贞观十九年，高丽王高藏及莫离支盖苏文遣使献二美女，太宗谓其使曰：“朕悯此女离其父母兄弟于本国，若爱其色而伤其心，我不取也。”并却还之本国。

译文

贞观十九年，高丽国王高藏和莫离支泉盖苏文派使者向唐太宗进献了两个美女，唐太宗对使者说：“我可怜这两个女子，她们离开了自己的父母兄弟，孤苦无依，如果因为爱她们的美色而使她们伤心，那我是不会接受的。”于是把二人送还故土。

辨兴亡第三十四

贞观初，太宗从容谓侍臣曰："周武平纣之乱，以有天下；秦皇因周之衰，遂吞六国。其得天下不殊，祚运长短若此之相悬也？"尚书右仆射萧瑀进曰："纣为无道，天下苦之，故八百诸侯不期而会[①]。周室微，六国无罪，秦氏专任智力，蚕食诸侯。平定虽同，人情则异。"太宗曰："不然，周既克殷，务弘仁义；秦既得志，专行诈力[②]。非但取之有异，抑亦守之不同。祚之修短，意在兹乎！"

注释

① 八百诸侯不期而会：商纣暴虐无道，天下众叛亲离，周武王领兵伐纣。传说天下诸国的诸侯，自发来与武王会师孟津，共同讨伐纣王。

② 专行诈力：专门实行欺诈和暴力。

译文

贞观初年，唐太宗从容地对身边的大臣们说："周武王平定了商纣王之乱，取得了天下；秦始皇乘周王室的衰微，兼并了六国。他们都是一样取得天下，为什么国运长短如此悬殊呢？"尚书右仆射萧瑀回答说："商纣王暴虐无道，天下的人都痛恨他，所以八百诸侯不约而同地来与周武王会师讨伐他。周朝虽然衰微，但六国无罪，秦国完全是倚仗智诈和暴力，像蚕吃桑叶一样，逐渐吞并诸侯的。虽然同是平定天下，人们对待他们的态度却不一样。"太宗说："这样的说法不对，周灭殷以后，努力推行仁义；秦国达到目的以后，却一味地施行暴政，它们不仅在取得天下的方式上有差别，而且守护天下的方式也不相同。国运之所以有长有短，道理大概就在这里吧！"

贞观二年，太宗谓黄门侍郎王珪曰："隋开皇十四年大旱，人多饥乏。是时仓库盈溢，竟不许赈给，乃令百姓逐粮[①]。隋文不怜百姓而惜仓库，比至末年，计天下储积，得供五六十年。炀帝恃此富饶，所以奢华无道，遂致灭亡。炀帝失国，亦此之由。凡理国者，务积于人，不在盈其仓库。古人云：'百姓不足，君孰与足？'但使仓库可备凶年，此外何烦储蓄！后嗣若贤，自能保其天下；如其不肖，多积仓库，徒益其奢侈，危亡之本也。”

注释

① 逐粮：迁往有粮之地。

译文

贞观二年，唐太宗对黄门侍郎王珪说：“隋朝开皇十四年遇到大旱，百姓大多连饭都吃不上。当时国家粮仓贮存甚丰，可是朝廷竟不肯用粮食拯济灾民，下令让老百姓向有粮的地方迁徙。隋文帝不爱惜百姓却吝惜粮食，到了隋朝末年，全国粮仓贮存的粮食，足够五六十年之需。隋炀帝继承父业，依仗国家富庶，所以挥霍无度，极尽奢侈之能事，终于国破家亡。隋炀帝失国，也是由于这一原因。凡是治理国家，首要的任务在于含养民生，不在于充实粮仓。古人说：‘老百姓不富足，国君又怎么能够富足呢？’只要仓库的贮备足以对付灾年，再多贮存粮食又有什么用呢？国君的后代如果贤明，他自然可以保住江山；如果他昏庸，即使粮食满仓，也只是助长他奢侈浪费的习气而已，这是国家危亡的根本原因。”

贞观五年，太宗谓侍臣曰："天道福善祸淫，事犹影响。昔启人亡国来奔，隋文帝不吝粟帛，大兴士众营卫安置，乃得存立。既而强富，子孙不思念报德，才至始毕，即起兵围炀帝于雁门。及隋国乱，又恃强深入，遂使昔安立其国家者，身及子孙，并为颉利兄弟之所屠戮。今颉利破亡，岂非背恩忘义所至也？"群臣咸曰："诚如圣旨。"

译文

贞观五年，唐太宗对侍从的大臣们说："上天给善人降福、给坏人降祸，事必报应。当年突厥的启人可汗被都蓝可汗打败，弃国投奔隋朝。隋文帝不惜粟帛钱财，动员了大批兵士守卫安置，才使他们能够生存下来。后来突厥富强了，启人可汗的子孙却不思报答恩德。到始毕可汗时，就起兵把隋炀帝围困在雁门关。等到隋朝大乱，又恃强深入到内地侵扰，致使当年帮助启人可汗安家立国的隋朝官员自身和子孙，都遭到颉利可汗兄弟的屠杀。如今颉利可汗破灭了，难道不是忘恩负义的下场吗？"大臣们都说："确实像陛下所说的那样。"

贞观九年，北蕃归朝人奏："突厥内大雪，人饥，羊马并死。中国人在彼者，皆入山作贼，人情大恶。"太宗谓侍臣曰："观古人君，行仁义、任贤良则理；行暴乱、任小人则败。突厥所信任者，并共公等见之，略无忠正可取者。颉利复不忧百姓，恣情所为，朕以人事观之，亦何可久矣？"魏徵进曰："昔魏文侯问李克：'诸侯谁先亡？'克曰：'吴先亡。'文侯曰：'何故？'克曰：'数战数胜，数胜则主骄，数战则民疲，不亡何待？'颉利逢隋末中国丧乱，遂恃众内侵，今尚不息，此其必亡之道。"太宗深然之。

译文

贞观九年，北方突厥归顺的人奏疏说："突厥境内连降大雪，人们饥寒交迫，羊和马都一并冻饿而死。住在那里的汉人都跑到山里做了山贼，人情大恶。"唐太宗对侍臣们说："观察古代的君主，实行仁义、任用贤良就能使国家得以治理；施行暴政、任用小人国家就会败亡。突厥所信任的人，你们大家都知道，根本没有忠诚正直的可取之人。颉利可汗又不关心百姓，恣意妄为，我用人情世故来分析，他又怎么可能长久呢？"魏徵进言说："从前魏文侯询问李克：'诸侯之中谁会最先灭亡？'李克回答：

‘吴国先亡。’魏文侯又问：‘为什么呢？’李克说：‘吴国屡战屡胜，经常胜利君主就会骄傲，而经常发动战争就会使民生疲弊，不灭亡还等什么呢？’颉利趁着中原大乱，就依仗自己兵强马壮入侵中原，到今天还不肯罢休，这就是他必然灭亡的原因。”太宗对此非常赞同。

贞观九年，太宗谓魏徵曰："顷读周、齐史，末代亡国之主为恶多相类也。齐主深好奢侈[1]，所有府库用之略尽，乃至关市无不税敛。朕常谓此犹如馋人自食其肉，肉尽必死。人君赋敛不已，百姓既弊，其君亦亡，齐主即是也。然天元、齐主若为优劣[2]？"徵对曰："二主亡国虽同，其行则别。齐主懦弱，政出多门，国无纲纪，遂至亡灭。天元性凶而强，威福在己，亡国之事，皆在其身。以此论之，齐主为劣。"

注释

① 齐主：指齐后主，名纬，世祖之子。

② 天元：北周宣帝，自称天元皇帝。

译文

贞观九年，唐太宗对魏徵说："近来我读北周、北齐的史书，发现末代的亡国君主，所从事的坏事多数都很类似。齐主高纬非常奢侈，把所有府库里的财物都挥霍殆尽，以至于关隘市集没有哪一处不征收赋税的。我常说，这就像嘴馋的人吃自己身上的肉一样，肉吃完了自己也就死了。君主不停地征敛赋税，百姓都已经疲弊了，他们的君主也就灭亡了，齐主就是这样的人。然而后周天元皇帝与齐主相比较，谁优谁劣呢？”魏徵回答说：“二位君主虽然同样亡国，他们的做法还是有所区别。齐主生性懦弱，朝廷政令不一，国家没有纲纪，以至于灭亡。天元帝生性凶悍好强，作威作福独断专行，国家的灭亡都由他一手造成。从这方面来看二位亡国之君，齐后主要劣一些。”

第九卷

议征伐第三十五

武德九年冬，突厥颉利、突利二可汗以其众二十万，至渭水便桥之北[1]，遣酋帅执矢思力入朝为觇[2]，自张声势云：“二可汗总兵百万，今已至矣。”乃请返命。太宗谓曰：“我与突厥面自和亲，汝则背之，我无所愧，何辄将兵入我畿县[3]，自夸强盛？我当先戮尔矣！”思力惧而请命。萧瑀、封德彝等请礼而遣之，太宗曰：“不然。今若放还，必谓我惧。”乃遣囚之。太宗曰：“颉利闻我国家新有内难[4]，又闻朕初即位，所以率其兵众直至于此，谓我不敢拒之。朕若闭门自守，虏必纵兵大掠。强弱之势，在今一策。朕将独出，以示轻之，且耀军容，使知必战。事出不意，乖其本图，制服匈奴，在兹举矣。”遂单马而进，隔津与语，颉利莫能测。俄而六军继至[5]，颉利见军容大盛，又知思力就拘，由是大惧，请盟而退。

注释

① 便桥：桥名。位于长安城北面西头，横跨渭水。

② 觇 chān ：偷偷地察看。

③ 畿县：封建时代京城所管辖的地区。

④ 内难：指武德九年的玄武门之变。

⑤ 六军：古代军制，一万二千五百人为一军。后以六军泛指朝廷的军队。

译文

武德九年冬天，突厥颉利、突利二位可汗率领二十万军队，长驱直入到渭水便桥以北。他们派将领执矢思力入朝面见皇帝以窥探虚实，执矢思力虚张声势地说："二位可汗一共有兵马百万之众，现在已到了京师。"于是请求返回复命。唐太宗说："我与突厥曾当面议定和亲，你们如今却背信弃义，我无所愧疚，而你们凭什么率领大军侵犯我朝，还自夸强盛？我要先杀了你。"思力吓得连忙请求饶命。萧瑀、封德彝等大臣连忙劝止，建议对他以礼相待，并将他遣返回突厥。唐太宗执意不肯，说："不行，如果现在把他遣返，他们一定会认为我害怕了。"于是下令把执矢思力囚禁起来。唐太宗对大臣们说："颉利听说大唐最近国内有难，又欺我刚刚登上帝位。所以率军直逼长安城下，以为我不敢抵抗。我如果关闭城门自守，他们必定纵兵大肆抢掠。强弱之分，在于今日的决策。我决定单独出城，以示对他们的轻视之意，并炫耀我们的兵力，让他们知道战争是不可避免的。要出其不意，挫败他们的计划。制伏匈奴，在此一举了。”话毕，太宗便单人独马前进，隔着渭河对他们喊话，让颉利摸不清虚实。不久，大唐六军相继到达，颉利看到大唐兵力如此强盛，又得知执失思力被囚禁，因而非常惊恐，于是请求签订和约，并很快撤了军。

贞观初，岭南诸州奏言高州酋帅冯盎、谈殿阻兵反叛[①]。诏将军蔺谟发江、岭数十州兵讨之[②]。秘书监魏徵谏曰：“中国初定，疮痍未复，岭南瘴疠[③]，山川阻深，兵远难继，疾疫或起，若不如意，悔不可追。且冯盎若反，即须及中国未宁，交结远人，分兵断险，破掠州县，署置官司。何因告来数年，兵不出境？此则反形未成，无容动众。陛下既未遣使人就彼观察，即来朝谒，恐不见明。今若遣使，分明晓谕，必不劳师旅，自致阙庭[④]。”太宗从之，岭表悉定。侍臣奏言：“冯盎、谈殿往年恒相征伐，陛下发一单使，岭外帖然。”太宗曰：“初，岭南诸州盛言盎反，朕必欲讨之，魏徵频谏，以为但怀之以德，必不讨自来。既从其计，遂得岭表无事，不劳而定，胜于十万之师。”乃赐徵绢五百匹。

注释

① 冯盎、谈殿：冯盎，字明达，高州人，隋亡后据岭表。降唐后被高祖封为越国公。谈殿，当时亦据岭表。

② 蔺谟 mó：太宗时为将军，生卒年不详。

③ 瘴疠：因南方山林中的湿热空气而引起的疾病。瘴，南方热带山林中的湿热空气，古人认为是传染疟疾、瘟疫的病源。

④ 阙庭：帝王所居之处。借指朝廷。

译文

贞观初年，岭南各州县上奏告发高州统帅冯盎、谈殿拥兵反叛，唐太宗下诏令将军蔺谟调动江南道、岭南道几十个州县的士兵前去讨伐。秘书监魏徵进谏劝止说：“中原刚刚获得太平，战争创伤尚未恢复。岭南地区又多瘴疠，山川险阻，士兵行军非常困难，又易闹病。如果达不到预期目的，后悔就来不及了。并且，冯盎如果真的造反，就必须趁中原还不安定之时，他可以勾结南方少数民族，分兵据守险要之地，攻城略地，设置州府。为什么这么多年一直都有人上奏告发他叛乱，却不见他的一兵一卒攻出岭南呢？这就说明反叛未形成事实，不必兴师动众前往讨伐。既然陛下还没派使者前去查明虚实，只听岭南地方官的一面之词，恐怕不明智。现在如果派人去打探，弄清真相，必然不会兴师动众，还可以使他自己上朝述职。”唐太宗接受了这个意见，于是岭南地区避免了一次战火之灾。事后，一位侍臣上奏说：“冯盎和谈殿多年来一直相互作战，陛下只派了一个使者，就使岭南地区获得了太平。”唐太宗也说：“当初岭南的地方官盛传冯盎要叛乱，我决心讨伐他。是魏徵多次劝谏，认为应该采取仁德的策略，不经过战争他必定会自己来朝说明情况。我听从了他的建议，结果不动一兵一卒而使岭南获得安宁，其效果真是胜过十万大军啊。”于是赏赐魏徵绢五百匹。

贞观四年，有司上言：“林邑蛮国，表疏不顺，请发兵讨击之。”太宗曰：“兵者凶器，不得已而用之。故汉光武云：‘每一发兵，不觉头须为白。’自古以来穷兵极武，未有不亡者也。苻坚自恃兵强[①]，欲必吞晋室，兴兵百万，一举而亡。隋主亦必欲取高丽，频年劳役，人不胜怨，遂死于匹夫之手。至如颉利，往岁数来侵我国家，部落疲于征役，遂至灭亡。朕今见此，岂得辄即发兵？但经历山险，土多瘴疠，若我兵士疾疫，虽克剪此蛮，亦何所补？言语之间，何足介意！”竟不讨之。

注释

① 苻坚（338—385 年）：十六国时期前秦皇帝。公元 357—385 年在位。字永固，一名文玉，略阳临渭（今甘肃秦安东南）人，氐族。初为东海王，后杀苻生自立。先后攻灭前燕、前凉、代国，统一了北方大部分地区，并夺取东晋的益州。由于连年用兵，人民负担沉重，加深了境内的阶级矛盾。建元十九年（383 年）征调九十余万军队攻晋，在淝水大败。建元二十一年，为羌族首领姚苌所杀。

译文

贞观四年，有主管大臣报告说：“南方的林邑国上疏的言辞不恭顺，请陛下发兵讨伐他们。”唐太宗说：“兵是杀人的凶器，不到万不得已不要采用，所以汉光武帝说：‘每次发兵都会使我的头发胡须变白。’自古以来，凡是穷兵黩武的人没有不自取灭亡的。苻坚自恃兵力强大，想要吞并晋朝，一次就出兵百万之众，结果一举而亡。隋炀帝也一定要攻破高丽，多年征战劳役不断，老百姓苦不堪言，他终于死于匹夫之手。至于突厥颉利，几年来他多次进犯中原，部落成员被战事拖累得疲惫不堪，终于也灭亡了。有这些前车之鉴，我怎能轻易出战呢？况且发兵林邑国，要翻越崇山峻岭，那里又流行瘴疠，如果士兵们被传染上，即使战胜了这个南蛮之国，又于事何补呢？何况，南蛮林邑只是在言语之间流露不满，又何必太在意呢？”太宗终于不讨伐林邑国。

贞观五年，康国请归附。时太宗谓侍臣曰："前代帝王，大有务广土地，以求身后之虚名，无益于身，其人甚困。假令于身有益，于百姓有损，朕必不为，况求虚名而损百姓乎？康国既来归朝，有急难不得不救；兵行万里，岂得无劳于民？若劳人求名，非朕所欲。所请归附，不须纳也。"

译文

贞观五年，西域的康国请求归顺，唐太宗对侍臣们说："前代的帝王，很多都喜好疆域辽阔，以求为自己博得身后的虚名，其实，这样做既对自己无益，也使百姓劳顿不堪。如果是对自己有益，而对老百姓有害的事情，我决不会做，何况是因为贪虚名而损害百姓的利益呢？康国一旦归顺了我朝，他们有难我们就不得不援救。到那里要行军万里之遥，怎么可能不劳师动众呢？如果为求虚名而使士兵劳顿，我是不会情愿的。关于他们归顺的要求，我不能答应。”

贞观十四年，兵部尚书侯君集伐高昌[①]，及师次柳谷[②]，候骑言：“高昌王麴文泰死[③]，克日将葬，国人咸集，以二千轻骑袭之，可尽得也。”副将薛万均[④]、姜行本皆以为然[⑤]。君集曰：“天子以高昌骄慢，使吾恭行天诛。乃于墟墓间以袭其葬，不足称武，此非问罪之师也。”遂按兵以待。葬毕，然后进军，遂平其国。

注释

① 侯君集（？—643年）：幽州人，以雄才称。初事秦王，征战有功。太宗即位后，任吏部尚书等职。后因从承乾谋计被杀。

② 柳谷：西域地名，在西州交河县（今新疆吐鲁番西北）北二百一十里。

③ 麴文泰死：贞观十四年，高昌王文泰听说唐军已临近，忧惧发病而死。

④ 薛万均：敦煌人，高祖以其勇武授上柱国。万均因

攻袭窦建德、讨击突厥有功，被拜为将军。

⑤ 姜行本：名确，为宣威将军。因平高昌有功，被封为金城郡公。

译文

贞观十四年，兵部尚书侯君集率军讨伐高昌，把兵士驻扎在柳谷，侦察敌情的士官说："高昌王麹文泰听说大唐兵临城下，因为害怕发病身亡了。过些时候他将被安葬，高昌的国民将齐集在一起，到时候用两千骑兵前往袭击，定能一举拿下。"副将薛万均、姜行本都赞同他的计策，侯君集却说："皇上是因为高昌骄傲轻慢，才派我们诛灭他们。如果趁他们国葬期间去偷袭，不足以表现大唐的威武，更不能表明我们是讨伐罪人的正义之师。"于是按兵不动，等他们葬礼结束了才出兵征讨，很快平定了高昌。

贞观十六年，太宗谓侍臣曰："北狄世为寇乱，今延陀倔强[①]，须早为之所。朕熟思之，惟有二策：选徒十万，击而虏之，涤除凶丑，百年无患，此一策也。若遂其来请，与之为婚媾。朕为苍生父母，苟可利之，岂惜一女！北狄风俗，多由内政，亦既生子，则我外孙，不侵中国，断可知矣。以此而言，边境足得三十年来无事。举此二策，何者为先？”司空房玄龄对曰：“遭隋室大乱之后，户口太半未复，兵凶战危，圣人所慎，和亲之策，实天下幸甚。”

注释

①延陀：即薛延陀，中国古代部落名，铁勒诸部之一，初属突厥。唐贞观三年（629年），太宗加封其首领为可汗。四年，助唐灭突厥，二十年发生内乱，为唐所破。

译文

贞观十六年，唐太宗对侍臣说：“北狄历来凶残，还时常制造叛乱，现在薛延陀很强盛且不顺服，应该早日处置他们。我仔细考虑了两个策略：选派十万精兵，讨伐虏获他们，铲除这个祸患，可确保百年没有祸患，这是一策。另外，如果满足他们的请求，与之结成姻亲，又将怎么样呢？我乃百姓的父母，如果可以有利于天下，出嫁一个女儿又何足惜！北狄的风俗，许多事是由皇后做主，如果有了后代，就是我的外孙，他不会侵犯中原，这是肯定的。由此可确保边境三十年太平无事。这两个计策，哪一个好呢？”司空房玄龄说：“隋末大乱之后，中原百姓死伤过半，还没恢复元气，用兵征战，圣明的人对此都很谨慎。和亲的策略，如果能实施，实在是万民之大幸啊。”

贞观十七年，太宗谓侍臣曰："盖苏文弑其主而夺其国政，诚不可忍。今日国家兵力取之不难，朕未能即动兵众，且令契丹、靺鞨搅扰之[①]，何如？"房玄龄对曰："臣观古之列国，无不强陵弱，众暴寡。今陛下抚养苍生，将士勇锐，力有余而不取之，所谓止戈为武者也[②]。昔汉武帝屡伐匈奴，隋主三征辽左，人贫国败，实此之由，惟陛下详察。"太宗曰："善！"

注释

① 契丹、靺鞨：古代北方部族。

② 止戈为武：止、戈合起来成为"武"字。只有平定暴乱，止息兵戈，才是真正的武功。

译文

贞观十七年，唐太宗对侍臣说："高丽逆臣盖苏文杀害了他的主子，夺去政权，确实令人不能容忍。现在用大唐的兵力去平定他们并不难，但我不准备马上兴师动众前去讨伐，先命令契丹、靺鞨去搅乱他们，怎么样？”房玄龄说：“我发现古代的国家，无不以强凌弱，以众克寡。现在，陛下含养天下苍生，将士骁勇善战，国力如此强盛却不实行强攻，这就是古人所说的止戈为武啊。过去汉武帝多次征讨匈奴，隋炀帝三次攻打辽东，国破家亡由此产生。请陛下详察。”唐太宗说：“你说得不错。”

贞观十八年，太宗以高丽莫离支贼杀其主，残虐其下，议将讨之。谏议大夫褚遂良进曰：“陛下兵机神算[①]，人莫能知。昔隋末乱离，克平寇难，及北狄侵边，西蕃失礼[②]，陛下欲命将击之，群臣莫不苦谏，惟陛下明略独断，卒并诛夷。今闻陛下将伐高丽，意皆荧惑。然陛下神武英声，不比周、隋之主，兵若渡辽，事须克捷，万一不获，无以威示远方，必更发怒，再动兵众。若至于此，安危难测。”太宗然之。

注释

① 兵机神算：形容用兵的智谋特别高明。

② 北狄侵边，西蕃失礼：指东突厥在唐初多次侵犯唐境，吐谷浑伏允可汗在唐初经常骚扰唐境。

译文

贞观十八年，唐太宗因为高丽国的莫离支弑杀君主，残暴地对待下属，商议兴兵予以讨伐，谏议大夫褚遂良进谏说：“陛下用兵智谋神妙，平庸的人不能了解您的谋略，过去隋末天下纷争，陛下平定了贼寇；后来北狄对边境进行侵犯，西方少数民族对大唐失礼，陛下要出兵打击，臣子们没有谁不苦苦劝阻。由于陛下圣明，远见卓识，终于一一讨平了这些异族。现在听说陛下要讨伐高丽，大家都感到很疑惑。然而陛下英明神勇，是周、隋的君主无法相比的。可是，士兵们一旦渡过辽河，必须速战速决，万一有点闪失，不仅无法向远方异族显示朝廷的神威，陛下必定因此更加生气，再次兴师动众。如果到了这种地步，国家的安危就难以预料了。”唐太宗认为他的话很有道理。

贞观十九年，太宗将亲征高丽，开府仪同三司尉迟敬德奏言：“车驾若自往辽左，皇太子又监国定州，东西二京，府库所在，虽有镇守，终是空虚，辽东路遥，恐有玄感之变[①]。且边隅小国，不足亲劳万乘。若克胜，不足为武，倘不胜，翻为所笑。伏请委之良将，自可应时摧灭。”太宗虽不从其谏，而识者是之。

注释

① 玄感之变：当年隋炀帝亲征高丽，吏部尚书杨玄感乘机起兵反隋，兵至十余万，围攻东都洛阳，月余不克，乃解围西行，欲取关中，至弘农宫为随军追及，败死。

译文

贞观十九年，唐太宗将亲自征伐高丽，开府仪同三司尉迟敬德上奏说：“陛下如果亲征辽东，皇太子现在又在定州监国，长安、洛阳二京是国库重地，虽然都设有官府、兵库，有兵士把守，但终归很空虚。辽东又路途遥远，恐怕会出现隋炀帝亲征高丽时，杨玄感趁机起兵围攻东都的变故。并且，高丽乃边远的小国，何劳陛下亲自征讨。如果取胜，也不足以显示大唐的神勇，倘若失败，岂不贻笑世人？我请求陛下委派良将去征讨，自然可以很快将他们摧毁。”唐太宗虽然没有采纳他的意见，但是他的建议赢得了当朝一些有识之士的赞许。

礼部尚书江夏王道宗从太宗征高丽，诏道宗与李勣为前锋，及济辽水克盖牟城，逢贼兵大至，军中佥欲深沟保险[1]，待太宗至，徐进。道宗议曰："不可，贼赴急远来，兵实疲顿，恃众轻我，一战可摧。昔耿弇不以贼遗君父[2]，我既职在前军，当须清道以待舆驾。"李勣大然其议。乃率骁勇数百骑，直冲贼阵，左右出入，勣因合击，大破之。太宗至，深加赏劳。道宗在阵损足，帝亲为针灸，赐以御膳。

注释

① 佥：都，皆。

② 耿弇 yǎn：后汉茂陵人，字伯昭，从光武帝为大将军，多次征战，光武帝即位后，授建威大将，封好畤侯。

译文

礼部尚书江夏王李道宗跟随唐太宗征伐高丽，唐太宗命李道宗和李勣为先锋。他们渡过辽水，攻克了盖牟城之后，敌军大举进攻，军中将士都想挖深沟以求保险，等唐太宗到了，再慢慢攻打他们。李道宗坚决反对，说："不行，敌军远道而来，士兵已经疲惫不堪了，且倚仗人马多轻视我们。只要我们敢于出击，一次战斗就可以摧毁他们。汉时，耿弇不把敌军留给汉光武帝处置。我们既然是先锋，就应当清除敌人为陛下开路。"李勣非常赞同他的意见。于是李道宗率领几百名骁勇善战的骑兵，径向敌人的阵地冲去，加上李勣的接应，前后夹击，大败敌军。唐太宗不久赶来，对他们大加赞赏和犒劳。李道宗在战斗中伤了脚，唐太宗亲自替他针灸治疗，还赐给他御膳。

太宗《帝范》曰[①]："夫兵甲者，国家凶器也。土地虽广，好战则人凋；中国虽安，忘战则人殆。凋非保全之术，殆非拟寇之方[②]，不可以全除，不可以常用。故农隙讲武，习威仪也；三年治兵，辨等列也。是以勾践轼蛙[③]，卒成霸业；徐偃弃武[④]，终以丧邦。何也？越习其威，徐忘其备也。孔子曰：'以不教民战，是谓弃之。'故知弧矢之威，以利天下，此用兵之职也。"

注释

①《帝范》：贞观二十二年正月，太宗作《帝范》十二篇以赐太子。包括《君体》《建亲》《求贤》《审官》《纳谏》《去谗》《诫盈》《崇俭》《赏罚》《务农》《阅武》《崇文》。

② 拟寇：揣度敌情，以待敌人。

③ 勾践轼蛙：轼，古代车厢扶手横木，古人立乘，扶轼表示敬意。相传越王勾践为报仇雪耻，将出兵伐

吴，途中见怒蛙，即凭轼为敬。从者问他为什么，勾践说："蛙见敌而有怒气，故为之轼。"意在借以激励士卒的锐气。

④ 徐偃弃武：徐偃，西周时徐戎的首领，僭称偃王。周穆王命令楚国讨伐他，徐偃说："我依靠的是文德，不是武备，所以落到这种地步。"后为楚所败。

译文

唐太宗在他作的《帝范》里写道："武器、铠甲是国家的凶器。即使疆域辽阔，穷兵黩武也会使民生凋敝；国家虽然平静，但忽略战备百姓就会懈怠。民生凋敝不是保全国家的办法，百姓懈怠更不是御敌的策略。武装既不可完全解除，又不可经常使用。因此百姓农闲时，应讲习武艺，让百姓练习军队的仪制；三年练兵，以让百姓了解作战的队列。所以越王勾践为雪亡国之耻，征途中每次见到怒蛙都要致敬，他说：'即使是青蛙也有一腔仇怒啊。'他礼敬怒蛙，终于成其霸业。徐偃放弃武功，依赖文德，后来周穆王命令楚侯将他灭掉。这是为什么呢？就是因为越王加强武功，徐偃忘记战备。孔子说：'不教民战事，是自我放弃，将国家拱手让给别人。'因此要知道，弓箭的威力是为了安定天下，这就是用兵的作用。"

贞观二十二年，太宗将重讨高丽。是时，房玄龄寝疾增剧，顾谓诸子曰："当今天下清谧[①]，咸得其宜，惟欲东讨高丽，方为国害。吾知而不言，可谓衔恨入地。"遂上表谏曰：

臣闻兵恶不戢，武贵止戈。当今圣化所覃[②]，无远不暨。上古所不臣者，陛下皆能臣之；所不制者，皆能制之。详观古今，为中国患害，无过突厥。遂能坐运神策，不下殿堂。大小可汗，相次束手，分典禁卫，执戟行间。其后延陀鸱张[③]，寻就夷灭，铁勒慕义[④]，请置州县，沙漠已北，万里无尘。至如高昌叛涣于流沙，吐浑首鼠于积石[⑤]，偏师薄伐，俱从平荡。高丽历代逋诛，莫能讨击。陛下责其逆乱，杀主虐人，亲总六军，问罪辽碣[⑥]。未经旬日，即拔辽东，前后虏获，数十万计，分配诸州，无处不满。雪往代之宿耻，掩崤陵之枯骨[⑦]，比功校德，万倍前王。此圣主所自知，微臣安敢备说。

注释

① 清谧 mì：安宁，平静。

② 覃 tán：延及，深入。

③ 鸱 chī 张：凶暴、嚣张之意。鸱，恶鸟，即鹞鹰。

④ 铁勒慕义：指贞观二十年，江夏王道宗击败薛延陀部后，遣使诏谕铁勒诸部，铁勒诸部自愿归顺唐朝事。

⑤ 吐浑首鼠于积石：吐谷浑在积石关进退不定，指贞观八年吐谷浑伏允可汗侵犯唐梁州事。首鼠，踌躇不决，进退不定。积石，即积石关，在甘肃省临夏县城西北。

⑥ 辽碣：泛指渤海、辽东一带。

⑦ 掩崤陵之枯骨：晋人及姜戎曾大败秦师于崤。后秦伯伐晋，晋人不出，于是将前次死难于崤的将士尸骨敛集掩埋。本文取报仇雪耻之意。

译文

贞观二十二年，唐太宗将再次征讨高丽，当时司空房玄龄卧病在家，病情越来越重，他环顾站在身边的儿子们说："当今天下太平无事，朝政措施无不得当，而陛下却要讨伐高丽，将有害于国家，我如果知道它的危害却不指出来，就会抱恨终生的。"于是上疏劝阻说：

我听说兵器不宜常用，而打仗贵在不战而胜。当今，皇上的恩德泽被四方，无所不及。古代不能臣服的异族，陛下都使他们归顺了；古代不能够攻克的国家，陛下无不所向披靡。纵观历史，成为中原祸患的莫过于突厥，而陛下却能运筹帷幄，不下朝堂，就使突厥大小可汗俯首称臣；充当宫禁的宿卫，持戟于行伍之间。后来薛延陀部族气焰嚣张，也很快败于大唐的神威之下。铁勒诸部仰慕陛下德义，请求归顺，于是朝廷在那里设置州县。大漠以北，再也没有战争的尘烟。至于高昌在流沙的叛乱，吐谷浑在积石进退不定，陛下只派遣了一个偏师，就将他们一一平定了。高丽人历代叛乱，没有谁可以征服。陛下怪罪他们谋反作乱，杀死国君，鱼肉百姓，于是亲自统率六军，进伐辽东，向他们兴师问罪。不过一旬，就攻克辽东，前后俘虏的敌军，达到十万之多，把他们发配到各州充军，都人满为患了。一雪历代宿耻，大慰烈士在天之灵。与古代帝王的功德相比，陛下胜过他们何止万倍。这是陛下都很清楚的，微臣怎么敢一一细说！

且陛下仁风被于率土，孝德彰于配天。睹夷狄之将亡，则指期数岁；授将帅之节度，则决机万里。屈指而候驿，视景而望书，符应若神[①]，算无遗策[②]。擢将于行伍之中[③]，取士于凡庸之末。远夷单使，一见不忘；小臣之名，未尝再问。箭穿七札[④]，弓贯六钧[⑤]。加以留情坟典，属意篇什[⑥]，笔迈钟、张，词穷贾、马。文锋既振，则宫徵自谐[⑦]；轻翰暂飞，则花葩竞发。抚万姓以慈，遇群臣以礼。褒秋毫之善，解吞州之网。逆耳之谏必听，肤受之愬斯绝[8]。好生之德，禁障塞于江湖；恶杀之仁，息鼓刀于屠肆。凫鹤荷稻粱之惠[9]，犬马蒙帷盖之恩。降尊吮思摩之疮，登堂临魏徵之柩。哭战亡之卒，则哀动六军；负填道之薪，则情感天地。重黔黎之大命，特尽心于庶狱[10]。臣心识昏愦，岂足论圣功之深远，谈天德之高大哉？陛下兼众美而有之，靡不备具，微臣深为陛下惜之重之，爱之宝之。

注释

① 符应：古时以所谓天降福瑞，附会与人事相应。

② 筭 suàn：谋划，策略。

③ 行 háng 伍：古代军队编制，五人为“伍”，二十五人为“行”。后行伍泛指军队士兵。

④ 箭穿七札：射箭能射穿七层铠甲叶。这里借春秋时养由基百步穿杨、箭透七札的典故来称赞唐太宗的武功。

⑤ 弓贯六钧：能拉满六钧的硬弓。这里借春秋时颜高能拉硬弓的典故来赞美唐太宗的武功。

⑥ 篇什：《诗经》的“雅”“颂”以十篇为“什”，故诗章又称篇什。

⑦ 宫徵：中国古代称宫、商、角、变徵、徵、羽、变

宫为七声，相当于现在的1、2、3、4、5、6、7。宫徵是七声中的两个重要音级，本文代指音调。

⑧肤受之愬斯绝：肤受，指谗言。愬指进谗言，馋毁。此句意为谗毁的诽谤一律杜绝。

⑨凫鹤荷稻粱之惠：野鸭与鹤承受了用稻粱喂养的恩惠。凫，野鸭。

⑩庶狱：老百姓的官司。

译文

况且陛下仁德遍及四方，孝道和德行齐于高天。英明预见，几年前就指出夷狄将亡之期；正确决策，即便在万里之遥的边关也能决断军务；扳着指头等待驿使到达，看着日影期望捷报传来，事事不出所料。在士兵中提拔将领，在凡夫中选择俊才。即使是远方异族的一个使者，陛下也能过目不忘；一个小官的名字，陛下只要询问一次就能记牢。陛下一箭可以射穿七札，六钧重的弓可以一下拉满；加之陛下喜欢阅读古代典籍，注意揣摩文章妙趣，书法超过钟繇、张芝，文笔胜过贾谊、司马相如。陛下文风劲健，音律自然和谐；飞毫泼墨，笔下即可生花。陛下对百姓仁慈宽厚，对群臣注重礼数；虽小善也给予褒奖，施刑罚则力求宽大；能倾听逆耳的忠言，谗言毁谤一律杜绝。天性爱惜生命，禁止在江湖中设置障碍；仁善不杀，不准在肉肆中乱用刀子；野鸭、鹤等得到稻粱的喂养，犬马享受到帷幔庇护，真是恩德普及自然万物啊。陛下不惜屈尊，亲自为被流箭射伤的大将军李思摩吮血，亲自到魏徵的灵堂祭拜；为战争中阵亡的将士痛哭，哀恸之情震动六军；还亲自背柴填充道路，身先士卒之情足以感动天地。陛下重视黎民的生命，细心审察各种案件。为臣昏聩糊涂，有何资格谈论陛下的大恩大德、大仁大义！陛下兼具各种美德，没有哪方面缺失，微臣深切地为陛下珍惜重视这些美德，爱护和宝贵这些美德。

《周易》曰："知进而不知退，知存而不知亡，知得而不知丧。"又曰："知进退存亡，而不失其正者，其惟圣人乎！"由此言之，进有退之义，存有亡之机，得有丧之理，老臣所以为陛下惜之者，盖谓此也。《老子》曰："知足不辱，知止不殆。"臣谓陛下威名功德，亦可足矣；拓地开疆，亦可止矣。彼高丽者，边夷贱类，不足待以仁义，不可责以常理。古来以鱼鳖畜之，宜从阔略[①]。必欲绝其种类，深恐兽穷则搏[②]。且陛下每决死囚，必令三覆五奏，进素食，停音乐者，盖以人命所重，感动圣慈也。况今兵士之徒，无一罪戾，无故驱之于战阵之间，委之于锋刃之下，使肝脑涂地，魂魄无归，令其老父孤儿、寡妻慈母，望轊车而掩泣[3]，抱枯骨而摧心，足变动阴阳，感伤和气，实天下之冤痛也。且兵，凶器；战，危事，不得已而用之。向使高丽违失臣节，而陛下诛之可也；侵扰百姓，而陛下灭之可也；久长能为中国患，而陛下除之可也。有一于此，虽日杀万夫，不足为愧。今无此三条，坐烦中国，内为旧主雪怨，外为新罗报仇，岂非所存者小，所损者大？

注释

① 阔略：宽缓简略，意即适当放宽政策。

② 兽穷则搏：野兽被逼得无路可走时就要反扑。

③ 轊 wèi 车：指拉尸体的车子。轊，古代车子上的零件名。

译文

《周易》上写道："只知道前进而不知道后退，只知道生存而不知道死亡，只知道得到而不知道失去。"还写道："知道进退存亡的道理，而不失分寸尺度的，只有圣人啊。"因此，前进之中包含着后退的因素，生存之中隐藏着死亡的隐患，获得之中存在着失去的可能。我之所以为陛下担忧的原因，正在于此。《老子》说："知道满足就不会遭受耻辱，知道停止就不会遇到危险。”我认为，陛下的威名功德可以感到满足了，扩大国土开拓疆域也该适可而止了。高丽国，乃边远地方的低贱族类，不值得用仁义对待他们，也不可能用常理来要求他们。自古以来，把它当作鱼鳖来畜养，所以应该对它从宽看待，如果一定要灭绝这一族类，我非常担心它会像野兽被逼得无路可走时那样拼死反扑。陛下每次处决死囚，一定要求三番五次地奏报，并且吃素食、听音乐，都是因为人命关天，感动了陛下的圣慈之心。况且，现在的士兵没有一点过错，无缘无故让他们投身战火之中，使他们肝脑涂地，成为无家可归的冤魂，让他们的老父孤儿、寡妻慈母望着灵车痛哭流涕，抱着尸骨捶胸顿足。这足以使天地之间的阴阳发生变异，天怒人怨，实在是天底下最惨痛的事情啊。并且，兵器是凶险的用具，战争是危险的事情，不到万不得已不可动用。如果高丽失掉了臣子的礼节，陛下要诛杀它是可以的；如果它侵犯了我国百姓，陛下要灭掉它也是可以的；如果因为它长期以来是中原的心腹之患，陛下要铲除它也是可以的。假使其中有一个理由成立，哪怕一日杀一万个敌寇，也不值得内疚。可是现在高丽三条罪状都不成立，却要给中原百姓增添无尽的痛苦和烦恼，对内为其旧主雪冤，对外为新罗报仇，这难道不是所得者小，所失者大吗？

愿陛下遵皇祖老子止足之诫，以保万代巍巍之名。发霈然之恩[1]，降宽之大诏，顺阳春以布泽，许高丽以自新，焚凌波之船，罢应募之众，自然华夷庆赖，远肃迩安。臣老病三公，朝夕入地，所恨竟无尘露，微增海岳。谨罄残魂余息，豫代结草之诚[2]。倘蒙录此哀鸣，即臣死骨不朽。

太宗见表，叹曰："此人危笃如此，尚能忧我国家。"虽谏不从，终为善策。

注释

① 霈 pèi 然之恩：像甘霖一样的恩情。

② 结草：用春秋魏颗事，比喻受恩深重，虽死也要报答。

译文

但愿陛下遵照远祖老子"知止为足"的警戒，以确保万代崇高的美名。广施盛大的恩惠，降下宽大的诏令，顺应温和的春光而布施恩泽，给高丽以改过自新的机会。烧掉战船，停止征兵，这样各民族人民自然庆幸，远邦恭敬，国内安宁。为臣身为年老多病的三公，活不了几天了，遗憾的是不能对国家做出微薄的贡献，使大海和山岳能稍稍生辉。在此谨尽残存的魂魄和剩余的气息，权且作为为臣死后报答陛下的知遇之恩。如果陛下垂恩，听得进老臣临终的话，那么为臣死有何憾呢？

太宗看了这篇奏书，感叹道："此人病危到这种地步，还能为国家担忧。"虽然没有接纳房玄龄的规谏，但还是认为他的意见是治国的善策。

贞观二十二年，军旅亟动，宫室互兴，百姓颇有劳弊。充容徐氏上疏谏曰[①]：

贞观已来，二十有余载，风调雨顺，年登岁稔，人无水旱之弊，国无饥馑之灾。昔汉武帝，守文之常主，犹登刻玉之符[②]；齐桓公，小国之庸君，尚涂泥金之事。望陛下推功损己，让德不居。亿兆倾心，犹阙告成之礼；云、亭伫谒[③]，未展升中之仪[④]。此之功德，足以咀嚼百王，网罗千代者矣。然古人有云："虽休勿休。"良有以也。守初保末，圣哲罕兼。是知业大者易骄，愿陛下难之；善始者难终，愿陛下易之。

注释

① 充容：唐时女官号，皇帝九嫔之一。徐氏：名惠，通经书，能文章，太宗召为才人，后升为充容。

② 刻玉之符：与文中所说的"泥金之事"均为古代一

种封禅仪式。刻玉之符，即玉牒，古代帝王封禅郊祀所用的文书；泥金，指封禅用的石泥金绳。

③云、亭：传说黄帝禅亭亭山，五帝禅云云山，都是泰山下的两座小山，为古代帝王举行封禅大典时的祭祀之处。

④升中之仪：古代帝王祭天以告事业成功的仪式。

译文

贞观二十二年，战争频仍，又大兴土木，老百姓都感到不堪重负。宫中充容徐氏上疏说：

贞观以来，二十多年风调雨顺，五谷丰收，国家没有水旱之灾，百姓没有饥荒的灾难。过去，汉武帝沿用汉文帝休养生息的制度，但后来还是到泰山封禅，把功业敬告上天；齐桓公，只是一个小国的平庸之君，也行封禅之事，以显示他的文治武功。陛下却谦虚自持，有大功而不居，有大德而能让。亿万人民仰戴，仍未行告成的大典；云、亭二山待谒，仍未肯亲行祭天的仪式。这样的功德，足以光辉万代，流芳千古。然而古人说："天下虽然太平，但不可放纵情欲。"实在很有道理。能谨小慎微，善始善终，古来圣哲也很少有人能做到。这就可以明白功业盛大的人容易骄傲，愿陛下使骄傲难以产生；善始容易善终难，愿陛下能够使它容易保持。

窃见顷年以来，力役兼总，东有辽海之军[①]，西有昆丘之役[②]，士马疲于甲胄[③]，舟车倦于转输。且召募役戍，去留怀死生之痛，因风阻浪，人米有漂溺之危。一夫力耕，年无数十之获；一船致损，则倾覆数百之粮。是犹运有尽之农功，填无穷之巨浪；图未获之他众，丧已成之我军。虽除凶伐暴，有国常规，然黩武玩兵，先哲所戒。昔秦皇并吞六国，反速危祸之基；晋武奄有三方[④]，翻成覆败之业。岂非矜功恃大，弃德轻邦，图利忘害，肆情纵欲？遂使悠悠六合，虽广不救其亡；嗷嗷黎庶，因弊以成其祸。是知地广非常安之术，人劳乃易乱之源。愿陛下布泽流人，矜弊恤乏，减行役之烦，增雨露之惠。

注释

① 东有辽海之军：指贞观十八年太宗讨伐高丽事。

② 西有昆丘之役：指贞观二十二年唐朝西征龟兹事。

③ 甲胄：古时战士穿用的铠甲和头盔。泛指战事。

④ 三方：指魏、蜀、吴三方之地。

译文

我发现近年来战徭役兵役同时进行，东有征辽的军队，西有昆丘之役，士兵、战马都苦不堪言，战船兵车也很艰难地在运转输送。并且被招募从军戍边的将士，与亲人分离都怀有生离死别的切肤之痛。因为路途坎坷，风高浪急，人员和粮米随时有葬身鱼腹的危险。一个农夫辛勤耕种，一年不过有几十石的收成；可一遇到翻船，顷刻间几百石粮食就会化为乌有。这就等于把有限的收成填入无边的大海，贪图未到手的胜利反而丢失了自己的民众。虽然铲除顽敌是国家的职责，但穷兵黩武也是先哲们极力避免的。过去秦始皇吞并了六国，反而加速了他自身的灭亡；晋武帝拥有魏蜀吴之地，却转眼败亡，这难道不是因为他们居功自傲、放弃仁德、轻视国家、图谋利益、忘记祸患、放纵恣情的结果吗？所以天地虽大也不能挽救其灭亡，穷苦百姓因饥饿哀嚎而群起造反。因此，国土广袤并非就是国家长久安全的保证，人民劳顿则是国家动乱的源头。希望陛下对老百姓施加恩惠，怜悯救济贫困疲乏之人，减轻他们的劳役负担，让老百姓享受到朝廷恩德的雨露。

妾又闻为政之本，贵在无为。窃见土木之功，不可遂兼。北阙初建，南营翠微，曾未逾时，玉华创制，非惟构架之劳，颇有功力之费。虽复茅茨示约，犹兴木石之疲，假使和雇取人，不无烦扰之弊。是以卑宫菲食[①]，圣王之所安；金屋瑶台，骄主之为丽。故有道之君，以逸逸人；无道之君，以乐乐身。愿陛下使之以时，则力不竭矣；用而息之，则心斯悦矣。

注释

①卑宫菲食：住简陋的房子，吃粗淡的茶饭。

译文

臣妾又听说治政的根本贵在无为。因此，我以为土木工程不可连续不断地进行。北边皇宫刚建好，就在南边建翠微宫，没过多久又要建玉华宫，这不只是浪费材料，对人力也是一个极大的浪费。虽一再表示建筑要低标准力求俭约，但还是需要伐木采石，即使用官费雇工，也不免烦扰百姓。要知道简陋的宫室和粗淡的茶饭是圣明的君主所安心受用的，而金碧辉煌的殿堂只有骄逸的君主才认为是美丽的。所以有道的君主是以休养生息使百姓安逸；无道的君主是以淫乐享受来满足自己的欲望。但愿陛下使用民力不违农时，合理而适当使用人力，那么他们的力气就不会枯竭，使用之后给他们以休息的机会，那么他们心里就会感到高兴了。

夫珍玩技巧，为丧国之斧斤[①]；珠玉锦绣，实迷心之酖毒[②]。窃见服玩鲜靡，如变化于自然，职贡奇珍，若神仙之所制，虽驰华于季俗，实败素于淳风。是知漆器非延叛之方，桀造之而人叛；玉杯岂招亡之术，纣用之而国亡。方验侈丽之源，不可不遏。夫作法于俭，犹恐其奢；作法于奢，何以制后？伏惟陛下明照未形，智周无际，穷奥秘于麟阁[③]，尽探赜于儒林[④]。千王理乱之踪，百代安危之迹，兴亡衰乱之数，得失成败之机，固亦包吞心府之中，循环目围之内，乃宸衷久察[⑤]，无假一二言焉。惟知之非难，行之不易，志骄于业著，体逸于时安。伏愿抑志裁心，慎终成始，削轻过以添重德，择今是以替前非，则鸿名与日月无穷，盛业与乾坤永泰！

太宗甚善其言，特加优赐甚厚。

注释

① 斧斤：原为砍木的工具。这里指败国之器。

② 酖毒：毒药，毒酒。

③ 麟阁：即麒麟阁。汉代萧何建，在未央宫。汉宣帝时曾画霍光等十一位功臣像于阁中，以表彰他们的

功绩。后来多以麟阁或麒麟阁表示卓越的功勋和最高的荣誉。

④ 探赜 zé：探索幽深玄妙的道理。

⑤ 宸衷久察：帝王久已察知。

译文

那些珍奇的玩物和浮华的技巧就像是使国家败亡的刀斧，珠玉的摆设和华丽的服饰就像是使人心惑乱的毒酒。臣妾发现衣服和玩物纤巧华丽，而且千姿百态、变化多端。别人进献的奇珍异宝玲珑剔透，犹如神仙制造的一般。虽说竞求华丽为时俗所难免，但实际上却败坏了淳朴的社会风尚。要知道漆器并不是产生叛离的东西，夏桀加以制造却导致了民心的离叛；玉杯也不是招灾惹祸的东西，商纣加以使用却导致了国败身亡。经验证明，奢侈华丽的苗头不可不加以遏制。再说在创始时节俭，还唯恐其后流于奢侈，开始时就奢侈，那将如何制约后代？臣妾深入思考，愿陛下明察秋毫，高瞻远瞩，在麒麟阁中探索深奥的道理，虚心征询儒林学士的见解。千王百代治乱安危的踪迹，兴衰存亡得失成败的原因，无疑也已包含于心中，往复循环的机理呈现于眼前，陛下早已洞察，用不着为妾再说什么。只是知道这个道理并不困难，但实行起来却很不容易。往往是因为功业卓著而志趣骄逸，天下太平而贪图享乐。希望陛下克制己欲，善始慎终，改掉轻微的过失以增添高尚的道德，用今天的优点取代以前的过错，这样，陛下的英名就可以与日月齐辉，大业就可以与乾坤共存了！

太宗非常赞赏徐惠的这些意见，特地厚加赏赐。

议安边第三十六

贞观四年，李靖击突厥颉利[①]，败之，其部落多来归降者。诏议安边之策，中书令温彦博议："请于河南处之[②]。准汉建武时，置降匈奴于五原塞下[③]，全其部落，得为捍蔽[④]，又不离其土俗，因而抚之，一则实空虚之地，二则示无猜之心，是含育之道也。"太宗从之。秘书监魏徵曰："匈奴自古至今未有如斯之破败，此是上天剿绝，宗庙神武。且其世寇中国，万姓冤仇，陛下以其为降，不能诛灭，即宜遣发河北，居其旧土。匈奴人面兽心，非我族类，强必寇盗，弱则卑伏，不顾恩义，其天性也。秦、汉患之者若是，故时发猛将以击之，收其河南以为郡县。陛下以内地居之，且今降者几至十万，数年之后，滋息过倍，居我肘腋[⑤]，甫迩王畿[⑥]，心腹之疾，将为后患，尤不可处以河南也。"温彦博曰："天子之于万物也，天覆地载，有归我者则必养之。今突厥破除，余落归附，陛下不加怜愍，弃而不纳，非天地之道，阻四夷之意，臣愚甚谓不可，宜处之河南。所谓死而生之，亡而存之，怀我厚恩，终无叛逆。”魏徵曰：“晋代有魏时，胡部落分居近郡，江统劝逐出塞外，武帝不用其言，数年之后，遂倾瀍、洛[7]。前代覆车，殷鉴不远。陛下必用彦博言，遣居河南，所谓养兽自遗患也。”彦博又曰：“臣闻圣人之道，无所不通。突厥余魂，以命归我，收居内地，教以礼法，选其酋首，遣居宿卫，畏威怀德，何患之有？且光武居河南单于于内郡，以为汉藩翰，终于一代，不有叛逆。”又曰：“隋文帝劳兵马，费仓库，树立可汗，令复其国，后孤恩失信，围炀帝于雁门[8]。今陛下仁厚，从其所欲，河南、河北，任情居住，各有酋长，不相统属，力散势分，安能为害？”给事中杜楚客进曰[9]：“北狄人面兽心，难以德怀，易以威服。今令其部落散处河南，逼近中华，久必为患。至如雁门之役，虽是突厥背恩，自由隋主无道。中国以之丧乱，岂得云兴复亡国以致此祸？夷不乱华，前哲明训，存亡继绝，列圣通规。臣恐事不师古，难以长久。”太宗嘉其言，方务怀柔，未之从也。卒用彦博策，自幽州至灵州，置顺、佑、化、长四州都督府以处之，其人居长安者近且万家。

注释

① 李靖击突厥颉利：唐贞观四年（630 年），李靖大破颉利可汗于阴山。颉利谋逃往漠北，被李世勣所阻，部众多降，颉利西奔，旋为部下擒送唐军。此后，太宗用中书令温彦博之议，使降众居朔方之地，分置都督府。酋长多拜官，居长安者近万家。

② 河南：指黄河以南河套一带。

③ 五原：郡名。汉元朔二年（前 127 年）置。治所在九原（今包头市西北）。辖境相当于今内蒙古后套以东、阴山以南、包头市以西和达拉特、准格尔旗等地。

④ 捍蔽：捍卫屏蔽。

⑤ 肘腋：比喻切近的地方。

⑥ 甫迩王畿：接近君王居住之地。

⑦ 遂倾瀍、洛：此指刘曜攻陷长安、洛阳，匈奴贵族建立的汉国（前赵）推翻西晋之事。瀍、洛，洛阳附近的两条河。

⑧ 围炀帝于雁门：隋开皇二十年（600 年），文帝遣杨素、史万岁等分道出塞，击败西突厥。后以突厥突利为启民可汗，并将义成公主嫁给他。大业十一年（615 年），炀帝北巡，突厥始毕可汗围炀帝于雁门。后援军到达，始毕解围而去。

⑨杜楚客：杜如晦之弟。贞观四年（630年），为给事中，后迁工部尚书。

译文

贞观四年，李靖进击并打败突厥颉利可汗，颉利统属的部落很多都归顺了大唐。于是，唐太宗下诏讨论安定边境的政策，中书令温彦博建议说："请把这些人安置到黄河以南地区。仿照东汉建武年间把降服的匈奴安置在五原郡边塞附近的办法，安置在黄河以南地区。这样做，既可以保留原有的部落编制，作为中原的屏障；同时又不让他们远离本土，不改变他们的习俗，以便实行抚慰政策。如此，一来可充实空虚的边塞，二来可体现朝廷对他们没有猜疑之心。我认为，这正是含育他们的原则。"太宗对温彦博的建议很是赞同。秘书监魏徵却说："匈奴自古以来从未这样惨败过，这是上天要诛杀他们，也是陛下神算英武的表现。他们世代与中原为敌，与老百姓结下了数不清的仇怨，陛下鉴于他们乃主动受降，因此没有将他们处死。依臣之见，应当把他们发配到黄河以北地区，让他们居住在自己的土地上。匈奴人面兽心，不是我们的同族，他们强大的时候就肆意侵扰我国土、掠夺我民众，衰落时就卑躬屈膝，他们的天性即是不顾恩德信义。秦汉时，他们是中原政府的祸患，所以当时朝廷常常派猛将进行自卫还击，收归他们在黄河以南的土地，在那里设置郡县加强管理。陛下怎么让他们居住在内地呢？况且现在投降的突厥人几乎达十几万，几年以后，他们的人数还会成倍增长。让他们生活在我们身边，离京城如此之近，将来可能会成为心腹之患，所以千万不可把他们安排在黄河以南地区。”温彦博反驳说：“天子对于万事万物，如同上天覆盖万物、大地承载万物一样，只要有归顺的都应该给予抚养。如今突厥兵败，余部前来归降朝廷，如果陛下对他们不加以怜悯，这既不符合天地之道，又阻断四夷归顺朝廷之意。我虽愚钝，但却认为陛下不应采取抑制少数民族的政策，而应把他们安置在黄河以南地区。常言道：死而使其生，亡而使其存，常怀仁爱之心，那么终将不会有叛乱发生。”魏徵据理力争地说：“晋代有魏国遗留下来的异族部落，分散居住在晋朝京城附近的州郡，江统劝说晋武帝把他们逐出塞外，晋武帝不听，几年之后，这些部落势力大增，将很多地方据为己有，前车之鉴不远。如果陛下采纳温彦博的意见，让他们居住在黄河以南地区，将养虎为患，贻害无穷啊。”温彦博又说：“我听说圣人之道是无不通达的。突厥的残余部落，前来投奔我们，以保全性命。把他们安置在中原内地，传授给他们礼教法令，并选拔他们的首领，充当我朝的警卫，让他们畏惧大唐的威严，感激大唐的恩德，这有什么可担忧的呢？况且汉代光武帝在位时，让突厥的单于定居内地，成为汉朝的一位藩王，历经整个汉朝时期都不曾叛乱。”稍停片刻，他继续说道：“隋文帝兴师动众，动用仓库的大批粮食，扶持突厥可汗，让他重新建立自己的国家政权。后来可汗背信弃义，把隋炀帝围困在雁门，企图谋反，实在令人痛心。现在陛下仁慈宽厚，听凭他们的意愿，无论是河南、河北都任由他们选择居住的地方。另外，突厥部落众多，每个部落都有自己的酋长，互不统属，这样使得他们力量分散，怎么会对中原政府造成危害呢？”给事中杜楚客上前说道：“北方异族人面兽心，难以感化，只有武力容易使他们臣服。现在让他们的部落散居在黄河以南，靠近中原政府，长此以往，必有祸患。至于隋炀帝在雁门关被困一事，虽是因为突厥背信弃义所致，但是隋炀帝昏庸无道也是重要的原因。中原的衰败灭亡，怎能归咎于中原政府对少数民族的扶持政策？认为让他们复兴而种下祸根是没有道理的。少数民族不与汉族杂居是前代圣哲的明训，让快要死亡的人活下去，让行将灭绝的东西延续下去，这是古代圣贤通行的原则。臣恐怕如果不遵照古训，大唐将难以长久啊。”唐太宗听后，对他的意见非常赞许，只是当时正热衷于实行怀柔政策，所以没有依从。后来唐太宗采纳温彦博的策略，从幽州至灵州的土地上，设置了顺、佑、化、长四个都督府安置归顺的突厥部落，到长安定居的突厥人达万家之多。

自突厥颉利破后，诸部落首领来降者，皆拜将军中郎将，布列朝廷，五品以上百余人，殆与朝士相半。惟拓拔不至[1]，又遣招慰之，使者相望于道。凉州都督李大亮以为于事无益，徒费中国，上疏曰："臣闻欲绥远者必先安近。中国百姓，天下根本，四夷之人，犹于枝叶，扰其根本以厚枝叶，而求久安，未之有也。自古明王，化中国以信，驭夷狄以权。故《春秋》云：'戎狄豺狼，不可厌也；诸夏亲昵，不可弃也。'自陛下君临区宇，深根固本，人逸兵强，九州殷富，四夷自服。今者招致突厥，虽入提封，臣愚稍觉劳费，未悟其有益也。然河西民庶，镇御藩夷，州县萧条，户口鲜少，加因隋乱，减耗尤多，突厥未平之前，尚不安业，匈奴微弱以来，始就农亩，若即劳役，恐致防损，以臣愚惑，请停招慰。且谓之荒服者，故臣而不纳。是以周室爱民攘狄，竟延八百之龄；秦王轻战事胡，故四十载而绝灭。汉文养兵静守，天下安丰；孝武扬威远略，海内虚耗，虽悔轮台[2]，追已不及。至于隋室，早得伊吾，兼统鄯善，且既得之后，劳费日甚，虚内致外，竟损无益。远寻秦、汉，近观隋室，动静安危，昭然备矣。伊吾虽已臣附，远在藩碛，民非夏人，地多沙卤。其自竖立称藩附庸者，请羁縻受之[3]，使居塞外，必畏威怀德，永为藩臣，盖行虚惠而收实福矣。近日突厥倾国入朝，既不能俘之江淮，以变其俗，乃置于内地，去京不远，虽则宽仁之义，亦非久安之计也。每见一人初降，赐物五匹，袍一领，酋长悉授大官，禄厚位尊，理多糜费。以中国之租赋，供积恶之凶虏，其众益多，非中国之利也。”太宗不纳。

注释

① 拓拔：即拓跋氏。

② 轮台：古地名，在今新疆轮台东南。这里指汉武帝晚年发的《轮台罪己诏》。

③ 羁縻：笼络，怀柔。

译文

自从突厥颉利兵败后，凡有突厥部落的首领前来归降，唐政府都把他们封为将军中郎将，安置在朝堂之中，五品以上的官员就有一百多人，与大唐自己的官员几乎各占一半。突厥各族中，只有拓跋氏没有归顺，唐太宗派人前去招安，使者往来不绝于道。凉州都督李大亮认为这样做徒劳无益，只会白白地消耗人力物力，于是上疏说：“我认为，要安抚边远地区的人必须先使内陆的人安定。中原的百姓是天下的根本，四方边境的少数民族犹如树上的枝叶，如果用破坏树根的办法来使枝繁叶茂，那么，要想树木长期存活下去，恐怕是不可能的。自古以来，贤明的君主总是用诚实信义来教化中国的百姓，以权变威势来驾驭夷、狄等少数民族。所以《春秋》说：‘戎、狄这些少数民族犹如豺狼虎豹，是不能满足他们的；华夏民族是近亲，不可将他们遗弃。’自从陛下君临天下以来，深固国家的根本，使得国泰民安，全国殷实富足，兵力得到了加强，四方少数民族俯首称臣。如今朝廷招安突厥，把他们纳入版图之内，对他们加官封爵，我认为这样做太浪费国家的资财，而没有什么实际的好处。黄河以西的百姓，是抵御强悍少数民族的前哨；加之那里人烟稀少，凋敝萧条，加之隋末的战火，老百姓遭受的损失尤其严重，在平定突厥之前，他们根本无法安居乐业，匈奴被削弱之后才开始进行农业生产，如果现在就役使他们，恐怕会妨碍他们正常的生产和生活，使他们元气大伤。臣固然愚钝，但还是请求陛下停止安抚劝降。并且，古人说边远地区古代称作荒服的外邦，即使前来称臣也不要接纳。在周朝，王室爱抚百姓，但同时也抵御少数民族，所以延续了八百年的帝业；秦朝轻率发动战争北却胡人，所以四十年就灭宗绝国了。汉文帝畜养兵士以待变故，所以天下安宁富庶；汉武帝神武鹰扬，对少数民族连年征伐，致使劳民伤财，国内空虚。

后来虽然有轮台之悔，然而已追悔莫及了；到了隋代，在得到西域的伊吾、鄯善之地后，国库也几乎消耗殆尽，于国于民都没有丝毫益处。如今，远有秦、汉的教训，近有隋代的前鉴，异族的动静变化是再清楚不过了。伊吾虽已是大唐的附属，但它远在边关荒漠之地，那里的人非华夏之族，土地也多是荒漠沙丘。对于主动称臣的，那就请采取羁縻的方式加以对待，让他们居住在塞外，这样他们必定对大唐心怀畏惧又感恩戴德，永远做大唐的藩臣。所以对他们实施恩惠是虚，让老百姓享受太平是实。近来突厥人口大量流入我国，陛下既不把他们安置在江淮水乡一带居住，以改变他们的风俗，反而将他们安置在内地，而且离京城不远，这虽然体现了陛下的宽仁之心，但绝不是长久之计。我发现一有突厥人归降，朝廷就赏赐给他们布五匹，袍子一件，酋长归降还要加官晋爵，享受极高的俸禄，这样做太浪费了。把中原百姓上缴的租税，供养这些凶恶顽固的俘虏，让他们源源不断地进入中原，这对中原是非常不利的。”唐太宗没有接受他的意见。

十三年，太宗幸九成宫。突利可汗弟中郎将阿史那结社率阴结所部[①]，并拥突利子贺罗鹘夜犯御营，事败，皆捕斩之。太宗自是不直突厥，悔处其部众于中国，还其旧部于河北，建牙于故定襄城[②]，立李思摩为乙弥泥熟俟利苾可汗以主之[③]。因谓侍臣曰："中国百姓，实天下之根本，四夷之人，乃同枝叶，扰其根本以厚枝叶，而求久安，未之有也。初不纳魏徵言，遂觉劳费日甚，几失久安之道。"

注释

① 阿史那结社率：阿史那，突厥姓，结社率，名。其为突利可汗之弟，贞观四年入朝，任中郎将。

② 建牙：古时出征建立军旗，后亦泛指武将出外镇守远方。

③ 李思摩：颉利族人，与颉利可汗同时被俘。太宗令其统帅旧部落于河南之地，封怀化郡王。后曾随太宗征辽东。

译文

贞观十三年，唐太宗亲临九成宫，突利可汗的弟弟中郎将阿史那结社率暗地里集结部众，并联合突利可汗的儿子贺罗鹘乘夜偷袭太宗的御营。事情败露后，他们都被捕获并斩首。太宗从此不再信任突厥，并后悔把他们的部众安置在内地。于是将他们迁回黄河以北地区，让他们在原来的定襄城建立官署，并立李思摩为乙弥泥熟傒利苾可汗来统率他们。事后，唐太宗对侍从的大臣们说："中原的百姓实在是天下的根，周边的少数民族就如同枝叶一样，动摇了根本却想枝繁叶茂，想求国家长治久安是绝不可能的。当初，我不接受魏徵的建议，因而感到劳费一天比一天严重。我考虑不周，几乎丧失了长治久安的好方法。"

贞观十四年，侯君集平高昌之后[①]，太宗欲以其地为州县。魏徵曰："陛下初临天下，高昌王先来朝谒，自后数有商胡称其遏绝贡献，加之不礼大国诏使，遂使王诛载加。若罪止文泰，斯亦可矣。未若因抚其民而立其子，所谓伐罪吊民，威德被于遐外，为国之善者也。今若利其土壤以为州县，常须千余人镇守，数年一易。每来往交替，死者十有三四，遣办衣资，离别亲戚。十年之后，陇右空虚[②]，陛下终不得高昌撮谷尺布以助于中国。所谓散有用而事无用，臣未见其可。"太宗不从，竟以其地置西州，仍以西州为安西都护府，每岁调发千余人防遏其地。

注释

①侯君集：唐时三水人，以才雄著称。从太宗立战功，

破吐谷浑，平高昌，累拜吏部尚书，封潞国公。后恃功专横，参与太子承乾谋反之事被杀。

②陇右：古地区名。泛指陇山以西地区。

译文

贞观十四年，侯君集平定高昌之后，唐太宗想在高昌的原有土地上设立州县。魏徵反对说："陛下当初刚登上皇位的时候，高昌王首先来朝谒，后来经商的胡人多次告发高昌王不向朝廷进献贡奉，加上他们对大国的使者不以礼相待，致使皇上对高昌国的讨伐一再增加。如果朝廷只对高昌王麹文泰一人定罪，也还合情合理。依臣之言，不如借机安抚他的臣民，拥立他的儿子为王。常言道：处罚有罪之君，安抚他的百姓，让威名和仁德播散到遥远的边关，这是最好的治国安边之策。现在如果在高昌国的土地上设立州县，必须经常有一千多人在那里守卫，并且几年要更换一次人马。每次换防，士兵们都往来奔波，死于劳顿的有十之三四。士兵们还要添置衣物，离别亲人，饱受背井离乡之苦。十年过后，陇右地区肯定会人财空虚，而陛下始终得不到高昌一把谷子，甚至一尺帛布的援助。这其实是拆散有用的东西，去经营无用的东西。我看不出有什么益处。"唐太宗不听他的意见，仍在高昌国的土地上设置西州属地，并定西州为安西都护府，每年调派一千多人马驻守该地。

黄门侍郎褚遂良亦以为不可，上疏曰：“臣闻古者哲后临朝，明王创业，必先华夏而后夷狄，广诸德化，不事遐荒。是以周宣薄伐，至境而反；始皇远塞，中国分离。陛下诛灭高昌，威加西域，收其鲸鲵，以为州县。然则王师初发之岁，河西供役之年，飞刍挽粟[①]，十室九空，数郡萧然，五年不复。陛下每岁遣千余人而远事屯戍，终年离别，万里思归。去者资装，自须营办，既卖菽粟，倾其机杼。经途死亡，复在言外。兼遣罪人，增其防遏，所遣之内，复有逃亡，官司捕捉，为国生事。高昌途路，沙碛千里，冬风冰冽，夏风如焚，行人遇之多死。《易》云‘安不忘危，治不忘乱’。设令张掖尘飞，酒泉烽举，陛下岂能得高昌一人菽粟而及事乎？终须发陇右诸州，星驰电击。由斯而言，此河西者方于心腹，彼高昌者他人手足，岂得糜费中华，以事无用？陛下平颉利于沙塞，灭吐浑于西海，突厥余落为立可汗，吐浑遗萌更树君长，复立高昌，非无前例，此所谓有罪而诛之，既服而存之。宜择高昌可立者，征给首领，遣还本国，负戴洪恩，长为藩翰。中国不扰，既富且宁，传之子孙，以贻后代。”疏奏，不纳。

注释

①飞刍挽粟：远途运送粮草。

译文

黄门侍郎褚遂良也认为在高昌国设置州县不好，于是上疏说："我听说，古代圣哲贤明的君王处理国政，都先使华夏诸族安定了，然后才平定少数民族，他们广施仁德和教化，不干预边远荒蛮之地的事务。所以，周宣王征伐猃狁，将他们逐出边境就撤军了；而秦始皇频频出征边塞，但最后还是使国家分崩离析。陛下消灭了高昌国，使西域异族臣服于大唐的威仪，如今还要据守他们的土地，设立州县。这样一来，朝廷发往那里去的兵马粮草都要由河西地区提供，这必然弄得河西地区萧条荒凉，十室九空，五年之内也难以恢复元气。现在，陛下每年要派上千人前去戍守，他们背井离乡，饱尝思乡之苦；戍守的兵士还要自己操办行装，他们不得不卖掉粮食，拿走家中纺织的所有布匹，对他们的家庭来说，这无异于雪上加霜；而且有的人在路途中就命归黄泉了。有时还将犯罪之人拉去充军，以增强戍边力量。但是在征戍期间借机逃亡的，官府还要捉拿查办，这为国家带来了多少麻烦和事端啊！到高昌的旅途沙丘千里，冬天寒风凛冽，夏天又是烈日炎炎，不少人在途中就染病死去了。《周易》说‘处于安乐之中不要忘记危险，国富民安的时候不要忽略了动乱的产生’。假设张掖一带战火飞扬，酒泉地区也烽烟四起，陛下能指望高昌供给一个人的粮米来增援吗？必须调发陇右各州军队，攻击敌人。就此而言，河西的百姓才是朝廷的心腹，高昌人终究是异族，怎么能白白浪费自己的财物去供养毫无益处的人呢？陛下在沙漠塞外平定颉利，在西海地区吞并吐谷浑。事后又为残余的突厥部落树立自己的可汗，为吐谷浑推举自己的首领。现在要为高昌国立王不是没有先例可循，古人说，有罪的人就诛杀他，臣服的人就使他存活。陛下应当在高昌人中选择可以拥立的人，封他为首领，派遣他回故国，让他感激大唐的恩德，永远做中原政府的一名藩王。这样，中原就不会受到侵扰，老百姓就可安享富庶和安宁。如此一代代传下去，将会造福子孙后代。”但唐太宗没有采纳他的进谏。

至十六年，西突厥遣兵寇西州，太宗谓侍臣曰：“朕闻西州有警急，虽不足为害，然岂能无忧乎？往者初平高昌，魏徵、褚遂良劝朕立麴文泰子弟，依旧为国，朕竟不用其计，今日方自悔责。昔汉高祖遭平城之围而赏娄敬，袁绍败于官渡而诛田丰，朕恒以此二事为诫，宁得忘所言者乎！”

译文

贞观十六年，西突厥派兵进犯西州地区，唐太宗对侍臣说：“我听说西州有警急，虽然还不足以构成危害，但怎能高枕无忧呢？过去初平高昌的时候，魏徵、褚遂良劝我立麹文泰的后代为王，归还他的国土，可是，我竟然没有采纳他们的意见，现在后悔晚矣。过去汉高祖不听娄敬不出兵匈奴的劝告，结果遭到平城之围，事后汉高祖大大赏封了娄敬。袁绍不听田丰的劝阻，与曹操大战于官渡，结果大败而逃，事后却听信谗言将田丰杀死。我常常以这两件事为诫，怎能忘记这些劝谏过我的人呢？”

第十卷

论行幸第三十七

贞观初，太宗谓侍臣曰："隋炀帝广造宫室，以肆行幸。自西京至东都，离宫别馆，相望道次[①]，乃至并州、涿郡，无不悉然。驰道皆广数百步，种树以饰其傍。人力不堪，相聚为贼。逮至末年，尺土一人，非复己有。以此观之，广宫室，好行幸，竟有何益？此皆朕耳所闻，目所见，深以自诫。故不敢轻用人力，惟令百姓安静，不有怨叛而已。"

注释

① 相望道次：形容离宫别馆极多，相距不远，顺道路依次排列分布。

译文

贞观初年，唐太宗对侍从的大臣们说："隋炀帝大肆营建宫室，以便纵情游乐，从西京到东都，沿途离宫别馆随处可见，以致并州、涿郡也无不如此。开辟的驰道有几百步宽，两边还种上树作为装饰。百姓无力承担徭役和劳役的重负，相继奋起反抗。到了隋朝末年，隋炀帝已经众叛亲离，连一尺土地、一个百姓都不再属于他了。由此看来，多营宫室，喜爱游乐，有什么好处呢？这些都是我耳闻目睹的事，这样的教训，应该深以为诫啊！因此，我不敢随便动用人力，只想让百姓安居乐业，不生怨言和背叛之心才好。”

贞观十一年，太宗幸洛阳宫，泛舟于积翠池，顾谓侍臣曰：“此宫观台沼并炀帝所为，所谓驱役生人，穷此雕丽，复不能守此一都，以万民为虑。好行幸不息，人所不堪。昔诗人云：‘何草不黄？何日不行[①]？’‘小东大东，杼轴其空[②]。’正谓此也。遂使天下怨叛，身死国灭，今其宫苑尽为我有。隋氏倾覆者，岂惟其君无道，亦由股肱无良。如宇文述、虞世基、裴蕴之徒[③]，居高官，食厚禄，受人委任，惟行谄佞，蔽塞聪明，欲令其国无危，不可得也。”司空长孙无忌奏言：“隋氏之亡，其君则杜塞忠谠之言，臣则苟欲自全，左右有过，初不纠举，寇盗滋蔓，亦不实陈。据此，即不惟天道，实由君臣不相匡弼。”太宗曰：“朕与卿等承其余弊，惟须弘道移风，使万世永赖矣。”

注释

①何草不黄，何日不行：《诗经·小雅·何草不黄》中的句子，意思是哪些草儿不枯黄，哪些日子不奔忙？

②小东大东，杼轴其空：《诗经·小雅·大东》中的句子，意思是东方远近各国，织布机上都搜刮空了。

③宇文述、虞世基、裴蕴：都曾是隋时的重臣。

译文

贞观十一年，唐太宗驾临洛阳宫，在积翠池上泛舟游玩，环顾身边的侍臣说：“这里的宫苑、台榭都曾是隋炀帝建造的，他奴役驱使老百姓，为他修筑精雕细刻的宫室，又不能守住这一都城，丝毫不关心老百姓的疾苦。并且他还喜好到各地巡游玩乐，耗资巨大，老百姓怎么能够忍受呢？《诗经》云：‘哪里的草不枯黄，哪一天不奔忙啊？’‘远远近近东方国，织布机上都空空。’说的正是这种情形！隋炀帝荒淫无道导致天下人的怨恨和叛乱，最后落得国破家亡，现在，他的宫室苑囿完全归我所有了。隋代灭亡的原因，不只是由于君王穷奢极欲，不讲道义，也因为他的臣子们不忠良。像宇文述、虞世基、裴蕴这些朝廷重臣，他们身居高位，享受着丰厚的俸禄，被皇帝委以重任，但只知道行谄媚之事，扰乱帝王视听。这样要使朝廷不危亡，怎么可能呢？”司空长孙无忌奏告说：“隋代灭亡的原因在于君王杜绝忠言，臣子苟且偷生，左右有了过错，谁都不去揭发报告。开始不纠偏改过，后来反叛势力日渐猖獗，也没人敢把实情说出来。因此，隋朝灭亡不仅在天意，也是君臣之间不相互扶持所致啊。”唐太宗说：“我和各位大臣是在隋末天下大乱之后得到江山的，因此我们应该弘扬大道、移风易俗，才能使子孙万代都能永葆基业。”

贞观十三年，太宗谓魏徵等曰：“隋炀帝承文帝余业，海内殷阜，若能常处关中，岂有倾败？遂不顾百姓，行幸无期，径往江都，不纳董纯、崔象等谏诤[①]，身戮国灭，为天下笑。虽复帝祚长短，委以玄天，而福善祸淫，亦由人事。朕每思之，若欲君臣长久，国无危败，君有违失，臣须极言。朕闻卿等规谏，纵不能当时即从，再三思审，必择善而用之。”

注释

①董纯、崔象：二人都是隋炀帝时的大臣。

译文

贞观十三年，唐太宗对魏徵等大臣说："隋炀帝在继承隋文帝基业的时候，国家殷实富足，如果他能长期住在关中，怎么可能遭致灭亡呢？可是他却不顾百姓的疾苦，肆意出巡游乐，前往江都行馆，不听从董纯、崔象等大臣的忠言，最终不仅自己死于叛臣之手，也断送了江山社稷，还留下笑柄让世人感叹评说。虽然帝位的长短是天意决定的，但是祸福善恶，也在于人事。我每每想到这些，都认为若要国家太平，君臣相安无事，君主有了过失，臣子就一定要直言不讳地指出来。我对你们提出的意见，即使不能当时就采纳，但在我反复思考之后，必定会选择好的意见加以采纳。"

贞观十二年，太宗东巡狩，将入洛，次于显仁宫，宫苑官司多被责罚[①]。侍中魏徵进言曰："陛下今幸洛州，为是旧征行处，庶其安定，故欲加恩故老。城郭之民未蒙德惠，官司苑监多及罪辜，或以供奉之物不精，又以不为献食。此则不思止足，志在奢靡，既乖行幸本心，何以副百姓所望？隋主先命在下多作献食，献食不多，则有威罚。上之所好，下必有甚，竞为无限，遂至灭亡。此非载籍所闻，陛下目所亲见。为其无道，故天命陛下代之。当战战栗栗，每事省约，参踪前列[②]，昭训子孙，奈何今日欲在人之下？陛下若以为足，今日不啻足矣；若以为不足，万倍于此，亦不足也。”太宗大惊曰：“非公，朕不闻此言。自今已后，庶几无如此事。”

注释

① 宫苑官司：宫苑里的官吏。

② 参踪前列：本文是指吸取以前教训的意思。

译文

贞观十二年，唐太宗东行视察，即将进入洛阳，途中下榻在显仁宫，宫里的许多官吏因此受到责备处罚。对此，侍中魏徵向唐太宗进谏，说：“陛下如今到洛阳，是因为这里是过去征战过的地方，陛下希望这里获得安宁，所以对洛阳的百姓施以特别的恩惠。但事到如今，这里的百姓非但没得到眷顾，显仁宫的侍从反而受到了很多无辜的责罚。有的是因为进献的器物不精致，有的因为食物不甘美而受罚。这可能是由于陛下不知足，心里追求奢侈糜烂的生活。这样做违背了巡游的初衷，拿什么满足老百姓的期望？过去，隋炀帝命令下人多多进献食物，只要食物不丰美，就要受到责罚。上面有什么样的喜好，下面必定会加倍效仿，竞相如此，人就会变得贪得无厌，最后走向灭亡。这不只是史书所载，也是陛下亲眼所见、亲耳所闻的。正因为隋炀帝昏庸无道，所以上天才委派陛下取而代之。陛下应当战战兢兢，凡事从俭，以前人的风范为楷模，来告诫子孙后代，为什么今天所做的事还不如别人呢？如果陛下感到满足，那么对今天的供奉就能感到满意；反之，即使比现在的好过千倍万倍，也不会感到满足的。”唐太宗听后大惊失色，说：“要不是你，我绝不会听到这样的诤言。从今以后，再也不会有此类事情发生了。”

论畋猎第三十八

秘书监虞世南以太宗颇好畋猎，上疏谏曰："臣闻秋狝冬狩[①]，盖惟恒典；射隼从禽[②]，备乎前诰[③]。伏惟陛下因听览之余辰[④]，顺天道以杀伐，将欲摧班碎掌，亲御皮轩[⑤]，穷猛兽之窟穴，尽逸材于林薮[⑥]。夷凶剪暴，以卫黎元，收革擢羽，用充军器，举旗效获，式遵前古。然黄屋之尊，金舆之贵，八方之所仰德，万国之所系心，清道而行，犹戒衔橛[⑦]。斯盖重慎防微，为社稷也。是以马卿直谏于前[⑧]，张昭变色于后[⑨]，臣诚细微，敢忘斯义？且天弧星罼[⑩]，所殪已多[⑪]，颁禽赐获，皇恩亦溥。伏愿时息猎车，且韬长戟，不拒刍荛之请，降纳涓浍之流[⑫]，袒裼徒搏[⑬]，任之群下，则贻范百王，永光万代。"太宗深嘉其言。

注释

① 秋狝 xiǎn 冬狩：秋猎为狝，冬猎为狩，秋狝冬狩泛

指秋冬季外出打猎。

② 隼 sǔn：即鹘，一种凶猛的鸟。

③ 备乎前诰：前人的训诫中有详细记录。诰，古代一种训诫勉励的文告。

④ 听览之余辰：听取进谏、审阅奏章后的空闲时间。

⑤ 皮轩：用虎皮装饰的猎车。

⑥ 逸材：指健壮有力的猛兽。

⑦ 衔橛：原指马勒和车钩心。本文指车马奔驰，有倾覆的危险。

⑧ 马卿直谏于前：马卿指司马相如，汉武帝时为郎。司马相如跟随武帝出去打猎，他见武帝总是喜欢亲自追逐击杀猛兽，于是上疏规谏，被武帝采纳。

⑨ 张昭变色于后：张昭字子布，彭城人，三国时为吴主孙权军师，他见孙权亲自驰马射虎，吓得面目变色，极言规谏。

⑩ 天弧星罼：整个天空都像布满了弓箭，罗网像繁星一样密布。形容打猎次数频繁，盛况空前。

⑪ 殪 yì：指禽兽射杀而死。

⑫ 涓浍 kuài 之流：涓涓小溪般的建议。

⑬ 袒裼徒搏：脱衣露体，徒手搏斗。

译文

秘书监虞世南因为唐太宗喜欢打猎，就上疏说："我听说国君在秋冬两季打猎是历来的传统，射杀猛兽，追逐飞禽，前人已有训诫。陛下在批阅奏章、临朝听政之余，按季节外出狩猎。亲自驾着打猎的车子，到凶禽猛兽出没的森林洞穴之中；猎杀凶残的动物，保卫黎民百姓；用动物的皮毛制作兵器，打猎成功后，让旗帜高高飘扬以显示赫赫国威，这是在遵循古代先王们传下来的规矩。然而陛下乃天下最为尊贵的人，百姓仰慕你的圣德，牵挂你的行踪，清道而行亦需防备马车驰骋以致倾覆，更何况是危险万分的狩猎。所以陛下应当谨慎行事，保重自己，为江山社稷着想啊！汉武帝好猎熊，司马相如上疏力谏，武帝于是打消了此念；吴主孙权好射虎，张昭晓以利害，吴主也接受了意见。我虽人微言轻，但怎能忘记劝谏国君的责任。况且陛下的天罗地网已捕杀了不少禽兽，把这些猎物分赐给群臣，浩大的皇恩也已为老百姓所知。臣只希望陛下存放好猎车和器具，采纳臣下的意见，俯身接纳如涓涓细流般的建议，今后但凡袒胸露臂与野兽搏斗的事都可以让下面的人去做，那么就可以为王者之楷模，永载史册了。"唐太宗听罢，对他的意见深表赞许。

谷那律为谏议大夫[①]，尝从太宗出猎，在途遇雨，太宗问曰："油衣若为得不漏[②]？"对曰："能以瓦为之，必不漏矣。"意欲太宗弗数游猎，大被嘉纳。赐帛五十段，加以金带。

注释

① 谷那律：魏州昌乐人。贞观年间，累迁国子博士，后迁谏议大夫。

② 油衣：雨中所穿之衣，即雨衣。

译文

谷那律担任谏议大夫时，曾跟随唐太宗外出打猎。途中遇上大雨，唐太宗问谷那律："油衣该怎么做才不会漏雨呢？"谷那律回答说："如果用瓦来做，肯定淋不透。"言下之意是希望太宗不要频繁地外出游猎。唐太宗对他的回答大为赞赏，赏给他帛五十段，外加一条金带。

贞观十一年，太宗谓侍臣曰："朕昨往怀州[①]，有上封事者云：'何为恒差山东众丁于苑内营造？即日徭役，似不下隋时。怀、洛以东，残人不堪其命，而田猎犹数，骄逸之主也。今者复来怀州田猎，忠谏不复至洛阳矣。’四时蒐田[2]，既是帝王常礼，今日怀州，秋毫不干于百姓。凡上书谏正，自有常准，臣贵有辞，主贵能改。如斯诋毁，有似咒诅。”侍中魏徵奏称：“国家开直言之路，所以上封事者尤多。陛下亲自披阅，或冀臣言可取，所以侥幸之士得肆其丑。臣谏其君，甚须折衷，从容讽谏。汉元帝尝以酎祭宗庙[3]，出便门，御楼船。御史大夫薛广德当乘舆免冠曰[4]：‘宜从桥，陛下不听臣言，臣自刎，以颈血污车轮，陛下不入庙矣。’元帝不悦。光禄卿张猛进曰[5]：‘臣闻主圣臣直，乘船危，就桥安。圣主不乘危[6]，广德言可听。’元帝曰：‘晓人不当如是耶！’乃从桥。以此而言，张猛可谓直臣谏君也。”太宗大悦。

注释

①怀州：州名。北魏天安二年（467年）置。唐时辖境相当于今河南焦作、沁阳、武陟、修武等市、县。

②四时蒐田：蒐田，打猎。古代天子狩猎，春曰蒐，夏曰苗，秋曰狝，冬曰狩。

③汉元帝（前76—前33年）：名奭，汉宣帝长子，公元前49—前33年在位。酎zhòu：重酿的醇酒。经过两次甚至多次复酿的醇酒。

④ 薛广德：字长卿，沛郡人，汉元帝时曾为长信少府，御史大夫。

⑤ 张猛：汉元帝时大臣，曾任光禄卿。

⑥ 圣主不乘危：圣明的君主不做有危险的事。

译文

贞观十一年，唐太宗对侍臣说："我前些天到怀州去，有人上书说：'为什么总是差遣山东的百姓到宫里修造苑囿呢？当今劳役之重，已经和隋代不相上下了。怀州、洛水以东的百姓已经苦不堪言了，而皇上打猎还是那么频繁，真是一个骄奢的君王啊。今天皇上又到怀州来打猎，看来忠诚的规劝再也不会传到洛阳了。'一年四季出行打猎，是古代帝王常有的礼数，今日我到怀州并没有烦扰到老百姓。凡是上书规劝匡正，应该有一定的准则，臣子贵在善于进言，君王贵在知错能改。但如今这样的诋毁，像是在诅咒我啊。"侍中魏徵说："朝廷广开言路，所以上书提意见的人众多。陛下亲自批阅奏书，是希望采纳好的意见，心怀侥幸之人便乘机肆意胡说。臣子向国君提意见，必须言语委婉，措辞得体，注意分寸。汉元帝曾到宗庙以酎酒祭奠祖宗，想从便门出去，再乘楼船到宗庙。御史大夫薛广德挡住去路，站在汉元帝乘坐的马车外摘下官帽，说：'陛下应当从桥上经过，如果陛下不听臣的话，我就自尽，用我颈中的鲜血玷污车轮，使陛下不能入庙祭奠。’汉元帝很不高兴。这时光禄卿张猛说：‘为臣听说如果君王圣明，那么臣子就会忠直。乘船危险，过桥安全。圣明的君王不会冒无谓的危险，所以薛广德的话可以采纳。’汉元帝说：‘劝导人不是应该像张猛这样吗？’汉元帝于是就从桥上经过。从这点看，张猛真可算是一位敢于直谏的大臣啊。”唐太宗听后非常高兴。

贞观十四年，太宗幸同州沙苑，亲格猛兽，复晨出夜还。特进魏徵奏言：“臣闻《书》美文王不敢盘于游田[①]，《传》述《虞箴》称夷、羿以为戒。昔汉文临峻坂欲驰下，袁盎揽辔曰：‘圣主不乘危，不侥幸，今陛下骋六飞[②]，驰不测之山，如有马惊车败，陛下纵欲自轻，奈高庙何？’孝武好格猛兽，相如进谏：‘力称乌获[③]，捷言庆忌[④]，人诚有之，兽亦宜然。猝遇逸材之兽，骇不存之地，虽乌获、逄蒙之伎不得用[⑤]，而枯木朽株尽为难矣。虽万全而无患，然而本非天子所宜。’孝元帝郊泰畤[⑥]，因留射猎，薛广德称：‘窃见关东困极，百姓离灾。今日撞亡秦之钟，歌郑、卫之乐，士卒暴露，从官劳倦，欲安宗庙社稷，何凭河暴虎，未之戒也？’臣窃思此数帝，心岂木石，独不好驰骋之乐？而割情屈己，从臣下之言者，志存为国，不为身也。臣伏闻车驾近出，亲格猛兽，晨往夜还。以万乘之尊，暗行荒野，践深林，涉丰草，甚非万全之计。愿陛下割私情之娱，罢格兽之乐，上为宗庙社稷，下慰群寮兆庶。”太宗曰：“昨日之事偶属尘昏，非故然也，自今深用为诫。”

注释

① 盘于游田：在打猎中玩乐。

② 六飞：古代天子所乘之车驾六匹马。

③ 乌获：战国时秦武王的大力士，相传能力举千钧。

④ 庆忌：春秋时吴王僚之子，以勇武见称。

⑤ 逄 páng 蒙：古时善射者，相传学射于羿。

⑥ 泰畤 zhì：古代祭天神之坛。

译文

贞观十四年，唐太宗到同州的沙苑去打猎，亲自与猛兽格斗，披星戴月，早出晚归。特进魏徵上书说：“我听说《尚书》上赞美周文王不敢沉溺于打猎，《左传》引述《虞箴》以耽于游猎的夷、羿为戒。过去汉文帝骑马想从很陡的山坡上飞驰而下，大臣袁盎紧紧抓住汉文帝的马辔说：‘圣明的君主不做冒险的事，不存侥幸之心。现在陛下乘六马之车，在情况不明的山坡上飞驰。如果马受惊吓，车子失灵怎么办？纵然陛下轻视自己的生命，但如何向列祖列宗交代？’汉武帝也喜好猎杀猛兽，司马相如进谏说：‘力气大如乌获、射箭快捷如庆忌这样的人的确有。可是同样的，凶残的野兽也不少。如果在险恶之境突然蹿出猛兽，即使有乌获、逢蒙那样的力气和技艺也无计可施。同时坏木头、烂树桩都会对陛下使绊子，使陛下防不胜防。虽然皇上打猎有很多人保护，但这种事情终非帝王所为。’汉元帝到郊外祭祀天神，想顺便留守在猎区狩猎，臣子薛广德说：‘如今关东一带非常贫困，百姓流离失所的数不胜数。这个时候陛下留在这里打猎，是在自撞使秦国覆没的丧钟，歌唱郑国、卫国的靡靡之音啊。这样做将使士兵疲于奔命，随行的官员疲惫不堪。陛下要想江山永固，为什么还像徒步过河空手搏虎一样凭借勇气蛮干而不引以为戒呢？望陛下三思。’我提到的这几位帝王，他们并非木石心肠，难道就偏偏不喜欢骑马打猎的欢娱？其实，他们只是能克制自己的情欲，舍去自己的喜好，听从臣下的意见。那是因为他们志在保全国家，而不是为了自己一个人。我听说陛下最近外出游猎，亲自捕杀猛兽，清晨出去深夜才归来。陛下如此尊贵之躯，黄昏时分还在荒野里跟踪野兽，深入森林，出没于茂草之中，恐怕非万全之策。我希望陛下克制情欲，停止与猛兽格斗的乐趣，上以国家江山为念，下可安慰臣子的担忧之心。”唐太宗听后，面露愧色，说：“昨天打猎的事纯属偶然，不是有心那样做的，从今后我要牢记此事并以此为诫。”

贞观十四年，冬十月，太宗将幸栎阳游畋[①]，县丞刘仁轨以收获未毕[②]，非人君顺动之时，诣行所，上表切谏。太宗遂罢猎，擢拜仁轨新安令。

注释

① 栎阳：古县名，在今陕西临潼北。

② 刘仁轨：字正则，汴州（今河南开封市）人。初为陈仓尉，太宗时擢升咸阳丞，累迁给事中，武后时拜仆射。

译文

贞观十四年冬十月，唐太宗准备去栎阳游猎。栎阳县丞刘仁轨认为农村庄稼收割还未完毕，不是国君顺应天时进行游猎的时候，于是专门前往太宗一行停驻的地方，呈上了一篇奏疏，言辞极为恳切，唐太宗被他的言语所打动，放弃打猎，并擢升刘仁轨为新安县令。

论灾祥第三十九

贞观六年，太宗谓侍臣曰："朕此见众议以祥瑞为美事[①]，频有表贺庆。如朕本心，但使天下太平，家给人足，虽无祥瑞，亦可比德于尧、舜。若百姓不足，夷狄内侵，纵有芝草遍街衢[②]，凤凰巢苑囿，亦何异于桀、纣？尝闻石勒时[③]，有郡吏燃连理木，煮白雉肉吃，岂得称为明主耶？又隋文帝深爱祥瑞，遣秘书监王劭著衣冠在朝堂对考使焚香[④]，读《皇隋感瑞经》[⑤]。旧尝见传说此事，实以为可笑。夫为人君，当须至公理天下，以得万姓之欢心。若尧、舜在上，百姓敬之如天地，爱之如父母，动作兴事，人皆乐之，发号施令，人皆悦之，此是大祥瑞也。自此后诸州所有祥瑞，并不用申奏。"

注释

① 祥瑞：吉祥的征兆。

②芝草：即灵芝草。古人认为是瑞草。唐《仪制令》：芝草、连理木为下瑞。

③石勒：匈奴人，字世龙。晋元帝时，据襄国称帝，史称后赵。

④王劭：字君懋，隋文帝时为著作郎。

⑤《皇隋感瑞经》：书名，三十卷，亦称《皇隋灵感志》。隋文帝甚好祥瑞，大臣王劭顺其旨意，采歌谣、图谶、佛经文字等曲加修饰而撰成此书，隋文帝下令宣示于天下。

译文

贞观六年，唐太宗对侍臣们说："我近来发现大家议论，认为上天呈现吉祥的征兆是美好的事情，频频上表庆贺。而我认为，只要天下太平，家家户户丰衣足食，即使上天没有祥瑞之兆，也可比尧、舜的清明之治了。如果老百姓穷困不堪，夷狄等少数民族又侵犯中原，纵然满街都长着芝草，苑囿中有凤凰来栖，这样的时代与桀、纣时又有什么差别呢？我听说后赵石勒称帝的时候，有个郡县的官员点燃连理木，煮白雉肉吃，难道石勒就可因此被称作明君吗？另外，隋文帝最喜欢祥瑞，派秘书监王劭穿着特异的衣服，戴着奇怪的帽子，在朝堂上当着诸州来京的朝集使洗手焚香，闭着眼睛诵读《皇隋感瑞经》。我过去看到这些人为制造祥瑞之兆的旧事，觉得可笑之极。身为国君应当治理好天下，以此来赢得百姓的拥戴。尧、舜在位时，百姓像对待天地那样敬重他们，像热爱父母那样爱戴他们。不管什么事情，百姓都乐意去做，他们发号施令，百姓也都乐意接受，这才是真正的祥瑞之兆啊。从今以后，各州府如果发现有祥瑞之兆，就不要再上报朝廷了。”

贞观八年，陇右山崩，大蛇屡见，山东及江、淮多大水[①]。太宗以问侍臣，秘书监虞世南对曰：“春秋时，梁山崩，晋侯召伯宗而问焉，对曰：‘国主山川，故山崩川竭，君为之不举乐，降服乘缦，祝币以礼焉[②]。’梁山，晋所主也。晋侯从之，故得无害。汉文帝元年，齐、楚地二十九山同日崩，水大出，令郡国无来献，施惠于天下，远近欢洽，亦不为灾。后汉灵帝时[③]，青蛇见御座；晋惠帝时，大蛇长三百步，见齐地，经市入朝。按蛇宜在草野，而入市朝，所以为怪耳。今蛇见山泽，盖深山大泽必有龙蛇，亦不足怪。又山东之雨，虽则其常，然阴潜过久，恐有冤狱，宜断省系囚，庶或当天意。且妖不胜德，修德可以销变。”太宗以为然，因遣使者赈恤饥馁，申理冤讼，多所原宥。

注释

① 山东：崤山以东地区。

② 降服乘缦，祝币以礼：不穿华丽的衣服，乘坐无彩饰的车子，陈列献神的礼品。

③ 汉灵帝：公元168—189年在位。在位期间公开标卖官爵，大修宫室，一任宦官横行，终于激起黄巾大起义。

译文

贞观八年，陇右一带山峰崩塌，大蛇时常出没；另外，崤山以东及江淮地区也常常发生洪灾。唐太宗向大臣们询问此事，秘书监虞世南说："春秋时梁山崩塌，晋国国君召来大臣伯宗查问原因，大臣伯宗说：'国家所主祭山川的变化关系到国家的命运，如今山崩溃、河断流，大王应该不再奏乐、不穿华丽的衣服，乘坐没有文饰的马车，恭恭敬敬地去拜祭梁山。'梁山是晋国主祭的名山，晋国国君采纳了这个意见，果然事后再无灾害。汉文帝元年，齐、楚之地有二十九座山在同一天崩塌，洪水泛滥。于是汉文帝下令郡国不再向朝廷进献供奉，又向老百姓施加恩惠，远近之地的百姓无不欢欣鼓舞，不久，灾害自然消失。后来汉灵帝时，有人在皇帝的御座旁发现了一条青蛇；晋惠帝时，在齐地发现了一条长三百步的大蛇，这条蛇经过集市进入朝堂。一般来说，蛇应当生活在杂草丛生的荒野，可它却进入了集市、朝堂，所以大家都非常奇怪。现在有人在大山、大河边发现了蛇，本来深山大河就潜藏着龙蛇，这是自然现象，实不足为怪。另外，山东普降大雨，虽是寻常之事，但时间持续过长，恐怕民间有冤狱，应当重新审理官司，希望可以顺从天意。而且邪不压正，只要涵养仁德就可以使灾害自然消失。”唐太宗觉得此话有理，于是就派使者到灾区赈济灾民，采用宽大为怀的政策重新审理官司，平反了很多冤假错案。

贞观八年，有彗星见于南方[①]，长六丈，经百余日乃灭。太宗谓侍臣曰："天见彗星，由朕之不德，政有亏失，是何妖也？"虞世南对曰："昔齐景公时彗星见，公问晏子。晏子对曰：'公穿池沼畏不深,起台榭畏不高,行刑罚畏不重，是以天见彗星，为公戒耳！'景公惧而修德，后十六日而星没。陛下若德政不修，虽麟凤数见,终是无益。但使朝无阙政[②],百姓安乐,虽有灾变,何损于德？愿陛下勿以功高古人而自矜大，勿以太平渐久而自骄逸，若能终始如一，彗见未足为忧。"太宗曰："吾之理国，良无景公之过。但朕年十八便为经纶王业[③]，北剪刘武周，西平薛举，东擒窦建德、王世充，二十四而天下定，二十九而居大位，四夷降伏，海内乂安。自谓古来英雄拨乱之主无见及者，颇有自矜之意，此吾之过也。上天见变，良为是乎？秦始皇平六国，隋炀帝富有四海，既骄且逸，一朝而败，吾亦何得自骄也？言念于此，不觉惕焉震惧！”魏徵进曰：“臣闻自古帝王未有无灾变者，但能修德，灾变自销。陛下因有天变，遂能戒惧，反复思量，深自克责，虽有此变，必不为灾也。”

注释

① 彗星：俗称扫帚星。古代认为出现彗星是不祥之兆。

② 阙政：政治上的欠缺。

③ 经纶：整理缕析，引申为处理国家大事。

译文

贞观八年，有彗星出现在南方天空，长达六丈，足足过了一百多天才消失。对此，唐太宗对侍臣说：“天上出现了彗星，是由于我的失德，政事有亏缺，这是什么凶兆呢？”虞世南说：“过去齐景公看见彗星，就问晏子是何原因。晏子说：‘主公挖掘池塘唯恐不深，修筑台榭唯恐不高，实施刑罚唯恐不重，所以上天就呈现彗星，这是对主公的警戒呀！’齐景公非常畏惧，于是就修养仁德，十六天之后彗星就陨落了。陛下如果不加强仁政，即便境内屡次出现麒麟、凤凰之类的祥瑞之兆，终究对国家是没有益处的。只要朝廷政治清明，百姓安居乐业，即使有灾害变故，也不会损害陛下的圣德。希望陛下不要因为自己功高盖世就骄傲自大，也不要因为天下太平日久就放纵逸乐。如果能始终如一地坚持德治，即使天上出现了彗星也不足为惧。”唐太宗说：“我治理国家，自诩没有犯过齐景公那样的过错。但是我十八岁就开始处理国家大事，北面灭掉了刘武周，西面铲平了薛举的势力，东面擒获了窦建德、王世充这些乱世枭雄。二十四岁时就平定了天下，二十九岁登上帝位，四方少数民族臣服归顺，海内升平，百姓安乐。自认为力挽乱世之狂澜，古来英雄无人可比，所以有些志得意满，傲视古今，这是我的过失。如今上天显示了征兆，这是在警告我啊！昔日，秦始皇平定六国，隋炀帝富有四海，但他们骄奢淫逸，在历史上如过眼云烟般迅速消失了。我又有什么值得骄傲自满的呢？每每想到这些，不觉胆战心惊。”魏徵说：“我听说历代的帝王没有谁没见过灾变，但只要能加强仁政，灾变自然会烟消云散。陛下因为上天有变故，便能有所警觉惧怕，反复思考，自我责备。这样即使有这个天象变化，也必定不会成为灾祸。”

贞观十一年，大雨，谷水溢[1]，冲洛城门，入洛阳宫，平地五尺，毁宫寺十九，所漂七百余家。太宗谓侍臣曰："朕之不德，皇天降灾。将由视听弗明，刑罚失度，遂使阴阳舛谬[2]，雨水乖常。矜物罪己，载怀忧惕。朕又何情独甘滋味？可令尚食断肉料，进蔬食。文武百官各上封事，极言得失。"中书侍郎岑文本上封事曰：

臣闻开拨乱之业，其功既难；守已成之基，其道不易。故居安思危，所以定其业也；有始有卒，所以崇其基也。今虽亿兆乂安，方隅宁谧[3]，既承丧乱之后，又接凋弊之余，户口减损尚多，田畴垦辟犹少。覆焘之恩著矣[4]，而疮痍未复；德教之风被矣，而资产屡空。是以古人譬之种树，年祀绵远，则枝叶扶疏；若种之日浅，根本未固，虽壅之以黑坟[5]，暖之以春日，一人摇之，必致枯槁。今之百姓，颇类于此。常加含养，则日就滋息；暂有征役，则随日凋耗；凋耗既甚，则人不聊生；人不聊生，则怨气充塞；怨气充塞，则离叛之心生矣。故帝舜曰："可爱非君？可畏非民？"孔安国曰："人以君为命，故可爱。君失道，人叛之，故可畏。"仲尼曰："君犹舟也，人犹水也。水所以载舟，亦所以覆舟。"是以古之哲王虽休勿休，日慎一日者，良为此也。

注释

① 谷水：水名。源出河南东崤山阳谷，入洛水。

② 舛 chuǎn 谬：错乱，错谬。

③ 方隅：四方和四隅，本文指国家的边疆。

④ 覆焘：覆盖的意思。

⑤ 黑坟：黑色的土堆。

译文

贞观十一年，天降大雨。谷水河泛滥成灾，冲毁了洛阳城门，进入洛阳宫，平地水深五尺，毁坏宫庙佛寺十九处，淹没民房七百多家。唐太宗对侍从的大臣们说："是我没有德行，所以皇天才会降灾。大概是因为我视听不明、刑罚失当，才使天地间阴阳失调，雨水反常吧。现在是应该扪心自问，反省我自己的过失的时候了，我还有什么心情独自安享这些珍馐美味呢？可以让负责膳食的官员停止供应肉类食品，只进蔬菜素食。另外，让文武百官都上书奏事，畅言政事得失。"不久，中书侍郎岑文本呈上了一篇奏疏：

我听说创业于乱世，是非常困难的；要守住已有的基业，也不是件容易的事情。君王只有居安思危，才能巩固基业；要有始有终，才能使国家发扬光大。如今虽然已经天下太平，但是战乱刚过去不久，我朝承接的是一个百废待兴的烂摊子。长期的战争使民生凋敝，百姓死伤无数，田地得到开垦的也很少。虽然贞观以来朝廷实施了很多仁政，但战争的创伤尚未平复；虽说朝廷的道德教化已遍及天下，但老百姓经济上依然很贫困。因此古人把治国比喻为种树，年代久远，树木才会枝繁叶茂；如果培植的时间不够，根基不稳固，即使为树添上肥沃的黑土，让春天和煦的阳光照耀它，但只要有人摇动树木，树木必然会折断并枯萎。现在的老百姓，就像培植不久的树木。如果常常对百姓进行含养体恤，那么他们就会一天天繁衍生息而强壮起来；只要有劳役，他们就会慢慢衰弱下去；过多消耗民力，就会民不聊生；民不聊生，就会怨声载道；怨声载道恐怕就会产生背离叛乱之心。所以舜说："可爱的不是君主吗？可怕的不是人民吗？"孔安国说："百姓把命运寄托在君王身上，所以君王可爱。君王治国无道，百姓就会反对他，所以百姓可畏。"孔子说："君王好比船，百姓好比水。水可以载船航行，也可以使船沉没。"所以自古以来，君王在天下太平之后内心的忧患并没有消除，反而一日比一日更谨慎，正是因为这个缘故啊。

伏惟陛下览古今之事，察安危之机，上以社稷为重，下以亿兆在念。明选举，慎赏罚，进贤才，退不肖。

闻过即改，从谏如流。为善在于不疑，出令期于必信，颐神养性，省游畋之娱；去奢从俭，减工役之费。务静方内，而不求辟土；载櫜弓矢[1]，而不忘武备。凡此数者，虽为国之恒道，陛下之所常行，臣之愚昧，惟愿陛下思而不怠，则至道之美与三、五比隆[2]，亿载之祚与天地长久。虽使桑谷为妖[3]，龙蛇作孽，雉雊于鼎耳，石言于晋地[4]，犹当转祸为福，变灾为祥，况雨水之患，阴阳恒理，岂可谓天谴而系圣心哉？臣闻古人有言："农夫劳而君子养焉，愚者言而智者择焉。"辄陈狂瞽，伏待斧钺[5]。

太宗深纳其言。

注释

① 载櫜 gāo 弓矢：指把弓箭收藏起来，引申为休战或议和。櫜，古代盛衣甲或弓箭之囊。

② 与三、五比隆：意谓与三皇五帝比拟。三、五，三皇五帝。

③ 桑谷为妖：传说中的凶兆。

④ 石言于晋地：传说中的凶兆。

⑤ 伏待斧钺 yuè：伏地而等待诛杀。

译文

真诚地希望陛下能通晓古今之事，体察政治的得失，上以国家为重，下以苍生为念。公正地选举官员，慎重地实施赏罚，提拔贤才，斥退庸人。清楚自己的过失并立即改正，从谏如流。用人不疑，言必有信。颐神养性，免去游宴畋猎的欢娱；去奢从简，节省大兴土木的费用。务必使国内安定，不要无休止地开疆拓土；刀枪入库，但也不可忘了军备的必要。凡此种种都是治国应当坚持的原则，陛下自己也在身体力行。为臣只希望陛下能持之以恒，那么陛下的道德就可与三皇五帝媲美，国家的福命就会跟天地一样长久。即使出现桑谷共生于朝，龙蛇兴妖作怪，野鸡飞到鼎上鸣叫，晋地的石头会说话这样的凶兆，也可以转祸为福，化凶为吉。何况雨水这样的自然灾害，是阴阳变化的常事，怎么可以说是上天在谴责陛下，而让您如此不安呢？古人说："农民劳动而君子治事，愚昧的人发表议论，聪明的人择善而从。"臣妄自陈述肤浅之见，冒死等待圣明国君的裁决。

看了这篇奏疏，唐太宗认为非常有道理，就采纳了他的建议。

论慎终第四十

贞观五年，太宗谓侍臣曰："自古帝王亦不能常化，假令内安，必有外扰。当今远夷率服，百谷丰稔，盗贼不作，内外宁静。此非朕一人之力，实由公等共相匡辅。然安不忘危，理不忘乱，虽知今日无事，亦须思其终始。常得如此，始是可贵也。"魏徵对曰："自古已来，元首股肱不能备具，或时君称圣，臣即不贤，或遇贤臣，即无圣主。今陛下明，所以致治。向若直有贤臣，而君不思化，亦无所益。天下今虽太平，臣等犹未以为喜，惟愿陛下居安思危，孜孜不怠耳！"

译文

贞观五年，唐太宗对周围的侍臣们说："自古以来的帝王也不能使天下长治久安，假如他们当政时国家内部安定，那么必定就会有外乱骚扰。而如今远方外族归顺我朝，天下五谷丰登，盗贼不起，国家内外宁静。这绝非我个人的能力所能达到的，实在是各位大臣鼎力辅佐的结果啊。然而居安不能忘危，治平不能忘乱，虽然现在平安无事，也得考虑如何才能有始有终。要经常这样反省思索，才是难能可贵。”魏徵深表赞同，说：“纵观历史，可以发现君主和大臣往往不能两全其美。有时君主圣明，而臣下不贤；有时遇上贤臣，却没有圣明的君主。如今陛下圣明，所以天下太平，假如当初大唐只有贤臣，而君主不想广施教化和仁义，要想促成今日之美政，也是不可能的。如今国家升平，但是臣等还不敢就此坐享太平，也希望陛下能居安思危，孜孜不倦！”

贞观六年，太宗谓侍臣曰：“自古人君为善者，多不能坚守其事。汉高祖泗上一亭长耳，初能拯危诛暴，以成帝业，然更延十数年，纵逸之败，亦不可保。何以知之？孝惠为嫡嗣之重，温恭仁孝，而高帝惑于爱姬之子，欲行废立，萧何、韩信功业既高，萧既妄系[①]，韩亦滥黜[②]，自余功臣黥布之辈惧而不安[③]，至于反逆。君臣父子之间悖谬若此[④]，岂非难保之明验也？朕所以不敢恃天下之安，每思危亡以自戒惧，用保其终。”

注释

① 萧既妄系：萧指萧何。汉相萧何，因为民请命，惹怒汉高祖，杖“械系数日”，始得赦免。

② 韩亦滥黜：韩指韩信。大将军韩信，曾辅佐汉高祖夺定天下。因有人告发韩信图谋欲反，高祖将其由楚王贬为淮阴侯。公元前196年，即高祖十一年，吕后设计诱杀韩信。

③ 黥布：即英布，原为汉淮南王，韩信等被杀之后，他惊惧不安，举兵而反，高祖亲自领兵讨伐，被杀。

④ 悖谬：悖逆荒谬。

译文

贞观六年，唐太宗对侍从的大臣们说：“从古以来帝王善于治国的，往往不能坚持到底。汉高祖本是泗水亭的一个亭长罢了，起初他能够救危难，诛暴秦，所以成就了帝王大业，但如果他在位的时间再延长十几年，他肯定会因放纵逸乐而陷于衰败，不能保住他当初创下的功业。凭什么得出这样的结论呢？汉惠帝刘盈本是嫡长子，他温恭仁孝，被立为太子是名正言顺的事情，但汉高祖却因爱姬的儿子而心迷意乱，想废刘盈而另行立如意为太子；萧何、韩信，是汉代的开国元勋，德高望重，可是萧何因为民请命竟一度被囚，韩信也无缘无故遭到贬黜，最后被诛杀三族，其余功臣像黥布等人恐惧不安，发展到谋反叛逆。汉初君臣父子之间的关系悖逆荒谬到这种地步，难道不是难以保全功业的明证吗？所以我不敢自恃天下安定就掉以轻心，而是心怀忧患，经常用历史上的危亡来警戒自己，以激励自己将治国政策贯彻到底。”

贞观九年，太宗谓公卿曰：“朕端拱无为，四夷咸服，岂朕一人之所致，实赖诸公之力耳！当思善始令终，永固鸿业，子子孙孙，递相辅翼。使丰功厚利施于来叶，令数百年后读我国史，鸿勋茂业粲然可观，岂惟称隆周、炎汉及建武、永平故事而已哉[①]！”房玄龄因进曰：“陛下㧑挹之志[②]，推功群下，致理升平，本关圣德，臣下何力之有？惟愿陛下有始有卒，则天下永赖。”太宗又曰：“朕观古先拨乱之主皆年逾四十，惟光武年三十三。但朕年十八便举兵，年二十四定天下，年二十九升为天子，此则武胜于古也。少从戎旅，不暇读书，贞观以来，手不释卷，知风化之本，见政理之源。行之数年，天下大治而风移俗变，子孝臣忠，此又文过于古也。昔周、秦以降，戎狄内侵，今戎狄稽颡[③]，皆为臣妾，此又怀远胜古也。此三者，朕何德以堪之？既有此功业，何得不善始慎终耶！”

注释

①建武、永平：建武是后汉光武帝年号，永平是后汉明帝年号。

②㧑挹 huīyì：谦退，谦让，不居功自傲。

③稽颡 sǎng：归顺，降服。

译文

贞观九年，唐太宗对朝中公卿大臣说："我继承帝业以来，推行无为而治的政策，如今国家周边的少数民族都臣服归顺了，这难道只是我一个人能做到的吗？其实这是得益于各位大臣的辅佐之功啊！现在是我们思考如何善始善终的时候了，竭尽全力使大唐的江山社稷永远稳固，一代一代延续下去，子子孙孙无穷匮也，世代辅佐朝廷。让我们大唐的丰功伟业、恩德福祉流芳百世，泽被四方，使数百年之后的人读到我朝的历史，无不为我们灿烂辉煌的业绩而赞叹不已，岂止仅仅称赞周代、汉代以及东汉光武帝和明帝的功绩是万世的楷模呢？"房玄龄说："陛下雄韬大略，功德无量，把功劳推让给群臣，今天天下太平是陛下的圣德所致，我们臣下有什么功劳呢？只希望陛下能有始有终，那么天下的老百姓就有希望了。"唐太宗又说："我时常阅读历史书籍，发现平定乱世的君主年龄一般都超过四十岁，只有光武帝时年三十三岁。但是我十八岁就起兵征战，二十四岁就平定了天下，二十九岁就做了天子，这是我武功胜过古代君主的地方。就文治来说，我少年时代就开始了戎马生涯，没有时间读书，所以贞观以来我一有时间就阅读书籍，可谓手不释卷。从古代圣贤书中，我知道了风化的根本，明白了治世的关键。依此施行了几年，天下终于获得了治理。如今民风淳朴，子孝臣忠，社会和谐稳定，这是我文治胜过古代君主的地方。以往周代、秦朝以来各朝，戎狄等边境少数民族时常侵犯中原，现在他们都已归顺了朝廷，称臣纳贡，这是我在怀柔远民方面胜过古代君主的地方。从这三方面看，我有何德才和能力，能够取得这样的功业？既然已经取得了这三个方面的业绩，奠定了如此坚实的治国基础，我们又怎能不善始慎终呢？”

贞观十二年，太宗谓侍臣曰：“朕读书见前王善事，皆力行而不倦，其所任用公辈数人，诚以为贤。然致理比于三、五之代[①]，犹为不逮，何也？”魏徵对曰：“今四夷宾服[②]，天下无事，诚旷古所未有。然自古帝王初即位者，皆欲励精为政，比迹于尧、舜；及其安乐也，则骄奢放逸，莫能终其善。人臣初见任用者，皆欲匡主济时，追纵于稷、契；及其富贵也，则思苟全官爵，莫能尽其忠节。若使君臣常无懈怠，各保其终，则天下无忧不理，自可超迈前古也。”太宗曰：“诚如卿言。”

注释

①三、五之代：三皇五帝的时代。

②宾服：古代指诸侯按时入贡，表示服从。

译文

贞观十二年，唐太宗对侍臣说：“我通过读书，发现前代的君王做善事，都身体力行，不知疲倦；他们所任用的大臣，也都很贤德。然而和三皇五帝的时代相比，还是无法企及，这是为什么呢？”魏徵回答说：“现在少数民族顺从入贡，天下太平无事，的确是自古以来都没有过的盛事。然而，历代的帝王刚刚即位的时候，都励精图治、勤于政务，以尧、舜为楷模；可是等到天下太平了，就开始放纵自己，骄奢淫逸，没有谁做到善终。至于臣子，在开始被任用时，都怀有匡扶君主、济世救民的宏愿，效法稷、契；等到他们拥有荣华富贵了，就开始处心积虑地盘算如何才能保住官位，苟全性命，不能把忠诚节操保持到底。如果君臣双方都能不懈怠，铭记善终的道理，那么国家就不必担心治理不好了，自然可以超越前古盛世。”唐太宗说：“正如你所说。”

贞观十三年，魏徵恐太宗不能克终俭约，近岁颇好奢纵，上疏谏曰：

臣观自古帝王受图定鼎[①]，皆欲传之万代，贻厥孙谋。故其垂拱岩廊[②]，布政天下。其语道也必先淳朴而抑浮华；其论人也，必贵忠良而鄙邪佞；言制度也则绝奢靡而崇俭约；谈物产也，则重谷帛而贱珍奇。然受命之初，皆遵之以成治；稍安之后，多反之而败俗。其故何哉？岂不以居万乘之尊，有四海之富，出言而莫己逆，所为而人必从，公道溺于私情，礼节亏于嗜欲故也？语曰：“非知之难，行之为难；非行之难，终之斯难。”所言信矣。

注释

①受图定鼎：意谓承受天命，建都开国，登上皇位。

②岩廊：原指高峻之廊，后多用为朝廷之称。

译文

贞观十三年，魏徵担心唐太宗不能将克勤克俭的政务作风坚持到底，针对近年来太宗很爱奢侈放纵的情况，于是向唐太宗呈上了一篇奏疏：

我发现，历朝历代的帝王创下基业之后，都希望将帝业传至千秋万代，并替子孙着想，所以他们崇尚无为而治，以德治天下。他们对语言的要求是崇尚朴实而弃绝浮华；评论人物则重用忠臣良将，鄙视奸佞小人；说到制度必然是杜绝奢侈崇尚俭约；谈论物产，则是重视谷物棉帛，轻视奇珍异宝。他们在治国初期，大多能遵守这些原则，可是国家稍一安定，就开始违背初衷，致使风俗大坏。这是为什么呢？这难道不是因为君王乃万民之尊，富有天下，他说的话没有谁敢违抗，他的意愿人人必须依从，从而使公道被私情所代替，礼节被嗜欲所淹没而造成的吗？古语说："知道并不难，难的是行动；行动也不难，难的是坚持到底。"说得太正确了。

伏惟陛下年甫弱冠，大拯横流，削平区宇[①]，肇开帝业。贞观之初，时方克壮，抑损嗜欲，躬行节俭，内外康宁，遂臻至治。论功则汤、武不足方，语德则尧、舜未为远。臣自擢居左右，十有余年，每侍帷幄，屡奉明旨。常许仁义之道，守之而不失；俭约之志，终始而不渝。一言兴邦，斯之谓也。德音在耳，敢忘之乎？

而顷年以来，稍乖曩志[2]，敦朴之理，渐不克终。谨以所闻，列之于左。

注释

① 区宇：疆土，境域。

② 曩 nǎng 志：以往的志向。

译文

想起陛下二十岁就在风云变幻的乱世中力挽狂澜，威震四方，开创了帝王的基业。贞观初年，天下初定时，陛下能克服自己的嗜好私欲，克勤克俭，身体力行，致使国泰民安，形成了政治清明的大治局面。论武功，则商汤王、周武王都无法与你相比；若论仁德，你与古代尧、舜等明君相比也相差不远。我自从被提拔，在陛下身边做官已经十多年了，常常在帷幄之中接受陛下圣明的旨意。陛下时常告诫臣下要坚守仁义之道，固守终始而不废；保持节俭的习惯，自始至终不改变。一句话可以使国家兴盛起来，说的就是这个道理。陛下的圣德之音至今仍在我耳边时时响起，臣怎敢忘记呢？但是这几年来，陛下的行为稍稍偏离了以往的志向，敦厚淳朴的风气没能自始至终地保持下来。现在我谨把自己的所见所闻，列在下面，以备陛下参阅。

陛下贞观之初，无为无欲，清静之化，远被遐荒。考之于今，其风渐坠，听言则远超于上圣，论事则未逾于中主。何以言之？汉文、晋武俱非上哲。汉文辞千里之马[①]，晋武焚雉头之裘[②]。今则求骏马于万里，市珍奇于域外，取怪于道路，见轻于戎狄，此其渐不克终一也。

注释

① 汉文辞千里之马：汉文帝时，有人献千里马，文帝诏令将其退还，并发给路费。

② 晋武焚雉头之裘：晋武帝时，有人献上雉头裘，武帝认为是奇装异服不可穿用，在大殿前将其烧掉。

译文

陛下在贞观初期，实行无为无欲、清静祥和的政治教化政策，即使在边远的蛮荒之地，也受到了此风的感化。但如今看来，这种风气正在渐渐消失，听陛下的言论，远远超过上古的英明帝王；论陛下的行为，则连中等水平的君主都不如。为什么这样说呢？汉文帝、晋武帝都不是具有上哲之智的圣明之君，但汉文帝曾拒绝别人进献的千里马，晋武帝因为国家法典禁止奇装异服，焚烧了大臣献上的雉头裘。现在陛下到千里之外去寻找骏马，到外国去搜求奇珍异宝，这些行为都被沿途的老百姓所责怪，也被外族所轻视。这是陛下不能善终的表现之一。

昔子贡问理人于孔子[①]，孔子曰："懔乎若朽索之驭六马。"子贡曰："何其畏哉？"子曰："不以道导之，则吾仇也，若何其无畏？"故《书》曰："民惟邦本，本固邦宁。"为人上者奈何不敬？陛下贞观之始，视人如伤，恤其勤劳，爱民犹子，每存简约，无所营为。顷年以来，意在奢纵，忽忘卑俭，轻用人力，乃云："百姓无事则骄逸，劳役则易使。"自古以来，未有由百姓逸乐而致倾败者也，何有逆畏其骄逸而故欲劳役者哉？恐非兴邦之至言，岂安人之长算？此其渐不克终二也。

注释

① 子贡（前520—？）：即端木赐，孔子学生，春秋时卫国人。善于辞令，又善经商，富至千金，并参加政治活动，历仕鲁、卫，聘问各国，与诸侯"分庭抗礼"。

译文

过去子贡向孔子请教如何治理百姓，孔子作了一个比喻，他说："用朽烂的绳索驾驭六匹马的车子，真让人恐怖啊！"子贡问："有什么好恐惧的呢？"孔子说："不用仁义之道来引导百姓，百姓就会成为国君的仇人，如此怎能无所畏惧呢？"所以《尚书》说："百姓是国家的根本，根本牢固国家才会安宁。"为君者怎么可以不敬畏老百姓呢？陛下在贞观初年，把老百姓当作饱尝战争创痛的伤员，体恤他们的艰辛，关怀百姓的利益和辛劳，爱民如子；凡事崇尚俭约，不营造宫室以免劳民伤财。然而近些年来，陛下开始追求奢侈铺张，忘记了谦逊节俭的美德，任意役使百姓，还说："老百姓没有事情就会懒惰安逸，经常劳役他们就容易驱使。"古往今来，从来没有因为老百姓安乐悠闲而导致国家败亡的事例，岂有害怕他们放纵，而故意向他们施加劳役的道理呢？恐怕这不是国家长治久安的至理名言，又怎么是安抚人民的长远办法呢？这是陛下不能善终的表现之二。

陛下贞观之初，损己以利物，至于今日，纵欲以劳人，卑俭之迹岁改，骄侈之情日异。虽忧人之言不绝于口，而乐身之事实切于心。或时欲有所营，虑人致谏，乃云："若不为此，不便我身。"人臣之情，何可复争？此直意在杜谏者之口，岂曰择善而行者乎？此其渐不克终三也。

译文

陛下在贞观初期，能够损害自己的利益以满足别人的需要。而如今，却放纵自己的欲望以役使百姓，谦逊节俭的风气一年年在消失，而骄纵奢侈的习惯在与日俱增。虽然关心老百姓的话语还不绝于口，但时时萦绕于心的却是使自己快乐的事情。有时候，陛下想营造宫室，又担心有人提意见，就说："如果不修宫殿，我的生活就会不方便。"做臣子的还怎么进谏呢？陛下此言纯粹是杜绝意见的借口，哪里谈得上是择善而从呢？这是陛下不能善终的表现之三。

立身成败，在于所染，兰芷鲍鱼，与之俱化[①]，慎乎所习，不可不思。陛下贞观之初，砥砺名节，不私于物，惟善是与，亲爱君子，疏斥小人。今则不然，轻亵小人，礼重君子。重君子也，敬而远之；轻小人也，狎而近之。近之则不见其非，远之则莫知其是。莫知其是，则不间而自疏；不见其非，则有时而自昵。昵

近小人，非致理之道；疏远君子，岂兴邦之义？此其渐不克终四也。

注释

①兰芷鲍鱼，与之俱化：《说苑·杂言》："与善人居，如入兰芷之室，久而不闻其香，则与之化矣。与恶人居，如入鲍鱼之肆，久而不闻其臭，亦与之化矣。"意谓长期亲近什么人，就会变成什么人。兰芷，香草。鲍鱼，盐渍之鱼，味咸臭。

译文

君子立身为人，成败的关键之一在于他所处环境的影响，入芝兰之室，久而不知其香；入鲍鱼之肆，久而不知其臭，每个人都会受到环境潜移默化的影响。所以对于所习惯的不可不慎重，不可不深思。陛下在贞观初期，励精图治，注重名节，不存私欲，乐于施与，亲近重用君子，疏远贬斥小人。现在却不这样，只是有礼节地尊重君子，又轻率地亲近小人。名为尊重君子，实际上是敬而远之；轻视小人，实际上是亲热地接近他们。太过亲近就看不到别人的坏处，太过疏远就不知道别人的好处。不知道君子的好处，其结果不用别人离间就是会自然疏远君子；不辨小人的坏处，那么就会主动去亲近他们。亲近小人，不是治国之道；疏远君子，又怎么能够使国家兴盛呢？这是陛下不能善终的表现之四。

《书》曰："不作无益害有益，功乃成；不贵异物贱用物，人乃足。犬马非其土性不畜，珍禽奇兽弗育于国。"陛下贞观之初，动遵尧、舜，捐金抵璧[①]，反朴还淳。顷年以来，好尚奇异，难得之货，无远不臻，珍玩之作，无时能止。上好奢靡而望下敦朴，未之有也。末作滋兴[②]，而求丰实，其不可得亦已明矣。此其渐不克终五也。

注释

① 捐金抵璧：抛弃金银美玉。《抱朴子·安贫》上说，圣人不用珠玉而宝贵自身，所以尧舜弃黄金于巉岩之山，抛珠玉于五湖之川，是为了杜绝淫邪的欲念。

② 滋兴：繁兴。

译文

《尚书》说："不做徒劳无益的事来妨碍有益的事，事业才会成功；不用奇珍异宝的东西，不轻视日常用品，只有这样老百姓才会知足。狗、马这些家畜不是本地的就不要畜养，而珍禽异兽不要在都城内豢养。”陛下在贞观初期，仿效尧、舜，弃绝金银珠宝，崇尚淳朴。可是近年来，猎奇之心日起，奇珍异宝之类中原罕见之物，源源不断地从偏远的异域运送过来；无休无止地制造珍玩器具。皇上自己嗜好奢侈品，却希望黎民百姓保持淳朴的民风，这是不可能的。工商之类的末业滋兴而希望农业丰收，很显然这是办不到的。这是陛下不能善终的表现之五。

贞观之初，求贤如渴，善人所举，信而任之，取其所长，恒恐不及。近岁以来，由心好恶，或众善举而用之，或一人毁而弃之，或积年任而用之，或一朝疑而远之。夫行有素履①，事有成迹，所毁之人，未必可信于所举，积年之行，不应顿失于一朝。君子之怀，蹈仁义而弘大德；小人之性，好谗佞以为身谋，陛下不审察其根源，而轻为之臧否，是使守道者日疏，干求者日进。所以人思苟免，莫能尽力。此其渐不克终六也。

注释

①素履：即素行，一贯的作为。

译文

贞观初期，朝廷求贤若渴，凡是善人所举荐的人，都能够毫不迟疑地信任并加以任用，发挥他们的长处，唯恐错失人才。但近年来，在任用人才上显得随心所欲。有时众人说好而被举荐任用的人，只要有一人诋毁，陛下就抛弃他们；有时对多年信任的人，因一时怀疑便有意疏远。一个人的行为处世有自己的原则，做事有成效可验。受人诋毁的人，未必真的行为不端；多年形成的品行，不应因一时之疑就完全否定。君子有自己的襟怀，他们行仁义之事而弘扬道德；小人也有自己的本性，他们喜好用谗言中伤别人从而为自己谋取私利。陛下不明察事情的根源，就轻易进行赏罚，这样做，会使坚守君子之道的人日渐疏远，而让那些追名逐利的小人逐渐得到提拔。所以现在大臣们都在考虑如何才能保全性命和官职，没有谁再愿意为国尽职尽忠。这是陛下不能善终的表现之六。

陛下初登大位，高居深视，事惟清静，心无嗜欲，内除毕弋之物[①]，外绝畋猎之源。数载之后，不能固志，虽无十旬之逸，或过三驱之礼。遂使盘游之娱，见讥于百姓，鹰犬之贡，远及于四夷。或时教习之处，道路遥远，侵晨而出，入夜方还。以驰骋为欢，莫虑不虞之变，事之不测，其可救乎？此其渐不克终七也。

注释

①毕弋之物：捕鸟狩猎的器具。

译文

陛下当初刚刚即位的时候，高瞻远瞩，办事尽量不烦扰百姓，内心没有嗜欲杂念，丢掉打猎的网、箭等工具，不再想打猎的事情。但几年之后，这条戒律被废除了，虽然不像太康那般在洛阳打猎百十天不返，但总是超过了一年畋猎三次的规定，还是给老百姓留下了讽刺的话柄。比如，陛下不远千里，向边远异族征求打猎用的老鹰和猎狗。还有，打猎的地方太远，天不亮就出发，天黑了才回来。陛下以骑马打猎为乐事，不考虑是否会有意外的变故发生，万一真有不测，还可能挽救吗？这是陛下不能善终的表现之七。

孔子曰："君使臣以礼，臣事君以忠。"然则君之待臣，义不可薄。陛下初践大位，敬以接下，君恩下流，臣情上达，咸思竭力，心无所隐。顷年以来，多所忽略。

或外官充使，奏事入朝，思睹阙庭，将陈所见，欲言则颜色不接，欲请又恩礼不加，间因所短，诘其细过，虽有聪辩之略，莫能申其忠款。而望上下同心，君臣交泰，不亦难乎？此其渐不克终八也。

译文

孔子说："君主对臣下以礼相待，臣下对君主尽职尽忠。"所以，君主对臣下是不能够薄情寡义的。陛下初登皇位的时候，能够礼贤下士，君主的恩德由上至下流布，臣子都感受到了陛下的仁义。臣子的忠义之情由下至上，都愿意为朝廷不遗余力地进献自己的赤胆忠心，毫无保留。然而近年来，陛下常常忽略礼贤臣下。有京城外的官员入朝奏请政事，求见天子，而陛下又不能和颜悦色地倾听，所以欲言又止。有的人自愿请命又不准许，不给予相应的礼遇，这些人无奈之下只得罢休。皇上有时因为一点话柄就穷追细问，臣子即使能言善辩，也无法为自己的一腔忠诚申述。如果这样，还希望君臣上下同心，水乳交融，不是很困难吗？这是陛下不能善终的表现之八。

"傲不可长，欲不可纵，乐不可极，志不可满。"四者，前王所以致福，通贤以为深诫。陛下贞观之初，孜孜不怠，屈己从人，恒若不足。顷年以来，微有矜放，恃功业之大，意蔑前王，负圣智之明，心轻当代，此傲之长也。欲有所为，皆取遂意，纵或抑情从谏，终是不能忘怀，此欲之纵也。志在嬉游，情无厌倦，虽未全妨政事，不复专心治道，此乐将极也。率土乂安，四夷款服，仍远劳士马，问罪遐裔[①]，此志将满也。亲狎者阿旨而不肯言，疏远者畏威而莫敢谏，积而不已，将亏圣德。此其渐不克终九也。

注释

①问罪遐裔：到边远的地方去征讨。

译文

“骄傲不可以滋长，欲望不可以放纵，快乐不可以过度，志向不可以太高。”这四句话所包含的道理，为以前的君主带来了福祉，通达的贤才都深以为戒。陛下在贞观初期，对政务孜孜不倦，委屈自己以保全别人，总觉得做得还不够。可是近年来，开始显露出骄傲自满的情绪，依仗功高业大，蔑视以往的君主，自认为具有圣明的智能，轻视当代俊才，这是骄傲滋生的表现。做事情随心所欲，有时即使克制自己的私欲接受了臣子的建议，也终究是意绪难平，这是欲望放纵的表现。陛下喜欢嬉游，乐此不疲，虽然没有完全妨碍朝政大事，但对政务已不再专心致志，这是逸乐过度的表现。现在天下太平，外族臣服，可是朝廷仍然兴师动众，不断讨伐边远地区的异族，这是志得意满的表现。长此以往，将使谄媚者只会顺从圣旨不讲真话，而被疏远的人会因为害怕触犯龙颜而噤若寒蝉。长此以往势必会削减陛下的圣德。这是陛下不能善终的表现之九。

昔陶唐、成汤之时非无灾患[①]，而称其圣德者，以其有始有终，无为无欲，遇灾则极其忧勤，时安则不骄不逸故也。贞观之初，频年霜旱，畿内户口并就关外，携负老幼，来往数年，曾无一户逃亡、一人怨苦，此诚由识陛下矜育之怀，所以至死无携贰[②]。顷年从来，疲于徭役，关中之人，劳弊尤甚。杂匠之徒，下日悉留和雇[③]；正兵之辈[④]，上番多别驱使[⑤]。和市之物不绝于乡闾[⑥]，递送之夫相继于道路。既有所弊，易为惊扰，脱因水旱，谷麦不收，恐百姓之心，不能如前日之宁帖。此其渐不克终十也。

注释

①陶唐：即陶唐氏，唐尧。成汤：商朝的建立者。

② 携贰：亲附的人渐生离心，叛离。

③ 和雇：唐朝时官府出钱雇佣劳动力。

④ 正兵：唐代实行府兵制，正兵即指府兵。

⑤ 上番：唐代府兵从农民中征点，轮流调到京城担任宿卫。

⑥ 和市：古时官府向百姓议价购买东西。

译文

过去陶唐、成汤的时代并非没有灾害，人们之所以称赞他们是因为他们有高尚的道德，做事能够有始有终，实行无为无欲的政策。遇到天灾，他们就为黎民百姓分忧解难；风调雨顺的年代，他们也戒骄戒躁。贞观初期，关中连年遭受霜灾、旱灾，京郊的老百姓纷纷迁居关外就食，他们扶老携幼举家迁徙，往返几年，虽然尝尽了旅途的颠沛流离，来往数千里却没有一家一户逃亡，也没有任何人抱怨，这都是因为百姓知道陛下怀有体恤百姓的良苦用心，所以至死也没有二心。可是近年来，老百姓被繁重的徭役压得喘不过气来，关中的百姓更是苦不堪言。征调来京城做工的各类工匠期满以后又全部被强留下来，继续受官府雇用；担任宿卫的府兵多被驱遣从事其他杂役；皇帝为采购用物到处搜寻，送货脚夫的足迹不绝于道路。这样下去势必会带来弊端，老百姓宁静的生活会受到干扰，再加上这几年水旱灾害时断时续，稻谷青黄不接，恐怕如今百姓的心再不如贞观初期那般祥和宁静了。这是陛下不能善终的表现之十。

臣闻“祸福无门，唯人所召”，“人无衅焉[①]，妖不妄作”。伏惟陛下统天御宇十有三年，道洽寰中，威加海外，年谷丰稔，礼教聿兴，比屋喻于可封，菽粟同于水火。暨乎今岁，天灾流行。炎气致旱，乃远被于郡国；凶丑作孽，忽近起于毂下[②]。夫天何言哉？垂象示诫，斯诚陛下惊惧之辰，忧勤之日也。若见诫而惧，择善而从，同周文之小心，追殷汤之罪己，前王所以致礼者，勤而行之，今时所以败德者，思而改之，与物更新，易人视听，则宝祚无疆，普天幸甚，何祸败之有乎？然则社稷安危，国家理乱，在于一人而已。当今太平之基，既崇极天之峻；九仞之积，犹亏一篑之功[③]。千载休期[④]，时难再得，明主可为而不为，微臣所以郁结而长叹者也。

注释

① 衅：破绽，漏洞。

② 毂下：辇毂之下，旧指京城。

③ 篑 kuì：盛土的筐子。

④ 休期：美好、吉利的日子。

译文

我听说“祸福不会凭空降临，全是由人自己招致的”。“人们的言行没有疏漏过失，妖怪不会平白无故地出现”。陛下统治天下已有十三年，政通人和，声威远播境外，年年五谷丰登，礼法教化也重新得以确立。家家户户都知道遵守道德光荣，菽粟同水火一样容易得到。可是近年来，旱灾流行，严重的旱灾现在已经殃及到了周围的郡国。凶恶的坏人犯上作乱，不时发生在离京城很近的地方。上天会说什么呢？这是天意，老天在显示征兆以警戒世人，现在是陛下应该警醒、忧勤政务的时候了。如果陛下看见警戒能够产生畏惧，择善而从，像周文王那样小心谨慎，像商汤王那样归罪于己，对前代帝王们治理天下有方的就极力效法，对如今败坏仁德的行为，都能够反省并改过，除旧布新，改变百姓对朝廷的看法，那么国家就可以长治久安，传位万代，天下百姓都很幸运，怎么会有灾祸败亡的事情发生呢？如此说来，社稷的安危、国家的治乱，全系于陛下一人啊！当今乃太平盛世，这在历史上是前所未有的，但是要筑成九仞之山，还缺最后一筐土石。如今是创造伟业的千载难逢的良机，时不我待，稍纵即逝，古代圣明的君主都在可以有所作为的时候实行无为而治的政策，陛下应当三思，这也是臣下时常牵挂于心的事情。

臣诚愚鄙，不达事机，略举所见十条，辄以上闻圣听。伏愿陛下采臣狂瞽之言，参以刍荛之议，冀千虑一得，衮职有补①，则死日生年，甘从斧钺。

疏奏，太宗谓徵曰："人臣事主，顺旨甚易，忤情尤难。公作朕耳目股肱，常论思献纳。朕今闻过能改，庶几克终善事。若违此言，更何颜与公相见？复欲何方以理天下？自得公疏，反复研寻，深觉词强理直，遂列为屏障，朝夕瞻仰。又寻付史司，冀千载之下识君臣之义。"乃赐徵黄金十斤，厩马二匹。

注释

① 衮职有补：指对帝王有所补益。衮，古代皇帝及王公的礼服。衮职，指帝王之职。

译文

为臣确实愚昧无知，不通事理的关键，略举所见十条，有扰陛下圣听。但愿陛下采纳臣下狂妄之言，参考这些浅薄的议论，期望一得之见能对圣上有所裨益，这样为臣虽死犹生，甘受刑戮。

看罢奏疏，唐太宗对魏徵说："臣子侍奉君主，只顺从旨意是很容易的，忤逆君王的心意可就太难了。你作为我的辅佐大臣，能常常想着向我进谏，的确难能可贵。现在我已经知道了自己的过错并会改正，以求善始善终。如果违背了你的意见，我又有何颜面再见到你？又如何才能把天下治理得井井有条呢？我得到你的奏疏之后，反复研读思考，觉得你的意见言辞激烈但道理坦直，所以我将它贴在屏风上，早晚都恭读。还把奏疏交付给编写史书的官员抄录，希望千年之后，人们都能够知道我们君臣之间的情义。"事后，唐太宗赏赐给魏徵黄金十斤，良马二匹。

贞观十四年，太宗谓侍臣曰："平定天下，朕虽有其事，守之失图，功业亦复难保。秦始皇初亦平六国，据有四海，及末年不能善守，实可为诫。公等宜念公忘私，则荣名高位，可以克终其美。"魏徵对曰："臣闻之，战胜易，守胜难。陛下深思远虑，安不忘危，功业既彰，德教复洽，恒以此为政，宗社无由倾败矣。"

译文

贞观十四年，唐太宗对侍臣们说："平定天下的事，我已经做到了，可是，如果守天下不得法，功业也难以保住。秦始皇起初也曾平定六国，统一了天下，到他晚年却不能很好地守住江山，这个教训真可作为鉴戒。你们诸公应该公而忘私，已经取得的荣誉地位，就能最终保持。"魏徵说："臣听说：打胜仗容易，保持胜利就很困难了。陛下深思远虑，安不忘危，功业既已显赫昭著，德行教化又深入人心，如果能永远用这种态度来治理天下，国家就不会有倾覆的危险了。"

贞观十六年，太宗问魏徵曰："观近古帝王有传位十代者，有一代两代者，亦有身得身失者。朕所以常怀忧惧，或恐抚养生民不得其所，或恐心生骄逸，喜怒过度。然不自知，卿可为朕言之，当以为楷则。"徵对曰："嗜欲喜怒之情，贤愚皆同。贤者能节之，不使过度，愚者纵之，多至失所。陛下圣德玄远，居安思危，伏愿陛下常能自制，以保克终之美，则万代永赖。"

译文

贞观十六年，唐太宗问魏徵："我观察近代的帝王，有传位十代的，有只延续一代两代的，也有自己取得天下又自己丢失的。我因此常常感到忧虑恐惧，或者是因为害怕抚养百姓未能做到各得其所；或者是因为怕自己心生骄逸的念头，喜怒过度，而自己又不能觉察到。请你为我讲讲其中的道理，我将把它们当作行为的准则。”魏徵说：“嗜欲喜怒的情感，人生而有之，无论贤者、愚者都在所难免。只是贤者能够有所控制，凡事不过度，愚者却恣意放纵，以致达到不可收拾的地步。陛下圣德高远，能够居安思危，希望陛下能抑制私欲，保持善始善终的美德，成就完美的功业，造福千秋万代。”

图书在版编目（CIP）数据

贞观政要译注 / 王娟译注. —2 版. —上海：上海三联书店，2018.9
ISBN 978-7-5426-6317-7
Ⅰ. ①贞… Ⅱ. ①王… Ⅲ. ①典章制度－中国－唐代②《贞观政要》－译文③《贞观政要》－注释 Ⅳ. ①D691.5

中国版本图书馆 CIP 数据核字（2018）第 126581 号

贞观政要译注

译　　注／王　娟
责任编辑／程　力
特约编辑／张　莉
装帧设计／Metis 灵动视线
监　　制／姚　军
出版发行／上海三联书店
（200030）中国上海市漕溪北路 331 号 A 座 6 楼
邮购电话／021-22895540
印　　刷／三河市中晟雅豪印务有限公司
版　　次／2018 年 9 月第 2 版
印　　次／2021 年 7 月第 3 次印刷
开　　本／640×960　1/16
字　　数／258 千字
印　　张／40.5

ISBN 978-7-5426-6317-7/D·387

定　价：46.80元